中国中部经济发展报告

（2018）

主　编　罗海平

副主编　吕　晞　郑享清　胡学英

中国财经出版传媒集团

经济科学出版社
Economic Science Press

图书在版编目（CIP）数据

中国中部经济发展报告.2018/罗海平主编.—北京：经济科学出版社，2018.5

ISBN 978-7-5141-9322-0

Ⅰ.①中… Ⅱ.①罗… Ⅲ.①区域经济发展-研究报告-中国-2018 Ⅳ.①F127

中国版本图书馆 CIP 数据核字（2018）第 100559 号

责任编辑：于海汛 宋 涛
责任校对：杨 海
责任印制：李 鹏

中国中部经济发展报告
（2018）

主 编 罗海平
副主编 吕 晞 郑享清 胡学英
经济科学出版社出版、发行 新华书店经销
社址：北京市海淀区阜成路甲 28 号 邮编：100142
总编部电话：010-88191217 发行部电话：010-88191522
网址：www.esp.com.cn
电子邮件：esp@esp.com.cn
天猫网店：经济科学出版社旗舰店
网址：http：//jjkxcbs.tmall.com
北京季蜂印刷有限公司印装
710×1000 16 开 23 印张 380000 字
2018 年 7 月第 1 版 2018 年 7 月第 1 次印刷
ISBN 978-7-5141-9322-0 定价：69.00 元

项目基金：

1. 教育部人文社会科学重点研究基地重大项目（项目编号：15JJD790041）；

2. 江西省高校人文社科重点研究基地项目（JD16163）；

3. 江西省科技厅软科学计划项目（20161BBA10059）；

4. 江西省社科十二五规划项目（15YJ40）；

5. 江西省社科重点课题（15GL02）。

目　录

中部发展年度报告

2017 年中部地区经济社会发展报告 ………………………………………… 3

中部发展论坛

之一：创新驱动与智库建设 ……………………………………………………… 31
之二：新时代 · 新中部 · 新战略 …………………………………………………… 36

中部发展研究

中部六省消费水平的空间格局与影响因素分析 ………………………… 41
中部地区崛起战略的政策效果研究 ……………………………………………… 52
新时代中部地区开放合作的再思考 ……………………………………………… 64
中部地区智能制造发展潜力的综合评价与影响因素分析 ……………… 81

长江经济带与长江中游城市群研究

长江经济带科技创新效率的 DEA 评价分析……………………………… 95

长江中游城市群“中三角”的人口聚集与城市污染实证研究 ……… 109
长江中游城市群城乡一体化动态演进分析 …………………………… 123

金融发展与经济增长

金融发展促进产业结构优化的门槛效应研究 ………………………… 139
基于地区金融发展视角的中小企业融资能力对专业市场发展的
门限效应研究 ………………………………………………………… 153
我国法定存款准备金的宏观审慎政策效应研究 ……………………… 167

区域经济与产业发展

地区动态比较优势与工业集聚的门限效应研究 ……………………… 181
新常态经济宏观背景下产业结构转型升级的方向：以江西为例 …… 197
电子信息产业集群竞争力研究：以江西吉安为例 …………………… 209
打造“闽新轴带”的趋势和重点 ……………………………………… 224

粮食与生态安全

生态安全视阈下的粮食安全：影响机制与风险防控 ………………… 235
基于粮食调出的我国粮食主产区粮食安全贡献度的时空演化
研究：1985～2015 …………………………………………………… 247
我国粮食主产区耕地压力与粮食安全研究：1985～2015 年 ………… 260
我国粮食安全与生态安全空间包容性的实证研究：以粮食主产区
为例 …………………………………………………………………… 274

决策咨询与对策建议

构建“绿色+”新体系，促进中部“绿色崛起” …………………… 287
江西建设特色小镇的四大困境与破解之策 ……………………………… 292
瓦屑坝移民遗址的历史文化价值与保护利用建议 …………………… 301
锂电产业成为江西新兴支柱产业的条件与几个关键性问题 ………… 306
大力发展大健康产业，牵引撬动江西三次产业大联动 ……………… 311

大　事　记

中部年度发展大事记概要（2017.1～2017.12） ……………………… 321

中部研究年度文献索引

之一：中部发展研究文献索引（2017～2018） ……………………… 345
之二：中部对策研究文献索引（2017～2018） ……………………… 357

中部发展年度报告

2017年中部地区经济社会发展报告

罗海平　朱勤勤[①]

2017年是党的十九大召开之年，十九大报告指出当前我国正处于全面建成小康社会的决胜阶段，是中国特色社会主义进入新时代的关键时期。中国特色社会主义进入新时代，意味着近代以来久经磨难的中华民族迎来了从站起来、富起来到强起来的伟大飞跃。十九大报告提出，实施区域协调发展战略，要求“发挥优势推动中部地区崛起”。2017年中部各省积极面对经济发展进入新常态等一系列深刻变化，攻坚克难、开拓进取，总体上取得了较好的成绩，为实现中部地区崛起开启了新的篇章。

一、2017年中部地区发展概况

（一）中部地区继续领跑全国经济增长，依然是我国经济增长板块中最重要的部分，在中国经济中的中坚作用更加突出

根据2018年3月5日李克强总理在第十三届全国人民代表大会第一次会议上所作的政府工作报告，2017年全国国内生产总值为82.71万亿元，增速为6.9%，继续保持了较高的经济增长水平。基于中部各省政府工作报告和2017年统计公报，中部六省2017年地区生产总值合计为17.9万亿元，占全国的21.69%。其中河南省地区生产总值44 988.16亿元，继续在中部地区排名第一，位列全国第五大经济体。除河南省在4万亿经济体量外，湖北和湖南两省经济总量均达到3万亿体量，在全国排名分别列第7和第9位。安徽和江西经济则处于2万亿体量，在全国排名分别为第13和第17位。中部六省中山西经济体量最小，2017年实现地区生产总值14 973.5亿元，在全国排名靠后，位列第24位。从经济增速来看，中部六省整体增长势头明显好于全国平均水平。江西、湖南和

---

① 作者简介：罗海平（1979～），男，四川南充人，南昌大学中国中部经济社会发展研究中心产业经济所所长，副研究员，博士，硕士生导师。

安徽三省增速超过 8%，分别为 8.90%、8.80% 和 8.50%，进入全国经济增长第一方队。而近年经济疲软、增长乏力的山西省全年增速也达到了 7%，好于全国总体增速（见表 1）。

表 1 中部各省 GDP 比较

	GDP（单位：亿元）		中部排名	全国排名
山西	绝对值	14 973.5	6	24
	增速（%）	7	6	
江西	绝对值	20 818.5	5	17
	增速（%）	8.90	1	
湖北	绝对值	36 522.95	2	7
	增速（%）	7.80	5	
河南	绝对值	44 988.16	1	5
	增速（%）	7.80	4	
湖南	绝对值	34 590.56	3	9
	增速（%）	8.80	2	
安徽	绝对值	27 518.7	4	13
	增速（%）	8.50	3	

（二）中部地区经济发展质量不断提升，结构进一步优化

近年中部地区与全国一样，经济发展进入新常态，供给侧改革取得新成效，“去产能”力度不断加大，经济质量得到极大提升，经济结构不断优化。根据中部各省 2018 年度政府工作报告，2012～2017 年山西退出煤炭产能 4 590 万吨，淘汰炼铁产能 82 万吨，炼钢产能 325 万吨。安徽近两年化解煤炭、生铁粗钢产能 1 672 万吨、631 万吨。河南在 2016 年和 2017 年两年退出煤炭产能 4 400 万吨，压减炼钢产能 240 万吨，关停 103 万千瓦煤电机组。在房地产去库存上，中部各省基本实现了商品房待售面积、库存消化周期“双下降”。产业结构不断优化，创新型现代产业体系加快构建，战略性新兴产业蓬勃发展。安徽战略性新兴产业产值、高新技术产业增加值年均增长 20.2% 和 14.5%。江西高新技术产业增加值占规模以上工业增加值比重达 30.9%，战略性新兴产业、装备制造业和服务型制造快速发展。湖北服务业占比提高到 45.2%，湖南三次产业结

构由 2012 年的 13.4∶47.7∶38.9 调整为 10.7∶40.9∶48.4。总体来看，中部六省 2017 年度以及过去 5 年内涵式发展成效显著，经济质量提升进入了新的台阶。

（三）创新发展上新台阶，动能转换实现新突破

过去的 5 年是我国全产业创新发展最快的 5 年。总体来看，近年中部各省增长和发展动能转换较为成功，不断实现了新的突破。创新正成为中部各省产业发展新动能和新驱动。电商、现代物流、共享经济、智能制造、大数据、高端装备制造、新材料、新能源汽车等新业态和新产业正深刻改变中部各省的产业生态。山西 2017 年战略性新兴产业、非煤产业增加值占规模以上工业增加值比重分别达到 9%、51.3%；服务业占 GDP 比重达到 53.5%。高端碳纤维、笔尖钢、高铁轮轴钢等一批关键技术取得新突破，高新技术企业由 290 家增加到 1 117 家。安徽创新型省份建设取得重大成果，科技创新能力和科技成果转化水平显著提升，区域创新能力稳居全国第一方阵。河南制造业五大主导产业和高技术产业增加值占规模以上工业比重相较于 2012 年提高近 10 个百分点，装备制造、食品制造成为万亿级产业，新业态新技术新模式对经济增长的支撑作用明显提升。湖北大众创业、万众创新蓬勃发展，企业类市场主体突破百万。湖北完成电子商务交易额 5.6 万亿元。湖北综合科技创新指数从全国第 11 位升至第 7 位。江西推动“众创业、个升企、企入规、规转股、股上市、育龙头、聚集群”，促进实体经济健康成长，5 年净增规模以上工业企业 4 981 户、新增国家高新技术企业 1 775 家。湖南 5 年科技进步贡献率提高 3.6 个百分点，共获国家科学技术奖 94 项。超级计算机、超级杂交稻、高铁动力与控制系统、中低速磁浮等科技成果达到世界先进水平。

（四）中部地区可持续发展能力增强，生态环境进一步优化。2012～2017 年的 5 年，我国生态环境改善进入了新的历史阶段

山西生态环境质量实现新改善，与 2013 年相比，2017 年环境空气质量综合指数下降 8.3%，细颗粒物（PM2.5）浓度下降 23.4%。山西全面推行河长制，实施饮用水、流域水、地下水、黑臭水、污废水“五水同治”。安徽率先探索林长制，全国首个跨省生态补偿机制试点在新安江流

域展开。安徽加快“三河一湖一园一区”生态文明示范创建，巢湖流域、黄山、蚌埠、宣城入列国家生态文明先行示范区。河南生态文明建设体制机制加快完善，森林覆盖率持续提高。南水北调中线工程水质稳定达标，全省水体质量改善幅度高于全国平均水平。湖北把修复长江生态环境摆在压倒性位置，实施湖北长江大保护九大行动，取缔关闭污染企业千余家，取缔沿江非法码头367个。全国碳排放权注册登记系统落户湖北。湖北在全国率先实现河湖长制全覆盖。江西国家生态文明试验区（江西）实施方案全面实施，环境质量保持良好，全省国家考核断面水质优良率92%，空气质量优良率83.9%。绿色生态优势持续巩固，完成植树造林142.1万亩、森林抚育560万亩，全省森林覆盖率稳定在63.1%。万元GDP能耗下降4.9%左右，节能减排成效明显。湖南5年完成生态环境投资5 104.5亿元，绿色发展指数位列全国第8位。

（五）中部地区民生福利进一步增强，脱贫攻坚实现大丰收

山西把民生改善作为一切工作的出发点和落脚点，各级财政累计投入1.38万亿元用于民生福祉，占财政支出的八成以上。城乡居民人均可支配收入年均增长7.6%、8.8%，农村居民收入增速持续快于城镇居民。安徽脱贫攻坚战取得决定性进展，贫困人口从679.1万人减少到120.2万人，贫困发生率从12.6%下降到2.2%。安徽产业扶贫覆盖所有贫困村，建成村级光伏电站6 317个、户用31.5万户。河南居民人均可支配收入达到2万元。577.7万农村贫困人口稳定脱贫。湖北城乡社会救助体系不断完善。城乡基本医保整合、基本药物制度、公立医院改革纵深推进，村级标准化卫生室实现全覆盖。江西2017年城镇居民人均可支配收入31 198元，增长8.8%；农村居民人均可支配收入13 242元，增长9.1%。湖南5年减少农村建档立卡贫困人口551万人，贫困发生率由13.43%下降到3.86%，51个贫困县人均地方财政收入增长47%。

二、2017年中部各省经济社会发展及政府工作成效

（一）安徽省

2012～2017年度安徽经济发展取得重大成就，经济发展质量和效益

不断提升。根据《2018 年安徽省政府工作报告》[①] 全省生产总值从 1.72 万亿元增加到 2.75 万亿元，年均增长 9.1%。财政收入从 3 026 亿元增加到 4 858 亿元，年均增长 9.9%。城镇、农村常住居民人均可支配收入分别达 31 640 元和 12 758 元，年均增长 8.8% 和 10.3%。

2017 年安徽经济结构进一步优化，产业和区域经济的质量和效益提升迅速。近两年安徽化解煤炭、生铁粗钢产能 1 672 万吨、631 万吨，降低企业成本 1 700 亿元以上。创新型现代化产业体系加快构建，战略性新兴产业产值、高新技术产业增加值年均增长 20.2% 和 14.5%。安徽金融机构存贷款余额、社会融资规模实现翻番。过去 5 年旅游总收入年均增长 18.8%。基于“互联网 +”的新业态发展迅速，快递业务量从 1.4 亿件增加到 9 亿件。粮食最高产量突破 700 亿斤，农产品加工业产值年均增长 10.5%。加快与沪苏浙一体化发展，皖江 8 市整体纳入长三角世界级城市群。常住人口城镇化率从 46.5% 提高到 53.5%。

2017 年安徽基础设施建设加速，基础设施体系显著改善。高铁网络不断加密，城市轨道交通从无到有。高速铁路运营里程从 726 公里增加到 1 430 公里，高速公路通车里程从 3 210 公里增加到 4 673 公里，建成农村道路畅通工程 5.5 万公里。完成中心村电网改造，光缆通达所有行政村。移动宽带用户普及率从 13.9% 提高到 63.9%。电子商务进农村实现全覆盖。

2017 年安徽创新型省份建设取得重大成果。深入实施创新驱动发展战略，科技创新能力和科技成果转化水平显著提升，区域创新能力稳居全国第一方阵。合肥综合性国家科学中心获批建设，正在成为国家重要的战略科技力量，区域创新网络不断完善。每万人发明专利拥有量从 1.29 件增加到 7.7 件。量子信息、热核聚变、稳态强磁场、铁基超导等前沿技术率先突破，全球首颗量子通信卫星“墨子号”、全球首台量子计算机由中科大主导研制，全球最薄触控玻璃实现量产，液晶显示全球最高世代线建成投产，科大讯飞智能语音入列国家人工智能四大开放创新平台，合肥微尺度物质科学国家研究中心获批建设，全国首家智慧医院挂牌运营，创新引领型发展在江淮大地呈现蓬勃生机。

2017 年安徽全面深化改革实现重大突破。国家级重大改革试点取得重要阶段性成果，农村土地承包经营权确权登记颁证提前 1 年完成，新

① 本部分摘引自安徽省省长李国英在安徽省第十三届人民代表大会第一次会议（2018 年 1 月 24 日）所作的《2018 年安徽省政府工作报告》。

型城镇化试点省建设全面展开，医药卫生体制综合改革试点成效显著。率先建立实施政府权责清单制度和编制周转池制度。商事制度改革不断深化，民营经济活力持续增强，各类市场主体从192.5万户增加到381.4万户。积极推进国有企业改革，大力发展混合所有制经济，江淮汽车、华安证券、建工集团整体上市。农村集体产权制度改革稳步推进。农村合作金融机构全部改制为农村商业银行，政策性融资担保体系实现县域全覆盖，首家民营银行新安银行设立，省股权托管交易中心建成运营，挂牌企业达1 859家。改革的广度、深度、力度日益增强，改革的动力、活力、红利日益显现。

2017年安徽内陆开放新高地建设迈出重大步伐。实施双向互动、内外联动的全面开放，"一带一路"和长江经济带重要节点地位日益凸显。推进外贸优进优出，高新技术产品出口比重从6.2%提高到24.7%，跨境电商贸易额年均增长30%。实际利用外商直接投资673亿美元，年均增长13%，境外世界500强在皖设立企业增加到152家。推进开放大通道大平台大通关建设，合肥中欧国际货运班列加密延伸，新增国家级开发区6家，设立综合保税区3家、保税物流中心4家、进境指定口岸11个，复制推广自贸区改革试点经验56项。

（二）湖南省

根据《2018年湖南省政府工作报告》[①]，2017年湖南省经济发展质量和安全发展水平明显提升，保持了稳中向好、稳中趋优的发展态势。地区生产总值跨上3万亿元台阶，达到3.46万亿元，5年年均增长8.8%。三次产业结构由2012年的13.4∶47.7∶38.9调整为10.7∶40.9∶48.4。湖南区域发展呈现新格局，长株潭地区生产总值占全省比重达41.5%，洞庭湖生态经济区加快建设，湘南地区承接产业转移示范效应加速显现，大湘西地区基础设施大幅改善。湖南发展动能不断增强，非公有制经济增加值达2.08万亿元。湖南工业和服务业增加值分别达1.19万亿元、1.68万亿元。移动互联网企业达3.2万家。旅游总收入达7 172.6亿元。2017年末湖南贷款余额比2012年末增长104%。5年湖南新增上市公司35家，总数达116家。湖南发展效益不断提高，一般公共预算收入达4 565.7亿元，年均增长9.2%。城乡居民收入年均分别增长8.7%、

① 本部分摘引自湖南省省长许达哲在湖南省第十三届人民代表大会第一次会议上所作的《2018年湖南省政府工作报告》。

9.4%。

2017年湖南省创新开放步伐加快。长株潭国家自主创新示范区建设成效显著，5年科技进步贡献率提高3.6个百分点，共获国家科学技术奖94项。超级计算机、超级杂交稻、高铁动力与控制系统、中低速磁浮等科技成果达到世界先进水平。湖南开通直飞美洲、欧洲、大洋洲的民航航线和中欧班列—湘欧快线。长沙临空经济示范区，湘潭、岳阳综保区及长沙跨境贸易电子商务服务试点，岳阳城陵矶港启运港退税政策试点等获批。长沙、衡阳、郴州综保区封关运行。在湘投资的"世界500强"达到167家。全省进出口总额年均增长10%。

2017年湖南省全面完成长株潭两型社会建设综合配套改革试验区第二阶段改革任务。供给侧结构性改革加快推进，共化解钢铁产能50万吨、煤炭产能4 180万吨，减少烟花爆竹生产企业1 180家。国有企业整合重组、公司制改制、混合所有制改革等力度加大，省属监管企业管理层级控制在3级以内。营改增试点顺利完成，资源税改革试点稳步推进，城乡工商业实现用电同价。医疗、医保、医药联动改革成效显著，公立医院综合改革实现全覆盖。国有林场、集体林权、水利综合改革试点和供销合作社改革基本完成。

2017年湖南省基础设施日臻完善。综合交通枢纽体系基本形成，高速铁路、高速公路通车里程分别达到1 397公里、6 419公里。新改建干线公路5 221公里，全省民用通航机场达7个，黄花机场旅客年吞吐量突破2 300万人次。新增电力装机容量1 195万千瓦。数字湖南建设加快，14个市州城区实现光纤宽带网全覆盖，城镇区域实现4G网络全覆盖。新型城镇化建设加速，城镇化率提高到54.6%。

2017年湖南省生态质量持续改善。5年完成生态环境投资5 104.5亿元，是前5年的4.1倍。绿色发展指数位列全国第8位。湘江保护和治理效果明显，全省地表水419个省控断面水质总体为优，Ⅰ-Ⅲ类水质断面占90.2%，比2012年提高3个百分点。湖南全省14个市州城市空气质量平均优良天数比例达81.5%。

（三）河南省

根据《2018年河南省政府工作报告》①，河南省2017年经济总量初

① 本部分摘引自河南省省长陈润儿在河南省第十三届人民代表大会第一次会议（2018年1月24日）上所作的《2018年河南省政府工作报告》。

动，从主要依靠投资拉动转为消费和投资一起拉动。湖北省坚持农业农村优先发展，建成高标准农田2 490万亩，综合生产能力明显增强，粮食产量突破500亿斤。湖北省实施一批支撑性重大项目，完成固定资产投资13.6万亿元，是上个5年的2.5倍。存储器、商业航天、新能源汽车等国家级产业基地落户。湖北省交通、水利、能源、信息等基础设施体系不断完善，极大改善了湖北发展条件。

5年来湖北省不断推进创新发展，激发市场活力和社会创造力。持续深化“互联网+放管服”改革，省级取消、下放、调整行政审批等事项725项，开通全省政务服务“一张网”，全面实施“多证合一、一照一码”。政府机构改革和事业单位分类改革有序推进。农村土地“三权分置”、农村集体产权制度、林权、农垦等改革深入实施。国企国资、投融资、财税等改革取得积极进展。坚持引进来与走出去并重，开放型经济有了新提升。获批建设中国（湖北）自由贸易试验区，实际使用外资449亿美元，引进省外资金3.86万亿元。来鄂投资世界500强企业新增55家。国家级高新区由4家增至9家，新增高新技术企业3 824家，年度专利申请量突破10万件。

5年来湖北省人民生活明显改善。城乡居民人均可支配收入分别达到31 889元和13 812元，年均分别增长9.1%和10%，城乡居民收入比由2.65缩小到2.31。湖北省脱贫攻坚取得决定性进展，450万人摘掉贫困帽子。城镇新增就业432万人。农村安全饮水基本实现全覆盖。基本养老、基本医保、社会救助等标准稳步提高。5年来湖北省财政支出用于民生的比重保持在75%左右。湖北省城镇登记失业率保持在3.5%以下。城乡基本医保整合、基本药物制度、公立医院改革纵深推进，村级标准化卫生室实现全覆盖。建成保障性安居工程住房152万套，改造棚户区住房179万套、农村危房45.9万户，易地扶贫搬迁61.5万人。湖北省公共文化服务水平不断提高，全民健身和竞技体育共同发展。平安湖北、法治湖北建设深入推进，社会治安、安全生产总体稳定。

（五）江西省

2017年江西省经济增速保持全国“第一方阵”，根据《2018年江西省政府工作报告》①，江西实现生产总值20 818.5亿元，增长8.9%。

① 本部分摘引自江西省省长刘奇在江西省第十三届人民代表大会第一次会议（2018年1月23日）上所作的《2018年江西省政府工作报告》。

2017 年江西主要经济指标增幅继续位居全国前列，财政总收入 3 447.4 亿元，增长 9.7%。江西规模以上工业增加值增长 9.1%，预计实现利润 2 476.5 亿元、增长 18%；江西省固定资产投资 21 770.4 亿元，增长 12.3%；社会消费品零售总额 7 448.1 亿元，增长 12.3%；外贸出口 2 222.6 亿元，增长 13.3%；实际利用外资 114.6 亿美元，增长 9.8%。

2017 年江西省产业结构调整优化成效明显。转型升级加快，新动能、新产业、新业态加速成长。高新技术产业增加值占规模以上工业增加值比重达 30.9%，同比提高 0.8 个百分点，战略性新兴产业、装备制造业和服务型制造快速发展。粮食生产实现“十四连丰”，农产品加工转化率达 61%。现代服务业发展势头良好，金融机构本外币存、贷款余额分别达 3.25 万亿元、2.59 万亿元，分别新增 3 430 亿元、4 053 亿元；旅游接待 5.7 亿人次，旅游总收入 6 435 亿元，分别增长 21.6%、28.9%，服务业增加值占 GDP 比重同比提高 0.7 个百分点。

2017 年江西省生态文明建设取得重要进展。国家生态文明试验区（江西）实施方案全面实施，生态文明重大工程和制度体系建设扎实推进。环境质量保持良好，全省国家考核断面水质优良率 92%，空气质量优良率 83.9%。绿色生态优势持续巩固，完成植树造林 142.1 万亩、森林抚育 560 万亩，全省森林覆盖率稳定在 63.1%。万元 GDP 能耗下降 4.9% 左右，节能减排成效明显。

2017 年江西人民群众获得感进一步增强。江西城镇新增就业 55.8 万人、新增转移农村劳动力 60 万人，分别完成年度计划的 123.9% 和 119.9%，城镇登记失业率 3.34%。脱贫攻坚扎实推进，50 万人摆脱贫困。2017 年江西城镇居民人均可支配收入 31 198 元，增长 8.8%；农村居民人均可支配收入 13 242 元，增长 9.1%。

5 年来，江西主动适应经济发展新常态，以新理念引领发展行动，综合经济实力实现历史性跃升。固定资产投资、社会消费品零售总额、外贸出口年均分别增长 17%、12.6% 和 7%。江西推动“众创业、个升企、企入规、规转股、股上市、育龙头、聚集群”，促进实体经济健康成长，5 年净增规模以上工业企业 4 981 户、新增国家高新技术企业 1 775 家。5 年江西固定资产投资、金融机构本外币贷款余额比 2012 年翻一番；人均 GDP 突破 6 000 美元，金融机构本外币存款余额突破 3 万亿元，城镇居民人均可支配收入突破 3 万元；江西科技进步综合水平、地区生产总值、一般公共预算收入、规模以上工业增加值、固定资产投资、外贸出口、城镇和农村居民人均可支配收入在全国位次前移。

5年来，江西改革创新，优化结构培育新动能取得突破性进展。江西省本级行政审批事项精简72%、行政权力事项精简82.4%。提前完成“十三五”钢铁去产能任务，煤炭去产能任务已完成“十三五”的71.6%，商品住宅平均去库存化时间下降到5.8个月，先后出台降成本优环境“130条”，两年累计为企业减负1 500亿元。新增市场主体180多万户。经过5年发展，全省产业结构出现标志性变化：第一产业增加值占GDP比重降至10%以下，服务业增加值占GDP比重超过工业，三次产业结构由2012年的11.7∶53.8∶34.5调整为9.4∶47.9∶42.7；航空、新能源新材料、电子信息、中医药、现代金融等产业加速壮大，组建江西银行、江西联合股权交易中心，金融资产总量比2012年翻一番；千亿产业达11个，百亿企业达17家。

5年来，江西基础设施建设、城乡面貌发生根本性变化，铁路营运里程突破4 000公里，其中高铁里程913公里。高速公路通车里程达6 000公里，打通28个省际高速公路通道，实现县县通高速、村村通动力电。昌北机场旅客年吞吐量突破1 000万人次。5年来，江西新改建农村公路6.8万公里，71个县（市）25户以上自然村实现通水泥（油）路。大力实施“龙头昂起、两翼齐飞、苏区振兴、绿色崛起”区域发展战略，赣江新区成为中部第2个国家级新区，南昌核心增长极、九江沿江开放开发注入了新动力，龙头牵引作用进一步增强，昌九地区生产总值占全省的比重提高到34%。赣南等原中央苏区振兴发展国家战略取得重大阶段性成效。新型城镇化步伐加快，城市人口历史性超过农村人口，城镇化率由2012年的47.5%提高到54.6%。“整洁美丽、和谐宜居”新农村建设成效明显，城乡面貌发生显著变化。

（六）山西省

根据《2018年山西省政府工作报告》[①]，山西2017年全年地区生产总值14 973亿元、增长7%，规模以上工业增加值增长7%，固定资产投资增长6.3%，社会消费品零售总额增长6.8%，一般公共预算收入增长19.9%，城镇、农村居民人均可支配收入分别增长6.5%、7%，达到29 132元、10 788元。2012～2017年山西经济发展极其不寻常，但2017

① 本部分摘引自山西省省长楼阳生在山西省第十三届人民代表大会第一次会议（2018年1月25日）上所作的《2018年山西省政府工作报告》。

年经济社会发展各项预期性和约束性指标均完成或超额完成，实现了从断崖式下滑到走出困境、再到转型发展呈现强劲态势的重大转折！

5 年来，山西供给侧结构性改革取得新成效。退出煤炭产能 4 590 万吨，淘汰炼铁产能 82 万吨、炼钢产能 325 万吨；率先实施煤炭减量化生产，为改善全国煤炭市场供求关系作出了重要贡献。加大房地产去库存力度，全省商品房待售面积、库存消化周期实现“双下降”。山西省多措并举降低国有企业负债率，2017 年同比下降 1. 7 个百分点。2017 年全省规上工业企业每百元主营业务收入成本比 2012 年下降 3. 31 元。加大脱贫攻坚、基础设施、科技创新、社会民生、生态环保等薄弱环节投资力度，加快补齐发展短板。

5 年来，山西转型综改开创新局面。批准新设 15 个省级开发区，推行“专业化、市场化、国际化”的管理运行机制。打造“六最”营商环境，率先实施企业投资项目承诺制改革试点，开展加快招商引资项目落地、入企服务常态化等 9 大专项行动。

5 年来，山西动能转换取得新突破。山西加快发展大数据、高端装备制造、新材料、新能源汽车等战略性新兴产业。推进能源革命，改造提升传统产业。加快金融、现代物流等现代服务业发展。促进文化旅游融合发展，包装重点项目，引进战略合作者，培育经营主体，完成 149 个景区所有权、经营权分离改革。山西战略性新兴产业、非煤产业增加值占规上工业增加值比重分别达到 9%、51. 3%；服务业占 GDP 比重达到 53. 5%；旅游总收入由 1 813 亿元增加到 5 360. 2 亿元，年均增长 24. 2%；高端碳纤维、笔尖钢、高铁轮轴钢等一批关键技术取得新突破，高新技术企业由 290 家增加到 1 117 家。

5 年来，山西对外开放取得新进展。实施“东融南承西联北拓”战略，积极参与“一带一路”建设，主动融入京津冀和环渤海经济圈。实施晋商晋才回乡创业创新工程，与国内外一批行业龙头企业开展深度合作，推进招商引资体制机制改革，2017 年招商引资到位资金 4 938 亿元。复制推广自由贸易试验区改革试点经验，启动山西自由贸易试验区申报，成功开通中欧、中亚班列，全省进出口总额达到 1 162 亿元。2017 年太原武宿机场年旅客吞吐量首次突破 1 000 万人次、达到 1 200 万人次，进入全国繁忙机场行列。

5 年来，山西“三农”工作取得新成果。5 年出台 50 项强农富农惠农政策，粮食综合生产能力稳定在 130 亿公斤左右。以省级战略推动山西农谷、雁门关农牧交错带示范区、运城农产品出口平台建设，实施特色现代农业增效工程，农业供给侧结构性改革迈出坚实步伐。

5 年来，山西城乡面貌发生新变化。全省城镇化率年均提高 1.22 个百分点，2017 年达到 57.34%。城乡人居环境改善四大工程顺利实施。5 年全省铁路营运里程由 3 774 公里增加到 5 293 公里，公路里程由 13.8 万公里增加到 14.3 万公里，高速公路里程由 5 011 公里增加到 5 335 公里，建成打通高速公路出省口 10 个。大同、运城、五台山航空口岸开放和中鼎物流园区建设加快推进。

5 年来，山西生态环境质量实现新改善。开展大气、水、土壤污染防治三大战役，与 2013 年相比，2017 年环境空气质量综合指数下降 8.3%，细颗粒物（PM2.5）浓度下降 23.4%，完成国家下达的“大气十条”目标任务。全面推行河长制，实施饮用水、流域水、地下水、黑臭水、污废水“五水同治”。地表水优良断面比例比 2012 年上升 7.5 个百分点，重度污染断面比例下降 4.3 个百分点。实施“两山七河”生态治理工程，5 年完成营造林 2 205.8 万亩，治理水土流失面积 1.32 万平方公里，以汾河谷地为中心的地下水位连续 10 年回升。狠抓节能降耗，推进燃煤机组超低排放改造，万元地区生产总值能耗预计累计下降 19%。

三、2017 年中部各省省会城市发展

中部六省经济发展最重要板块毫无疑问都是各省的省会城市。2017 年中部各省省会城市作为各省首位城市和区域中心的引领作用进一步强化，经济增长势头较好。在中部六大省会城市中，经济总量最大的是武汉，2017 年实现地区生产总值 13 410.34 亿元，增幅 8%，在全国城市 GDP 排名中位列第九位。跟武汉一样进入经济总量万亿级别的城市，还有长沙市，2017 年长沙地区生产总值达到 10 535.51 亿元，全国城市排名第 14 位。位列中部经济总量第三的城市是郑州市，2017 年实现地区生产总值 9 130.2 亿元，在全国排名第 17 位。合肥 2017 年实现地区生产总值 7 191 亿元，全国排名第 25 位。南昌 5 003.2 亿元，排名第 39 位。太原是中部省会城市中地区生产总值最低的城市，2017 年生产总值为 3 382.18 亿元，全国城市排名中居于 72 位。

从省会城市经济增速来看，目前保持超高增速（9%）以上的城市共有两个，分别是刚刚达到万亿级经济总量的长沙和总量排名中部第五的南昌市。2017 年两个城市地区生产总值增幅均达到 9%，并列中部第一。

另外合肥市取得了 8.8% 的增幅，在中部位列第三。而增幅达到 8% 的省会城市还有武汉（8%）和郑州（8.2%）。而太原则无论经济总量还是经济增速均为最低，经济地位进一步下降。

从城市的人口规模来看，中部地区人口达到千万量级的城市有两个，分别为武汉（1 077 万人）和郑州（1 001 万人）。合肥人口达到 937 万人，人口体量与武汉、郑州几乎相当。南昌和太原经济发展均受制于人口规模过小，导致经济总量偏低。从人均 GDP 来看，长沙达到 13.8 万元，其次是武汉市 12.5 万元，合肥和太原的人均 GDP 相对较低，分别仅为 7.7 万元和 7.8 万元。从城市所在省的经济首位度来看，武汉的首位度最高，达到 36.7%，其次是长沙 30.5%，合肥 26.1%，南昌 24.0%，太原 22.6%，郑州 20.3%。总体来看，中部除武汉和长沙外，省会城市的首位度均不够高。说明中部城市集聚效应不强，省会对全省的引领和牵引作用还不够强。

综合省会城市的经济增量、增幅以及人口规模，不难发现，当前中部地区省会城市间的竞争非常激烈。尤其是第二位的长沙以及第四位的南昌增势都非常强劲。未来城市格局将进一步分化，“强者恒强、弱则恒弱”的格局将进一步强化。省会城市间的差距将进一步拉大（见表 2）。

表 2　　中部省会城市发展比较：2017 年

城市	GDP（亿元）	全国排名	增速（%）	人口（万人）	人均 GDP（万元/人）	首位度（%）
武汉	13 410.34	9	8	1 077	12.5	36.7
长沙	10 535.51	14	9	765	13.8	30.5
郑州	9 130.2	17	8.2	1 001	9.1	20.3
合肥	7 191	25	8.8	937	7.7	26.1
南昌	5 003.2	39	9	537	9.3	24.0
太原	3 382.18	72	7.5	432	7.8	22.6

（一）安徽省会合肥

根据《2018 年合肥市政府工作报告》①，近年合肥经济发展势头非常

① 本部分摘引自合肥市市长凌云在合肥市第十六届人民代表大会第一次会议（2018 年 1 月 10 日）所作的《2018 年合肥市政府工作报告》。

好，2017年合肥经济实力再上台阶，主要指标稳居全国省会城市前十。地区生产总值初步合计突破7 000亿元、增长8.8%左右；规模以上工业增加值增长9%以上；固定资产投资6 350亿元、增长5%；财政收入1 251.1亿元、增长12.3%，其中地方财政收入655.9亿元、增长6.7%；社会消费品零售总额2 730亿元、增长11.8%；进出口总额238亿美元、增长27%；居民人均可支配收入31 800元、增长9.2%。当前合肥创新驱动实现重大突破，正加快建设综合性国家科学中心、合芜蚌自主创新示范区。世界首条量子保密通信“京沪干线”正式贯通，聚变堆主机关键系统成功落户，科大讯飞智能语音入列国家人工智能四大平台，微尺度物质科学国家研究中心获批组建，离子医学中心、安徽创新馆等建设积极推进。深化与高校院所战略合作，推动科技创新与产业创新深度融合，中科大先研院、清华公共安全研究院、合肥北航科学城等创新平台建设加快推进。2017年合肥产业转型迈出重大步伐。新型显示、机器人国家区域集聚发展试点加快建设，6个省级战略性新兴产业集聚发展基地领跑全省，首批4个市级基地认定挂牌。合肥高新技术产业增加值突破1 400亿元，战略性新兴产业对工业增长的贡献率达到50%。“合新欧”国际货运班列加密运行，合肥港吞吐量突破24万标箱。合肥正加快推进全国首批城市试点建设，城市净化、序化、绿化、亮化、美化水平全面提升。

（二）江西省会南昌

2017年南昌综合实力迈上新台阶。根据《2018年南昌市政府工作报告》①，南昌市全年完成地区生产总值5 003.2亿元，增长9%左右；财政总收入（市口径）845.3亿元，增长6.9%；地方一般公共预算收入417.1亿元，同口径增长10.3%；规模以上工业增加值增长9.5%左右；全社会固定资产投资5 115.2亿元，增长12.7%；实际利用内资1 390亿元，增长20%；实际利用外资31.8亿美元，增长10.1%；社会消费品零售总额2 097亿元，增长12.4%左右；外贸出口63亿美元，增长8.9%。其中地区生产总值、规模以上工业增加值、固定资产投资、实际利用外资、社会消费品零售总额五项指标增速稳居全国省会城市第一方阵，地区生产总值和规模以上工业增加值两项指标增速位居中部省会城市首位，

① 摘引自南昌市市长郭安在南昌市第十五届人民代表大会第三次会议（2018年1月7日）上所作的《2018年南昌市政府工作报告》。

财政六项指标位居全省第一，规模以上工业增加值首次位居全省第一，外贸出口增速实现由负转正。2017 年南昌区域发展竞相发力，高新开发区、经济开发区、小蓝经济区三个国家级开发区主营业务收入分别实现 2 100 亿元、1 250 亿元、1 200 亿元。高新区综合排名位居 157 个国家级高新区第 40 位；经开区综合排名位居 219 个国家级经开区第 47 位。南昌县在全国中小城市综合实力百强县、投资潜力百强县、新型城镇化质量百强县排位前移。

（三）山西省会太原

2017 年太原经济呈现中高速增长。根据《太原市 2017 年国民经济和社会发展统计公报》[①]，2017 年全市 GDP 增长 7.5%，与上年全年持平，是自 2015 年 1 季度以来连续 12 个季度保持 7% 以上的中高速增长。太原经济总量实现新突破，2017 年全市 GDP 突破 3 000 亿元大关，达到 3 382.18 亿元，在全省的经济首位度为 22.6%。经济总量增加 426.58 亿元，达到近 3 年来增量的最高水平。分产业看，太原三次产业增加值、均有不同程度的增加，第一产业增加值增加 2.60 亿元，第二产业增加值增加 203.38 亿元，第三产业增加值增加 220.60 亿元。服务业是拉动全市经济增长的第一动力。2017 年太原尽管由于工业经济增速的提升，第二产业占 GDP 的比重比上年增加，第三产业占 GDP 的比重比上年减少，但是第三产业占比仍超过六成，远高于第二产业 23.6 个百分点。第三产业对全市经济增长的贡献率为 64.5%，拉动全市经济增长 4.84 个百分点，是拉动全市经济增长的第一动力。太原产业间协调度增加。2017 年，第一产业比上年增长 3.0%，第二产业增长 7.0%，第三产业增长 7.9%。三次产业同向发展，主导产业增长差距缩小，第二、第三产业的增速差仅为 0.9 个百分点，主导产业间协调度有所增加。

（四）湖北省会武汉

武汉是中部六省唯一的副省级市，长江经济带核心城市，全国重要的工业基地、科教基地和综合交通枢纽。武汉下辖 13 个市辖区、3 个国家级开发区，总面积 8 494.41 平方公里，2016 年常住人口 1 076.62 万人，全市城镇化率 79.77%。武汉地处江汉平原东部、长江中游。武汉有

① 摘引自《太原市统计信息网》官方网站。

“九省通衢”之称，是中国内陆最大的水陆空交通枢纽、长江中游航运中心，其高铁网辐射大半个中国，拥有53条境外直达航线，是华中地区唯一可直航全球四大洲的城市。2016年10月，中共中央发布的《长江经济带发展规划纲要》将武汉列为超大城市；同年12月，国家发改委原则同意并支持武汉建设国家中心城市。根据《武汉市2017年国民经济和社会发展统计公报》①，2017年武汉保持了较高的经济增长水平，实现地区生产总值13 410.34亿元，增速8.0%。其中第二产业为5 861.35亿元，第三产业为7 140.79亿元，增幅分别为7.1%和9.2%。一般公共预算总收入2 677.66亿元，年增幅10.5%。武汉全社会固定资产投资额7 871.66亿元，增幅11.0%，其中工业投资2 404.95亿元。社会消费品零售总额6 196.30亿元，增幅10.4%。进出口总额1 936.20亿元，增幅23.2%，其中出口总额1 157.6亿元，增幅27.8%。武汉实际利用外资96.5亿美元，增幅13.2%。武汉金融机构本外币存款余额24 499.41亿元，增幅10.4%。全体居民人均可支配收入38 642元，增幅9.21%，其中城镇常住居民人均可支配收入43 405元，农村常住居民人均可支配收入20 887元，增幅9.06%，增速略低于城镇居民人均可支配收入增幅。

（五）湖南省会长沙

长沙是长江中游地区重要的中心城市，全国“两型社会”综合配套改革试验区、中国重要的粮食生产基地，长江中游城市群和长江经济带重要的节点城市。长沙东邻江西省宜春、萍乡，西连娄底、益阳，南接株洲、湘潭，北靠岳阳。长沙地处湖南省东部偏北，湘江下游和湘浏盆地西缘，总面积11 819平方公里。长沙是中国中部承东启西、接南转北的重要综合交通枢纽，京广、沪昆和规划中的渝厦高铁在此交汇，黄花机场是中国内陆重要空港。长沙是湖南省政治、经济、文化、科教和商贸中心。2017年长沙市大力实施“创新引领、开放崛起”战略，加快打造国家智能制造中心、国家创新创意中心、国家交通物流中心。根据《长沙市2017年国民经济和社会发展统计公报》②，2017年长沙市经济总量首次迈入“万亿俱乐部”，实现地区生产总值10 535.51亿元，增长9.0%。规模工业增加值3 540亿元，增长8.5%。长沙固定资产投资7 570亿元，增长13.1%；社会消费品零售总额4 550亿元，增长

① 摘引自《武汉市统计信息网》官方网站。
② 摘引自《长沙市统计信息网》官方网站。

10.5%；一般公共预算收入1 400亿元，增长13.73%。经济社会发展实现稳中求进、进中向好。长沙新增上市企业12家，累计达66家，占全省的75.59%，A股上市企业数量和市值均居中部首位。被联合国教科文组织评为世界“媒体艺术之都”，是全国第一个获此殊荣的城市。长沙精准扶贫、精准脱贫成效明显，68个省定贫困村全部退出，6.4万贫困人口全部达到脱贫标准，率先建成全面小康社会。

（六）河南省会郑州

2017年郑州推进供给侧结构性改革，稳增长、调结构、补短板、惠民生，全面推进国家中心城市建设，实现了经济高质量发展。根据《郑州市2017年国民经济和社会发展统计公报》①，2017年郑州市生产总值首次突破9 000亿元大关，达9 130.2亿元，比上年增长8.2%，经济总量继续稳居全国地级以上城市第17位。2017年郑州加快实施国家中心城市重大项目3 461个，总投资43 659亿元。郑州做大做强新兴产业集群，强力推进现代产业发展高地建设。2017年，郑州市规模以上工业增加值完成3 191.3亿元，比上年增长7.8%，增速高于全国平均水平1.2个百分点。电子信息、汽车及装备制造、生物及医药等七大工业主导产业增长10.5%，工业增加值占全市工业的比重为70.9%，对全市工业增长的贡献率为96.8%。过去5年，河南省加快郑洛新国家自主创新示范区、国家知识产权强省试点省、国家技术转移郑州中心建设。国家大数据综合试验区加快建设，龙子湖智慧岛入驻大数据相关企业超过100家。过去5年，郑洛新“中国制造2025”试点示范城市群获批，装备制造等五大主导产业、高技术产业增加值年均增速分别高于规模以上工业3.1个和11.2个百分点。2017年，郑州高技术产业完成工业增加值407.1亿元，高新技术产业完成工业增加值1 328.4亿元；新能源汽车产量同比增长17.1%，太阳能电池增长7.7%，手机增长14.6%。过去5年郑州—卢森堡“空中丝绸之路”实现每周18班全货机满负荷运行，郑州机场旅客吞吐量2 430万人次、货邮吞吐量50.3万吨，跃居中部地区“双第一”；中欧班列（郑州）累计开行超过1 000班。2017年，郑州市不断加速改善民生的脚步，其中，全市新增城镇就业15万人，农村劳动力转移就业7.95万人。郑州市社会保障水平不断提高，各项社会保险费收入331.57

① 摘引自《郑州市统计信息网》官方网站。

亿元，支出243.77亿元。郑州正围绕建设“森林、湿地、流域、农田、城市”五大生态系统，建成天蓝、地绿、水清、生态宜居的美丽中国示范城市，强力推进幸福都市建设。

四、2017年中部地区存在的主要发展问题与不足

（一）发展不均衡不充分依然是中部地区最大的发展问题

近年在全国增长降速调速的大背景下，中部地区总体增长和发展势头很好，是引领我国新常态下经济增长的重要板块。中部地区内部进位赶超竞争激烈，省与省间经济总量差异不断缩小。但中部地区总体发展不充分，不均衡，在我国经济板块中塌陷的发展处境并没有根本性改变，中部崛起依然是中部发展最大主题。其中山西省发展问题更为突出，受资源性型经济转型影响，近年山西经济增长乏力，发展不充分的问题较为突出。山西以及中部其他省份共同存在的结构性体制性矛盾远未从根本上解决。实体经济质量效益不高，传统产业不强，新兴产业不大。市场主体发育不充分，国企竞争力不强，民营经济实力不足。科技和人才要素支撑不够，整体创新能力不强。开放型经济水平不高，营商环境亟待改善等问题依然严重制约山西经济的快速发展。这些问题对其他省份发展亦存在程度不一的影响和制约。

（二）生态环境问题突出，可持续发展压力大

中部地区在我国具有生态安全的国家主体功能的重要职责，是我国重要的生态屏障。但由于长期发展方式问题，中部各省生态环境保护依然任重道远，经济发展与生态环境保护的矛盾依然广泛地存在，相对于现有的经济发展水平和特定阶段而言，高标准的环境和生态保护和治理对中部各省而言压力均不小。尤其是对于长期倚重资源型经济的山西和河南等省而言，煤、钢等产能的缩减以及大量过剩产能企业的关停都会带来极大的经济增长压力。

（三）民生和社会事业压力大，脱贫攻坚任务重

中部地区人口基数大，尤其是农村人口多，贫困人口分布较广，加之长期以来经济发展不充分，发展资源外溢，导致中部各省都面临较大的民生和社会问题，以及因之而产生巨大的生产安全、社会稳定和和谐

的压力。城乡居民收入偏低，就业、教育、卫生、住房等公共服务水平较低，安全生产、公共安全等领域依然存在短板，这些现实问题还没有解决到位。脱贫攻坚任务艰巨，民生社会事业欠账较多，安全生产基础不牢，社会治理面临新挑战、新要求。

（四）政府职能还需进一步转换，公共服务能力还待提升，反腐倡廉任务重

中部地区相对于东部沿海地区而言，政府体制改革压力更大，长期以来官本位思想和意识浓厚，政府服务意识淡薄，市场观念不强，官民矛盾突出，集团式、塌方式腐败等问题较为典型。由于政府改革和政策措施落实不到位，一些干部适应经济发展新常态的能力不足，少数干部懒政怠政，“四风”问题特别是形式主义、官僚主义仍未根本解决。政府职能转变不到位，“放管服效”改革亟待深化，少数干部乱作为、慢作为、不作为，甚至消极腐败等严重阻碍中部地区的快速健康发展。

五、中部各省发展重点及对策

（一）深化供给侧结构性改革

加快发展方式转变、经济结构转型、增长动能转换，促进经济高质量发展。推动质量提升，以提高产品、工程和服务质量为重点，深入推进质量建设。继续实施增品种、提品质、创品牌专项行动，大力推进精益制造、品牌制造，支持企业发展个性定制、高端定制，增强供给产品适应市场需求的灵活性。弘扬工匠精神，引导企业瞄准国际国内先进水平，开展对标达标专项行动，加强全面质量监管，以标准提升引领和倒逼质量变革。河南省应深入推进种养业、制造业、服务业供给侧结构性改革专项行动，加快发展高效种养业、先进制造业、现代服务业。山西应加快建设全国重要的现代制造业基地。以实施大数据战略为牵引，以信息安全、传感器、人工智能等为重点，打造新一代信息技术产业集群。湖北省应支持国家存储器基地、商业航天基地、国家网络安全人才与创新基地、比亚迪新能源客车、广汽传祺宜昌基地、江汉战略储气库等重大项目加快建设。

（二）加强创新能力建设

中部地区武汉、合肥和长沙均为我国重点高校密集区，科研创新平

台多，创新能力强。为此，相关省市应借助高校资源，大力打造创新中心。湖北应支持武汉建设具有全球影响力的产业创新中心、综合性国家科学中心、全面改革创新试验区，支持襄阳、宜昌建成区域性创新中心，推动创新型城市建设。中部各省均应推进创新创业资源共享，拓展专业化市场化众创空间，高质量建设“双创”示范基地。安徽应加快建设合肥综合性国家科学中心，推进合肥滨湖科学城规划和建设，开展企业研发准备金、创新券制度试点。中部各省均应发展科技融资担保、科技保险，重点支持初创期科技企业，实施科技企业孵化器、加速器建设和升级工程，支持企业、开发区在海外设立离岸创新中心。长沙应推进以长株潭国家自主创新示范区为核心的科技创新基地建设，完善自主创新示范区空间规划，构建“一区三谷多园”格局，打造自主创新策源地、科技成果转化地和高端人才集聚地。积极承担种业创新、航空航天、新材料等国家重大科技项目。聚焦重点产业领域和关键环节，部署一批科技创新项目，攻克一批关键核心技术和共性技术，形成若干战略性新技术、新产品。

（三）加快发展现代服务业

大力发展咨询服务、现代物流、会展经济、科技服务、金融服务等生产性服务业。加大对咨询服务业的政策创设和支持力度，积极引进国内外著名咨询机构，鼓励引导创办咨询服务企业，培育本土咨询品牌，加快智库建设。完善物流网络，建设大型物流园区，推广多式联运，积极发展供应链物流、智慧物流、冷链物流，降低企业物流成本。培育会展主体，打造会展品牌，推进大型会展场馆建设和市场化运营。推动生活性服务业提质，促进消费升级。大力推进“互联网+”。聚焦新技术、新产品、新业态、新模式，推动“互联网+先进制造+现代服务业”融合发展，推动生产、流通、消费模式深刻变革，积极发展数字经济、分享经济、创意经济等新业态。河南应培育现代物流、健康养老、教育培训、优质旅游等新增长点；加快国家大数据综合试验区建设，抓好数据资源集中整合、开放共享，大力发展数字经济。湖北省应加速推进新型工业化与信息化融合、现代服务业与制造业融合。推动数据强省战略，深入实施“宽带湖北”行动，加快构建“互联网+产业”生态体系，实施智能制造行动计划和“万企上云”工程。大力推动互联网、大数据、人工智能与实体经济深度融合，在数字经济、共享经济、现代供应链、人力资本服务等领域培育新增长点。

（四）加快推进开放建设

新时代必须坚持改革不停顿、开放不止步。中部地区应加快实施一批关键性、突破性、引领性改革举措，促进对内对外双向开放，不断开拓改革开放新境界。加快形成全面开放新格局，深度融入“一带一路”建设，加快建设大通道、大通关、大平台。推动中欧班列、江海直达航线、多式联运发展。加快国际贸易“单一窗口”建设，落实“一次申报、一次检查、一次放行”“无纸化通关”，提升口岸服务功能。加快推广复制自贸区建设。加快推进贸易便利化、投资自由化、监管法治化，探索更多可复制的成功经验。强化产业支撑，加速发展战略性新兴产业和高技术产业，以产业集聚度和市场活跃度检验自贸区建设成效。湖北省应深化国际产能合作，推进境外投资“双重工程”。加快中法武汉生态示范城、中德荆州生态示范城建设。推进服务贸易创新发展，发展跨境电子商务、市场采购贸易、外贸综合服务等新业态。加快打造南昌、赣州连接“一带一路”节点城市。积极推动长江经济带发展，支持九江争创长江经济带绿色发展示范区，努力打造长江“最美岸线”。积极推进长江中游城市群建设，深度融入“长珠闽”板块，推进赣浙、赣粤、赣闽、赣湘等合作平台建设。湖南省应推进国际产能和装备制造合作 3 年行动计划，鼓励优势企业开展海外并购，扎实推进湖南·埃塞工业园等境外园区建设。争取市场采购贸易试点、中非经贸合作博览会、汽车平行进口等开放平台落地。建设好永州国家级出口食品农产品质量安全示范市。中部各省都应增强工业园区、综合保税区、口岸等平台服务功能，大力发展临空、临港经济。加快推进国际物流大通道建设，支持发展国际铁路快线、国际航空货运、国际水运和国际多式联运。

（五）优化营商环境，激发市场活力

推动国有企业完善现代企业制度，健全公司法人治理结构，推进混合所有制改革。改革国有资本授权经营体制，完善现代企业制度，做强做优做大国有资本。加快省级融资平台市场化、专业化改革。完善促进民营经济发展的体制机制，全面实施市场准入负面清单制度，坚决破除各种歧视性限制和隐性障碍，确保民企民资享受公平待遇。坚决制止侵害企业自主经营权和合法财产所有权行为。让企业家在市场竞争中有公平感、在合法经营中有安全感、在社会生活中有尊严感。深化金融改革创新，以金融科技和供应链金融为着力点，加大金融业态创新力度。充分发挥政府投资引导基金等作用，完善政府性融资担保体系。大力发展多层次资本市场，提升金融风险监测预警能力，防范化解金融风险，坚决守住不发生区域性金融风险的底线。深化价格体制改革，完善煤电价格联动机制，强化水电气等网络型自然垄断环节价格监管。

（六）实施乡村振兴战略

把牢乡村振兴战略总抓手，坚持农业农村优先发展，加快推进农业农村现代化。深化农业供给侧结构性改革，坚持质量兴农、绿色兴农，推动农业从增产导向转为提质导向。落实藏粮于地、藏粮于技战略，实施农业科技“五个一”行动，加快用现代化物质装备改造提升农业，推进高标准农田和水利设施建设，提升农业综合生产能力。加快构建现代农业产业体系、生产体系、经营体系，促进农村第一、第二、第三产业深度融合。大力发展大数据＋现代农业、互联网＋现代农业、旅游＋现代农业，培育农村新产业新业态。坚持农业农村优先发展，按照产业兴旺、生态宜居、乡风文明、治理有效、生活富裕的总要求，加快农业农村现代化。推进美丽乡村建设，实现生态优、环境美、村貌新。推动城乡融合发展。强化规划引领，制定乡村振兴规划，促进新型工业化、信息化、城镇化、农业现代化同步发展。巩固和完善农村基本经营制度，以处理好农民与土地关系为主线，完善承包地“三权分置”。推广土地按户连片耕种。深化农村集体产权制度改革，扩大农村集体资产股份权能改革试点。结合发展乡村旅游，适度放活宅基地和农民房屋使用权。发展多种形式适度规模经营，培育新型农业经营主体和高素质新型职业农民，促进小农户与现代农业发展有机衔接。落实公共财政、土地增值收益、金融资源向“三农”倾斜政策，探索乡村振兴资金筹措新机制。完善乡村治理，健全自治、法治、德治相结合的乡村治理体系。

参考文献

［1］许达哲：《2018 年湖南省政府工作报告》（2018 年 1 月 24 日），湖南省第十三届人民代表大会第一次会议。

［2］楼阳生：《2018 年山西省政府工作报告》（2018 年 1 月 25 日），山西省第十三届人民代表大会第一次会议。

［3］李国英：《2018 年安徽省政府工作报告》（2018 年 1 月 24 日），安徽省第十

三届人民代表大会第一次会议。

[4] 陈润儿：《2018 年河南省政府工作报告》（2018 年 1 月 24 日），河南省第十三届人民代表大会第一次会议。

[5] 王晓东：《2018 年湖北省政府工作报告》（2018 年 1 月 24 日），湖北省第十三届人民代表大会第一次会议。

[6] 刘奇：《2018 年江西省政府工作报告》（2018 年 1 月 23 日），江西省第十三届人民代表大会第一次会议。

[7] 凌云：《2018 年合肥市政府工作报告》（2018 年 1 月 10 日），合肥市第十六届人民代表大会第一次会议。

[8] 郭安：《2018 年南昌市政府工作报告》（2018 年 1 月 7 日），南昌市第十五届人民代表大会第三次会议。

[9] 陈文浩：《2018 年长沙市政府工作报告》（2018 年 1 月 2 日），长沙市第十五届人民代表大会第二次会议。

[10] 万勇：《2018 年武汉市政府工作报告》（2018 年 1 月 10 日），武汉市第十四届人民代表大会第二次会议。

中部发展论坛

之一：

创新驱动与智库建设

——创新驱动与智库建设发展论坛专家观点综述

罗海平　周静逸　余兆鹏①

为了更好地发挥高校服务国家战略和地方建设的智库功能，将南昌大学中国中部经济社会发展研究中心打造成有国内外重要影响的智库高地，在教育部、江西省以及南昌大学的领导和关怀下，中部中心成立了“中国中部经济社会发展研究中心智库专家委员会”。为了全面深入学习贯彻党的十九大精神，中部中心于 2017 年 11 月 11 日上午在前湖大厦召开了“创新驱动与智库建设发展论坛暨南昌大学中国中部经济社会发展研究中心智库专家委员会成立大会”。

学术论坛由原江西省人民政府发展研究中心副主任、南昌大学中部中心智库委员会副主任王志国主持。原南昌师范学院校长林加奇作了题为《供给侧改革背景下国有企业混合所有制改革》的学术报告；原南昌大学党委书记、中部中心名誉主任周绍森作了题为《经济转型期中部沿江四省创新驱动力比较研究》的学术报告；原江西省统计局巡视员彭道宾作了题为《深化金融改革创新，推动实体经济发展》的学术报告；江西省发展改革研究院产业经济研究室主任季凯文作了题为《江西智库研究的“新经济之声”》的学术报告。另外原江西省人民政府发展研究中心副主任、南昌大学中部中心智库委员会副主任王志国就《新常态背景下江西产业结构转型升级问题》作了学术交流和汇报；江西省社科院《江西社会科学》杂志社社长高平就《江西设市区创新能力比较研究》作了学术交流和汇报；江西省人民政府政策研究室副主任彭峰就《关于新时代高校智库建设的思考》作了学术交流和汇报；中部中心副主任彭继增就《数字化与产业结构升级的空间关联性》作了学术交流和汇报。

---

① 该会议综述由罗海平、周静逸和余兆鹏根据会议论文和会场专家发言整理而成。

学术论坛专家观点综述如下。

一、林加奇：《供给侧改革背景下国有企业混合所有制改革》

原南昌师范学院校长林加奇以江西省两个国有企业改革为例分析了国有企业改革的模式与做法，最后对国有企业改革的经验与示范价值进行了归纳总结。

他首先介绍了两个国有企业的基本情况，第一个企业是中国瑞林工程技术有限责任公司（以下简称中国瑞林），另一个是江西建工集团有限责任公司（以下简称江西建工）。改制前中国瑞林运营情况良好，但活力不足，发展动能弱；江西建工积弊缠身，景况不佳。改制后的中国瑞林经济效益持续高速增长，创造了跨越式的发展；江西建工则扭亏为盈，跻身全国企业500强。林加奇指出，这两个样本的示范价值在于：第一，引混合所有制之利，重构动力机制；实现了管理层与员工共同持股，打造命运共同体；持股者对企业资产保值增值的监管直接且便利；凸显了人力资本价值，提高了人力资本、知识资本配置效率。第二，实现产权清晰。明晰了企业法人财产权的边界，有利于国有产权的委托－代理关系由“政治契约”向“商业契约”转变，企业作为市场交换主体的地位得到保障。第三，优化法人治理结构。将省属国有企业实行的向经理负责的总会计师制度、总法律顾问制度，改进为由出资人委派、向出资人负责的财务总监、法务总监制度。第四，守混合所有制之要，科学把握剩余控制权。把剩余控制权牢牢抓在出资人手中。第五，实现国有资产保值增值。改制过程中，对无形资产的评估做出有益探索。

二、周绍森：《经济转型期中部沿江四省创新驱动力比较研究》

原南昌大学党委书记、中部中心名誉主任周绍森通过中部地区四省的创新驱动力比较分析提出提高江西省创新驱动力的发展建议。

他首先指出我国经济正处于加速经济转型时期。我国经济已由高速增长阶段转向高质量发展阶段，正处在转变发展方式、优化经济结构、转换增长动力的攻关期，应推动经济发展质量变革、效率变革、动力变革，提高全要素生产率。周教授还以柯布—道格拉斯生产函数为例详细阐释了生产要素驱动阶段、效率驱动阶段、创新驱动阶段的特点。其次，以五大发展理念（创新、协调、绿色、开发、共享）为指导，从技术创新、经济结构、生态效率、开放度、人力资本五个方面对中部沿江四省的创新驱动力进行了比较分析，并根据内生增长理论构建了分析创新驱动力的理论模型，对中部沿江四省进行了实证分析。研究发现，江西省的生态效率对经济增长的贡献份额最大，技术创新对经济增长的重要性只有生态效率的一半左右，人力资本和经济结构的作用相对较弱。最后，周教授对提升江西创新驱动力提出了五点建议：（1）加强技术创新，加快体制机制创新；（2）加快经济结构调整步伐，推动经济协调发展；（3）发挥生态优势，促进生态文明；（4）进一步深化改革开放，推动非公经济发展；（5）大力开发人力资源，打造核心竞争力。

三、高平：《江西设区市创新能力比较研究》

江西省社科院《江西社会科学》杂志社社长高平通过构建创新能力评价指标体系以及运用层次分析法和因子分析法等评价方法对江西 11 个设区市的创新能力进行了综合评估，并根据全省各设区市创新能力存在的不足提出了对策建议。

他首先介绍了评估创新能力指标体系的构建，主要包括创新资源投入、知识创造水平、企业创新能力、创新综合环境、创新活动绩效这 5 个方面。通过对数据的计算和处理，分别从这 5 个方面对各区市的创新能力进行比较排名。研究发现，全省 11 个设区市的创新能力主要存在以下几个方面的不足：（1）科技创新政策环境不完善，鼓励技术创新的优惠政策还难以真正落实；（2）科技创新投入不够，江西规模以上工业企业研发投入强度一直在较低水平徘徊；（3）高层次人才缺乏，企业科技人才不足，水平亟待提高；（4）科技创新平台不足，高层次的研发平台数量缺乏，在部分设区市甚至空缺，制约了地区创新能力提升；（5）科技创新成果转化不畅，支撑科技创新的高端科技资源相对匮乏，科技创新公共服务平台建设严重滞后等。针对以上问题，高平从全省和设区市两个方面对江西设区市创新能力的提升提出了建议。从全省来看，应着力完善和落实新经济态势下的科技政策制度，深化科技体制机制改革；从设区市来看，应着力加强科技成果转化应用，扩大科技开放合作，加大全社会研发经费投入。

四、彭道宾：《深化金融改革创新，推动实体经济发展》

原江西省统计局巡视员彭道宾对江西省总体经济和金融发展现状发

表了自己的见解。他认为目前江西省经济稳中有进，金融业发展良好，金融行业创新成果显著，在解决小微企业融资问题上下了很大功夫。同时他也指出了几个问题：第一，目前市场同时存在放贷难和贷款难这两个问题；第二，金融贷款额度下降，放贷条件苛刻，且信贷资金大部分转向房地产行业，造成了挤出效应，非常不利于江西省的经济发展；第三，数据显示，江西省仅有5.2%的小微企业能从银行顺利贷款，比例过低，而且小微企业贷款成本很高，这些成本包括评估费用、中间环节手续费和高于市场利率的贷款利率等。大部分小微企业主要集资渠道是通过高利贷借款，这无疑是一种“自杀式”的集资方式。这些问题如果得不到有效解决的话，经济发展就会失去良机。

对于如何发挥好金融行业在经济发展中的积极作用，彭道宾认为，首先要深化金融改革创新，加大力度发展绿色金融，加快政府与企业的资源整合，要重点扶持新兴企业的发展。其次要鼓励银行放宽对有资质企业的贷款条件，鼓励拓宽抵押范围，发展非银行性质的金融机构贷款业务，提高企业融资渠道。同时，优化金融服务流程，响应国家对“降成本”的号召，充分将互联网和金融机构结合起来，减少信息不对称带来的消极影响，切实的服务好社会经济发展。最后，政府要发挥好财政的杠杆作用，达到“四两拨千斤”的效果，助力江西省实体经济快速发展。

五、季凯文：《江西智库研究的“新经济之声”》

季凯文从三个维度阐述了新经济的重要性。第一：“新经济”在江西智库研究中的地位。2017年省政府出台了《关于加快发展新经济培育新动能的意见》，要求把工作重点聚焦到加快发展新经济培育新动能上。省主要领导在调研时指出要准确把握新经济发展的新趋势，抢抓时机，狠抓落实，确保取得实效。省领导对新经济报告非常重视，14篇围绕新经济主题的调研报告得到省主要领导批示8次，副省级领导批示22次。第二：“新经济”是什么。新经济以其颠覆性技术、创造性破坏，不断催生经济新模式。20世纪90年代，新经济让美国成功扭转经济衰退，创造了美国经济奇迹。上海“四新经济”的探索与实践为其他地方发展提供了借鉴。新经济正带来一场影响深远的变革。第三：当前江西“新经济”发展状况。江西新经济正在孕育成长，新产业初具规模，但新经济仍然呈现势强量弱的局面，存在规模小、层次低、竞争力弱等问题。同时，

“两化”融合发展忧大于喜，整体水平偏低、增长较慢。今后，江西省新经济发展要着力攻关五大方向：新制造经济、新服务经济、绿色经济、智慧经济和分享经济。

最后，他希望智库要重视关于新经济的研究方向，做好关于政府新经济发展政策的细化工作。智库要紧跟政府步伐，将新经济发展大方向细化到各个领域和各个细节，提供有效可行的发展方案，充分发挥好智库作为政策智囊团的作用。

之二：

新时代·新中部·新战略

——“新时代·新中部·新战略”发展论坛专家观点综述

罗海平　王妍华　朱勤勤①

为深入学习和贯彻十九大精神，正确理解“新时代”的科学内涵，精准把握中部地区发展新机遇，谋划中部发展新战略，教育部人文社会科学重点研究中心和南昌大学中国中部经济社会发展研究中心于12月14日在前湖酒店举行了“新时代·新中部·新战略发展论坛暨南昌大学中国中部经济社会发展研究中心学术委员会换届大会”。出席此次会议的有新一届学术委员会委员、特邀专家、中部中心专兼职研究员以及研究生等共约60人。

“新时代·新中部·新战略发展论坛”由原南昌大学党委书记、中部中心学术委员会名誉主任郑克强主持，全国人大教科文卫委员会委员顾海良、哈尔滨商业大学原党委书记曲振涛、华东师范大学城市与区域规划研究院院长曾刚、中部中心主任刘耀彬分别作了主题报告。

顾海良作了《新时代社会主要矛盾与现代化经济体系建设新课题》的专题报告，报告提出中国特色社会主义政治经济学主题转换是以社会主要矛盾的转变为主要根据的。中国社会主义经济制度确立以来，中国共产党对社会主要矛盾作出过三次重要的判断。这三次判断对社会主义政治经济学主题转换和基本理论的形成和发展，产生了基础性的作用和决定性的影响。顾海良在报告中分析了党的十八大以来中国特色“强起来”政治经济学主题的形成及其意义。新时代“强起来”政治经济学紧扣社会主要矛盾，是一个涵盖经济制度、经济体制和经济运行的系统化的经济学说。新时代社会主要矛盾的判断明晰了中国特色“强起来”政治经济学主题。党的十九大对新时代中国特色“强起来”政治经济学主

① 该会议综述由罗海平、王妍华和朱勤勤根据会议论文和会场专家发言整理而成。

题进行了深化和拓新。“贯彻新发展理念，建设现代化经济体系”是“强起来”政治经济学主题核心内容。现代化经济体系建设要以供给侧结构性改革为主线，着力推动经济发展质量变革、效率变革、动力变革，提高全要素生产率，着力加快建设实体经济、科技创新、现代金融、人力资源协同发展的产业体系。在发展目标上，着力构建市场机制有效、微观主体有活力、宏观调控有度的经济体制，不断增强我国经济创新力和竞争力。建设现代化经济体系，是新时代中国特色“强起来”政治经济学主题的重要课题。党的十九大提出：“建设现代化经济体系，必须把发展经济的着力点放在实体经济上，把提高供给体系质量作为主攻方向，显著增强我国经济质量优势”。深化供给侧结构性改革，是推进现代化经济体系建设的根本要求。加快创新型国家建设，是建设现代化经济体系的战略支撑，实施乡村振兴战略、区域协调发展战略，是建设现代化经济体系的根本途径。推动形成全面开放新格局，主动参与和推动经济全球化进程，是建设现代化经济体系的必由之路。

华东师范大学城市发展研究院曾刚作了题为《长江经济带城市协同发展格局与对策》的专题报告。报告指出，长江经济带建设除了完成中央对长江经济带区域发展任务外，需要削减发展不平衡、不充分问题，控制、降低长江流域生态环境安全风险。报告建立了长江经济带城市群协同发展评价指标体系，并就协同发展能力进行了排序比较。根据城市协同发展位序，将长江经济带城市分为5类。第一类为龙头城市（100分，1座城市）：上海；第二类为区域高级城市（58～31分，5座城市）：南京、武汉、苏州、成都、重庆；第三类为区域重要城市（31～17分，24座城市）：长沙、合肥、南通、南昌、昆明、杭州、无锡、黄山、宁波、温州、镇江、贵阳、丽江、舟山、抚州、鹰潭、玉溪、扬州、巴中、盐城、资阳、吉安、常州、六安；第四类为地方中心城市（17～7分，64座城市）：宣城、台州、上饶、徐州、芜湖、景德镇、永州、台州、铜仁、宜春、亳州、金华、遂宁、滁州、蚌埠、曲靖、绵阳等；第五类为地方城市（7分以下，16座城市）：铜陵、临沧、六盘水、荆门、淮南、荆州、黄石、乐山、保山、鄂州、马鞍山、毕节、绍兴、娄底、嘉兴、衢州。报告提出充分发挥新时期政府、市场、社会各自作用，建立长江经济带多方互动合作新模式；深刻理解生态文明建设内涵，扎实推动转型发展、绿色发展计划与行动；加强城际以及国内外合作，发挥中心城市在长江经济带城市协同发展中的核心作用；强化对重点污染行业、污染企业的监管，切实保障城市饮用水安全等对策建议。

哈尔滨工商大学曲振涛教授作了《人力资本的激励规制分析》的报告。报告指出，人才生态是经济发展的关键因素，特别是现代市场经济背景下，人才生态的作用、地位就显得更为突出。目前，经济学的前沿理论已经从比较优势转变为竞争优势、从资源优势转变为能力优势、从传统优势转变为市场优势；人力资本也开始区分为：一般人力资源、人力资本与智慧资本。劳斯·施瓦布的《第四次工业革命》一书中提出关键的生产要素不是资本，而是人才。但目前从人才生态评估视角进行研究的文献较少。报告进行了人才生态与产业生态匹配以及经济增长对人力资本的需求的分析。在此基础上提出人力资本提升的方向与路径：（1）不断提高劳动者受教育年限；（2）加强技能提升；（3）注重职业教育和职业培训，填补技能差距；（4）加大对人才的培养和引进力度。

南昌大学刘耀彬教授作了题为《打造"闽新轴带"的趋势和重点》的报告。报告指出，国际地缘政治变化正深刻地影响着中国区域发展走向，中国的区域战略格局也明显冲击着世界地缘政治格局。在新时代重点打造"闽新轴带"不仅对内可以加快促进国家和平统一和促进民族地区经济社会繁荣，还可以加快推进"一带一路"的联通效果和加大对外开放格局。对于国际地缘政治经济发展态势，他认为，世界金融危机之后，世界经济缓慢复苏，世界面临一种新的"三期叠加"状态。新兴经济体在国际事务尤其是全球经济治理议题上拥有更多的发言权。同时，世界经济增长的动力仍显疲弱，低速增长成为常态。全球市场竞争将日趋激烈，投资流向世界扩散。面对这些问题和趋势，他提到，从增长极理论到线域开发是中国区域开发的一个理论发展趋势，要注重区域协同平衡发展，加大沿江沿路开放开发是中国的鲜活实践。另外，我国应将突破的重点放在"三从三到"和"先融先行促共建"上。发展方式做到"三从三到"：在站位上发挥增长极先发优势，实现"闽新轴带"建设"从核心区到联通区"升格；在推进方式上发挥点轴的外溢优势，实现"闽新轴带"建设"从点线轴到轴线带"升级；在推进动力上发挥产业的关联效应，实现"闽新轴带"建设"生产区到产业融资带"提质。发展模式做到"先融先行促共建"：在关系协调上发挥利益共享原则，做好互动互融的多元开放贸易体系建设；在目标远景协调上发挥规划导向作用，做好战略先行的空间规划体系建设；在文化认同协调上发挥命运共同体导向，做好文化共建工作。

中部发展研究

中部六省消费水平的空间格局与影响因素分析

刘耀彬　邵　翠[①]

摘　要： 中部地区是我国经济均衡布局和协调发展的重要战略支撑点和缓冲带，研究其消费水平的空间格局与影响因素对新常态下的中部崛起战略具有很强的现实意义。本文探究中部六省 80 个地级市 1995 ~ 2014 年消费水平的空间格局演变及集聚规律，通过逐步回归法探寻消费水平空间格局演变的影响因素。研究认为：Mann – Kendall 突变点表明中部六省消费水平变化可以分为 1995 ~ 2002 年和 2002 ~ 2014 年两个阶段；通过 Moran's I 系数可知中部六省各地级市的消费水平存在着显著的正空间自相关性；运用聚类分析与判别分析，发现中部六省整体消费水平不断提高且存在以六大城市群为中心的空间集聚规律，并且出现了"涓滴效应"；逐步回归法分析表明人均 GDP、交通通达度水平和第三产业产值比例正成为中部地区消费水平格局分布的主要影响因素。

关键词： 消费水平；空间格局；影响因素；中部六省

一、引言

中部地区是我国经济均衡布局和协调发展的支撑点和缓冲带，为了缩小区域内经济发展差距，早在 2006 年中央就提出"中部崛起"重大决策，目的就是期望区域均衡发展。2016 年国家发改委又颁发了新的《中部地区崛起"十三五"规划》，对中部地区发展提出了新的要求。然而，在当前经济新常态下，中部地区最终消费率偏低、消费需求的潜力亟待挖掘，以便能够增加生产性消费需求，实现新旧动能的快速转换。因此，十分有必要研究中部地区的消费问题，它对中部地区促进扩大生产，进

---

① 作者简介：刘耀彬（1970 ~ ），男，湖北麻城人，南昌大学经济管理学院教授，博士生导师。主要研究方向为城市经济、生态经济；邵翠（1994 ~ ），女，湖北黄冈人，南昌大学经济管理学院硕士研究生，主要研究方向为区域经济、生态经济。

而影响供给侧变动，带动产业结构优化等具有重要的现实意义。

长期以来，国外学者从不同角度对消费进行了比较全面的研究，传统消费领域主要研究消费总需求理论、消费函数理论以及消费结构理论等。从20世纪30年代开始，凯恩斯主义学派相继提出了绝对收入假说、相对收入假说、持久收入假说、生命周期假说等来解释消费需求与当期可支配收入的关系，这些消费理论都对后期研究消费水平提供了理论支持。当前消费领域主要集中于消费结构、生产性消费和消费影响机制等方面的研究。如奥达克和凯塔娜（Wlodarczyk - Spiewak and Katarzyna，2006）研究了波兰社会的消费结构与劳动力市场结构变化的主要因素，指出其对经济转型具有积极影响；塔比塔和米哈娜（Tabita Hurmuzache and Mihaela Iancu，2015）针对本国的粮食消费指出，消费结构的变化会引起收入的增加，从而影响消费质量的提高；刘雪峰（Liu Xuefeng，2012）基于对我国产业结构和消费结构不协调的原因分析，提出了消费结构与产业结构兼容的解决方案。

国内学者往往以西方消费理论为基础，以定性定量的方法研究消费特征、消费因子及消费动力等问题，消费的空间结构、层次结构及其表现逐渐得到重视。针对当前中国消费水平是否存在着空间差异现象，相对多的学者主要针对全国层面的消费问题展开研究，分别得出了消费空间的规律，但是这种规律并非一致的结论。如向清成（2002）对我国消费水平的空间格局进行研究，发现东西部的消费水平差距呈现进一步的扩大趋势，南北差距却呈现了缩小的态势；申世军等（2008）研究发现东部沿海地区各省份存在政府消费和居民消费不平衡的状态；蒋云飞等（2008）的研究比较了改革开放以来我国省级层面消费结构的异同以及变化趋势；郭月婷等（2011）的研究从时间维度衡量了中国消费水平的趋势；管卫华等（2012）得出不同时间段不同区域的消费水平差异格局；李在军等（2014）的研究从时间多尺度视角揭示了我国消费重心的演变特征及与经济、人口重心相互作用的演变成因机制，并提出相应的促进区域消费水平的建议；胡美娟等（2014）利用探索性数据分析方法探究了江苏省县域消费水平的空间格局与演变。还有学者对消费的空间规律形成原因进行因素分析，尽管他们使用的方法不一样，但得到的结论基本相近，只是在不同的时间阶段有差异。如胡美娟等（2014）通过分位数回归结果刻画了在不同分位点上消费水平影响因素的作用，发现城市化率、人均生产总值和固定资产投资的作用方向各不相同；雷潇雨等

(2014) 通过理论模型与实证分析研究了城镇化对于居民消费率的影响；任逸佳 (2015) 认为居民收入、物价、税收和国内生产总值是影响居民消费水平的主要因素；管卫华等 (2012) 认为造成中国社会消费水平区域格局的原因是人均 GDP、收入和储蓄等的差异。

可见，当前国内外学者多从消费水平及其影响因素的角度来细化研究区域消费问题，从传统的消费理论研究逐渐向消费格局动态化方向转化，但对于区域消费水平是否存在阶段性以及对应的空间分布格局是怎样的？进而他们的影响因素有哪些研究较少，这些问题对中部地区而言急需进一步深入讨论。因此，本文从空间格局和动态演变规律来衡量消费水平的区域均衡发展问题，探讨中部六省消费水平演变的时空特征，并揭示影响中部六省消费水平的因素，目的在于把当前的消费研究领域向空间拓展，为新常态下中部六省打造新的消费集聚区提供科学依据。

二、数据与方法

(一) 数据来源

社会零售品总额指的是城乡居民或社会团体对于餐饮业、批发零售贸易业等各行业的社会消费品零售额。它能很好说明消费需求的情况，在一定程度上反映了居民物质生活水平以及零售品的购买力。在很多文献中，人均消费额往往被当成社会消费水平的综合反映。为了深入研究中部六省区域社会消费水平格局变化，本文选取 1995 ~ 2014 年中部六省各地级市的人均消费品零售额作为衡量地区消费水平的指标，通过现状分析其社会消费水平的区域差异，进而揭示不同阶段中部六省区域社会消费水平的格局变化及其主要影响因素。按照 2014 年中部六省地级市行政区划进行合并处理，最后形成 80 个基本研究单元。社会零售品总额以及总人口数据等数据来源于《中国统计年鉴》和《城市统计年鉴》。

(二) 分析方法

1. 人口加权变异系数与泰尔指数

关于区域差异的测度指标有极差、基尼系数、变异系数、泰尔指数和洛伦兹曲线等，其中加权变异系数能更好地测量区域差异的变动趋势，而泰尔指数则具有细分区域间差异和区域内差异的优点。考虑到不同区域人口规模的差异对区域差异的影响，本文选用人口加权变异系数和泰尔指数来反映中部六省的社会消费水平的差异，公式如下：

$$CV = \frac{\sqrt{\sum_{i=1}^{n}(Y_i - \bar{Y})^2 \times (P_i/P)}}{\bar{Y}} \tag{1}$$

$$T = \sum_{i=1}^{n}(P_i/P) \times \log(\bar{Y}/Y_i) \tag{2}$$

式中：CV 为中部六省社会消费水平的加权变异系数；T 为中部六省社会消费水平差异的泰尔指数；Y_i 为 i 单元的人均社会消费品零售额，$\bar{Y}$ 为 i 单元的平均值；N 为 i 单元的个数，P_i 为 i 单元的人口数量；P 为中部六省人口数量。由式（1）和式（2）可知，CV 值和 T 值越大，则区域内消费水平的差距越大。

2. Mann – Kendall 方法

Mann – Kendall 方法作为一种时间序列趋势的非参数检验方法，该方法不需要样本遵从一定的分布，也不受少数异常值的干扰，具有测度范围宽，随机作用小的优点。本文采用 Mann – Kendall 方法进行中部地区消费水平的阶段划分。Mann – Kendall 方法是根据时间序列 $\{X_1, X_2, \cdots, X_n\}$ 构造标准正态分布的统计变化量 UF 和 UB，若 UF 或 UB 的值大于 0，则表明时间序列呈上升趋势；小于 0 则表明呈下降趋势。有文献表明，如果在给定的显著性水平临界直线下，UF 或 UB 相交于一点，则该点即为突变点。

3. 空间自相关

空间自相关用来定量表示某指标空间上的关联程度，也能说明空间相关性的整体趋势。本文采用空间自相关分析中部地区消费水平的空间格局。全局相关性常用 Moran's I 系数来衡量，该指标可用来测度样本属性值的地理集聚模式，指出区域属性值的分布是否呈聚集、离散或者随机分布模式。Moran's I 系数的计算公式如下：

$$I = \frac{n}{S_0} \cdot \frac{\sum_{i}^{n}\sum_{i}^{n} w_{ij}(x_i - \bar{x})(x_j - \bar{x})}{\sum_{i}^{n}(x_i - \bar{x})^2} \tag{3}$$

式中：x_i 表示第 i 空间单元上的属性观测值；w_{ij}表示区域空间权重矩

阵，定义为区域空间相邻为1，不相关为0；S_0 表示空间权重矩阵的所有元素之和；$\bar{x}$是属性的平均值。

三、中部六省消费水平的空间格局分析

（一）阶段划分

为探究中部六省社会消费水平的差异，以及划分消费水平差异的变动阶段，本文采用加权变异系数和泰尔指数来反映其差异，运用 Mann - Kendall 方法检测中部六省消费水平的区域差异的突变，得到以下结果：（1）区域消费水平在时间上呈现出阶段性变化。整体来看，区域消费水平差异呈现出一定的波动变化，且具有明显的阶段性特征。具体来说，1995 ~1999 年间中部六省区域消费水平差距不断缩小，1999 年差异值最小；1999 ~2014 年区域消费水平差异呈波动上升态势。（2）区域消费水平在时间上呈非对称变化。根据图 1 和图 2 中 *UF* 和 *UB* 曲线的交点位置，说明从 2002 年开始消费水平差距扩大，并且是一个突变现象。因而，将中部六省消费水平差异划分为 1995 ~2002 年和 2002 ~2014 年两个阶段。

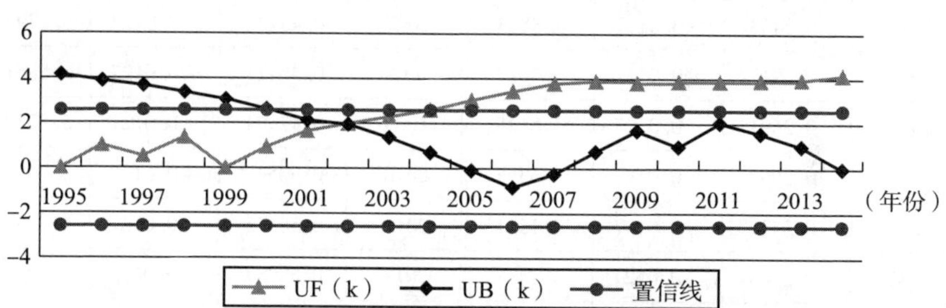

图 1　人口加权变异系数的 Mann - Kendall 统计量曲线

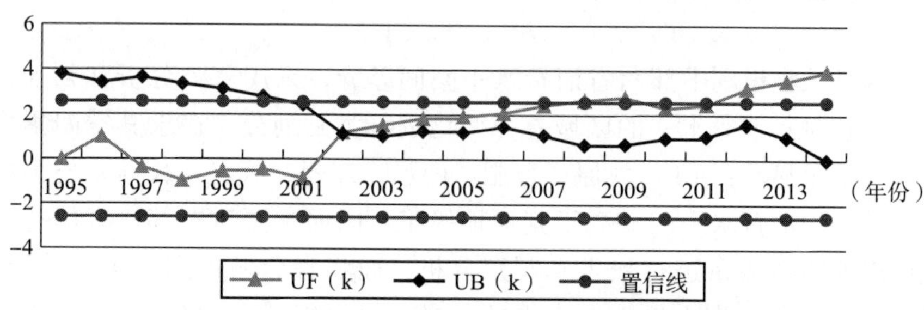

图 2　泰尔系数的 Mann - Kendall 统计量曲线

（二）空间格局演变

采用 Moran's I 指数分析中部六省 1995 ~ 2014 年消费水平空间格局特征，发现中部六省消费水平在空间上存在显著集聚特征且趋势日渐增强。通过 Moran's I 系数计算出 1995 ~ 2014 年中部六省各地级市人均消费水平的全局自相关系数，并通过 z 值对空间自相关进行显著性检验（见表 1）。由表 1 可以看出，1995 年以来中部六省人均消费水平的 Moran's I 系数值均为正值，且 z 值通过显著性检验，表明中部地区各地级市的消费水平存在高低集聚的空间相关现象，且趋势不断增强，即人均消费水平较高的地级市趋于相邻，人均消费水平较低的地级市趋于相邻，消费区域的二元结构正在逐渐形成。

表 1　　1995 ~ 2014 年间中部六省消费水平 Moran's I 值

年份	Moran's I	E(I)	z 值	年份	Moran's I	E(I)	z 值
1995	0. 262	-0. 0127	3. 9973	2005	0. 41485	-0. 0127	5. 3769
1996	0. 2567	-0. 0127	3. 0695	2006	0. 43685	-0. 0127	5. 2733
1997	0. 2453	-0. 0127	3. 8813	2007	0. 45741	-0. 0127	5. 2297
1998	0. 291	-0. 0127	3. 4072	2008	0. 4682	-0. 0127	5. 5861
1999	0. 3691	-0. 0127	4. 8125	2009	0. 42964	-0. 0127	5. 8253
2000	0. 3992	-0. 0127	4. 6356	2010	0. 5054	-0. 0127	5. 7613
2001	0. 342933	-0. 0127	4. 1641	2011	0. 50875	-0. 0127	6. 4837
2002	0. 31031	-0. 0127	4. 7422	2012	0. 50917	-0. 0127	5. 5313
2003	0. 40941	-0. 0127	4. 6096	2013	0. 51883	-0. 0127	6. 4752
2004	0. 41933	-0. 0127	4. 5625	2014	0. 52818	-0. 0127	6. 4867

为进一步识别中部六省消费水平空间差异，采用聚类分析和判别分析法分别对其消费水平的区域差异变化进行类别划分，探求其空间集聚规律。结果显示：（1）太原、合肥、南昌、郑州、武汉、长沙是省会城市，其人均消费水平明显高于其他地级市，因而主要对中部六省的省会城市以外的地级市进行聚类和判别分析，而将省会城市列为第一等级；（2）根据中部六省人均消费水平的差异，对 1995 年、2002 年、2014 年中部六省 80 个地级市的人均社会消费品零售总额进行的聚类分析和判别

分析，共划分为六级，并据此绘制出中部六省消费水平的区域分布格局图（见图3）。

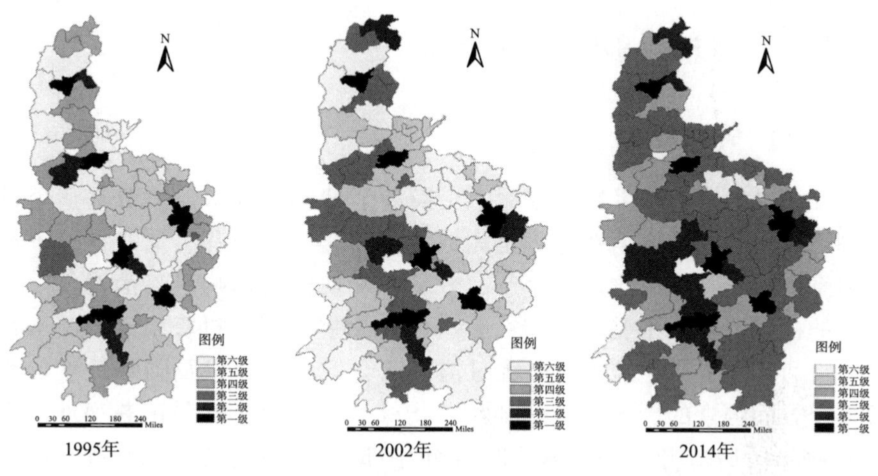

图3　消费水平的空间格局

采用 ArcGIS 可视化方法，对中部六省地级市 1995 ~2014 年消费水平进行可视化分析，得到以下结果：（1）1995 年中部地区消费水平整体处于较低水平，大部分城市处于第四、第五和第六级，同时区域消费水平的整体差异也较小。空间格局呈现出以太原、合肥、南昌、郑州、武汉、长沙 6 个省会城市为独立的第一等级，每个高等级区域周边都相继形成几个低等级区域，低等级区嵌套在高等级区周围，出现了“马太效应”。（2）2002 年中部六省消费水平有了明显的提高，第二、第三等级的城市数量增多，同时消费水平的区域差异也逐渐增大，安徽和江西的整体消费水平相对落后，多处于第五、第六等级。山西北部、河南西部、湖北中西部和湖南东南部地区消费水平相对较高。与 1995 年相比较而言，2002 年中部六省整体消费水平的空间格局开始显现出东西差异的态势。（3）2014 年中部六省的消费水平等级有了明显的提升，大部分城市处于第二、第三、第四等级，第五、第六等级城市数量大幅减少。随着经济发展水平的提高，中部地区消费水平也显著提高。同时，呈现以中部六省省会城市太原、合肥、南昌、郑州、武汉、长沙为核心，周围城市消费水平相应提高。可见，“中部崛起”战略实施后，中部地区内部开始出现了“涓滴效应”。进一步分析还可以发现，2014 年中部六省的消费水平还形成了太原经济圈、皖江城市带、环鄱阳湖城市群、武汉城市圈和长株潭城市群的空间发展格局，一定程度上说明，城市群中心城市带动周围城市作用逐步加强，其符合区域发展的规律。

四、空间格局演变的影响因素

（一）模型建立

社会再生产包括生产、分配、交换和消费四个环节，消费是整个过程的终点，实现最终消费才算是完成了整个再生产过程。消费在整个经济体系中起着关键的作用，生产、分配、交换也会影响最终消费。一个地区的社会消费水平受到人口总量、经济发展水平、投资水平、储蓄水平、交通流量、产业结构、消费习惯、社会保障制度以及国际经济形势等多个方面因素的影响。考虑到相关指标数据的科学性与可获得性，本文分别选取 1995 年、2002 年、2014 年中部六省各地级市的人均社会消费品零售额为因变量（Y），人口数（X_1）、GDP（X_2）、人均 GDP（X_3）、固定资产投资（X_4）、居民人均储蓄（X_5）、居民人均收入（X_6）、交通通达水平（X_7）、人均财政收入（X_8）、人均财政支出（X_9）以及第一、二、三产业产值比例（X_{10}、X_{11}、X_{12}）作为因变量进行逐步回归分析，分析各个年份间的中部六省社会消费水平格局的形成原因。逐步回归是依次将变量引入，通过对变量引入后的系数进行显著性检验来选择或者剔除变量的一种回归方法。运用逐步回归分别得到 1995 年、2002 年、2014 年的回归方程是：

$$Y = 3.156X_5 + 0.386X_6 - 10.563X_{10} + 120.164 \tag{4}$$

（$R^2 = 0.885$，通过 0.05% 的显著性检验）

$$Y = -1.512X_4 + 3.051X_6 + 18.921X_9 - 56.135 \tag{5}$$

（$R^2 = 0.905$，通过 0.05% 的显著性检验）

$$Y = 5.236X_3 + 100.257X_7 + 9.534X_{12} - 58.132 \tag{6}$$

（$R^2 = 0.911$，通过 0.05% 的显著性检验）

（二）结果分析

（1）1995 年影响中部六省消费水平空间分布格局的主要因素是居民人均储蓄、居民人均收入以及第一产业产值的比例。其中，居民人均储蓄和居民人均收入的系数为正、第一产业产值的系数为负值，表明储蓄和人均收入对其消费是正影响，而产业结构低级化则不利于促进消费。可见，一方面由于国家实行区域非均衡发展战略，6 个省会城市经济发展受政策倾斜，经济发展相对较好，居民储蓄率和可支配收入相对较高，因而区域内出现“马太效应”；另一方面，1995 年，中部地区经济发展水平和产业结构都相对比较落后，商品与服务的质量相对较低，居民消费倾向不强烈，导致区域内整体消费水平偏低。

（2）2002 年形成中部六省消费水平差异的东西格局主要是受固定资产投资、居民人均收入和人均财政支出等因素的影响，并且这些因素的系数都为正值，表明促进中部地区消费的积极因素正在形成。可见，2002 年后，中部地区的消费倾向明显提高，社会投资水平也明显增多，这种投资反向作用于消费，反映在人均收入和人均财政支出高的地区其社会的消费水平也明显增强。一方面，由于中部地区东西部社会投资的差异导致东西部消费水平呈现差异，东部地区的金融投资环境较好，有社会利好政策扶持；另一方面，消费水平的空间格局与经济发展的空间格局相吻合，进一步印证了消费水平与经济发展存在相关性的观点。

（3）2014 年形成的中部六省消费水平空间格局主要是受人均 GDP、交通通达度水平和第三产业产值比例等因素的影响，并且这些因素的系数也都为正值，表明促进中部地区消费的积极因素发生了变化。可见，改革开放后的 30 多年，经济发展水平有了显著的提高，它对消费的影响是最直接的，而反映商品经济发展水平的第三产业产值比例对消费水平的影响增强，体现出产业结构升级是推动消费水平提高的另一个重要力量。同时，交通通达度水平对消费的影响作用也趋强。随着中部地区六大城市群的逐渐形成，交通条件也有了极大的改善，产业结构趋于合理，城市群对消费空间的带动作用显著。因此，导致该时期人均 GDP 高、交通通达度水平高、第三产业产值比例高的城市社会消费水平也偏高。

五、结论与政策启示

本文采用中部地区 80 个地级市的人均消费品零售品来表征区域消费水平发展状况，分别运用加权变异系数、泰尔指数以及 Mann - Kendall 方法分析了 1995 年以来中部地区消费水平的阶段性特征，并采用 Moran’s I 系数和聚类判别分析揭示中部六省消费水平的空间格局演变及集聚规律，利用逐步回归方法对其消费格局演变的影响因素进行分析，得到如下主要结论。

（一）结论

（1）1995 年以来中部六省的区域消费水平存在着显著的空间集聚特征，高低集聚的程度在增强，消费水平具有明显的差异性和阶段性特征，在整体上呈现先减小后扩大变化的趋势。可见，中部地区消费的二元结构正在逐步形成。

（2）1995 年以来中部六省的消费水平逐渐呈现出以中部六省省会城市太原、合肥、南昌、郑州、武汉、长沙为核心，周围城市消费水平相应提高的城市群空间集聚现象。可见，自“中部崛起”战略实施以来，中部地区内部开始出现了正的“涓滴效应”。

（3）1995 年影响中部六省消费水平空间分布格局的主要因素是居民人均储蓄、居民人均收入以及第一产业产值的比例；2002 年主要是固定资产投资、居民人均收入和人均财政支出影响中部六省消费水平；2014 年形成的中部六省消费水平空间格局主要是受人均 GDP、交通通达度水平和第三产业产值比例因素的影响。可见，促进中部地区消费的积极因素不仅在逐步形成，而且也在发生变化。

（二）政策启示

（1）中部六省消费水平在空间上呈现显著的分异扩大现象，逐步形成空间上的消费二元结构。因此，需要通过发挥市场决定性作用，加以辅助政策扶持，积极培育中部地区消费新型主体，特别是城市消费新主体、新业态来缩小区域间的消费水平差距。建议发挥中部地区的后发优势，通过扶贫以刺激消费需求，成为促进消费水平提高的推动力，从而带动整体消费水平提高。同时，夯实良好的基础设施是打破区域消费二元结构的关键点，重点在于落实均等化的供水、供电等基本生活方面的基础设施体系网络建设，保障落后地区能够享受到基本生活消费需求，进而促进均衡消费。

（2）中部六省的空间异质性、空间外部性和区域差异性，使得内部开始出现了正的“涓滴效应”。因此，需要充分发挥中心城市辐射带动作用，以城市群为主体，带动周边城市消费水平的提高。建议重点提升鄱阳湖城市群、武汉城市圈、长株潭城市群的消费功能，完善共享消费网络和平台，带动城市群的消费水平整体提升。

（3）中部六省在不同年份的消费影响因素不同，并且促进其消费的积极因素在逐步形成，而且也在发生变化。因此，要抓紧把握住中部六省消费升级的阶段和特征，抓住关键因素促进其消费能力的提升。首先，要提升经济发展质量，有效提高人均 GDP，改善中部地区经济发展的基础条件；其次，加快中部地区基础设施建设，建立中部地区跨区域多式联运机制，提升消费效率；最后，促进具有比较优势的服务业发展升级，以居民消费需求为导向，优化第三产业增长方式，提升中部地区消费发展的可持续能力。

中部地区崛起战略的政策效果研究*

刘耀彬　邵　翠①

摘　要：科学评价中部崛起战略的政策效果，不仅是中部地区经济新常态发展的必然要求，更是实施《中部地区崛起“十三五”规划》的新起点。本文研究发现：(1) 在需求侧管理方面，“三驾马车”在时间和空间上均呈现出叠态效应，周期性的波动导致集聚与扩散效果并存；(2) 在供给侧管理方面，“克强指数”显示区域极化现象在增强，使得中部崛起战略的影响力更加凸显，但其供给能力和结构需要调整。因此，要着力协调好“三驾马车”合力的力度和幅度，使其动力与区域发展的效力方向一致，制定和落实区域差异化政策，推动中部地区协同发展。

关键词：中部崛起战略；需求侧管理；供给侧管理；模拟与预测

一、引言

中部六省处于中国腹部地区，是贯通东西、连接南北的桥梁。2006年，中共中央提出了“中部崛起”的重大战略决策，在该战略部署的指导方针下，中部六省作为政策区，各自强调区域发展的重要性。随着中部地区城市产业分工及职能划分的增强，区域中逐渐形成了规模不一、功能迥异的“城市群”组合式的发展方式。2016年国家发改委又颁发了新的《中部地区崛起“十三五”规划》，对中部地区发展提出了新的要求。党的十九大报告提出了实施区域协调发展战略。区域经济政策是指政府制定和实施的旨在协调、促进区域经济发展的各种法令、条例和措施，它是政府干预区域经济、规范区域经济主体的经济行为、诱导和保

* 基金项目：国家社会科学基金重点项目“中国坚持绿色发展的技术路线、区域实现及政策工具选择”（15AZD070）；中宣部“四个一批”人才项目（［2014］17号）；江西省研究生创新专项资金项目“中部地区城市化与能源强度的非对称效应研究”（YC2017 - S018）。

① 作者简介：刘耀彬（1970～），男，湖北麻城人，南昌大学经济管理学院教授，博士生导师，从事城市经济、生态经济研究；邵翠（1994～），女，湖北黄冈人，南昌大学经济管理学院硕士研究生，从事区域经济研究。

证区域经济按既定目标发展的重要手段。对区域经济政策的效果评价往往是在对影响区域经济政策制定和实施的一系列条件和因素进行分析基础上，对其产生的结果和效应进行系统评价和科学预测的工作过程。政策效果评估是重新配置政策资源的基本前提，是进行政策调整，提出政策建议的重要依据。政策效果评价必须针对区域发展阶段，既不能忽视市场的需求要素，也不能忽视政策的供给力量。由此，本文分别从需求侧和供给侧管理的视角对中部崛起战略的实施效果进行情景模拟与预测，并根据预测结果对中部六省未来发展方向提出政策性建议，这对新时期贯彻落实中部崛起战略具有明显的现实意义。

宏观经济学往往从“三驾马车”来阐述总需求不足问题，很多学者喜欢基于总需求管理来研究国家和区域的财政政策、货币政策、产业政策的效果。如蔡甜甜从宏观经济政策出发，利用情景分析模拟了国际金融危机以来我国货币政策、财政政策及汇率政策的变动对其他宏观经济变量的影响；张秀芳以“三驾马车”的作用分析黑龙江省的财政政策和货币政策效应，预测了黑龙江省的宏观经济形势；周志国从需求侧的视角研究了出口退税的政策效应；张熙颖等研究了刺激国内消费需求增长的财政政策效应，指出长期以来实施积极的财政政策导致资产价值不断膨胀和相对价格的失衡，是导致国内需求难以启动的主要原因；周殿昆指出“三驾马车”拉力增强使宏观经济止跌回升。相反，目前学术界也有基于供给侧改革的背景，比较不同经济政策的实施效力，如财政政策和货币政策的效应机制。如曹和平等通过比较中美供给侧改革的案例，研究了供给侧改革的短期政策特性，指出供给侧有其确定的短期政策效应内涵；江苏省盐城市国家税务局课题组基于供给侧改革的背景探析了江苏省房地产业营改增的政策效应，提出了顺应供给侧结构性改革下引导该行业优化发展的对策建议；陆岷峰等研究了供给侧背景下我国货币政策传导效应，分别从操作目标、中介目标和最终目标三个角度考察我国货币政策的传导效应，总结出我国货币政策存在着传导效应弱化现象；杨寓涵等研究了供给侧改革目标下增强我国货币政策调控效果的对策。

可见，需求侧与供给侧管理是宏观经济管理的两种主要的手段，但是鲜有文献同时从需求侧和供给侧来分析某种特殊的区域宏观战略实施效果。如陈立中等仅运用 BLP 模型从需求侧角度对汽车的市场需求份额进行了需求估计，从供给侧角度进行了产品边际成本估计，而基于需求和供给管理政策探讨了车辆购置税政策和汽油价格政策对节能减排效应的影响。事实上，基于需求侧和供给侧管理的政策效果评估有助于准确把握政策效果的变化特征、空间分异及未来趋势。由此，以中部六省 82 个地级市为研究对象，运用神经网络模型与 GIS 可视化手段，通过对需求侧与供给侧管理下的中部六省 10 年来经济发展状况进行过程模拟与情景预测，试图刻画出中部六省在一段时期内经济发展的时空轨迹及特征，目的是对中部崛起战略的政策效果进行科学评价。

二、研究对象、指标与方法

（一）研究对象与数据来源

本文选用中部地区 82 个地级市作为研究对象，基于数据的可获得性，对 82 个地级市部分缺失数据采用空间插值进行补齐；同时将各城市群中所囊括的副地级市及县级市排除在外，包括武汉城市群的仙桃市、天门市、潜江市；中原城市群的济源、长葛以及其他城市群中所包含的县级市等。特别指出，由于巢湖市于 2011 年才正式并入合肥，故 2011 年以前年份，都将巢湖作为地级市单独衡量。但为确保预测可靠性，在利用神经网络模型模拟训练时，通过加权方式将 2004 ~ 2010 年巢湖的数据并入合肥加以核算。数据均来源于历年《中国城市统计年鉴》以及各地方统计年鉴和经济社会发展报告。

（二）指标选取

1. 需求侧管理指标

需求侧管理强调可以通过提高社会需求来促进经济增长。需求侧管理的理论基础来自凯恩斯的国民收入均衡分析，即我们所熟知的公式：$Y = C + I + G + NX$。其中，Y 代表总产出，C 是消费，I 是投资，G 是政府支出，NX 是净出口。凯恩斯认为因为需求不足，当期的实际总产出 Y 可能会低于潜在产出 Y^*。在此情况下，政府可以通过调节有效需求（货币政策降低利率 r 刺激投资 I，或者财政政策直接增加 G）来使得总产出达到潜在产出。经济学上常把投资、消费、进出口比喻为拉动 GDP 增长的“三驾马车”，这是对经济增长原理最生动形象的表述。

2. 供给侧管理指标

供给侧管理强调通过提高生产能力来促进经济增长。供给侧管理的理论基础来自经济增长理论中的生产函数，一般形式是：$Y=F(A, K, L)$。其中，Y 代表总产出，F 是一个函数形式，K 是资本存量，L 是劳动投入，A 是全要素生产率，影响 A 的常见因素包括技术、制度、自然条件和区域发展等。为了衡量要素投入的效果，我们引入“克强指数”来表达。“克强指数”是英国著名政经杂志《经济学人》推出的用于评估中国经济增长的指标，由工业耗电量、铁路货运量和贷款发放量三个指标组成，属于总生产函数的要素指标，可以从供给侧角度预测经济运行态势。

为了衡量区域发展的效果，我们还引入克鲁格曼指数。克鲁格曼指数也被称为行业分工指数或产业专业化系数，这个指数常常被用来衡量地区间产业结构整体差异度。克鲁格曼指数越大表示区域间的产业分工越明显，对区域经济一体化的促进作用越大，即区域间经济联系越强。考虑到区域之间的产业结构、资本要素、产业结构、劳动力水平和质量的差异，综合区域经济的影响因素，其公式如下：

$$K_{ij} = \sum_{t=1}^{n} \left| \frac{g_{it}}{g_i} - \frac{g_{jt}}{g_j} \right| \tag{1}$$

式中，g_i 和 g_j 分别表示区域 i 和 j 所有产业部门的从业人数，t 表示产业部门，g_{it}和 g_{jt}分别表示区域 i 和 j 的 t 产业部门的从业人数。K_{ij}为区域 i 和 j 之间的克鲁格曼指数，当区域 i 和区域 j 有完全相同的产业结构时，克鲁格曼指数为 0。当区域 i 和区域 j 的产业结构完全不同时，克鲁格曼指数为区域 i 和区域 j 所有产业份额之和，即为 2。

三、结果分析

（一）中部崛起战略的政策效果评估

1. 基于需求侧管理视角的政策效果评估

为了探索需求侧管理视角下的中部崛起政策实施的效果，运用凯恩斯的宏观经济理论，选用中部六省地级市的消费强度、投资强度和净出口强度三个指标作为需求侧管理的工具分析其政策效果，得到“三驾马车”在 2004 ~ 2014 年效力发挥的过程模拟图（见图 1）。从图 1 看出中部崛起战略实施10年来，中部地区的宏观经济状况。

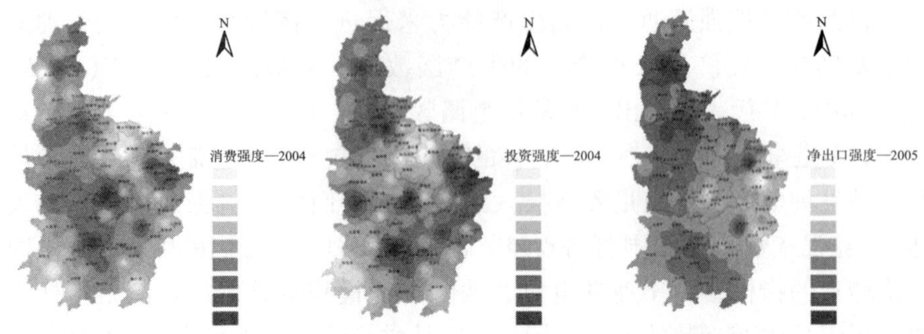

图1　中部六省消费、投资、净出口强度过程模拟图

（1）从空间变化上看，“三驾马车”的效力存在空间非均衡的特征。具体表现在：第一，消费强度的高值区域相互连接形成带状、片状式发展，各大高值聚集区的扩散效应较为显著，在各个高值区周围形成了几个低值区域，这个可能与我国强调内需发展有关；第二，投资强度的分布主要是形成了以武汉、长沙、南昌、太原、郑州、皖江城市群为中心，不断向四周拓展延伸的格局，投资强度的重心明显偏向东部，这个与我国各省的投资政策及实施强度有关；第三，中部六省净出口强度出现极化现象，出现多个高值点，出现显著的集聚现象，这与我国各省的产品出口能力和出口政策有关。

（2）从时间演变上看，“三驾马车”的效力出现了时间非对称效应。具体表现在：第一，中部六省消费强度高值区域覆盖范围有较为明显的增加，极化效应愈发显著，其表现出消费存在规模经济和范围经济；第二，投资强度总体处于上升趋势，但是在不同的年份上出现了几次较为显著的波动，这可能与国家投资政策的波动相关联；第三，净出口强度出现极化现象，出现多个高值点，且集聚现象愈益明显，这反映出不同城市的生产溢出效应不同。

2. 基于供给侧管理视角的政策效果评估

为了探索供给侧管理视角下的中部崛起政策实施的效果，运用克强经济学的思想，选用中部六省地级市的工业用电量、铁路货运量和贷款发放量以及克鲁格曼指数四个指标作为供给侧管理的工具分析其政策效果，得到“克强指数”在2004～2014年效力发挥和城市群产业分工联系过程模拟图（见图2）。从图2可以看出中部地区的经济动向。

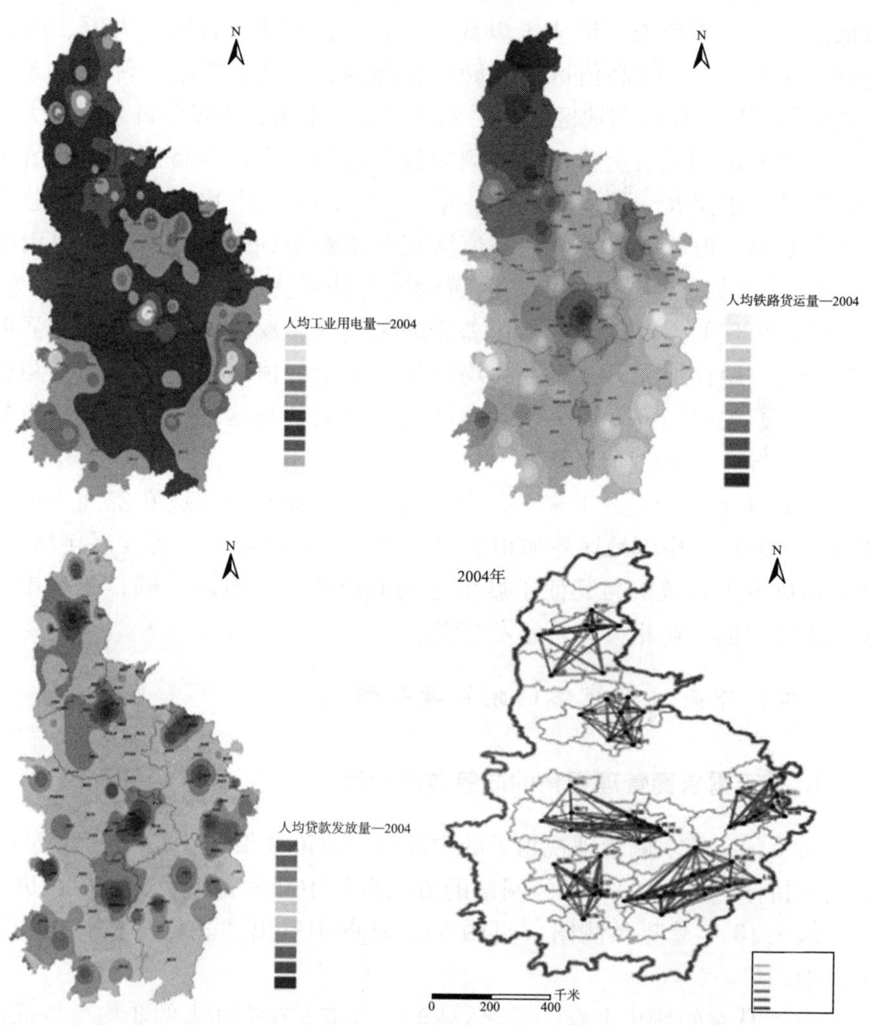

图2　中部六省人均工业用电量、铁路货运量、贷款发放量和产业分工过程模拟图

（1）从空间变化上看，供给侧的效力总体形成了低值区嵌套高值区的圈层格局。具体表现在：第一，中部六省人均工业用电量在各省内部各地级市间分异性特征明显，均形成独立的峰值区，低值区嵌套在高值区周围，高值区和低值区形成圈层结构，而且省与省间存在较大差异，可见工业用电量供给存在空间差异；第二，人均铁路货运量地区差异明显，高值区与低值区形成明显的圈层结构，且高值区和次高值区之间形成点状式低值区，出现极化效应，这显然与中部地区的铁路网线分布格局和供给能力有关；第三，人均贷款发放量呈现明显的点状高值区和点状低值区。具体来说，形成了以武汉、长沙、郑州、合肥、太原、南昌等省会城市为中心的高值区，以赣南、湘西、鄂北、皖南、晋北地区为代表的低值区，这说明地区间金融发展极度不平衡，市场条件差异巨大。

（2）从时间演变上看，供给侧的效力总体增强，但高值区与低值区的差异进一步拉大。具体表现在：第一，中部六省人均工业用电量总体呈上升趋势，但低值区嵌套在高值区现象不断得到强化，出现工业用电量使用的“马太效应”；第二，区域内人均铁路货运量总体呈上升态势，各省陆续出现的高值区与低值区差距越来越大，反映网络能力在加强但供给能力差距在加大；第三，人均贷款发放量低值区与高值区的差距进一步拉大，说明经济发展欠发达地区与经济发达地区的金融发展、市场条件的差异并未有明显改善。

（3）从区域产业分工来看，六大城市群产业互补程度在空间上分布不均匀。总体上中部地区各城市群内城市之间的产业分工程度逐年增强，各城市群内中心城市与其他子城市之间的产业分工愈发明确，子城市与子城市之间的产业相关关系愈发增强。

（二）中部崛起战略的政策效果预测

1. 基于需求侧管理视角的政策效果预测

为了预测需求侧管理视角下的中部崛起政策效果，选取“三驾马车”的三个指标，运用 ANN 神经网络的方法得到中部六省消费、投资、进出口的未来 10 年趋势预测图（见图 3）。从图中看出“三驾马车”在未来的发展趋势。

（1）从空间变化上看，“三驾马车”各维度在空间上的非均衡特征进一步增强。具体表现在：第一，中部六省消费强度中的湘西、皖北、赣南等低值区始终处于高值区域辐射不到的阴影区内，说明高值区消费强度的辐射能力不强；第二，投资强度重心在未来几年仍然偏向东部，但相较过去略有西移，主要得益于河南、山西地区新的高值区的出现；第三，未来区域内人均净出口将出现点状高值区和次级点状高值区，分别以省会城市和区域性城市为依托，其点状高值区、次级点状高值区与域内其他地区形成强烈反差，产生显著的极化效应。

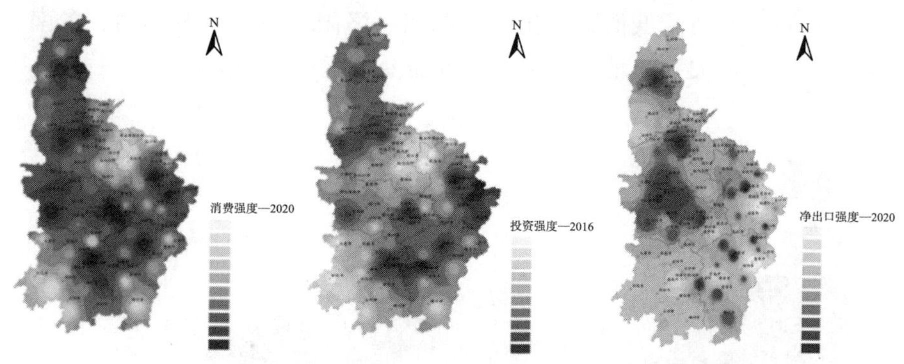

图3　中部六省消费、投资、进出口强度趋势预测图

（2）从时间演变上看，“三驾马车”各维度在时间上的扩散和极化效应日益加强。具体表现在：第一，中部六省的消费强度有逐渐变强的趋势，且高值聚集区的扩散效应将更加显著，并且预计在2020年出现峰值，可见中部地区新消费形态将变强，有可能成为中国未来有力的消费核心区之一；第二，投资强度在未来总体将处于在稳定中略有上升的状态，在河南、山西地区将出现几个高值聚集区，整体投资强度也有所提高，但投资强度区域间差异也有拉大的趋势，可见投资不一定带来中部地区的必然繁荣；第三，未来区域内人均净出口强度出现下降趋势，区域间差异进一步拉大，也就是说中部地区对外开放的极化效应不断增强。

2. 基于供给侧管理视角的政策效果预测

为了预测供给侧管理视角下的中部崛起政策效果，选取“克强指数”的三个指标以及克鲁德曼指数，运用ANN神经网络的方法得到2016～2026年中部六省工业用电量、铁路货运量、贷款发放量和产业分工趋势预测图（见图4）。从图4可以看出“克强指数”在中部地区未来的发展动力。

（1）从空间变化上看，供给侧管理有助于区域一体化进程的加快。具体表现在：第一，人均工业用电量原有高值区圈层结构出现退化趋势，呈现片状发展态势，表明区域一体化趋势明显，即新兴高值区仍以圈层结构出现，而受“敛化效应”影响，新兴高值区水平得到不断提升；第二，人均铁路货运量部分高值区的圈层结构陆续退化呈带状式分布，未来将呈现多水平的带状均衡分布特性且将形成区域性次高值区，可见未来中部地区网络联系更为通畅，将形成供给有效的主干经济带；第三，未来人均贷款发放量低值区将出现在郑州—洛阳一带，以及湘西、赣南、鄂北等地区，而欠发达地区的资本市场需要改善投资环境。

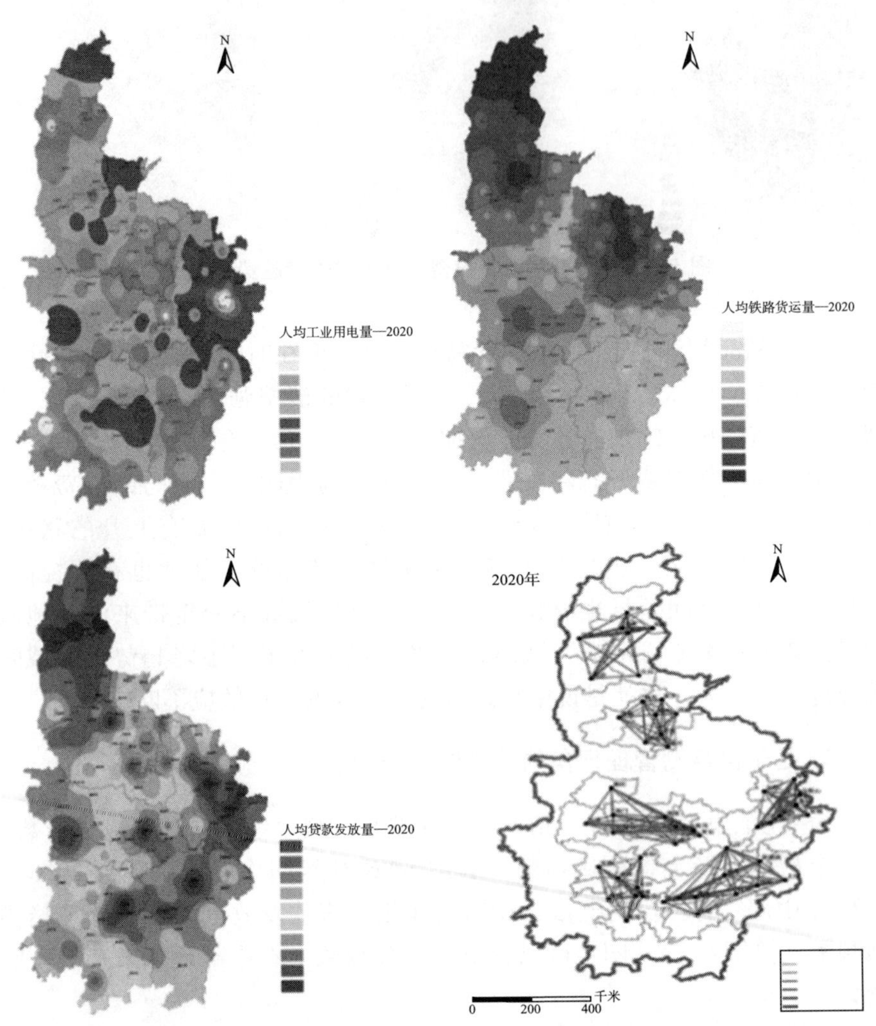

图4　中部六省人均工业用电量、铁路货运量、贷款发放量和产业分工趋势预测图

（2）从时间演变上看，供给侧管理导致的地区分异特征固化现象在加剧。具体表现在：第一，区域内人均工业用电量总体水平不断提高，但地区间分异性特征在不断固化；第二，总体上，未来人均铁路货运量强度将会得到强化，同时区域间的差异也在不断扩大，皖北地区将形成新的高值区；第三，人均贷款发放量将沿固有高值圈层发展，圈层辐射的广度和强度在不断强化。

（3）从区域产业分工来看，中部地区的各个城市群内部，中心城市与其他子城市的产业互补性整体上呈现产业互补性减弱，产业同构性则愈发增强。各城市群间的产业分工程度差距在逐渐缩小，各大城市群核心城市作用增强。

四、结论和政策建议

（一）结论

采取对比分析方法，分别从需求侧和供给侧管理的角度，采用 GIS - ANN 综合模拟方法对中部六省崛起战略的需求和供给政策效果进行对比分析，并对其未来可能发展情景进行了模拟，得到如下结论。

（1）从需求侧管理的政策效果评估看：从空间变化上看，“三驾马车”的效力存在空间非均衡的特征；从时间演变上看，“三驾马车”的效力出现了时间非对称效应。具体而言，在空间上，中部六省消费强度形成带状、片状式发展，投资强度的分布主要是形成了城市群为中心，不断向四周拓展延伸的格局，净出口强度在不断提高，呈现带状式发展格局；在时间上，消费强度有较为明显的增加，投资强度总体处于上升趋势，而净出口强度则出现极化现象。可见，“三驾马车”在时间和空间上均呈现出用力效果不明显、合力不够而形成的叠态效应，进而使得周期性波动在空间上产生并存的集聚和扩散效果。

（2）从需求侧管理的政策效果预测看：从空间变化上看，“三驾马车”各维度在空间上的非均衡特征进一步增强；从时间演变上看，“三驾马车”各维度在时间上的扩散和极化效应日益加强。具体而言，在空间上，中部六省消费强度低值区始终处于高值区域辐射不到的阴影区内，且这种差距在未来几年有进一步拉大的趋势，投资强度整体有所提高，人均净出口强度的区域间差异进一步拉大；在时间上，中部六省的消费强度高值聚集区的扩散效应将更加显著，投资强度重心在未来几年仍然偏东，但略有西移，区域内人均净出口将出现点状高值区和次级点状高值区，极化效应在不断增强。可见，在未来需求侧管理方面，要着力协调好“三驾马车”合力的力度和幅度，使得动力与区域发展的效力方向一致。

（3）从供给侧管理的政策效果评估看：从空间变化上看，供给侧的效力总体形成了低值区嵌套高值区的圈层格局；从时间演变上看，供给侧的效力总体增强，但高值区与低值区的差异进一步拉大。具体而言，在空间上，中部六省人均工业用电量的高值区和低值区形成圈层并得到不断强化，出现“马太效应”，区域内人均铁路货运量的高值区与低值区形成明显的圈层结构，人均贷款发放量的点状高值区不断强化形成圈层结构；在时间上，中部六省人均工业用电量总体呈上升趋势，且各地级市间分异性特征明显，人均铁路货运量在各省陆续出现高值区与低值区差距越来越大的极化效应，人均贷款发放量出现了明显的低值中心且处于各省经济欠发达区；在产业分工上，中部地区各城市群内中心城市与其他子城市之间的产业分工愈发明确，子城市与子城市之间的产业相关关系愈发增强。可见，“克强指数”总体反映出了区域极化在加强，使得中部崛起战略地位逐步表现出影响力，但其要素供给方式还存在很大差异，供给能力和结构需要调整。

（4）从供给侧管理的政策效果预测看：从空间变化上看，供给侧管理有助于区域一体化进程的加快；从时间演变上看，供给侧管理导致的地区分异特征固化现象在加剧。具体而言，在空间上，中部六省人均工业用电量地区间分异性特征在不断固化，人均铁路货运量强度区域间的差异也在不断扩大，贷款发放量将沿固有高值圈层发展，圈层辐射的广度和强度在不断强化；在时间上，中部六省人均工业用电量原有高值区圈层结构出现退化趋势，呈现片状发展态势，一体化趋势明显，人均铁路货运量未来将呈现多水平的带状均衡分布特性，人均贷款发放量依然形成低值区和高值区交错出现；在产业分工上，中心城市与其他子城市整体上呈现产业互补性减弱，产业同构性逐渐增强的趋势。可见，供给侧管理改革有利于未来区域一体化发展，但是结构性偏差也可能引起产业同构现象。

（二）政策建议

（1）注重发挥“三驾马车”合力，推动中部地区协同发展。研究结果显示，需求侧管理的“三驾马车”有力地推动中部地区逐渐以城市群为中心，形成带状、片状式发展格局，其符合区域发展的规律，但是中部六省的投资、消费和进出口在时空上的强度不协调，以及合力不够导致叠态效应出现，区域政策的周期性波动使得集聚和扩散形成冲抵。因此，中部崛起战略的实施既要重视激发供给侧结构改革活力，也要重视需求侧协调发展的动力，加强需求侧协调发展的动力培育和规范。在经济发展保证稳增长的前提下，进一步强调均衡发展。

（2）制定和落实区域差异化政策，动态处理好“三驾马车”问题。具体来说，通过减税，鼓励民营经济发展等措施提升二三线城市居民收入水平。同时，通过产品创新、优化消费结构等进一步提高二三线城市居民边际消费倾向；继续强化中部偏西地区基础设施投资，使优秀人才和技术由市场驱动流向中部偏西地区；持续推进贸易开放，并对净出口规模较小的地区调整内部需求，增强进口对经济增长的拉动作用。总之，需求侧进程中需要动态处理好“三驾马车”的问题，落实区域差异化政策，实现协力发展。

（3）通过产业政策转型，深化供给侧结构性改革。积极推进产业政策从选择性为主向功能性为主转变，减少无效和低端供给，优化产业资源配置，增加有效和中高端供给，降低供给成本，增强产业竞争力。对中部地区而言关键在于加强交通网络化建设，彰显大交通功能，促进各要素流动；同时，强化该地区的中心城市经济发展的辐射能力，促进区域均衡发展。

（4）扎实推进供给侧管理改革，共享改革红利。通过以比较优势为突破口，稳步推进中部城市群产业互补。具体来说，全方位落实供给侧改革，构建跨中部省份城市协调机构，以各城市群竞争优势为依据，协调各方利益，优化产业布局；通过强化城市间的产业合作机制，形成相通相融的产业同盟，避免产业配套设施重复建设。

新时代中部地区开放合作的再思考

彭继增　孙广鑫[①]

摘　要：中部地区顺应“中部崛起”战略的方向指导，十多年来取得进阶性成果的同时也面临着新挑战与机遇。本文从中部地区发展现状与困境、发展机遇和未来发展战略展望三个主要出发点展开分析。分析得出中部地区虽然在城镇化、金融发展、外贸增长等方面取得可喜结果，但相对东部沿海地区仍然存在资本弱、开放低等问题，在当前新一轮区域经济合作的发展格局之下，中部地区应当坚持走开放合作的发展道路，开拓开放与合作新空间，实施积极对接“一带一路”、主动对接“京津冀”和积极融入“长江经济带”的新战略。

关键词：中部地区；开放合作；一带一路

一、引言

中国中部地区作为承东启西、连南接北的核心区域，在全国格局中的战略地位举足轻重。从 2004 年“中部崛起”明确提出以来，十几年来，中部地区发展受到中央各项“促进中部崛起”政策利好推动，发展速度后来居上，外向型经济势头也发展良好，承接产业转型的成效日益显著，经济总量持续攀升。然而，与东部沿海地区相比，中部地区对外开放仍缺乏先行先试的动力机制，外向型经济质量依然偏低，对外开放环境差；对内合作缺乏利益平衡的沟通机制，内部经济一体化推进缓慢。对外开放和合作依然缺乏整体性和凝聚力，学界和政界得出“中部洼地”“中部盆地”“中部塌陷”等观点和结论（周绍森等，2003；刘乃全等，2005；安虎森等，2009）。如何从“中部塌陷”走向“中部崛起”成为重大课题，也是实现中部发展的迫切需要。

2017 年，国家发改委印发了《2017 年促进中部地区崛起工作要点》。

---

① 作者简介：彭继增（1967～），男，江西泰和人，南昌大学经济管理学院教授，硕士生导师，主要研究方向：国际经济与贸易。

习近平总书记在十九大报告中关于“中部崛起”和“对外开放”等做出重要指示，“发挥优势推动中部地区崛起，建立更加有效的区域协调发展机制”“加强创新能力开放合作，形成陆海内外联动、东西双向互济的开放和合作新格局。”中部地区开放、合作与发展作为一个重大战略和课题，探讨其开放与合作，对于积极推动中部加快融入国家战略，全面推进中部双向开放，深化中部内部合作，意义重大。

二、中部地区发展现状与困境

（一）中部地区经济发展现状

中部地区包括山西、安徽、江西、河南、湖北、湖南六个省份，面积102.8万平方公里，占全国约10.7%的土地，承载全国约26.5%的人口，创造全国约21.4%的生产总值，是我国的人口大区、交通枢纽、经济腹地和重要市场，在中国地域分工中扮演着重要角色。中部地区的崛起，关乎稳增长、调结构、扩内需、惠民生政策措施的落实。

1. 中部地区人口与城镇化

（1）中部地区人口基数大、增速平稳。中部地区人口呈现基数大，且稳步增长的特征。2008～2016年，我国人口增速都保持在0.48%～0.52%，2009～2014年，中部地区人口增速一直略低于全国平均水平，2015年中部人口增速首次高于全国水平，2016年中部人口增速将持续微涨（见图1）。

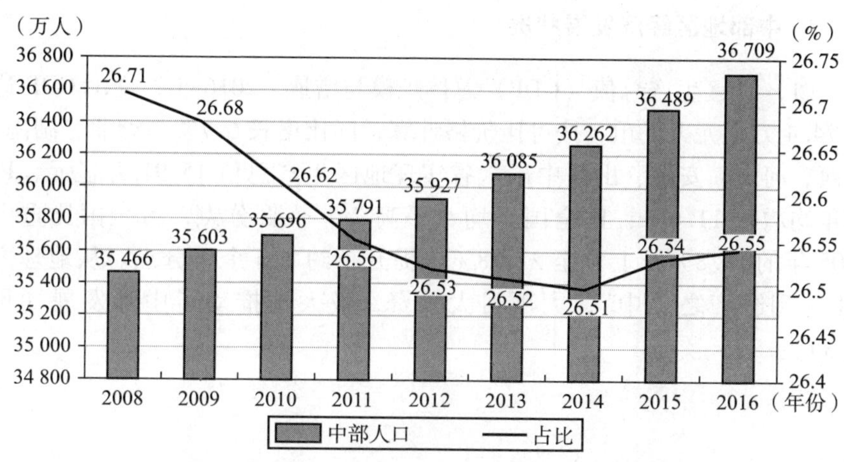

图1　2016年中部六省人口及全国占比情况走势

(2) 中部地区城镇化率上升空间大。据国家统计局统计数据显示，2016 年末，上海、北京等地城市化率分别是 87.6% 和 86.5%，全国平均城市化率也达到 57.6%，而中部地区城镇化率最高的省份才 56.85%。因此，城镇化率上升仍有很大的空间。以 2016 年为例，中部六省人口最多的是河南省，但河南省也是城镇人口比例最低的省份，仅为 46.85%；而山西省是人口最少的省份，但城镇人口占比较高，达到 55.03%，在中部省份中仅略低于湖北省（见图 2）。

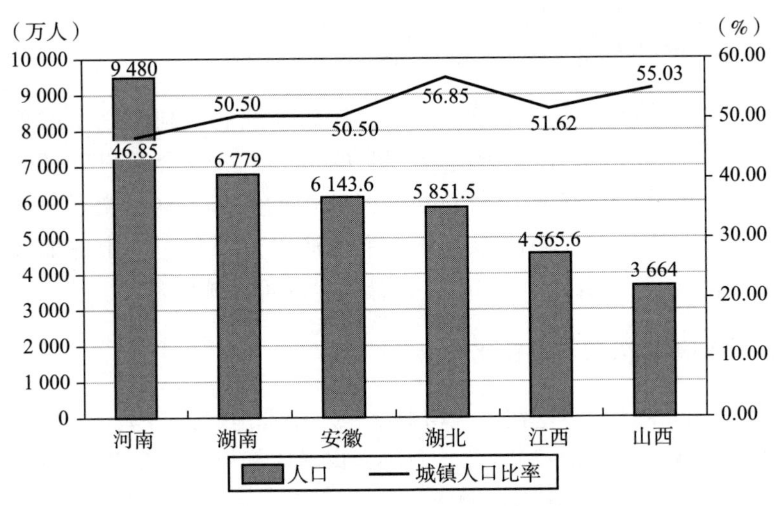

图 2　2016 年中部人口及城镇化率

2. 中部地区经济发展状况

(1) 地区生产总值（GDP）总体规模与增速。2016 年，全国 GDP 达到 74.4 万亿元人民币，按可比价格计算，同比增长 6.7%。湖北、湖南、江西、河南、安徽、山西中部六省实现地区生产总值 15.91 万亿元，10 年年均增长 11.6%，比全国平均水平高 2.1 个百分点，占全国比重由 2005 年的 18.8%，上升至 21.38%，提升了约 2.6 个百分点。从地理之“中”到经济之“中”，大项目大投资，极大地推动了中部发展（见图 3）。

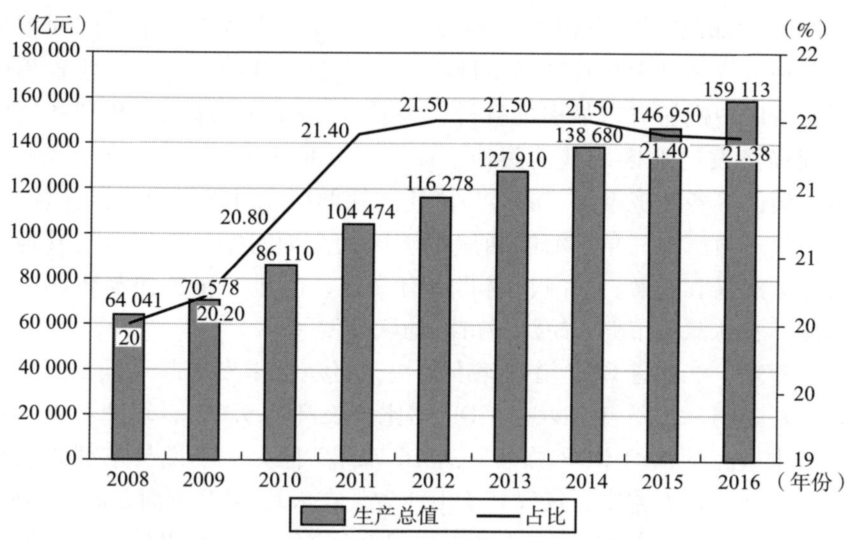

图3　2008～2016年中部六省GDP总量及占比情况

（2）中部六省工业转型情况。中部各省工业转型系数较高，基本高于全国平均水平。江西省的工业转型系数在中部六省中处于第五位，仅高于山西。山西和江西需要进一步降低对资源密集型行业的依赖，加快推进产业转型升级进程（见图4）。

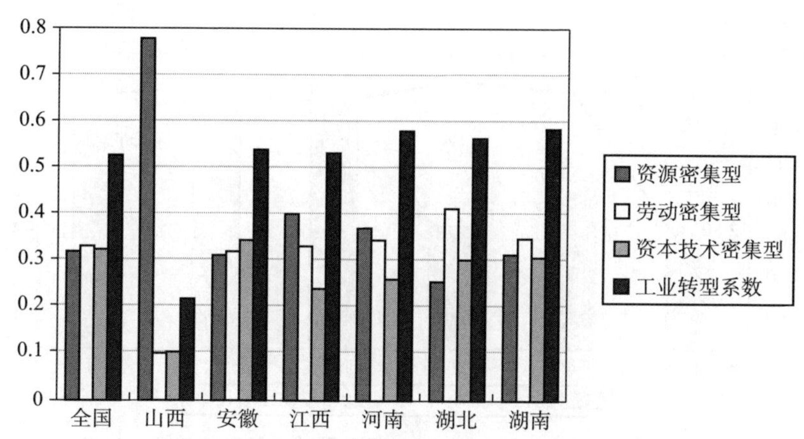

图4　2015年中部六省各省工业转型情况

资料来源：根据国家统计局公开数据整理所得。

(3) 中部地区省际经济发展差距——以江西省为例分析。江西省独特的地理区位优势为自身经济发展提供了优越的基础条件。江西省是中国所有省区中毗邻省市最多的省份，为长江三角洲、珠江三角洲和闽南三角洲经济发达地区的共同腹地，以上海、杭州、广州、厦门、武汉、香港、澳门等各经济重镇、港口为依托。江西应充分发挥自身区位优势，加强与长三角、珠三角、海峡西岸经济区的全面对接。而江西与其他中部省份如武汉、安徽、湖南、湖北也有交流，应进一步加快与环鄱阳湖城市圈、长株潭城市群、皖江城市圈的联动发展。

近年来，江西省 GDP 增长速度较快，但是由于发展起点低，经济基础仍相对薄弱。2015 年江西省 GDP 同比增长高达 9.1% ，增速虽然是中部六省中最高的，但 GDP 总额只有 16 723.8 亿元，不说与东部省份比较，在中部其余五省中，仅仅高于山西省。在人均 GDP 方面，高于山西、安徽两省，达到 36 724 元，人均 GDP 增长率领先中部省份，同比增长 8.5% 。由此可见，江西经济要赶超中部其他省份，实现中部地区崛起战略，任务还相当艰巨。

综上，中部地区经济总体稳步向前发展，生产总值逐年上升，但省际差异仍然非常明显，受限于政策性区位劣势，相比东部地区，中部地区经济仍未完全开放，但是逐渐增长的人口和自身的资源会逐渐成为其新形势下开放和合作的新优势（见图 5、图 6）。

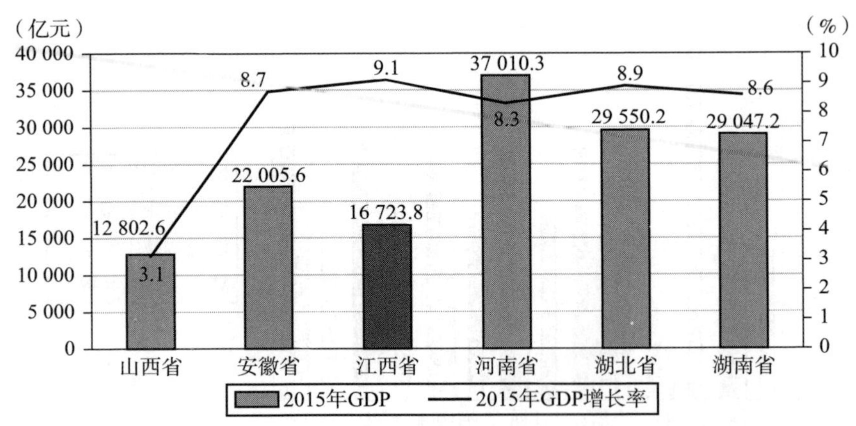

图 5　2015 年中部六省 GDP 及其增长率趋势

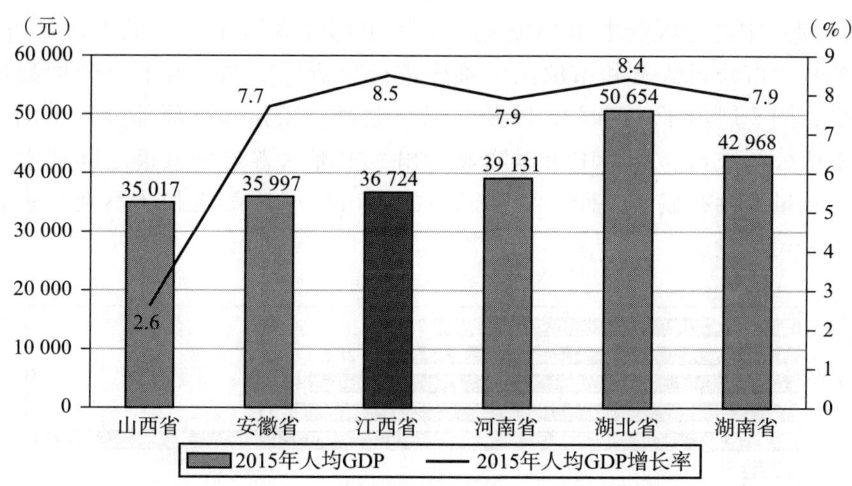

图6　2015年中部六省人均GDP与及其增长率

3. 中部地区金融发展状况

（1）中部地区金融规模。从金融规模（存贷款总额）来看，河南金融规模最大，其次是湖北，江西省最小。从贷存比这一衡量银根松紧度的指标来看，江西省贷存比最高，其他如湖北、安徽均高过了全国平均水平，整个中部地区的贷存比水平也高过了全国平均水平。这说明，中部地区虽然金融规模较小，但流动性很大，应该加强金融监管，发挥资金的用途，将更多的资金用于支持实体经济的发展（见表1）。

表1　2015年中部六省金融机构本外币存贷款年末余额

中部省份	存贷款总额（亿元）	存款余额（亿元）	贷款余额（亿元）	贷存比（%）
湖北	69 235.42	40 896.52	28 338.90	69.29
湖南	60 442.49	36 220.61	24 221.88	66.87
山西	47 216.25	28 641.42	18 574.83	64.85
安徽	59 971.95	34 482.90	25 489.05	73.92
河南	79 062.53	47 629.91	31 432.62	65.99
江西	43 604.06	25 042.97	18 561.09	74.12
合计	359 532.7	212 914.33	146 618.37	68.86
全国总计	2 338 000.00	1 398 000.00	940 000.00	67.24
占比（%）	15.38	15.23	15.60	—

资料来源：2016年中部各省统计年鉴。

（2）中部地区资本市场发展。关于中部地区资本市场的发展状况，主要从上市公司数量和市值两个维度进行分析。中部六省上市公司数量较少，图7展示了中部六省以及北京、上海、江苏等东部部分省份的A股上市公司数量。从图中可以明显看出，中部六省与大城市之间在上市公司数量上存在显著差距。中部六省的上市公司数量之和还不及广东省上市公司数量。

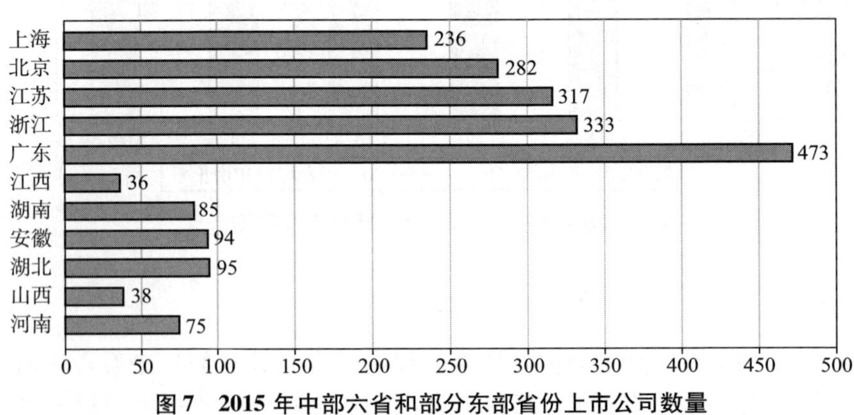

图7　2015年中部六省和部分东部省份上市公司数量

中部六省上市公司的规模小、市值低。通过对中部六省以及北京、上海、江苏、浙江、广东的上市公司市值进行比较和分析，可以看出中部六省上市公司的市值非常低。图8反映出，中部六省不仅上市公司数

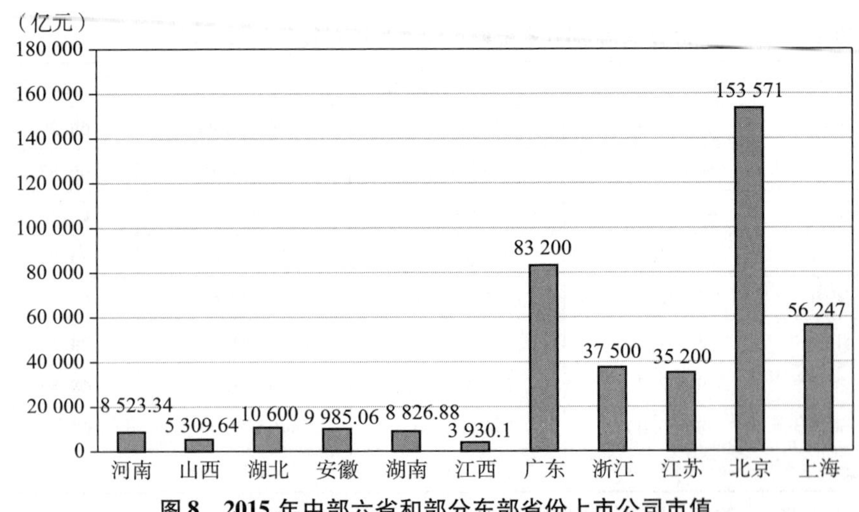

图8　2015年中部六省和部分东部省份上市公司市值

量少，而且上市公司规模很小。如北京市上市公司的数量大约是江西省的 8 倍，而其上市公司市值却将近达到了江西省的 40 倍。

由此可知，中部六省上市公司数量和规模远远滞后于东部省份，资本市场发展不够完善，有很大的提升空间。

4. 中部地区对外开放与合作现状

（1）中部地区对外贸易总体规模。中部地区对外贸易规模不断扩大。2001 ~2015 年，年均增长率为 25. 9%。2001 年，中部外贸占全国外贸总额的比重仅为 3. 19%。而 2015 年，这一比重已经达到 6. 42%。相对全国而言，中部地区的外贸规模依然较小。2015 年，中部地区对外贸易占全国对外贸易比重仅为 6. 42%，而与此同时，东部占比却达到了 83. 5%（见表 2）。

表 2　　中部地区对外贸易总体规模

年份	中部外贸总额（亿美元）	中部出口总额（亿美元）	中部进口总额（亿美元）	全国外贸总额（亿美元）	中部占比（%）
2001	162. 56	100. 59	61. 82	5 096. 5	3. 19
2002	182. 55	111. 95	70. 44	6 207. 7	2. 94
2003	251. 34	147. 36	105. 78	8 509. 9	2. 95
2004	349. 51	206. 50	143. 34	11 545. 5	3. 03
2005	415. 66	244. 37	170. 99	14 219. 0	2. 92
2006	540. 48	327. 78	212. 70	17 604. 4	3. 07
2007	743. 26	438. 95	304. 31	21 765. 7	3. 41
2008	992. 36	589. 99	402. 37	25 632. 6	3. 87
2009	776. 72	419. 06	357. 66	22 075. 4	3. 52
2010	1 166. 8	634. 74	532. 12	29 740. 0	3. 92
2011	1 628. 13	930. 66	697. 47	36 418. 6	4. 47
2012	1 934. 28	1 205. 57	728. 71	38 671. 2	5. 00
2013	2 196. 75	1 380. 73	816. 01	41 589. 9	5. 28

续表

年份	中部外贸总额（亿美元）	中部出口总额（亿美元）	中部进口总额（亿美元）	全国外贸总额（亿美元）	中部占比（%）
2014	2 474.28	1 585.26	889.02	43 030.4	5.75
2015	2 539.19	1 652.43	886.76	39 569.0	6.42

资料来源：国家统计局。

（2）中部六省对外贸易规模与对外开放度。中部六省的贸易呈现以下几个特点：①出口规模整体经过一轮迅速上升后，增速放缓；②进口规模放缓趋势下，河南出口增长独占鳌头；③进出口比例山西、江西两省波动较大（见图9、图10和图11）。

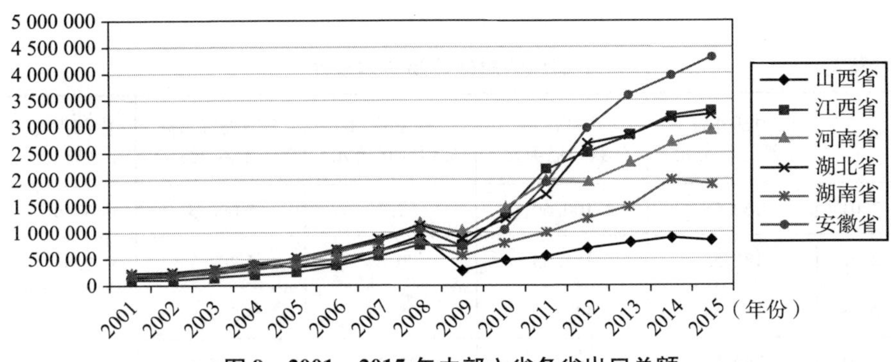

图9　2001～2015年中部六省各省出口总额

资料来源：根据国家统计局网站公开数据整理所得。

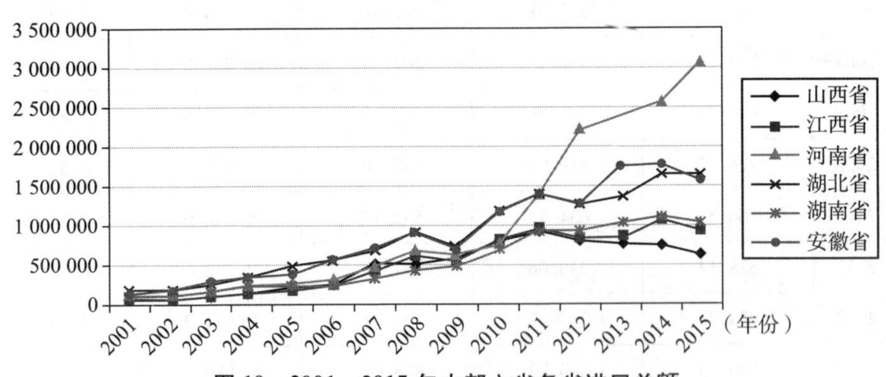

图10　2001～2015年中部六省各省进口总额

资料来源：根据国家统计局网站公开数据整理所得。

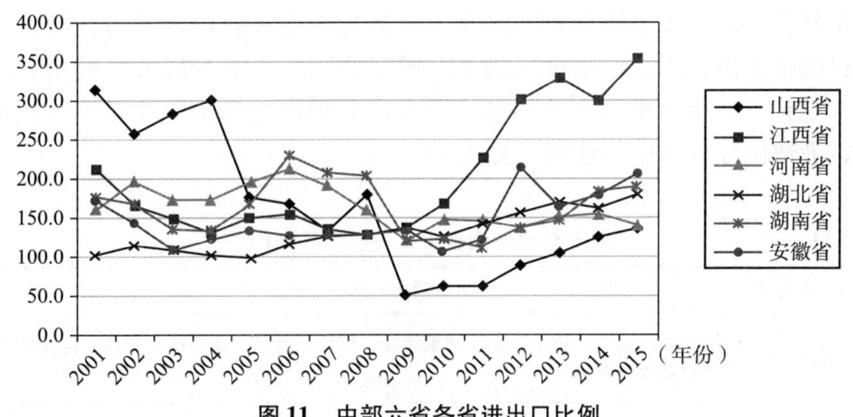

图 11　中部六省各省进出口比例

资料来源：根据国家统计局网站公开数据整理所得。

另外，据各省市 2016 年国民经济和社会发展统计公报数据显示，中部省份外贸规模和对外依存度偏低。无论是外贸规模，还是对外贸易依存度，中部六省的数据均低于全国平均水平。进出口对中部省份 GDP 贡献度小。通过与北京、上海、广东等大城市的比较，我们可以得知，相对而言，中部六省的进出口对其 GDP 的贡献非常小。

（3）中部六省对外贸易结构。中部六省的主要出口区域是亚洲和非洲。而对于欧洲和北美洲这类经济更为发达的地区，其出口额相对较少。各省的贸易出口集中在省会城市，地区间贸易发展不平衡（见表 3）。

表 3　　2015 年中部六省主要贸易区出口额　　单位：万美元

中部省区	亚洲	非洲	欧洲	拉丁美洲	北美洲	大洋洲
江西	1 854 475	301 449	460 641	171 645	469 316	54 149
河南	9 091 658	1 315 370	3 875 978	1 307 022	10 613 546	636 680
山西	315 874	19 543	226 439	33 736	230 309	16 191
安徽	1 440 279	225 137	629 911	326 093	616 974	73 030
湖北	1 730 999	124 225	471 798	201 571	326 905	66 543
湖南	865 562	—	65 712	—	222 868	17 569

资料来源：2016 年中部各省统计年鉴。

从中部六省对外贸易的产品结构看，各省出口额排名前五的产品虽互有交叉，但不尽相同。出口资源依赖性强：各省出口产品虽然多样化，但依然是以出口本地资源型产品为主。各省应发挥自己的比较优势，将自己的优势出口产品行业做大做强，同时在顺应工业发展方式转型升级的大趋势下，优化出口产业结构，提高产品附加值和国际竞争力，优化在产业链国际分工中的地位（见表4）。

表4　　　　2015年中部六省出口贸易产品结构

中部省份	出口额排名前五的产品
湖北	服装及衣着附件；机电产品；纺织纱线、织物及制品；高新技术产品；自动数据处理设备及其部件
湖南	铁矿砂及其精矿；钢材；有线、无线通信设备零件；集成电路；二极管及类似半导体零件
山西	机器，电子产品，电气设备及零件；贱金属及其制品；化学工业及其相关工业的产品；车辆，航空器，船舶及运输设备；矿产品
安徽	工业制品；机械及运输设备；轻纺产品、橡胶制品、矿冶产品及其制品；杂项制品；化学成品及有关产品
河南	机电产品；高新技术产品；电话机；人发制品；农产品
江西	食品，饮料、酒及醋，烟草、烟草及烟草代用品的制品；植物产品；矿产品；动物产品；动植物油、脂及其分解产品，精制的食用油脂，动、植物蜡

资料来源：2016年中部各省统计年鉴。

（4）中部六省外商直接投资（FDI）规模。外商直接投资对中部地区投资金额越来越大。2001年我国加入世贸组织以来，投资数额逐步攀升，说明中部省份投资前景非常可观。不仅如此，河南省、安徽省、湖南省等人口和资源充沛的地区依然是外商投资的重心。外商在中部的投资金额占外商在全国投资的比重不断上升。在2016年，甚至达到全国的52.5%，超过一半（见表5、图12）。

表5　　　　中部地区外商直接投资（FDI）规模及占比

年份	中部FDI（亿美元）	全国FDI（亿美元）	中部占比（%）
2001	34.4	468.5	7.4
2002	46.3	527.4	8.8

续表

年份	中部 FDI（亿美元）	全国 FDI（亿美元）	中部占比（%）
2003	58.3	535.1	10.9
2004	66.0	606.3	10.9
2005	88.7	603.3	14.7
2006	115.6	630.2	18.3
2007	165.5	747.7	22.1
2008	194.0	924.0	21.0
2009	214.6	900.3	23.8
2010	263.1	1 057.4	24.9
2011	356.5	1 160.1	30.7
2012	430.3	1 117.2	38.5
2013	501.0	1 175.9	42.6
2014	568.6	1 195.6	47.6
2015	625.6	1 262.7	49.5
2016	661.5	1 260	52.5

资料来源：国家统计局。

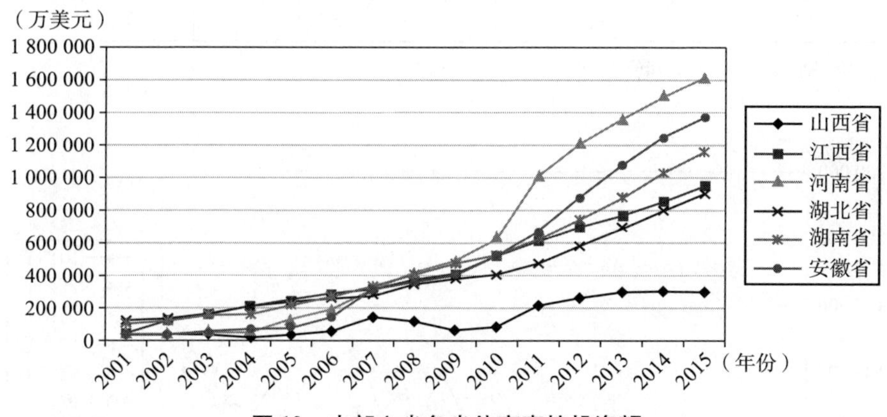

图 12　中部六省各省外商直接投资额

（5）中部六省对外直接投资（OFDI）规模。中部各省对外直接投资呈波动性上升。伴随“走出去”战略的实施，中部各省均利用自身优势融入开放体系，对外直接投资呈波动性上升，但总体规模偏小。在

2003～2008 年，中部地区 OFDI 规模占比全国 OFDI 一直处于 1% 以下，2008 年以后，受政策影响，占比显著提升。从各省份看，对外非金融类直接投资安徽省遥遥领先于中部其他各省，山西省、湖北省落后于其他省份（见表 6、图 13）。

表 6　中部地区对外直接投资（OFDI）规模及占比

年份	中部 OFDI（亿美元）	全国 OFDI（亿美元）	中部占比（%）
2003	0.6	535.1	0.1
2004	0.2	606.3	0.0
2005	1.5	603.3	0.3
2006	1.2	630.2	0.2
2007	3.7	747.7	0.5
2008	5.0	924.0	0.5
2009	15.8	900.3	1.8
2010	14.6	1 057.4	1.4
2011	30.7	1 160.1	2.6
2012	32.3	1 117.2	2.9
2013	35.4	1 175.9	3.0
2014	34.3	1 195.6	2.9
2015	63.3	1 262.7	5.0

资料来源：2003～2015 年历年中国对外投资公报。

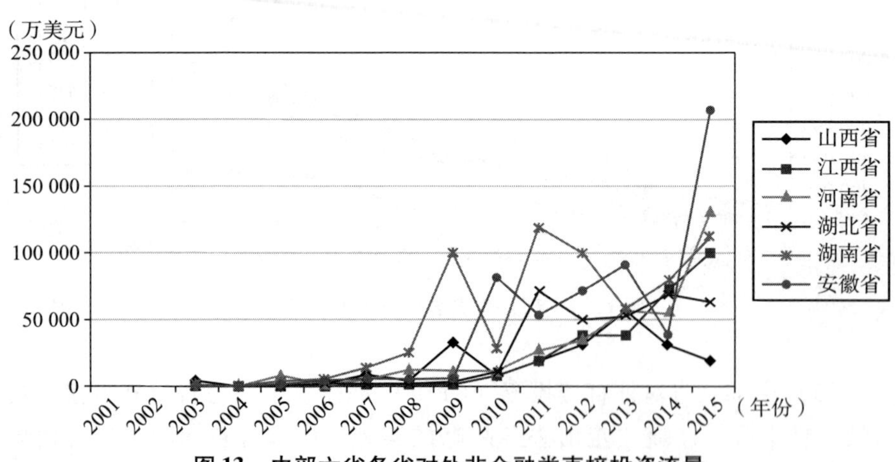

图 13　中部六省各省对外非金融类直接投资流量

（二）中部地区发展困境

1. 金融规模小，资本市场薄弱

中部地区金融规模较小，对实体经济的支持力度相对较弱；金融监管不到位导致资金滥用，资金“脱实入虚”，不能使资金有效作用于实体经济发展。另外，上市公司非常少且市值较低，龙头带动作用不强：由于缺少相应的产业园区，难以形成有效的产业集聚，继而承接外商产业转移能力差。

2. 外贸规模偏小，开放度低

近年来虽然贸易规模逐渐扩大，但是，规模相对较小，开放程度低。可承接外商投资的地区少且区域分布差异大。各省市外商直接投资金额占外商在全国投资的比重不断上升，但是主要集中于省会等具有良好产业基础的地级市；省域边缘地级市无力承接这类投资，政策性的被边缘化，更加缺少省级之间的通力合作。就外商直接投资的效果看，FDI 并未给中部地区的经济发展带来预期的明显作用，也就是外商投资 FDI 与中部地区经济增长未形成良性互动，二者并没有稳定的正相关关系（刘爱萍，2013；吴海兵等，2013）。

3. 对外贸易结构不甚合理，亟待完善

对外贸易结构主要表现在地理结构和产品结构上。对外贸易地理结构不均衡表现在出口地区对亚洲等地依赖度过高，区域距离受限于交通成本，且单一外贸地理结构难以规避外贸风险。对外贸易产品结构不合理表现在出口资源依赖性强：各省出口产品呈现多样化，但依然是以出口本地资源型产品为主，产品附加值较低。从产业构成来看，中部具备完全自主知识产权的主打产品还比较少，这也导致了中部地区轻工业发展相对滞后，新兴工业发展缓慢。

三、新形势下中部地区新机遇

（一）国家中部崛起战略及相关政策举措的实施

从 2004 年时任国务院总理温家宝明确提出促进“中部崛起”后，政府出台了一系列相关政策和措施：（1）2006年，国务院出台《关于促进中部地区崛起的若干意见》；（2）2009年，国务院常务会议审议并原则通过了《促进中部地区崛起规划》，之后国务院正式批准实施《促进中部地区崛起规划》；（3）2010年，国家发改委通过《促进中部地区崛起规划实施意见的通知》和《关于促进中部地区城市群发展的指导意见的通知》；（4）2010年，《中国中部地区外商投资促进规划》作为我国第一部国家级地区性外商投资促进计划正式发布；（5）2012年，《国务院关于大力实施促进中部地区崛起战略的若干意见》正式出台；（6）2014年，国家发改委印发《2013年促进中部地区崛起工作总结和2014年工作要点》通知；（7）2016年，国家发改委《关于报送促进中部地区崛起"十三五"规划（修改稿）的请示》获得国务院批复；（8）2017年，国家发改委印发了《2017年促进中部地区崛起工作要点》。

一系列的激励措施和政策的颁布和实施足见政府对于中部地区发展的重视，为中部地区提供了最强有力的支持和宝贵的机遇。

（二）中部城市群加速崛起，能动效应愈发强劲

中部城市群的崛起使得自身的能动效应呈愈发强劲态势，有利于产业集聚和"精明增长"。中部各省近年来立足自身实际，主动在大格局中谋篇定位，探索出各具特色的崛起之路，经济增长的内生机制已经形成并逐步强化，为中部地区又好又快发展打下坚实基础。山西提出大太原发展战略，核心区由太原市区和晋中市榆次区构成；河南提出中原城市群发展战略；湖北提出大武汉城市圈发展战略；湖南提出长株潭城市群发展战略；江西提出环鄱阳湖城市群发展战略；安徽提出皖江城市带发展战略。上述六大城市群作为中部崛起的轴心，将改变原有的行政区经济发展格局，突出城市群核心作用和主导功能，兼顾经济社会效益和生态环境保护。中部城市群的规划建设，强调集中与分散相结合，中心城区侧重提升第三产业，边缘组团则可形成特色鲜明、效益突出的功能组团。

学术界也对于长江经济带城市集群网络结构与空间合作路径、长江经济带城市群可持续发展战略问题及分级梯度发展重点等进行了有效探讨（方创琳等，2015；王圣云等，2015），并提出合理化建议。

（三）新一轮区域经济合作带来新的发展机遇

从国际形势看，全球区域经济一体化使得区域经济合作内容更加广

泛，层次更加深入，国际间交流合作日益频繁，各国都在积极寻求参与国际区域经济合作机会，提高自身的国际竞争力。

从国内来看，随着泛长三角、泛珠三角、环渤海地区和中国—东盟自贸区，“一带一路”，京津冀、长江经济带等的形成和建立，区域经济一体化的趋势越来越明显。近年来，受劳动力成本提高、人民币升值、土地资源和环境等方面的限制，我国东部沿海地区相当一部分产业，开始了向中西部地区的转移，中部地区如能发挥自身比较优势，加强与国际国内区域合作，特别是经济技术的合作与交流，将为中部地区扩大对外开放，实现中部崛起带来重要的发展机遇。

（四）基础设施建设进程不断推进，中部地区投资环境逐步改善

近些年来，在国家规划的推动下，中部六省基础建设获得了空前的发展，中部六省修筑了大量的高速公路、铁路、港口和飞机场，对外联系交流大幅度加强。长江沿线的港口建设，一系列高速铁路的建设，中部六省城市群快速交通的建设，郑州、武汉、长沙、合肥等现代航空港的建设显著改善了中部的招商引资环境，明显提升了中部的产业集聚能力，吸引了前所未有的大量投资者和外来资本。

以江西省为例，目前，江西省发布2017年江西省重大项目（大中型建设项目）推进清单，清单共涉及项目980项，总投资13 973.28亿元，其中至2016年底累计完成投资3 261.51亿元，2017年预计完成投资3 618.89亿元。另外，设区市项目有864项，总投资10 722.23亿元；其中，南昌市共75项，总投资2 497.68亿元。高速公路：将形成“三纵四横”主骨架，五条环线、两条联络线，总规模约为4 650公里；铁路建设：到2020年基本实现县县有铁路；飞机场建设：未来5年将建成以南昌国际航空港为龙头的“一干九支”大机场布局。基础设施建设和投资环境改善，有利于中部全面推进新型工业化和新型城市化，转变高消耗、高排放、高污染、低产出的线形经济模式为低消耗、低排放、低污染、高产出的循环经济模式。中部对现有企业可进行优化重组，创建集聚效益显著的产业集群和互补功能突出的工业园区。交通运输条件的改善，有利于中部开展合理的劳动地域分工，发挥优势，扬长避短，减少区域开发对于生态环境的破坏。

四、中部地区开放合作新战略

具体来讲，相对西部地区内部空间结构，中部各省间联系更为紧密，更具备与东部合作的地理优势。基于不同空间尺度的经济一体化视角，中部地区扩展开放合作新空间面临着三个方向的策略选择：

（1）第一大策略是积极对接“一带一路”。开启中部地区开放合作新征程首先要积极对接“一带一路”建设，提升对外开放程度，积极在国际市场中寻求合作联盟，融入国际分工体系，缩小与东部地区对外开放的差距，实现经济追赶。

（2）第二大策略是主动对接“京津冀”。促进中部地区开放合作迈上新台阶，应主动对接“京津冀”一体化战略，深化区域之间的合作，提升区域经济一体化水平，降低本区域要素市场价格扭曲程度，发挥区域比较优势。

（3）第三大策略是积极融入“长江经济带”。书写中部地区开放合作新篇章还应积极融入“长江经济带”发展，推进中部内部经济一体化进程，加强中部省域间的合作，提升以规模经济为主导的竞争优势，发挥由要素禀赋决定的比较优势，缩小与东部地区的经济差距。

综上对中部地区现状、困境与机遇的全面分析，在当前新一轮区域经济合作的发展格局之下，在“京津冀”协同发展、“一带一路”建设和“长江经济带”三大战略背景之下，中部地区要实现进一步发展必须继续坚持走开放合作的前进道路，开拓开放与合作新空间，实施积极对接“一带一路”、主动对接“京津冀”和积极融入“长江经济带”等发展新战略，实现“崛起”的任务和目标。

中部地区智能制造发展潜力的综合评价与影响因素分析

魏博通　王圣云①

摘　要： 利用层次分析—灰色关联度分析法对2014年中部地区智能制造发展潜力做了综合评价与影响因素分析。结果表明，中部地区的智能制造发展潜力虽然比西部、东北地区高，但差别不大，同时显著低于东部地区，因而智能制造发展潜力较小。分省来看，安徽、湖南、湖北智能制造发展潜力较大，可以依托自身的资源禀赋和发展条件，在有优势的行业，大力推进试点示范和智能制造的广泛应用；河南、江西的智能制造发展潜力较小，需要努力夯实智能制造发展的基础，同时也可以在有优势的行业进行智能制造的试点示范，为适应未来的智能制造创造良好的条件；山西缺乏智能制造发展的潜力，需要转变产业结构，大力发展制造业，把握智能制造发展的规律，建立健全发展的基础，因地制宜建立特色智能制造格局。

关键词： 制造业；智能制造；发展潜力；中部地区

一、引言

制造业是国民经济的基石，也是推动经济发展提质升级的主战场。改革开放以来，尤其是"中部崛起"战略提出以来，中部地区的制造业持续快速增长，综合实力逐步增强，不仅成为推动经济社会发展的重要动力，也为实现区域协调发展，提升中部地区的竞争力做出了重要贡献。伴随着工业化的快速推进和经济的持续快速增长，中部地区面临的资源环境约束趋紧，外部市场竞争的压力越来越大。依托现有的资源禀赋和制造业基础，深入实施《中国制造2025》，把智能制造作为两化深度融合的主攻方向，加快提升制造业产品、装备及生产、管理、服务的智能化

① 作者简介：魏博通，男，山西阳泉人，南昌大学经济管理学院副教授，主要研究方向：中部经济。

水平，实现由生产型制造向生产服务型制造转变，是促进中部地区制造业提质增效，提高竞争优势的重要途径。在面对智能制造成为新一轮科技革命和产业变革主导力量的大背景下，中部地区智能制造发展潜力有多大？究竟哪些因素构成了智能制造发展的重大障碍？如何通过政策的手段予以化解？这些都是中部地区在发展智能制造的过程中需要解决的重要问题。

目前来看，国内外关于智能制造的研究如火如荼，国外的研究热点主要集中在智能设计、智能生产、智能管理、智能制造服务等方面，研究内容涵盖了智能制造的各个领域，而且呈现出多视角、动态化、多学科交叉融合的趋势（王友发和周献中，2016）。国内关于智能制造的研究相对来说比较晚，但发展非常快，从理论上看，主要可以分为三类，第一类对智能制造的内涵、发展的必要性和意义等做了阐述（杨叔子和丁洪，1992；周济，2015；路甬祥，2010；熊有伦，2013）；第二类对传统制造向智能制造转型的路径进行了分析（周济，2015；易开刚和孙漪，2014；冷单和王影，2015；董志学和刘英骥，2015）；第三类针对美国和德国智能制造的实践，提出了我国可以借鉴的经验和启示（宁振波，2015；黄顺魁，2015；杨思维，2016）。从实证研究来看，由于缺乏数据资料的支撑，因而相关文献较少，这其中也有少数关于智能制造发展潜力的研究，比如董志学和刘英骥（2015）对我国主要省级行政区的智能制造能力做了分析，但由于指标体系不完善，得出的研究结论还有待商榷。

本文主要利用《中国统计年鉴（2015）》中的数据，采用层次分析——灰色关联度分析法对中部地区的智能制造发展潜力进行评价，并对影响因素进行分析，最后提出推动中部六省智能制造发展的对策建议。

二、智能制造发展潜力综合评价指标体系的构建

（一）智能制造与智能制造发展潜力

智能制造是一种由智能机器和人类专家共同组成的人机一体化智能系统，在制造工业的各个环节以一种高度柔性与高度集成的方式，通过计算机模拟人类专家的智能活动，进行分析、判断、推理、构思

和决策，旨在取代或延伸制造环境中人的部分脑力劳动；并对人类专家的制造智能进行收集、存贮、完善、共享、继承与发展（杨叔子和丁洪，1992）。智能制造可以从产品、生产、模式、基础四个维度系统推进，其中，智能产品是主体，智能生产是主线，以用户为中心的产业模式变革是主题，信息—物理系统和工业互联网是基础（周济，2015）。

智能制造发展潜力是指在资源环境压力逐渐加大、劳动力成本不断攀升等制约因素作用下，以适应消费者个性化、多元化的消费需求为目标，以促进制造业创新发展、提质增效为中心，立足现有的资源禀赋和产业发展基础，深入推进新一代信息技术与制造业的深度融合，全面提升制造业产品、装备、生产、管理和服务的智能化应用水平，推动智能制造可持续发展的潜在能力。智能制造发展潜力既取决于传统制造业面临的现实压力，也取决于市场需求规模和自身的各项发展条件。传统制造业面临的压力越大，市场需求越旺盛，各项发展条件越优越，智能制造的发展潜力就会越大。

（二）智能制造发展潜力的影响因素

内外环境压力。资源环境约束趋紧与外部市场竞争加剧是促使传统制造向智能制造转型的动力。伴随着国民经济的快速增长和人口结构的变化，招工难、工资上涨已成为大趋势，这使得传统制造的低成本优势难以为继，只有采用智能制造生产模式，才能有效化解用工难、用工贵的困境；用地成本高昂，企业就有很强的动力以集约节约用地的智能制造方式替代土地投入密集的传统制造模式；伴随着经济的转型，节能环保的压力越来越大，高投入、高污染的传统生产模式不可持续，高效、低耗、清洁的智能制造发展模式成为必然的选择；外向型经济越显著，面对国际市场的竞争越激烈，就越有动力发展智能制造，因而智能制造的发展潜力越大。

市场需求潜力。智能制造贯穿于设计、生产、管理、服务等各个制造业的环节。因此，传统制造业发展的规模越大、企业数量越多，就意味着向智能制造转型升级的市场空间越大；伴随着消费者个性化和多元化的消费趋势，把大规模制造的成本优势和满足消费者个性化需求的定制化结合起来的智能制造的优势就会凸显出来。因此，人口越多、人均收入水平越高，智能制造的发展潜力越大。

信息服务能力。只有依托移动互联网、大数据、云计算等新一代信息技术才能把各种机械有机联系起来，实现生产要素根据信息资源动态配置和生产的个性化定制，从而实现资源的高效利用，有效提高产品的质量和生产效率。信息服务能力越强，就越容易实现连续生产、联网协同、智能管控的制造模式，智能制造的发展潜力就越大。

科技创新能力。只有具备较强的科技创新能力，才能快速吸收和引进国内外先进的智能制造技术、装备，围绕关键核心和共性技术需求加强科研创新和标准体系建设，建立以客户需求为导向的新业态新模式，培育和奠定智能制造的核心竞争力。因此，科技创新能力越强，智能制造的发展潜力越大。

物流运输能力。在智能制造的框架下，为了实现对客户个性化需求和大规模定制化的快速响应，企业将探索和建立更贴近客户需求并连接合作伙伴的商业模式，这无疑就要求物流系统更加便捷和有效率，以保证原材料和产品运输等流通环节的畅通性。因此，物流运输能力越强，智能制造的发展潜力越大。

社会支撑能力。传统制造向智能制造的升级是企业的自组织行为，市场发育程度越高，企业面临的内外环境压力越大，就越容易依托自身的发展条件向智能制造转型；企业在智能化技术改造过程中面临人、财、物等多方面带来的综合成本压力，政府只有加大政策引导和扶持，才能有效化解智能制造的成本困境；有效利用银行等传统融资渠道，着力开辟融资租赁、电商众筹等新型融资途径是顺利推动智能制造快速发展的重要手段；智能制造会大幅减少简单技能工人，但对智能技术研发、智能装备操作和修理以及智能监测管控等方面的新型人力资源需求巨大，只有拥有高素质的劳动力资源，满足智能制造的人才需求，才能推动智能制造有较大的发展空间。

（三）智能制造发展潜力的指标体系

按照全面性、客观性、科学性的原则，根据智能制造发展潜力的分析框架，准则层选取 4 个指标，指标层选取 27 个指标，共同构建了智能制造发展潜力的指标体系（见表 1），具体说明如下。

表 1　　区域智能制造发展潜力评价指标权重

目标层	准则层	权重	指标层	权重	总权重
智能制造发展潜力	科技创新能力	0.230	R&D 人员投入强度（人年/亿元）	0.109	0.025
			R&D 经费投入强度（元/万元）	0.109	0.025
			专利申请强度（件/亿元）	0.206	0.047
			新产品销售收入所占比重（%）	0.206	0.047
			有产品或工艺创新活动的企业占比（%）	0.369	0.085
	信息服务能力	0.230	互联网普及率（%）	0.125	0.029
			软件产业发展水平（元/万元）	0.250	0.057
			每百家企业拥有网站数（个）	0.125	0.029
			有电子商务交易活动的企业占比（%）	0.250	0.057
			企业电子商务销售额与采购额占 GDP 比重（%）	0.250	0.057
	市场需求潜力	0.230	工业增加值（亿元）	0.333	0.077
			工业企业数量（个）	0.333	0.077
			人均可支配收入（元/人）	0.167	0.038
			人口数（万人）	0.167	0.038
	内外环境压力	0.121	城镇单位制造业就业人员平均工资（元）	0.455	0.055
			办公楼和商业营业用房价格（元/平方米）	0.141	0.017
			节能环保支出在财政支出中占比（%）	0.141	0.017
			出口外贸依存度（%）	0.263	0.032
	社会支撑能力	0.121	工业中民营经济和外资经济占比（%）	0.250	0.030
			平均每人一般公共预算收入（万元/人）	0.125	0.015
			科技支出占财政支出比重（%）	0.125	0.015
			金融发展水平	0.250	0.030
			每十万人中高等教育在校生数（%）	0.250	0.030
	物流运输能力	0.070	铁路与公路交通网密度（公里/平方公里）	0.338	0.024
			平均每一营业网点服务面积（平方公里）	0.169	0.012
			平均每一营业网点服务人口（万人）	0.205	0.014
			平均每人收到的包裹和快递（件/人）	0.288	0.020

注：（1）在建立指标体系时，为了消除地区经济总量带来的偏误，对一些绝对量指标用 GDP 进行了矫正，具体如下：出口外贸依存度 = 出口额/GDP；软件产业发展水平 = 软件业务收入/GDP；R&D 人员投入强度 = R&D 人员全时当量/GDP；R&D 经费投入强度 = R&D 经费/GDP；专利申请强度 = 专利申请数/GDP。（2）除了平均每一营业网点服务面积、平均每一营业网点服务人口是反向指标外，其他均是正向指标。

三、中部地区智能制造发展潜力的综合评价模型及实证分析

（一）基于 AHP－GRA 的综合评价分析模型构建

1. 运用 AHP 测度指标的权重

AHP 也即层次分析法，是一种将定性和定量结合起来的多目标决策方法。首先，根据决策的目标、考虑的因素和研究对象确定层次结构模型；其次，将考虑的因素采用相对尺度两两比较，构造判断矩阵，并进行层次单排序和一致性检验；最后，进行层次总排序并确定指标的权重。

2. 运用 GRA 测度智能制造发展潜力

GRA 也即灰色关联度分析法，它以各因素的样本数据为依据通过灰色关联度判断系统中各因素之间的关联程度，是一种多因素统计分析方法。运用灰色关联度分析法评价区域智能制造发展潜力的基本思路是：把智能制造发展潜力各项指标的最优值作为参考数列 x_0，构造智能制造发展潜力的理想区域，被评价区域的各项指标作为比较数列 x_i，求两者之间的关联度 R_{0i}。值越大，说明被评价区域与理想区域越相似，智能制造发展潜力越大。具体计算步骤如下：

（1）构建评价矩阵和参考数列。假设 x_{ik} 为 i 区域的 k 指标，其中 $i=1, 2, \cdots, m$，$k=1, 2, \cdots, n$，m 个区域 n 个指标构成了评价矩阵：

$$X=(x_{ik})_{m\times n}=\begin{pmatrix} x_{11} & x_{12} & \cdots & x_{1n} \\ x_{21} & x_{22} & \cdots & x_{2n} \\ \vdots & \vdots & \vdots & \vdots \\ x_{m1} & x_{m2} & \cdots & x_{mn} \end{pmatrix}$$

把 m 个区域中各个指标的最优值组成参考数列 $X_0=(x_{01}, x_{02}, \cdots, x_{0n})$。

（2）变量的标准化处理。由于各个指标量纲不同，不便于比较，因此需要做数据的标准化处理。对于正向指标和反向指标的处理方法分别如下：

$$b_{ij}=\frac{x_{ij}-\min(x_{ij})}{\max(x_{ij})-\min(x_{ij})},\quad b_{ij}=\frac{\max(x_{ij})-x_{ij}}{\max(x_{ij})-\min(x_{ij})}$$

参考数列 $X_0=(x_{01}, x_{02}, \cdots, x_{0n})$ 标准化后变为 $B_0=(b_{01}, b_{02}, \cdots, b_{0n})$。

（3）构造关联系数矩阵。用标准化以后的比较数列 $B_i=(b_{i1}, b_{i2}, \cdots,$

b_{in}）中的第 i 个区域的第 k 个指标与标准化后的参考数列 $X_0=(x_{01}, x_{02}, \cdots, x_{0n})$ 中的第 k 个指标计算关联系数：

$$\xi_{ik}=\frac{\min\limits_i\min\limits_k|b_{0k}-b_{ik}|+\rho\max\limits_i\max\limits_k|b_{0k}-b_{ik}|}{|b_{0k}-b_{ik}|+\rho\max\limits_i\max\limits_k|b_{0k}-b_{ik}|}$$

其中，ρ 为分辨系数，一般取 $\rho=0.5$，通过计算以后可得关联系数矩阵 C。

$$C=(\xi_{ik})_{m\times n}=\begin{pmatrix}\xi_{11} & \xi_{12} & \cdots & \xi_{1n}\\ \xi_{21} & \xi_{22} & \cdots & \xi_{2n}\\ \vdots & \vdots & \vdots & \vdots\\ \xi_{m1} & \xi_{m2} & \cdots & \xi_{mn}\end{pmatrix}$$

（4）计算被评价区域与理想区域的关联度。各被评价区域与理想区域的关联度 $R_{0i}=CW$，$W=(w_1, w_2, \cdots, w_n)^T$ 是利用层次分析法计算出的 n 个评价指标相对于总目标的权值向量。

（二）中部地区智能制造发展潜力的实证分析

通过灰色关联度的计算，发现中部地区的智能制造发展潜力值为0.442，在全国四大经济板块中仅次于东部地区，比西部和东北地区高。通过进一步的计算发现，中部地区比东部地区的智能制造发展潜力值低30%，比西部和东北地区仅高10%，这说明东部地区发展智能制造的条件比较成熟，发展潜力较大，而中部和西部、东北地区一样，智能制造发展潜力较小。因此，对于中部地区而言，在智能制造发展潜力较小的情况下不可拔苗助长，应该在把握智能制造发展理念与规律的前提下，按照智能制造发展的要求，建立和完善政策供给侧配套措施，为智能制造的发展创造良好的条件（见图1、图2）。

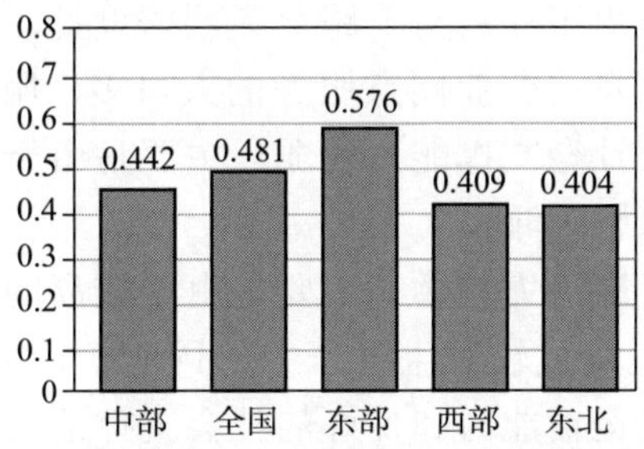

图1　全国及各地区智能制造发展潜力

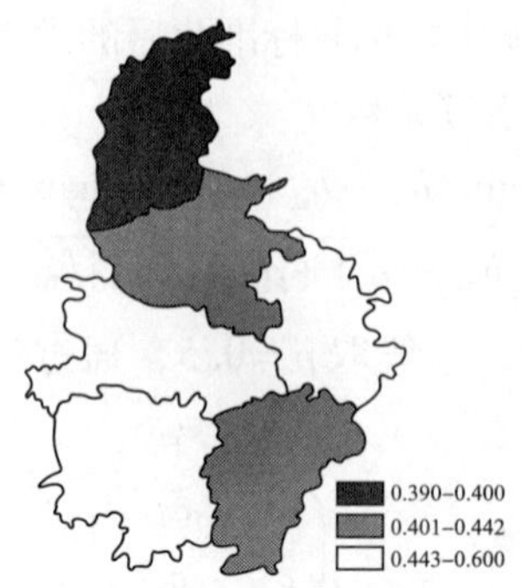

图 2　中部六省智能制造发展潜力的空间分布

注：大于 0.6 为潜力强区；0.443 ~ 0.6 为潜力较强区；0.401 ~ 0.442 为潜力较弱区；小于 0.4 为缺乏潜力区。

分省来看，把它们与全国其他省区进行比较，发现安徽、湖南、湖北智能制造发展潜力较大，河南、江西智能制造发展潜力较小，山西智能制造的发展潜力很小，可以说目前还不具备发展智能制造的条件。

安徽智能制造发展潜力较大，主要是因为在传统制造面临较大压力的同时，其有较强的科技创新能力和信息服务能力，但较小的市场需求潜力、较低的物流运输能力和社会支撑能力是其发展的障碍。智能制造市场需求潜力较小主要源于人均可支配收入较低和工业发展规模较小；产品物流运输能力较低是由于邮政快递布网密度疏松、服务半径太大造成的。市场化水平较低、财政和金融支撑能力较弱、人才短板显著是导致社会支撑能力较弱的重要因素。

湖南智能制造发展潜力较大，主要是由于在劳动力工资不断上涨和节能环保约束趋紧对传统制造形成较大压力的同时，较强的科技创新能力、信息服务能力以及较大的市场需求潜力起了很大作用，但较弱的物流运输能力和社会支撑能力是制约智能制造发展的重要因素。物流运输能力较弱，一方面是由于铁路与公路交通网密度低；另一方面是由于邮政网点布局密度小，每一营业网点服务的人口多、服务的面积大，导致物流运输效率低下。社会支撑能力较弱，主要是由于财政和金融支撑能力较弱，人才保障水平较低。

湖北智能制造发展潜力较大，主要是由于较高的劳动力工资和商业用房租金对传统制造造成较大生存压力的同时，较强的科技创新能力、信息服务能力、物流运输能力和良好的社会支撑能力以及较大的市场需求潜力起了重要作用。但湖北的国有企业占较大比重，民营经济不发达是阻碍智能制造发展的重要制度障碍。另外，中小企业的科技创新能力以及信息化水平都较低也是制约智能制造发展的重要因素。

河南的智能制造发展潜力较小，一方面是由于传统制造承受的压力小，向智能制造转型缺乏动力；另一方面，较弱的科技创新能力、信息服务能力构成了重要的制约因素。在科技创新上，虽然人员投入强度大，但经费投入强度小，科技创新效果并不显著。在信息化水平上，互联网普及率和软件产业发展水平较低，企业互联网观念不强导致信息服务能力较弱。在社会支撑能力上，较弱的财政支撑能力和人才保障能力是重要的阻碍因素。

江西的智能制造发展潜力较小，主要是由于劳动力工资较低，节能环保压力较小对传统制造形成有效保护的同时，市场需求潜力较小，信息服务能力和物流运输能力较弱，科技创新能力严重不足，虽然较高的市场化水平，较强的财政支撑能力和较大的人才保障优势构成了较强的社会支撑，但较低的金融发展水平以及财政对科技的较小支持力度又形成了重要的制约因素。

山西缺乏智能制造发展潜力。首先，因为以煤炭为主的产业结构多年来挤压了制造业的生存空间，向智能制造转型的市场潜力并不是很大。其次，较低的劳动力成本为传统制造提供了生存空间。再次，山西生产的是大宗商品，生产商和用户都是大企业，彼此具有信息完全和信息对称的特点，因此对互联网的依赖程度较低，造成信息服务水平较低。由于地形复杂，铁路与公路交通网密度较低，物流服务网点分布密度小，物流运输能力低。科研人员和经费投入强度较小，企业的产品和工艺创新能力弱，因此在科技创新上没有优势。最后，虽然财政、金融和人才支撑能力较强，但国有企业占比太大，无法使得制造模式在发生颠覆性变化的情况下，实现资本对人力的有效替代（见表2）。

表2　　　　中部六省智能制造发展潜力的影响因素比较

地区	内外环境压力	市场需求潜力	科技创新能力	信息服务水平	物流运输能力	社会条件水平
山西	0.367	0.377	0.387	0.367	0.545	0.403
安徽	0.379	0.439	0.627	0.448	0.524	0.457
江西	0.362	0.397	0.416	0.390	0.509	0.467
河南	0.346	0.527	0.423	0.365	0.526	0.464
湖北	0.374	0.441	0.483	0.404	0.559	0.467
湖南	0.381	0.442	0.540	0.395	0.516	0.461

四、结论与政策建议

利用2014年的统计数据并结合层次分析—灰色关联度分析法对中部地区的智能制造发展潜力所做的分析表明，虽然中部地区的智能制造发展潜力比西部和东北地区高，但差别不大，和东部地区的差距却非常显著，因而中部地区智能制造发展潜力较小。分省来说，安徽、湖南、湖北发展潜力较大，河南、江西发展潜力较小，山西发展潜力很小，目前还不具备发展智能制造的条件。智能制造已经成为新时期各地区抢占新一轮产业竞争制高点，打造制造新优势的核心内容，为了推动中部地区智能制造的健康快速发展，提出以下政策建议：

对于安徽来说，要进一步深化经济体制改革，改善民营经济发展的环境，鼓励和支持非国有经济发展壮大。加强财政资金的引导和支持力度，健全金融保障体系，持续提高财政金融对智能制造的保障能力。加快推进人才体系建设，解决人才教育培养的短板。加强信息基础设施建设，通过自主研发或区域合作的方式加快软件技术与产品在企业智能化过程中的推广应用。引导企业引进先进的智能制造技术、装备，提升传统装备的技术含量和信息化水平。鼓励快递公司加大邮政快递布网密度和智能化改造，提升产品的运送效率。

对于湖南来说，要深入实施“宽带中国”湖南工程建设，建立面向工业园和产业集群的互联网协同制造技术服务平台，强化企业的互联网思维，加快企业与互联网平台的深度融合。继续完善铁路与公路交通网建设，引导和推进大型流通企业提高快递密度，加强末端服务网络建设，提升物流运输效率。鼓励企业加大研发资源投入力度，推动科技资源的优化配置，建立以企业为主的产业技术创新体系。发挥政府资金杠杆作用，引导和吸引民间资本投向智能制造领域，同时，创新金融服务，加大智能装备的融资租赁，扩大信贷与直接融资规模，助力智能制造顺利发展。通过引培结合，加强人才队伍建设，强化智能制造的人才保障。

对于湖北来说，要进一步深化改革，加大政策落实力度，努力优化营商环境，强化对非公有制经济的社会服务体系支撑，大力促进以民营经济为主体的非公有制经济发展。建立面向主要产业集聚区的移动通信网和工业互联网等信息基础设施，引导和鼓励制造企业与互联网企业建立优势互补、合作共赢的产业生态体系，强化制造企业的互联网思维，建立企业基于互联网平台的新型生产经营模式。发挥技术创新能力强的优势，依托优势行业与骨干企业，加大智能装备的集成创新能力，推进智能装备的示范应用。

对于河南来说，要大力推进“宽带中国”、信息惠民等信息基础设施建设，引导和鼓励工业企业与有实力的软件企业合作，加快软件技术的开发和在制造企业智能化过程中的应用。建立面向工业园和产业集聚区的网络制造公共服务平台，引导企业建立基于互联网平台的网络协作生产经营模式。加大科技经费投入，强化科技创新支撑，鼓励企业引进智能制造装备和软件系统对传统生产工艺进行改造。建立财政对于智能制造的支持机制，以高校人力资源为支撑，制订人才培养计划，建立智能制造人才支撑体系。

对于江西来说，要加快高速宽带网络的信息基础设施建设以及普及应用，提高企业的宽带接入能力。在有竞争力的行业建立基于互联网的企业间协同制造技术服务平台，努力打造具有示范和推广意义的智能制造模式。加强铁路与公路交通运输设施建设，推动快递企业的服务网络建设，提升物流运输能力。加大科技资源投入，引导企业和国内高校、科研机构建立协同创新体系，对关键共性技术进行研究和重点突破，加速推进智能装备以及工业软件的应用。大幅增加财政科技投入，激发智能制造创新创业活力，着力推动智能制造技术与金融服务的深度融合与互动发展，形成金融服务助力智能制造技术与产品升级的运行机制。

对于山西来说，应该在煤炭产能严重过剩的情况下努力调整产业结构，树立“制造强省”的观念，大力发展制造业，培育经济增长新动力。要通过政策引导和财政资金的扶持，激活民间资本投向制造业，努力打破区域经济被大型国有煤炭企业绑架，对民间资本形成的挤出效应，形成制造业发展以非国有经济为主的格局。按照智能制造发展的要求建立健全信息基础设施，着眼于智能装置和工业软件的推广应用，因地制宜引进需要的智能装备和智能控制系统，建立智能制造模式。

长江经济带与长江中游城市群研究

长江经济带科技创新效率的 DEA 评价分析

王圣云　林玉娟①

摘　要：本文运用 MaxDEA 软件对长江经济带 11 个省市 2006～2015 年科技创新效率进行研究，并运用 Malmquist 指数和 R 最小距离聚类法分析长江经济带省市间科技创新效率差异。研究得出：（1）长江经济带科技创新效率呈上升趋势，尤其是 2012 年后提升速度明显加快；（2）长江经济带科技创新规模效率已达到较优水平，长江经济带科技创新综合效率提升主要受制于纯技术效率；（3）长江经济带省市间科技创新效率差异显著，科技创新效率在长江经济带呈 U 型，即长江经济带上下游地区科技创新效率高，中游地区科技创新效率低，长江经济带中游地区是长江经济带科技创新效率低谷；（4）R 最小距离聚类分析法依据 2006～2015 年 Malmquist 指数分解均值将长江经济带省市划分为稳定上升型、稳定型、上升型和发展型。最后在综合分析长江经济带创新效率的基础上对提升长江经济带科技创新效率提出建议。

关键词：长江经济带；创新效率；DEA；Malmquist 指数

一、引言

科技创新是推动经济发展和社会进步的重要驱动力，科技创新效率关系着我国经济发展的创新力和竞争力。当前，我国整体进入了加快建设创新型国家的重要时期，长江经济带建设迎来了“共抓大保护、不搞大开发”的发展阶段，2016 年国家印发的《长江经济带发展规划纲要》指出，长江经济带覆盖上海、江苏、浙江、安徽、江西、湖北、湖南、重庆、四川、云南、贵州 11 省市，面积约占全国的 21%，人口和经济总量均超过全国的 40%，发展潜力巨大。提出要将长江经济带打造成为引

---

① 作者简介：王圣云，男，博士，南昌大学中国中部经济社会发展研究中心区域经济研究所所长，硕士生导师，主要研究方向为区域经济与福祉地理学。

领全国转型发展的创新驱动带。在此背景下研究长江经济带科技创新效率问题，不仅有助于推进长江经济带科技创新水平提高以及产业转型升级，而且有助于推动经济发展质量变革和我国发展方式转变，具有十分重要的现实意义。关于长江经济带科技创新方面的研究成果，主要集中在以下三个方面：一是长江经济带科技创新能力评价。赵菁奇、赵晓瑾基于长江经济带科技创新原始数据，结合长江经济带发展实际，构建了科技创新能力评价指标体系，运用灰色关联度和主成分分析法对长江经济带科技创新能力进行评价。毛良虎、姜莹通过构建区域科技创新能力指标体系，应用主成分分析法测算了 2014 年长江经济带省域科技创新能力。黄亮、王振、范斐构建了长江经济带各城市的科技创新能力综合评级指标体系，运用突变级数模型对上海等 50 座骨干城市的科技创新能力进行了测度分析。二是长江经济带科技创新协同合作研究。黄向荣、谢如鹤对长江经济带资源集聚与创新协同效应进行了测度，得出中部省份协同创新能力相对较低。叶松、孙林从长江经济带科技资源集聚和协同创新的现状和问题进行研究，构建长江经济带科技资源集聚和协同创新模型。三是长江经济带科技创新效率评价。吴传清、黄磊、文传浩基于 2008 ~2014 年长江经济带 11 省市面板数据，运用 DEA - Malmquist 指数和 Tobit 模型对长江经济带技术创新效率进行了测度。李邃、万秉烛以长江经济带区域创新系统创新投入与创新产出关系为研究对象，使用典型相关分析法明确投入与产出关系，再采用超效率 DEA 模型测度创新系统投入与产出效率。毛良虎、姜莹基于 DEA 和 ESDA 方法，实证分析了 2008 ~2014 年长江经济带区域创新效率及空间差异。目前对长江经济带科技创新研究主要集中于单纯的科技创新效率研究，对科技创新效率测算分解及聚类研究较少，而对科技创新效率测算有利于了解科技创新效率的高低，科技创新效率的分解则能够进一步分析影响科技创新效率的因素，聚类分析则能在制定提升科技创新效率方案时作为对地区进行指导的依据。因此，本文就长江经济带科技创新效率进行全面的测算分解及聚类，丰富长江经济带科技创新效率研究内容。

二、长江经济带科技创新效率评价指标体系构建

（一）指标体系构建

科技创新分为投入和产出两个方面。投入可分为资金投入、人力投

入等，资金投入和人力投入是科技创新的双引擎。因此，本文选取了 R&D 人员数和 R&D 经费内部支出作为科技创新效率评价的投入指标。科技创新产出有直接产出和间接产出，本文选取发明专利授权量、承担课题数作为直接产出，高新技术产业总产值、技术市场合同成交额作为间接产出。共同构建衡量长江经济带科技创新效率的指标体系（见表 1）。

表 1　长江经济带科技创新效率评价指标体系

	具体指标	统计指标解释
投入指标	R&D 人员（人）	单位内部从事基础研究、应用研究和试验发展三类活动的人员
	R&D 内部经费支出（万元）	单位在报告年度用于内部开展 R&D 活动的实际支出
产出指标	发明专利授权量（项）	对产品、方法或者其改进所提出的新的技术方案的授权件数
	高新技术产业总产值（万元）	采用新技术原理、新设计构思研制、生产的全新产品，或在结构、材质、工艺等某一方面比原有产品有明显改进，从而显著提高了产品性能或扩大了使用功能的产品产值
	技术市场合同成交额（万元）	技术开发、技术咨询、技术转让、技术服务的合同金额
	承担课题数（项）	单位在当年立项并开展研究工作、以前年份立项仍继续进行研究的研究开发项目或课题，包括当年完成和年内研究工作已告失败的研发项目或课题

注：统计指标解释来源于 2015 年《中国科技统计年鉴》。

（二）数据包络法

数据包络法（date envelopment analysis，DEA），是由美国著名运筹学家查理斯（A. Charnes）、库匹（W. W. Cooper）和若亨德（Rhodes E）于 1978 年首次提出，是一种基础的效率评价方法。DEA 作为一种非参数估计方法多用于多投入、多产出部门或单元的相对有效性，该方法主要通过保持决策单元（DMU）的输入或者输出不变，利用线性规划来比较决策单元之间的相对效率，其中最优决策相对效率值为 1，DEA 主要有两个模型，分别为 CCR 和 BCC。由于科技创新投入和产出是可变的，所以我们采用规模报酬可变的 BCC 模型。

（三）Malmquist 指数分析法

Malmquist 指数分析法基于 DEA，用于测量全要素生产率变化。后来菲尔等（R. Färe et al.）将该方法与 DEA 相结合，把全要素生产率变化分解为不变规模报酬且要素自由处置条件下的技术效率变化指数（TEC）和技术进步指数（TC）。Malmquist 指数、效率变化和技术变化三者之间的数量关系为：$MI = EC \cdot TC$。后来经过研究，技术效率变化指数还可以进一步分解成纯技术指数（PTEC）和规模效率指数（SEC），即 $MI = EC \cdot TC = PEC \cdot SEC \cdot TC$。相邻前沿交叉参比法是应用最多和最早的 Malmquist 指数法，本文也是使用此方法。

本文选取长江经济带九省二市（江苏省、浙江省、安徽省、江西省、湖北省、湖南省、四川省、云南省、贵州省、上海市、重庆市）的科技创新投入与科技创新产出相关指标，并将整个长江经济带划分为上游（贵州省、四川省、云南省、重庆市），中游（湖北省、湖南省、江西省）和下游（安徽省、江苏省、浙江省、上海市）。这些指标数据来源于 2006 ~ 2015 年《中国科技统计年鉴》。

（四）评价结果及分析

运用 MaxDEA 计算得出 2006 ~ 2015 年长江经济带各省市科技创新效率。

1. 基于 DEA 的长江经济带科技创新效率评价

（1）综合效率指数分析。2006 ~ 2015 年长江经济带科技创新效率不断提高，科技创新综合效率指数从 2006 年的 0.796 上升至 2015 年的 0.912，特别是 2012 年后上升趋势显著。首先，得益于 2012 年后国家提出要把科技创新摆在更加重要的位置，建设世界科技强国，加大了对科技创新的政策支持、科研投入及科技创新改革。从各省市科技创新综合效率来看，贵州、浙江的科技创新综合效率最高，2006 ~ 2015 年综合效率指数都等于 1，远高于长江经济带其他省市；其次，上海、重庆两市的创新综合效率较高，仅有个别年份科技创新效率综合指数小于 1；湖北、湖南、云南、江苏的综合效率都有达到 1 的年份，科技创新综合效率指数增长快，2015 年与 2006 年相比增速达 94%。另外，安徽、江西、四川三省历年科技综合效率指数都小于 1 且低于当年长江经济带平均水平，其科技创新效率不高（见表2）。

表2　　长江经济带科技创新综合效率指数

省市	2006年	2007年	2008年	2009年	2010年	2011年	2012年	2013年	2014年	2015年	均值
安徽	0.494	0.382	0.424	0.604	0.628	0.884	0.937	0.836	0.807	0.848	0.684
贵州	1	1	1	1	1	1	1	1	1	1	1
湖北	0.516	0.297	0.399	0.579	0.588	0.6	0.8	1	1	1	0.678
湖南	0.884	0.836	0.597	0.721	0.578	0.664	1	1	1	0.981	0.826
江苏	0.688	0.557	0.558	0.879	0.928	1	1	0.968	0.913	0.851	0.834
江西	0.487	0.586	0.319	0.422	0.491	0.573	0.815	0.807	0.748	0.793	0.604
上海	1	1	1	1	1	1	1	1	1	0.817	0.981
四川	0.686	0.238	0.198	0.691	0.731	0.641	0.716	0.801	0.775	0.747	0.622
云南	1	0.566	0.915	1	1	0.989	1	1	0.915	1	0.939
浙江	1	1	1	1	1	1	1	1	1	1	1
重庆	1	1	1	1	1	1	0.78	1	1	1	0.978
均值	0.796	0.678	0.674	0.809	0.813	0.85	0.913	0.947	0.923	0.912	0.831

长江经济带科技创新平均综合效率指数上游最高，下游次之，中游最低，造成这一结果的原因在于上中下游所处发展阶段不同和经济特征不同。其中长江经济带上游和长江经济带中游科技创新平均综合效率值相差较小，长江经济带中游与上下游相差较大，长江经济带中游地区成为长江经济带科技创新低谷。依据2006~2015年长江经济带上中下游科技创新综合效率年平均值，可以发现，长江经济带上游平均综合效率2006~2015年处于较平稳状态，除个别年份外多数年份处于0.85以上水平，科技创新综合效率整体较高；长江经济带中游年平均综合效率值在2012年以后上升为0.85以上，2015年整体达到0.9以上的较高水平，近10年快速上升；长江经济带下游年平均综合效率2006~2015年有下降趋势，但其年平均综合效率仍较高。在长江经济带上游省市中，四川省相较于其他省市科技创新综合效率一直处于较低水平；长江经济带中游省市中，在2012年前科技创新综合效率全部处于低水平，之后湖南、湖北科技创新综合效率得到显著提升达到较高水平，而江西科技创新综合效率提升乏力。长江经济带下游省市中，上海、浙江创新综合效率高，江

苏在2009年后进入较高水平，安徽科技创新综合效率一直处于相对较低水平（见表3）。

表3　　长江经济带上中下游区域科技创新综合效率指数

区域	2006年	2007年	2008年	2009年	2010年	2011年	2012年	2013年	2014年	2015年	均值
上游	0.921	0.701	0.778	0.923	0.933	0.908	0.874	0.95	0.923	0.937	0.885
中游	0.629	0.573	0.438	0.574	0.552	0.612	0.872	0.936	0.916	0.925	0.703
下游	0.796	0.735	0.746	0.871	0.889	0.971	0.984	0.951	0.93	0.879	0.875

（2）纯技术效率指数分析。2006～2015年长江经济带各省市纯效率指数呈上升态势，纯技术效率指数从0.848提升为0.958。与综合效率指数相似，贵州、上海、浙江、重庆、江苏、云南的纯技术效率指数较高，而湖北、湖南、安徽、四川、江西五省份纯效率指数相对落后（见表4）。长江经济带科技创新年平均纯效率下游最高，上游次之，中游最低。其中长江经济带下游纯技术效率平均值达到0.9以上高水平。长江经济带上中下游纯技术效率都呈上升状态，表明长江经济带各省市技术进步（见表5）。

表4　　长江经济带纯技术效率指数

省市	2006年	2007年	2008年	2009年	2010年	2011年	2012年	2013年	2014年	2015年	均值
安徽	0.498	0.502	0.512	0.607	0.647	0.902	0.938	0.84	0.817	0.857	0.712
贵州	1	1	1	1	1	1	1	1	1	1	1
湖北	0.59	0.335	0.402	0.627	0.644	0.637	0.801	1	1	1	0.704
湖南	0.837	0.995	0.64	0.764	0.585	0.737	1	1	1	0.996	0.855
江苏	0.96	1	1	1	1	1	1	1	1	1	0.996
江西	0.709	0.655	0.689	0.51	0.575	0.638	0.825	0.888	0.804	0.846	0.714
上海	1	1	1	1	1	1	1	1	1	1	1
四川	0.732	0.276	0.203	0.7	0.752	0.648	0.731	0.803	0.806	0.83	0.648
云南	1	0.669	1	1	1	1	1	1	0.937	1	0.961
浙江	1	1	1	1	1	1	1	1	1	1	1
重庆	1	1		1	1	1	0.865	1	1	1	0.985
均值	0.848	0.767	0.745	0.837	0.837	0.869	0.924	0.957	0.942	0.957	0.868

表 5　　长江经济带上中下游区域纯技术效率指数

区域	2006 年	2007 年	2008 年	2009 年	2010 年	2011 年	2012 年	2013 年	2014 年	2015 年	均值
上游	0. 933	0. 736	0. 734	0. 925	0. 938	0. 912	0. 899	0. 951	0. 936	0. 958	0. 899
中游	0. 712	0. 662	0. 577	0. 634	0. 601	0. 671	0. 875	0. 963	0. 935	0. 947	0. 758
下游	0. 865	0. 876	0. 878	0. 902	0. 912	0. 976	0. 985	0. 96	0. 954	0. 964	0. 927

（3）规模效率指数分析。2006～2015 年长江经济带各省市规模效率都有明显增长，规模效率指数从 2006 年的 0. 842 上升至 2015 年的 0. 952，均值基本达 0. 9 以上，在创新规模上长江经济带已经达到较优水平（见表 6）。

表 6　　长江经济带规模效率指数

省市	2006 年	2007 年	2008 年	2009 年	2010 年	2011 年	2012 年	2013 年	2014 年	2015 年	均值
安徽	0. 498	0. 762	0. 828	0. 996	0. 97	0. 98	0. 999	0. 995	0. 988	0. 989	0. 9
贵州	1	1	1	1	1	1	1	1	1	1	1
湖北	0. 59	0. 89	0. 992	0. 923	0. 913	0. 941	0. 999	1	1	1	0. 925
湖南	0. 837	0. 84	0. 933	0. 944	0. 988	0. 9	1	1	1	0. 984	0. 942
江苏	0. 716	0. 557	0. 558	0. 879	0. 928	1	1	0. 968	0. 913	0. 851	0. 837
江西	0. 686	0. 895	0. 463	0. 827	0. 853	0. 897	0. 988	0. 908	0. 93	0. 937	0. 838
上海	1	1	1	1	1	1	1	1	1	0. 817	0. 982
四川	0. 938	0. 864	0. 977	0. 987	0. 972	0. 988	0. 979	0. 998	0. 962	0. 9	0. 957
云南	1	0. 845	0. 915	1	1	0. 989	1	1	0. 976	1	0. 973
浙江	1	1	1	1	1	1	1	1	1	1	1
重庆	1	1	1	1	1	1	0. 901	1	1	1	0. 9901
均值	0. 842	0. 863	0. 867	0. 96	0. 966	0. 972	0. 988	0. 988	0. 979	0. 952	0. 938

长江经济带上游年均规模效率高于长江经济带下游，下游高于中游。长江上下游规模效率一直处于较优水平，长江中游规模效率在 2009 年后进入较优状态，长江经济带上中下游规模效率整体变化不大（见表 7）。

表 7　　长江经济带上中下游规模效率指数

区域	2006 年	2007 年	2008 年	2009 年	2010 年	2011 年	2012 年	2013 年	2014 年	2015 年	均值
上游	0. 985	0. 927	0. 973	0. 997	0. 993	0. 994	0. 97	1	0. 985	0. 975	0. 98
中游	0. 704	0. 875	0. 796	0. 898	0. 918	0. 913	0. 996	0. 969	0. 977	0. 974	0. 902
下游	0. 804	0. 791	0. 847	0. 969	0. 975	0. 995	1	0. 991	0. 975	0. 914	0. 926

（4）规模报酬变动情况分析。2006 ~ 2015 年贵州、上海、浙江规模报酬达到了最优；重庆、湖北、湖南、云南、江苏有达到规模报酬最优年份；安徽、江西、四川三省的规模报酬一直处于波动状态，且没有规模报酬最优年份（见表 8）。

表 8　　规模报酬变动

省市	2006 年	2007 年	2008 年	2009 年	2010 年	2011 年	2012 年	2013 年	2014 年	2015 年
安徽	Decr	Incr	Incr	Decr	Incr	Incr	Incr	Incr	Decr	Incr
贵州	Cons	Cons	Cons	Cons	Cons	Cons	Cons	Cons	Cons	Cons
湖北	Decr	Incr	Incr	Decr	Decr	Decr	Incr	Cons	Cons	Cons
湖南	Decr	Decr	Incr	Decr	Decr	Decr	Cons	Cons	Cons	Decr
江苏	Decr	Decr	Decr	Decr	Decr	Cons	Cons	Decr	Decr	Decr
江西	Incr	Incr	Incr	Incr	Incr	Incr	Incr	Incr	Incr	Incr
上海	Cons	Cons	Cons	Cons	Cons	Cons	Cons	Cons	Cons	Decr
四川	Decr	Incr	Incr	Decr	Incr	Decr	Incr	Incr	Decr	Decr
云南	Cons	Incr	Decr	Cons	Cons	Decr	Cons	Cons	Decr	Cons
浙江	Cons	Cons	Cons	Cons	Cons	Cons	Cons	Cons	Cons	Cons
重庆	Cons	Cons	Cons	Cons	Cons	Cons	Incr	Cons	Cons	Cons

注：Decr 表示未达到最佳规模的主体是报酬递减；而 Incr 表示未达到最佳规模的主体是报酬递增；Cons 则表示主体的创新规模已达到最优水平。

（5）综合分析。长江经济带 2006 ~ 2015 年中只有贵州省、浙江省的科技创新综合效率、纯技术效率、规模效率均有效。上海、重庆两市科技创新综合效率、纯技术效率和规模效率 9 年有效。江苏、安徽、湖北、湖南、江西、云南、四川七省都存在综合效率无效，纯技术效率无效、规模效率无效。其中，安徽、江西、四川三省 2006～2015 年科技创新综合效率、纯技术效率、规模效率全部无效。长江经济带上游整体科技创新效率要略高于长江经济带下游，长江经济带中游科技创新效率相比较低。从图 1、图 2、图 3 可以得出：

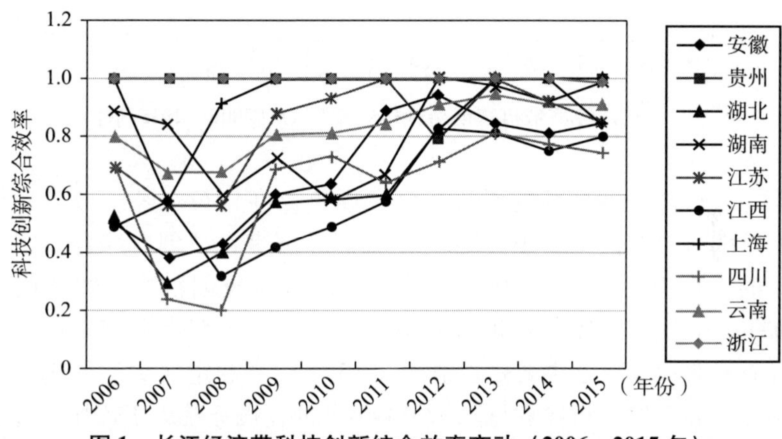

图 1　长江经济带科技创新综合效率变动（2006～2015 年）

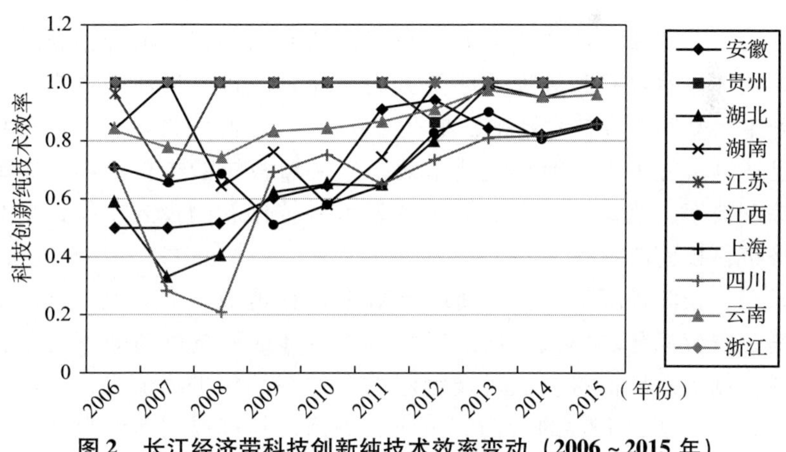

图 2　长江经济带科技创新纯技术效率变动（2006～2015 年）

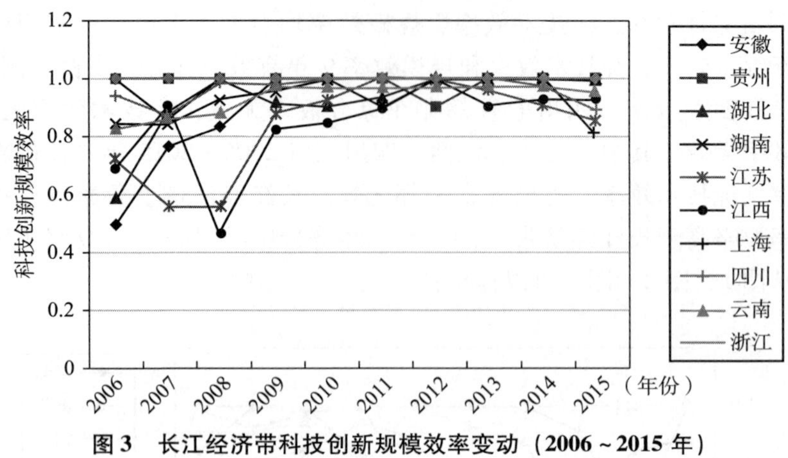

图3　长江经济带科技创新规模效率变动（2006～2015年）

第一，长江经济带科技创新效率在逐年提高且长江经济带各省市科技创新效率差异在逐年缩小。2015年长江经济带科技创新综合效率值大于0.8的省市有9个，而2006年长江经济带科技创新综合效率值大于0.8的只有6个。特别是在2013～2015年，长江经济带省市科技创新效率差异有显著改善，这主要是得益于2013年中央制定《关于依托长江建设中国经济新支撑带指导意见》，2014年出台《国务院关于依托黄金水道推动长江经济带发展的指导意见》，为长江经济带各省市科技创新效率提升提供了政策支持。

第二，综合效率是纯技术效率与规模效率的乘积，提升创新综合效率就要从纯技术效率和规模效率两方面来加以改进。长江经济带综合效率提升主要受制于纯技术效率，早在2009年长江经济带各省市的规模效率就已达到较优水平，但是纯技术效率这一短板拉低了长江经济带科技创新综合效率，故要进一步增加对各省市科技创新的投入支持，提高长江经济带科技创新效率。

第三，长江经济带科技创新综合效率存在地域差异，上、下游综合效率高，中游综合效率低，长江经济带中游地区科技创新效率是长江经济带科技创新效率低谷。从科技创新综合效率的年平均值看，下游的上海、江苏、浙江，上游的云南、重庆、贵州，其科技创新综合效率年平均值在0.834以上，科技创新综合效率总体较高；中游的江西、湖北，其科技创新综合效率年平均值在0.684以下，整体处于较低水平。

2. 基于 Malmquist 指数分解

进一步运用 MaxDEA 软件的 Malmquist 指数模型对长江经济带科技创新效率进行分解。若 Malmquist 指数大于 1 则表示科技创新生产效率提高，反之则表示科技创新生产效率降低。长江经济带科技创新研发生产效率呈上升趋势且处于较高水平，Malmquist 指数均值为 1.363；同时，规模技术变化和纯技术变化指数均大于规模效率变化和纯效率变化，所以其科技创新生产效率的提高主要得益于科学技术。长江经济带省市（除上海、云南、浙江外）Malmquist 指数均大于 1。从技术效率指数的分解来看，规模效率和纯技术效率均大于 1，表明长江经济带科技创新活动在扩大规模的同时也提高了其科研管理水平（见表 9）。

表 9　　长江经济带科技创新效率 Malmquist 指数分解

省份	规模效率变化	规模技术变化	纯技术变化	纯效率变化	Malmquist 指数
安徽	1.006	1.071	1.596	1.07	1.668
贵州	1	1.107	1.738	1	1.74
湖北	1.016	1.409	1.261	1.095	1.16
湖南	1.002	1.003	1.7	1.045	1.758
江苏	1.037	1.933	1.069	1.004	1.074
江西	1.082	1.034	1.616	1.031	1.651
上海	0.98	1.531	0.927	1	0.927
四川	0.998	1.309	1.325	1.195	1.005
云南	1.002	1.691	0.99	1.019	0.95
浙江	1	2.209	0.918	1	0.918
重庆	1.001	1.007	2.172	1.002	2.138
均值	1.011	1.391	1.392	1.042	1.363

长江经济带科技创新效率的 Malmquist 指数值中游高于长江经济带上游，长江经济带下游最低。在长江经济带上游、中游地区科技创新生产效率中，纯技术变化对科技创新生产效率的提高贡献大，长江下游地区科技创新生产效率提升主要得益于规模技术的增长（见表 10）。

表 10　　长江经济带上中下游科技创新效率 Malmquist 指数分解

区域	规模效率变化	规模技术变化	纯技术变化	纯效率变化	Malmquist 指数
长江上游	1	1.279	1.556	1.054	1.458
长江中游	1.034	1.148	1.525	1.057	1.523
长江下游	1.006	1.686	1.127	1.019	1.147

3. 长江经济带科技创新效率的聚类分析

为进一步分析长江经济带各省市科技创新生产效率的区域差异，运用 R 最小距离聚类法对长江经济带各省市 Malmquist 指数分解平均值进行聚类分析（见表 11）。本文将长江经济带 11 省市划分为四种类型，即稳定上升型、稳定型、上升型和发展型。稳定上升型即科学技术的创新发展进入高水平，科技创新生产力高，要进一步提高科技创新生产效率就要从提高创新规模，创新管理水平入手。这类省市有重庆市，重庆市是我国西部科技创新中心，西部大开发核心城市，“一带一路”节点城市，我国重要的中心城市，我国千亿级产业集群地。“十二五”期间重庆市实施创新驱动发展战略，使其科技创新生产能力有了较大提高。第二类为稳定型，包括浙江、江苏、上海、云南。这些省市的科技创新生产效率在规模上已经达到较高水平，但还需不断提高其科学技术水平，同时还要加快科研成果的转化。上海市是中国改革开放的前沿阵地，拥有雄厚科技资源和条件，2015 年全社会研究与试验发展经费支出相当于全市生产总值比例达到 3.7%，是我国稳定的创新效率高地区。浙江、江苏也是我国东南沿海发达省市，对外开放较早，创新活动频繁。浙江省 2015 年企业创新能力居全国第 2 位，高新技术产业对规模以上工业增长的贡献率达 55.1%。江苏省 2015 年全省全社会研发投入占 GDP 比重达 2.55%，高新技术产业产值占规模以上工业比重超过 40%，科技进步贡献率达 60%。云南省科技创新增长是国家战略与其地理优势的完美结合，云南是中国西南对外开放的前沿和窗口，是我国通往东南亚、南亚最便捷的陆路通道，还是连接北方、南方和海上丝绸之路的重要节点。借助国家将云南作为西南对外开放的窗口战略，云南在科技上积极寻求与发达国家开展合作。2015 年，云南与意大利、新西兰、以色列等发达国家成功建立科技合作关系。科技部还批准云南省建立中国—南亚技术转移中心和中国东盟创新中心，云南省举办了首届中国—南亚国家科技部长会议，组织参加了中国—东盟技术转移与创新合作大会。第三类为上升型，包括湖北和四川，其规模技术较高，但规模效率较低。湖北省科技实力较强，科研投入力大；四川省在科技创新方面也拥有良好的基础。随着四川省、湖北省被纳入国家全面创新改革试验区，其科技创新迎来新机遇。第四类为发展型，这类省市技术水平提升得很快，生产效率也较高，但在技术和规模上还需进一步提高。这类省市包括安徽、江西、贵州和湖南，这几个省基本为“老少边穷”地区，科技创新基础较为薄弱，但近年来这些地区的科技创新快速发展。

表 11　　长江经济带 Malmquist 指数分解聚类

类型	省市	特点
Ⅰ稳定上升型	重庆	纯技术变化高，Malmquist 指数较高；规模技术变化较低，纯效率变化较低
Ⅱ稳定型	浙江、江苏、上海、云南	规模技术变化较高，纯技术变化较低，Malmquist 指数较低
Ⅲ上升型	湖北、四川	规模技术变化较高；规模效率变化较低，纯效率变化较低
Ⅳ发展型	安徽、江西、贵州、湖南	纯技术变化较高，Malmquist 指数较高；纯效率变化较低，纯规模变化较低

虽然Ⅰ型和Ⅱ型都是长江经济带科技创新效率较高省市，但通过比较Ⅰ型与Ⅱ型省市的 Malmquist 指数分解值，可以发现，Ⅰ稳定上升型省市科技创新生产效率提高主要是由于纯技术变化即技术水平的提高，Ⅱ稳定型省市科技创新生产效率的提高主要依靠规模技术变化，即使用技术水平的增长。

三、结论与讨论

第一，长江经济带各省市 2006～2015 年科技创新效率在逐年提高，尤其是 2012 年后提升速度明显加快，截至 2015 年长江经济带整体科技创新效率达到较高水平。在科技创新综合效率提升中，技术进步是重要动力，但仍需继续增加对科技研发的投入，并提高科研管理水平。

第二，长江经济带科技创新效率地域差异显著，科技创新效率呈现 U 型，即长江经济带上、下游科技创新效率高，长江经济带中游科技创新效率低。近年长江经济带中游地区科技创新效率虽有所提升，与长江经济带上、下游科技创新效率差距有所缩小，但仍有不小差距。

第三，将长江经济带各省市划分为稳定上升型、稳定型、上升型和发展型。稳定上升型还需优化科技创新规模，提高科技创新管理水平；稳定型要借助于科研技术不断提升以及生产效率的提高；上升型应增加科技创新投入改善创新规模；发展型原科技创新基础较为薄弱，现今要抓住面临的良好机遇。

本文通过对长江经济带科技创新效率测算分解及聚类研究，认为提升长江经济带科技创新效率可以从以下方面着手：

首先，长江经济带各省市要结合自身基础及优势，继续增加对科技创新的政策支持、资金支持和人力支持，营造良好的科技创新环境。当今长江经济带科技创新效率的瓶颈是技术，而提高技术关键在于增加对科技研发的关注力度，使政策、资金和人才向科研领域倾斜，这可以借鉴重庆的做法来解决创新三大支撑问题。同时还要改革创新体制，制定相应的鼓励创新机制，加大对各类创新创造主体的奖励力度，激发大众创新活力。

其次，长江经济带上中下游地区要加强区域间创新合作，积极整合科技创新各种资源要素，破除政治壁垒，打破区域藩篱，促进创新资源要素在长江经济带合理流动配置，实现各区域创新优势互补，合作共赢。充分考虑上中下游所处的不同发展阶段，厘清各区域科技创新效率优势与短板，加强长江经济带各区域创新联系，合理确定创新主攻方向，形成长江经济带上中下游地区各有所长、各有特色、各有所得的良好局面，实现区域协调发展。

最后，依据对长江经济带各省市的聚类分析结果，提升长江经济带各省市科技创新效率不应一概而论而应进行分区指导。重庆应继续增加对科技创新的投入，积极优化科研管理水平，保持创新生产效率的持续增长，成为我国西部科技创新中心；浙江、江苏、上海是我国科技创新高地，要利用已有的良好科技创新优势条件，重点加强新技术的研发，加强科研机构与企业的合作，促进科学技术转化为生产力；云南要继续发挥我国西南窗口作用，与国际加强科技创新合作，建设成面向东南亚的国际创新中心。湖北和四川还要加大对科技创新投入力度，改善科技创新环境；安徽、江西和贵州自身的创新基础较为薄弱，应主动融入与周边省市的创新合作，借鉴周边省市创新经验，提高自身科技创新水平。

长江中游城市群“中三角”的人口聚集与城市污染实证研究*

钟无涯　颜　玮[①]

摘　要：“中三角”通常泛指湖北、湖南和江西的省会城市武汉、长沙和南昌。选择三个省会城市的微观数据（1997～2016 年），通过规范的量化方法探析经济增长视阈下城市的人口聚集与城市污染关系，研究发现：武汉、长沙和南昌的人口聚集与城市生活性污染长期和短期关系都较为显著；但城市污染与工业性污染的长期关系呈现城市异质性；总体上经济增长短期对城市生活性污染影响较大。其中，武汉集约化效率较高；南昌仍需优化人口聚集与城市污染关系；相比武汉和南昌，长沙的经济增长与工业性污染的联系较显著。

关键词：经济增长；人口聚集；城市污染；中三角

一、引言

习近平总书记在党的十九大报告中指出：“以城市群为主体构建大中小城市和小城镇协调发展的城镇格局，加快农业转移人口市民化。城市发展规律表明，以热点城市构建城市群，从而通过城市群为主体，引领城市化发展实现资源的聚集，是城市化演进和升级的必然选择。”在这样的背景下，城市群必然要成为未来城镇化推进的主导力量和主体形态。在我国，城镇化是过去几十年推进经济增长的重要力量，也是实现人口流动、城市发展以及城市群培育的节点与载体，更是工业化的重要推进器。目前，我国的城镇化水平已超过 57.35%，预期 2020 年接近 70%～80%。如果按照这个节点目标进行倒推，那么未来预计将有超过 4 亿人口迁入城市。显然，随着城市化进程的推进，未来我国的城市数量和人口

---

* 项目基金：江西省高校人文社会科学研究青年基金项目（项目编号：JJ1547）。

① 作者简介：钟无涯，博士，南昌大学中国中部经济社会发展研究中心劳动经济研究所副所长；颜玮，博士，新华都商学院副教授。

聚集程度继续提高。城市化在扩大消费市场、优化资源配置、提高生活水平及促进经济发展等方面发挥重要作用；但城市规模不断扩大、城市设施高度集中、城市人口快速膨胀、城市负担日益增加，也导致土地紧张、交通拥堵及环境污染等负面效应。城市化是工业化进程的必然阶段，也是一种资源消耗集约化的现代生活形态。城市化进程在资源优化配置过程产生不可避免的负外部性，因此资源硬约束与城市规模、城市发展阶段和城市发展方式等匹配状态对于城市发展具有重要影响。在这样的大背景下，本文关注城市化进程背景下城市经济增长与人口聚集，并围绕人口聚集导致的城市环境污染等相关问题展开探讨。

二、文献评述

西方国家率先进入工业化，从而推进城市化进程。在此期间，从政府到民间大多享受着经济增长所带来的生活改善，很少关注到由于城市化、工业化以及人口流动所形成的负面因素，尤其是城市化与城市污染之间的关系。库斯曼和库格（Grossman and Krueger，1992）、沙费克和班迪潘（Shafik and Bandyopadhyay，1992）根据过去 100 多年的城市化进程中所伴随的诸多环境问题，提出环境库兹涅茨曲线（environmental kuznets curve，EKC），用以描述城市经济增长与城市环境之间的相应关系变化状态。他们认为经济增长会通过规模效应、技术效应与结构效应三种途径影响环境质量。这一观点目前已为大众广泛认可和接受。就我国的发展现实而言，我国工业化和城市化起步晚于发达国家，对人口聚集与城市环境污染等问题的研究相对滞后。梁星（2004）以长三角为研究对象，将倒 U 型曲线理论应用到城市增长和城市环境关系研究，发现长三角经济发展与环境变化情况完全符合倒 U 型曲线；刘驰和钟水映（2012）对工业“三废”建模，发现武汉的废水排放量随经济增长呈“N”型变化、废气排放量和工业固体废弃物排放量呈正“U”型。后续城市经济增长与污染问题研究涉及 31 个省级行政区，如李鹏飞、吴利学和田野（2014）等，方法多元化但结论具有一致性。

现有研究对于城市经济增长与环境污染直接的关系，仍存在一些分歧。其中报告污染形态、污染原因、污染动力、污染持续性以及污染治理等各个环节。总体上，团队分歧的根本原因仍在于城市类型、阶段、规模和地理位置的异质性。杨芳（2015）和李平星（2014）分别以长三角和无锡为对象，从不同空间维度对城市化进程中人口聚集与生态环境，尤其是土地资源问题开展研究。刘聚涛（2014）基于1991～2011年数据发现鄱阳湖流域农村人口、生活污染、生活垃圾和固体废弃物污染排放量20年间增加了12.68%；方铭（2009）对1997～2007年广州人口城市化和城市环境研究发现，广州人口城市化强度系数不断增强，城市环境污染强度系数整体减小。上述研究认为城市的资源利用效率较高。钟无涯（2015）对广州的经济增长、人口聚集和城市污染问题做了类似的研究。王婷（2012）以城镇居民生活垃圾产生数量表征城市污染行为，通过比较居民与政府目标函数，确认我国城市生活垃圾产生数量与城镇人口增长、居民收入水平间存在长期正向协整，即在我国城镇化水平和居民生活质量不断提升的背景下，城市生活垃圾数量增长和对城市环境的污染逐渐下降。这些研究从实证角度支持城市化的推进有利于城市整体污染强度的降低。

长江中游城市群是以武汉、长沙、南昌、合肥四大城市为中心的超特大城市群组合，涵盖武汉城市圈、环长株潭城市群、环鄱阳湖城市群、江淮城市群为主体形成的特大型城市群。其中，湖北、湖南和江西的省会城市武汉、长沙和南昌，客观上构筑起《长江中游城市群发展规划》的“中三角”。随着工业化和城市化的推进，长江中游城市群的经济增长也伴随人口集聚与城市环境污染。本文基于“中三角”城市武汉、长沙和南昌1997～2016年数据，针对经济增长、人口聚集与城市环境污染问题，采用主流的人口、资源和环境研究范式探析其作用机制、影响程度以及城市发展状态差异，尝试从经济学和社会学视角解释并给出相应对策建议，以此为相关部门决策提供富有价值的参考。

三、研究方法与数据来源

现有文献对于经济发展和环境污染的研究较多，本文沿用尤斯舒和托马哈（Ushifusa and Tomohara，2013）的模型设定，将经济集聚的负外部性环境污染纳入模型，从产出末端和生产的投入端来构建污染强度和产出密度之间的理论模型，具体可见公式（1）：

$$q_i = Q_i/H_i = \Omega_i[n_i^{\beta}k_i^{1-\beta}]^{\alpha}[Q_i/H_i]^{(\lambda-1)/\lambda} \tag{1}$$

其中，在公式（1）中 q_i 表示第 i 个城市单位面积产出，n_i 为就业密度，k_i 为单位面积物质资本投入；α 为物质资本和劳动在单位面积回报率，且 $\alpha\in(0, 1]$，表示由于拥挤带来递减的边际生产率；β 表示劳动投入对单位面积产出贡献率，且 $\beta\in(0, 1]$。Ω_i 为 Hicks 参数；Q_i、H_i 分别表示非农产出与城市总面积，λ 为城市产出密度的系数。张可（2014）以此为基础验证了经济集聚和环境污染之间的双向作用机制，王家庭（2011）根据2003～2008年我国的79个中等城市、29个大城市和20个特大城市的面板数据，对城市经济增长、人口密度、金融发展和城市规模与环境污染关系进行计量分析，上述研究在指标选择与实证方法等方面为本文提供参考。

本文聚焦于"中三角"城市经济增长、人口聚集及由此衍生的城市环境污染，试图厘清变量间作用机制与交互关系。根据研究目的及数据的可获得性与有效性，在简化公式（1）的同时，对公式（1）线性化并略去城市产出、就业密度等无关外生变量后建立计量模型，见公式（2）：

$$\ln P_{i,t}=\alpha_{i,t}+\beta_{i,t}\ln Income_{i,t}+\gamma_{i,t}\ln People_{i,t}+\mu_{i,t} \tag{2}$$

其中，$P_{i,t}$代表城市环境污染，$Income_{i,t}$是反映城市经济增长状况的收入指标；$People_{i,t}$反映城市化水平变化过程中的人口聚集程度，$\alpha_{i,t}$是计量方程的截距项，$\mu_{i,t}$是包含其他若干外生变量以及随机扰动项部分，$\beta_{i,t}$和$\gamma_{i,t}$分别对应经济增长水平和人口聚集程度变化所导致的城市环境污染变化，i 和 t 分别代表城市环境污染的类别与数据时期。变量采用自然对数形式进入模型，一方面为了数据相对平稳；另一方面也可消除异方差等现象。

本文研究经济增长、人口聚集与城市环境污染关系，代表个体经济状态变化的个人可支配收入相比GDP等总量数据更有说服力。经济学视阈下的个体收入水平变化具有较强的就业示范效应，从而形成就业聚集和人口聚集，这一逻辑是选择个人可支配收入表征经济增长的效度支撑。本文选择三个城市的年末常住人口规模变量表征人口聚集程度理由在于，其一，与一线城市相比，武汉、长沙和南昌的人口流动性较弱，但户籍人口与常住人口仍存在偏离。无疑，城市的常住人口才是城市资源消耗主体；其二，省会城市常住人口与流动人口形成的主要原因，在于就业流动与经济逐利，显然这一动机契合人口聚集的研究目标。参考钟无涯（2014）的方法，选择"中三角"三个省会城市1997～2013年的年末常住人口数量作为人口聚集程度指标。对于城市环境污染变化，参考现有文献的主流做法，计量方程中城市环境污染变量$P_{i,t}$分别选择一般工业固体废物产生量（ln*Swasted*）、工业废气排放量（ln*Gas*）城市生活污水排放量（ln*LWwater*）和生活垃圾总量（ln*Lgarbage*）进行反映。本文后续研究中分别以个人可支配收入（ln*DPI*）和年末常住人口规模（ln*PEOPLE*）对三个城市环境污染变量进行匹配。

选择长江中游城市群“中三角”的三个省会城市作为研究载体，一方面缘于武汉作为国家中心城市，具有较强的经济增长、人口聚集、收入增加和城市环境变化的典型性与代表性，南昌和长沙也具有较强发展潜力；另一方面是三个省会城市数据的连续性、完整性和一致性。本研究数据具有较强信度与效度，相比前期研究而言，本文变量指标适度扩展了时间序列数据长度，这对于统计结论而言具有更确切的支撑。本文数据全部来源于 EPS 平台，部分数据从相应年份的城市统计年鉴中挖掘，若干年份的缺失数据已采用插值法进行补充；此外，需要额外强调的是，对于生活污水排放量等相关年份指标，由于在不同年份年鉴中存在冲突，已进行加权平均校正。

四、实证检验与分析

（一）稳健性检验

随机过程中的变量，其时间序列数据均值、方差和变量间协方差等若干指标需满足“一致性”约束，否则易产生“虚假回归”，从而导致变量关系误判，因此多变量时间序列数据需检验其稳健性。本文对各变量序列数据进行对数化，通过预处理消除变量序列的异方差问题，随后进行稳定性检验。虽然样本数量、时间长度及自由度等方面具有良好统计性状，但不能忽视小样本统计的局限性，因此采用 ADF 检验、GLS－DF 检验和 Phillips－Perron 检验强化检验结论，确保后续分析的可行性与可靠性。变量下标 W、N 和 C 分别代表武汉、南昌以及长沙，检验结果如表 1 所示。

表 1　　数据稳健性检验方法及结果

变量	ADF 检验	PP 检验（Z（t））	GLS－DF 检验	检验形式
$\ln DPI_w$	3.138	2.370	－1.755	(0，1，0)
$D2.\ln DPI_w$	－3.600**	－3.561**	－2.887*	(0，1，0)
$\ln PEOPLE_w$	－2.629	－2.081	－1.567	(0，1，0)
$D2.\ln PEOPLE_w$	－4.034**	－4.108**	－2.498*	(0，1，0)
$\ln LWwater_w$	－0.838	－0.808	－1.581	(0，0，0)
$D2.\ln LWwater_w$	－6.203***	－6.705***	－1.97*	(0，1，0)
$\ln Swasted_w$	－0.356	－0.258	－1.750	(0，1，0)

续表

变量	ADF 检验	PP 检验（Z（t））	GLS－DF 检验	检验形式
$D2.\ \ln Swasted_w$	－8.047***	－11.427***	－3.363*	(0, 1, 0)
$\ln Gas_w$	－0.456	－0.366	－1.419	(0, 0, 0)
$D2.\ \ln Gas_w$	－6.357***	－7.473***	－3.899***	(0, 1, 0)
$\ln Lgarbage_w$	－1.619	－1.809	－3.141*	(0, 1, 0)
$D2.\ \ln Lgarbage_w$	－4.933***	－5.092**	－9.952***	(0, 1, 0)
$\ln DPI_N$	0.918	1.383	－4.118***	(0, 1, t)
$D2.\ \ln DPI_N$	－7.943***	－12.944***	－3.935***	(0, 1, 0)
$\ln PEOPLE_N$	－3.103**	－3.176**	－1.167	(0, 0, t)
$D2.\ \ln PEOPLE_N$	－7.445***	－8.882***	－2.039*	(0, 1, 0)
$\ln LWwater_N$	－1.214	－1.174	－2.942*	(0, 1, 0)
$D2.\ \ln LWwater_N$	－4.812***	－5.080***	－2.911**	(0, 1, 0)
$\ln Swasted_N$	－1.473	－1.114	－2.459	(c, 1, 0)
$D2.\ \ln Swasted_N$	－7.737***	－12.826***	－4.473***	(0, 1, 0)
$\ln Gas_N$	0.686	1.269	－1.997	(c, 1, t)
$D2.\ \ln Gas_N$	－4.696***	－5.722***	－12.795***	(0, 1, 0)
$\ln Lgarbage_N$	－1.184	－1.203	－1.020	(0, 1, 0)
$D2.\ \ln Lgarbage_N$	－4.979***	－5.808***	－6.278***	(0, 2, 0)
$\ln DPI_C$	－0.443	－0.445	－1.306	(c, 2, 0)
$D2.\ \ln DPI_C$	－6.424***	－7.424***	－2.553*	(c, 1, t)
$\ln PEOPLE_C$	0.194	0.368	－1.258	(0, 1, 0)
$D2.\ \ln PEOPLE_C$	－5.990***	－7.346***	－2.868*	(0, 1, 0)
$\ln LWwater_C$	－2.295	－2.561	－1.709	(0, 3, t)
$D2.\ \ln LWwater_C$	－5.289***	－6.906***	－4.797***	(c, 3, 0)
$\ln Swasted_C$	－2.482	－2.510	－1.603	(0, 1, 0)
$D2.\ \ln Swasted_C$	－7.388***	－9.811***	－3.943***	(0, 4, 0)
$\ln Gas_C$	－1.103	－0.899	－1.625	(c, 2, 0)
$D2.\ \ln Gas_C$	－6.816***	－8.941***	－4.700**	(c, 2, 0)
$\ln Lgarbage_C$	0.738	0.738	－0.965	(0, 1, 0)
$D2.\ \ln Lgarbage_C$	－3.830***	－3.903***	－3.352**	(c, 3, 0)

注：*、** 和 *** 分别表示在 10%、5% 与 1% 显著性水平拒绝原假设；（c，x，t）表示常数项、滞后阶数和趋势项，其中滞后阶数通过 SC 标准锁定。

表 1 分别对“中三角”城市武汉、南昌和长沙的三组变量展开 ADF、GLS – DF 和 Phillips – Perron 检验，结论具有总体一致性。几乎所有变量的原始序列都不稳健，一阶差分后仍有部分变量有单位根，但二阶差分后全部稳健。为保持行文简洁，表 1 仅提供原始序列和二阶差分序列检验结论。

（二）协整检验

虽然二阶差分后各变量序列稳健，但变量间是否存在长期稳定关系仍不确定，必须对变量序列进行协整检验，以确认其协整关系的存在性与稳定性。根据本文研究目的，分别对武汉、南昌和长沙三市变量 ln*DPI*、ln*PEOPLE* 匹配 ln*LWwater*、ln*Swasted*、ln*Gas* 和 ln*Lgarbage* 展开 Johansen 检验，具体检验数据如表 2 所示。

表 2　　Johansen 协整检验结果

模型	原假设	特征值	迹统计量	模型	原假设	特征值	迹统计量
$\ln LWwater_w$	0	—	29.84	$\ln Gas_N$	0	—	58.33
	1	0.688	12.36 **		1	0.903	23.37
$\ln Swasted_w$	0	—	36.37	$\ln Lgarbage_N$	0	—	59.79
	1	0.771	14.23 **		1	0.906	24.30
$\ln Gas_w$	0	—	33.41	$\ln LWwater_c$	0	—	61.86
	1	0.790	10.02 **		1	0.946	20.93
$\ln Lgarbage_w$	0	—	30.63	$\ln Swasted_c$	0	—	76.03
	1	0.742	10.30 **		1	0.937	34.51
$\ln LWwater_N$	0	—	57.04	$\ln Gas_c$	0	—	43.72
	1	0.931	16.93		1	0.839	16.36
$\ln Swasted_N$	0	—	48.40	$\ln Lgarbage_c$	0	—	30.90
	1	0.90	13.47 **		1	0.748	10.20 **

注：*、** 和 *** 分别表示在 10%、5% 与 1% 显著性水平拒绝原假设；（*c*，*x*，*t*）表示常数项、滞后阶数和趋势项，其中滞后阶数通过 SC 标准锁定。

Johansen 检验结论说明，“中三角”三个城市数据中，ln*DPI*、ln*PEOPLE* 分别与 ln*LWwater*、ln*Gas*、ln*Swasted* 和 ln*Lgarbage* 存在稳定的长期关系，但变量间协整关系及其性质仍不明确，因此需进一步测度其参数值和相互关系。协整系数及统计性状如表 3 所示。

表 3　　协整系数及其他统计参数

变量	方程 1	方程 2	方程 3	方程 4
	ln*LWwater*	ln*Swasted*	ln*Gas*	ln*Lgarbage*
$\ln DPI_w$	-0. 226	0. 524	0. 881	-0. 066
	0. 010 ***	0. 000 ***	0. 000 ***	0. 719
$\ln PEOPLE_W$	-3. 756	1. 775	-1. 571	0. 848
	0. 001 ***	0. 018 **	0. 160	0. 939
F 值	146. 68	346. 76	170. 73	1. 65
$\ln DPI_N$	-0. 508	0. 154	1. 336	-0. 428
	0. 042 **	0. 569	0. 000 ***	0. 065 **
$\ln PEOPLE_N$	-1. 501	1. 427	-3. 778	5. 775
	0. 403	0. 495	0. 013 **	0. 003 ***
F 值	17. 37	13. 94	217. 94	23. 03
$\ln DPI_C$	0. 635	0. 088	0. 255	0. 338
	0. 008 ***	0. 821	0. 542	0. 162
$\ln PEOPLE_C$	2. 028	0. 791	8. 198	6. 82
	0. 166	0. 768	0. 011 **	0. 001 ***
F 值	17. 34	0. 06	30. 38	49. 42

注：*、** 和 *** 分别表示 10%、5% 与 1% 的统计显著性。

表 3 提供变量间协整的统计结论。除了少数统计不显著的情况，如武汉、长沙两市的经济增长、人口聚集因素与城市生活垃圾增长关系，其他大多统计显著。比较发现，不同城市间个人可支配收入所表征的经济增长和人口聚集，对应不同的城市环境污染统计显著，但彼此作用机理与影响强弱存在差异。从城市经济增长的角度切入，城市经济水平的提高，伴随工业固体废物产生量（ln*Swasted*）增加，但城市生活污水排放量（ln*LWwater*）和生活垃圾总量（ln*Lgarbage*）一定程度减少，武汉和南昌虽有程度差异但总体趋势一致。城市工业化带来经济增长，必然形成工业排污增加；而另一方面，城市人口聚集并不一定伴随生活污染同比增加。因为工业固体废物产生量总体来自工业生产，收入水平的增加显然是来自生产规模和经济效益的推动；而随着收入水平的上升，反映

生活消耗的城市生活污水排放量（ln*LWwater*）和生活垃圾总量（ln*Lgarbage*）呈集约化趋势，一定程度说明，武汉和南昌的城市化进程在人均资源消耗量维度具有更高效率。通过观察人口聚集指标（ln*PEOPLE*）能够发现，城市人口的增加，势必加重工业固体废物产生量（ln*Swasted*）、废气排放量（ln*gas*）、城市生活污水排放量（ln*LWwater*）和生活垃圾总量（ln*Lgarbage*）三种类型的城市污染。从协整系数来看，工业固体废物污染最大，其次是生活垃圾和生活污水排放。但长沙较为特殊，其收入增长伴随工业废水增加较为显著，人口聚集伴随生活废水和生活垃圾增长显著，这与武汉和南昌两市的情况有较大差异。

（三）*VECM* 模型分析

协整分析探讨变量间的长期稳定关系，未能测度变量间短期关系性质及状态。因此继续通过构建一阶滞后的 *VECM* 模型，对“中三角”城市武汉、南昌和长沙的经济增长、人口聚集和城市污染短期变化情况进行分析，以 ln*Swasted* 为例（公式（3）），其他略：

$$D.\ \ln Swasted_t = \alpha + \beta_{1,i} D.\ \ln DPI_t + \beta_{2,i} D.\ \ln PEOPLE_t + \lambda ECM_{i,t} + \theta_i \quad (3)$$

其中，α 是截距，θ 为随机干扰，i 是下标，t 是时间轴，λ 是调整系数。限于篇幅不罗列相应 *ECM* 模型方程，以 ln*Swasted* 的对应 ECM 模型为例（公式（4）），其具体表达式如下：

$$ECM_{i,t} = \ln Swasted_{t-1} - \alpha - \delta \ln DPI_{t-1} - \rho \ln PEOPLE_{t-1} \quad (4)$$

拟合的 *ECM* 参数如表 4 所示。

表 4　　　　*VECM* 模型参数估计

方程内容	短期弹性	误差修正方向	速度调整参数
$\ln DPI_W$ 对 $\ln Swasted$	0.205	不显著	0.193
$\ln PEOPLE_W$ 对 $\ln Swasted$	−0.049	显著	2.512
$\ln DPI_W$ 对 $\ln LWwater$	−0.039	反向修正	−2.899
$\ln PEOPLE_W$ 对 $\ln LWwater$	0.011	反向修正	0.048
$\ln DPI_W$ 对 $\ln Gas$	0.142	正向	1.131
$\ln PEOPLE_W$ 对 $\ln Gas$	−0.059	正向	−3.917
$\ln DPI_W$ 对 $\ln Lgarbage$	0.027	正向	0.143
$\ln PEOPLE_W$ 对 $\ln Lgarbage$	0.022	正向	10.655

续表

方程内容	短期弹性	误差修正方向	速度调整参数
$\ln DPI_N$ 对 $\ln Swasted$	0.055	反向修正	-1.320
$\ln PEOPLE_N$ 对 $\ln Swasted$	-0.007	反向修正	-7.167
$\ln DPI_N$ 对 $\ln LWwater$	0.123	不显著	1.330
$\ln PEOPLE_N$ 对 $\ln LWwater$	-0.023	正向	9.592
$\ln DPI_N$ 对 $\ln Gas$	0.117	正向	0.089
$\ln PEOPLE_N$ 对 $\ln Gas$	-0.015	正向	-1.575
$\ln DPI_N$ 对 $\ln Lgarbage$	0.132	正向	0.174
$\ln PEOPLE_N$ 对 $\ln Lgarbage$	-0.019	反向修正	-8.958
$\ln DPI_C$ 对 $\ln Swasted$	-0.005	不显著	-0.334
$\ln PEOPLE_C$ 对 $\ln Swasted$	-0.008	反向修正	10.600
$\ln DPI_C$ 对 $\ln LWwater$	-0.304	反向修正	0.679
$\ln PEOPLE_C$ 对 $\ln LWwater$	0.057	反向修正	-0.193
$\ln DPI_C$ 对 $\ln Gas$	-0.058	反向修正	0.385
$\ln PEOPLE_C$ 对 $\ln Gas$	0.086	正向	8.275
$\ln DPI_C$ 对 $\ln Lgarbage$	-0.163	反向修正	0.242
$\ln PEOPLE_C$ 对 $\ln Lgarbage$	0.022	不显著	1.391

表4数据是武汉、南昌和长沙的经济增长、人口聚集和城市污染短期变化机制的反映。三个城市的总体变化情况与表3协整分析接近，但存在若干值的重视之处。其一，三个城市的 ln*DPI* 对 ln*Swasted* 的误差修正并不显著，协整分析的结论也与此保持一致。公式（2）中三地的 ln*DPI* 对 ln*Swasted* 的统计显著性仅有武汉显著。显然 ln*DPI* 对于工业固体废弃物的短期影响有限；与此相反，人口聚集变量 ln*PEOPLE* 对于环境污染的短期影响密切相关。这一现象的经济学逻辑在于，城市整体经济增长建立在微观个人收入增加，这一过程实现滞后于经济生产过程。因为生产、流通和再生产循环的末端才进行收入分配，通过这一环节劳动者、投资者及其他参与者获得其回报，实现收入增加。显然，ln*DPI* 完成之时当期环境污染已然形成。因此 ln*DPI* 对 ln*Swasted* 的 *VECM* 系数不显著，与经济运转现实较吻合。其二，ln*DPI* 和 ln*PEOPLE* 对 ln*LWwater*、ln*gas*、ln*Lgarbage* 统计显著且修正明显。个人可支配收入和常住人口数量的增加，短期显著增加城市生活垃圾与生活用水消耗。显然，ln*LWwater* 和 ln*Lgarbage* 比反映工业生产污染所带来的 ln*Swasted*、ln*Gas* 更直接。基于

“中三角”三个城市的 VECM 分析获得启示：处于快速城镇化的城市应对人口聚集关联度较大的环节，如城市生活用水、生活垃圾处理等进行合理安排、处理及中长期规制等，对城市生活设施布局应适度超前，提升城镇化的效率和品质。

（四）*Granger* 因果检验

基于协整分析与 VECM 工具，已对湖北、江西和湖南的“中三角”城市武汉、南昌和长沙进行分析，包括表征经济增长和人口聚集的两个变量人均可支配收入和常住人口变量与四种重要的污染变量，工业固体废物产生量（ln*Swasted*）、废气排放量（ln*Gas*）、城市生活污水排放量（ln*LWwater*）和生活垃圾总量（ln*Lgarbage*）的长短期关系。在此基础上仍需进一步探讨城市经济增长、人口聚集和城市污染的因果关系。本文采用 Granger 因果关系检验对此问题进行展开。因为本文关注经济增长、人口聚集与 ln*Swasted*、ln*LWwater*、ln*Gas* 和 ln*Lgarbage* 的关系，因此，分别将 ln*DPI* 和 ln*PEOPLE* 对应 ln*Swasted*、ln*gas*、ln*LWwater* 和 ln*Lgarbage* 进行 Granger 因果关系检验，限于篇幅，表 5 只对核心因果检验结论列出。

表 5　*Granger* 因果检验结果

变量	原假设	χ^2	*P* 值
ln*DPI*	$\ln DPI_W$ 不是 ln*PEOPLE* 的 *Granger* 原因	21.04	0.0021
	$\ln DPI_W$ 不是 ln*LWwater* 的 *Granger* 原因	7.4498	0.2957
	$\ln DPI_W$ 不是 ln*Swasted* 的 *Granger* 原因	14.247	0.0076
	$\ln DPI_W$ 不是 ln*gas* 的 *Granger* 原因	81.234	0.0999
	$\ln DPI_W$ 不是 ln*Lgarbage* 的 *Granger* 原因	9.161	0.0001
	$\ln DPI_N$ 不是 ln*PEOPLE* 的 *Granger* 原因	1.074	0.3795
	$\ln DPI_N$ 不是 ln*LWwater* 的 *Granger* 原因	7.1445	0.1005
	$\ln DPI_N$ 不是 ln*Swasted* 的 *Granger* 原因	6.1541	0.0423
	$\ln DPI_N$ 不是 ln*Gas* 的 *Granger* 原因	11.982	0.0115
	$\ln DPI_N$ 不是 ln*Lgarbage* 的 *Granger* 原因	28.145	0.0001
	$\ln DPI_C$ 不是 ln*PEOPLE* 的 *Granger* 原因	41.3253	0.1073
	$\ln DPI_C$ 不是 ln*LWwater* 的 *Granger* 原因	31.052	0.2107
	$\ln DPI_C$ 不是 ln*Swasted* 的 *Granger* 原因	10.054	0.0055
	$\ln DPI_C$ 不是 ln*Gas* 的 *Granger* 原因	7.212	0.0009
	$\ln DPI_C$ 不是 ln*Lgarbage* 的 *Granger* 原因	3.9812	0.4096

续表

变量	原假设	χ^2	P 值
ln*PEOPLE*	ln$PEOPLE_W$ 不是 ln*DPI* 的 *Granger* 原因	4.258	0.0005
	ln$PEOPLE_W$ 不是 ln*LWwater* 的 *Granger* 原因	12.0691	0.0552
	ln$PEOPLE_W$ 不是 ln*Swasted* 的 *Granger* 原因	19.425	0.5752
	ln$PEOPLE_W$ 不是 ln*gas* 的 *Granger* 原因	17.326	0.1768
	ln$PEOPLE_W$ 不是 ln*Lgarbage* 的 *Granger* 原因	24.915	0.0499
	ln$PEOPLE_N$ 不是 ln*DPI* 的 *Granger* 原因	3.4510	0.1001
	ln$PEOPLE_N$ 不是 ln*LWwater* 的 *Granger* 原因	12.0691	0.4552
	ln$PEOPLE_N$ 不是 ln*Swasted* 的 *Granger* 原因	20.327	0.5751
	ln$PEOPLE_N$ 不是 ln*Gas* 的 *Granger* 原因	8.1268	0.0161
	ln$PEOPLE_N$ 不是 ln*Lgarbage* 的 *Granger* 原因	18.523	0.0764
	ln$PEOPLE_C$ 不是 ln*DPI* 的 *Granger* 原因	6.0917	0.000
	ln$PEOPLE_C$ 不是 ln*LWwater* 的 *Granger* 原因	9.6017	0.315
	ln$PEOPLE_C$ 不是 ln*Swasted* 的 *Granger* 原因	29.057	0.725
	ln$PEOPLE_C$ 不是 ln*Gas* 的 *Granger* 原因	10.501	0.116
	ln$PEOPLE_C$ 不是 ln*Lgarbage* 的 *Granger* 原因	3.421	0.007

表5由三个城市的经济增长和人口聚集分别对应四个相应环境指标进行的Granger因果关系检验数据构成，与协整检验、VECM分析构成包含长期关系、短期关系和因果关系的分析体系。检验结论与协整检验和VECM分析具有总体统一性，但是武汉、南昌和长沙三个城市的发展异质性也很显著。其一，就城市环境污染而言，ln*DPI* 和 ln*PEOPLE* 的影响机制确切，但对不同污染形态的影响程度和作用机制存在地区差异。总体而言，武汉、南昌和长沙的经济增长与人口聚集对污水和垃圾的生活性污染，具有较为显著的Granger因果关系。此外，表5数据支持武汉的城市集聚效率较高的观点，南昌在人口聚集与生活污水排放这一环节，统计数据并不显著。其二，三个城市中武汉和长沙对于经济增长是人口聚集的Granger原因的统计显著性处于临界状态，南昌则认为因果关系不成立。这一结论与区域经济学逻辑相悖，有两个原因导致这一现象：首先是三个城市的人口聚集速度相比经济增长而言太快，其次是经济增长本身并未保持较快速度。这也正是人口聚集导致环境污染指标统计显著的

重要原因。其三，对于工业性污染 ln*Swasted* 和 ln*gas*，三个城市的统计数据认为人口聚集的影响不大。相反，武汉、长沙和南昌统计数据认为经济增长与 ln*Swasted* 和 ln*Gas* 的 Granger 原因成立，这与协整检验结论一致。显然，这三个城市的经济增长对城市环境的污染不容忽视。

五、结论与启示

现有研究大多认为工业化和城镇化过程中，由于城市人口的聚集，在有限空间内经济活动和社会活动的增加必然造成环境资源消耗的增加。但从人均角度而言，城市人口聚集所带来的公共设施、自然资源供应的集约化又能够客观上降低污染。沿用主流的分析框架和研究方法，本文利用长江中游城市群重要省份湖北、江西和湖南的生活城市，即“中三角”城市武汉、南昌和长沙三市的 1997 ~ 2016 年统计数据，针对城市经济增长、人口聚集与城市环境关系的量化关系进行研究，得到一些具有应用价值的结论。

其一，城市经济增长、人口聚集与城市环境污染具有确切关系。这一关系分解成工业固体废弃物、废气排放、城市生活用水污染和城市生活垃圾四个代理变量之后，其相关性在长期、短期和城市具有差异性。总体而言，长期和短期视角下人口聚集对城市环境污染的途径都是生活性污染，这一结论通过人口聚集与城市生活用水污染和城市生活垃圾的长期稳定协整关系和显著短期修正关系得到支撑；但与工业固体废弃物和废气排放这些工业性污染变量的长期关系模糊，短期关系也不显著。但是，分别对武汉、南昌和长沙进行考察，工业性污染与城市经济增长的统计关系在南昌和武汉较为显著。从经济运行的全局考察，尤其是就业、生产、商品流通等环节的时序性与因果关系，经济增长与人口聚集显然存在相应的激励机制。鉴于本文研究目标，暂不对此展开实证。

其二，从短期关系分析，“中三角”三个城市在经济增长同时伴随人口聚集，这直接导致水资源消耗和生活垃圾增加。通过 *Granger* 因果检验发现，这一长期协整的关系同样存在较大的城市异质性。显然，城市管理效率、经济增长速度以及人口聚集状态下的经济增长与人均收入水平等因素，短期必然增加城市环境污染，同时伴随城市空间的资源承载效率。事实上合理的资源规划与政策规制，高效的城市生活方式能够从长期和总体角度平衡人均资源消耗与城市资源承载的约束，因而获得宏观视角下具有集约和节能性质的城市生活方式。武汉、南昌和长沙的统计数据显示，“中三角”在经济增长和人口聚集过程中提升了其城市资源使用效率，其实证数据支撑了集约化的城市生活方式更能够实现长期的环保型生活。武汉、南昌和长沙在长江中游城市群中具有一定的影响力和代表性，其人口聚集、收入水平与城市环境污染之间所存在的长期、短期关系，总体可以代表大部分中大型城市，因而本文的研究结论具有一定的普适性。经济增长与人口聚集不可回避，因此对于城市化进程而言，微观的生活用水、生活垃圾及工业固体废弃物处理，宏观的整体城市规划、利用和协调，“中三角”的经验数据与本文的实证研究对于许多城市的规划具有一定的参考价值。

长江中游城市群城乡一体化动态演进分析

王圣云　罗　颖[①]

摘　要：从城乡经济协同、城乡社会协同、城乡生态协同、城乡空间协同四个维度，构建了长江中游城市群城乡一体化发展指数。综合测算和比较分析可知：（1）2006～2015 年长江中游城市群城乡一体化发展进程稳步推进，武汉城市圈、环长株潭城市群的城乡一体化发展进程较快，环鄱阳湖城市群略显滞后。（2）武汉城市圈的城乡社会福利综合体系与城乡绿色生态发展进程相对滞后；环长株潭城市群的城乡经济协同发展水平偏低，社会保障体系建设增速放慢；环鄱阳湖城市群的城乡居民收入差距较大，城乡交通物流、通信水平发展相对不协调。（3）武汉城市圈要进一步加深城乡生态环境监管体制改革，发挥科教优势提高周边各市教育文化服务水平；环长株潭城市群要积极鼓励城乡创新创业，出台教育卫生相关帮扶政策；环鄱阳湖城市群要不断加强城市群内部分工协作，加快完善交通物流网络。此外，本文对长江中游城市群城乡一体化发展动态演进原因进行浅析，认为这是二元经济发展的必经阶段，也是政府政策导向、城乡竞合作用、交通设施建设的影响。

关键词：长江中游城市群；城乡一体化；环鄱阳湖城市群

一、引言

“二元经济”理论是城乡一体化发展的基础理论。从城镇化发展到城乡一体化发展，国内众多学者对其概念、内涵进行研究，但城乡一体化发展涉及经济、社会等多方面，目前还没有一致的理解，也没有定量测

---

① 作者简介：王圣云，男，博士，南昌大学中国中部经计算和发展研究中心区域经济研究所所长，硕士生导师，主要研究方向为区域经济与福祉地理学。

度城乡一体化发展的一致框架与评价模型。在城乡一体化发展研究方面，景普秋、张复明（2003）梳理了国内外城乡一体化研究的进展。赵秀清、白永平、白永亮（2016）对长江中游城市群现状与不足进行分析，并提出对策建议。叶超、祝佳佳（2016）通过构建指标体系分析指出目前长江中游城市群总体上处于城镇化加速发展阶段，但区域内各城市发展存在差异。刘耀彬、喻群、李汝资（2017）探究了长江中游城市群一体化格局与过程，认为长江中游城市群整体一体化程度不高，各个子城市群一体化程度差异明显。在城乡一体化发展测评方面，任平、介铭、张果（2006）利用空间联系、功能联系评价成都市区域城乡一体化进程。完世伟（2008）从空间、人口、经济、社会、生态环境五个视角及20项相关指标，构建城乡一体化指标体系。焦必方、林娣、彭靖妮（2011）提出采用经济、生活、医疗教育融合测度长三角地区城乡一体化发展水平。此外，上述文献也存在未能对城乡一体化发展进行动态演进分析的不足。因此，分析长江中游城市群城乡一体化发展具有重要意义。本文运用层次分析法确定影响城市群城乡一体化发展因素的权重，选取20项指标构建长江中游城市群城乡一体化发展指数框架进行动态演进分析。

二、长江中游城市群城乡一体化指数评价体系构建

（一）研究框架与指标选取

结合与城乡发展现状有关的研究成果，构建长江中游城市群城乡一体化发展指数框架，其可分为三个层次：目标层、准则层及指标层。目标层为长江中游城市群城乡一体化。准则层包括城乡经济协同、城乡社会协同、城乡生态协同、城乡空间协同四个子系统。

综合相关理论和已有研究，经反复讨论和修改，共遴选20项具体可行的指标，构建长江中游城市群城乡一体化发展指数评价体系，并通过层次分析法（AHP）得到指标层相对于准则层权重及目标层权重（见表1）。

表 1　　长江中游城市群城乡一体化指数评价体系与指标权重

目标层	准则层	指标层（单位）	权重
城乡一体化指数	城乡经济协同指数 0.4287	C1：人均 GDP（元）	0.3752
		C2：非农业产值占 GDP 比重（%）	0.9069
		C3：城乡居民人均可支配收入比（%）	1.5007
		C4：城乡居民人均消费支出比（%）	1.2793
	城乡社会协同指数 0.2304	C5：普通高等学校在校生数（万人）	0.7143
		C6：城乡每千人卫生技术人员数（人）	0.7143
		C7：人口城镇化率（%）	1.4286
		C8：城乡居民人均居住面积比（%）	0.7143
		C9：社会保障和就业支出（亿元）	1.4286
	城乡生态协同指数 0.1937	C10：工业固体废物综合利用率（%）	0.7081
		C11：建成区绿化覆盖率（%）	0.7138
		C12：工业废水排放量（万吨）	0.7138
		C13：工业二氧化硫去除率（%）	0.7138
		C14：工业（粉）尘去除率（%）	0.7138
		C15：生活垃圾无害化处理率（%）	1.7314
		C16：单位 GDP 能耗（吨标准煤/万元）	2.0662
	城乡空间协同指数 0.1472	C17：人均邮电业务量（元/人）	1.1593
		C18：公路密度（千米/平方千米）	1.9211
		C19：民用汽车拥有量（辆）	0.6194
		C20：公路里程（千米）	0.3256

注：C3、C4、C8、C12、C16 指标方向为负，其余指标方向为正。

（二）长江中游城市群城乡一体化指数测算模型

运用线性加权评价法测度长江中游城市群城乡一体化指数。公式如下：

$$g(x) = \sum_{m=1}^{4} W_m \times B_m = \sum_{n=1}^{20} W_n \times C_n$$

其中，$g(x)$ 表示长江中游城市群城乡一体化指数，W_m 是各维度权重，W_n 是各指标权重。B_m 表示 4 个维度城乡一体化指数（$m=1, 2, 3, 4$），C_n 表示各指标（$n=1, 2, \cdots, 20$）。

数据来源于历年《湖北统计年鉴》《湖南统计年鉴》《江西统计年鉴》《中国城市统计年鉴》《中国区域经济统计年鉴》以及各市统计年鉴和公报整理计算得到。此外，长江中游城市群是以武汉城市圈、环长株潭城市群、环鄱阳湖城市群为主体形成的特大型城市群，涉及范围包括湖北省武汉市、黄石市、鄂州市、黄冈市、孝感市、咸宁市、仙桃市、潜江市、天门市、襄阳市、宜昌市、荆州市、荆门市，湖南省长沙市、株洲市、湘潭市、岳阳市、益阳市、常德市、衡阳市、娄底市，江西省南昌市、九江市、景德镇市、鹰潭市、新余市、宜春市、萍乡市、上饶市及抚州市、吉安市的部分县（区），国土面积约31.7万平方公里。

三、长江中游城市群城乡一体化分析

（一）长江中游城市群城乡一体化发展总体分析

2006~2015年，武汉市、长沙市在长江中游城市群各市中城乡一体化发展进程最快。而与武汉市、长沙市相比，南昌市城乡一体化发展水平偏低，但相较长江中游城市群所有城市，南昌市的城乡一体化发展水平仍然较高。由此可见，武汉市、长沙市、南昌市仍然是拉动三个城市群城乡一体化发展的主力军，也是推动长江中游城市群城乡一体化发展的生力军。2015年，武汉市、长沙市、南昌市城乡一体化发展进程在各自城市群中处于领先地位（见表2）。尤其是武汉市、长沙市发展表现抢眼，二者在资金、人才、技术等方面集聚作用较为明显。

表2　2015年三个城市群城乡一体化指数及总排名

武汉城市圈			环长株潭城市群			环鄱阳湖城市群		
城市	指数	排名	城市	指数	排名	城市	指数	排名
武汉市	1.3848	1	长沙市	1.3559	2	南昌市	1.2114	5
黄石市	1.1601	15	株洲市	1.1566	17	九江市	1.1407	21
鄂州市	1.2462	3	湘潭市	1.2151	4	景德镇市	1.1474	19
黄冈市	1.0802	28	岳阳市	1.1875	9	鹰潭市	1.1525	18
孝感市	1.0842	27	益阳市	1.2042	6	新余市	1.1761	12
咸宁市	1.1466	20	常德市	1.1593	16	宜春市	1.0918	26
仙桃市	1.1868	10	衡阳市	1.1758	13	萍乡市	1.1804	11

续表

武汉城市圈			环长株潭城市群			环鄱阳湖城市群		
城市	指数	排名	城市	指数	排名	城市	指数	排名
潜江市	1.1747	14	娄底市	1.0968	25	上饶市	1.0349	31
天门市	1.1324	22				抚州市	1.0655	29
襄阳市	1.2002	7				吉安市	1.0387	30
宜昌市	1.1962	8						
荆州市	1.1038	24						
荆门市	1.1288	23						

注：总排名指对31个城市排名。

“十一五”至“十二五”期间长江中游城市群城乡一体化发展整体水平得到提高，但武汉城市圈、环长株潭城市群、环鄱阳湖城市群内部城乡发展不协调。武汉城市圈的襄阳市、荆门市、潜江市、宜昌市，环长株潭城市群的株洲市及环鄱阳湖城市群的抚州市、吉安市、鹰潭市、新余市的城乡一体化发展增速均出现不同程度的下降。尤其是环鄱阳湖城市群城乡一体化发展进程相对滞后。

再从2015年较2014年增速分析，武汉城市圈、环长株潭城市群、环鄱阳湖城市群城乡一体化发展整体向好。其中，由各城市群城乡一体化平均增速分别为25.5%、24.63%、19.40%可知武汉城市圈、环长株潭城市群整体发展水平相近且高于环鄱阳湖城市群。但同时，2015年武汉城市圈、环长株潭城市群城乡一体化发展内部存在不同程度的差异。而环鄱阳湖城市群内部城乡发展却出现低水平均衡的现象。

（二）长江中游城市群城乡经济协同发展进程分析

长江中游城市群各城市在2006~2015年城乡经济协同发展体现出良好上升趋势。武汉市、长沙市作为核心城市，城乡经济协同发展水平快于其城市群内部其余城市，然而南昌市城乡经济协同进程并不突出，作为缩小城市群城乡经济差距的主要推动者，动力略差于武汉市与长沙市。2015年数据显示（见表3），长沙市的城乡经济发展协调性高于武汉市、南昌市，其发展引人注目。反观南昌市由于地理位置、经济基础等多方面原因导致集聚作用难以发挥，城乡经济协同发展进程相对缓慢。

表 3　　2015 年三个城市群城乡经济协同指数及总排名

武汉城市圈			环长株潭城市群			环鄱阳湖城市群		
城市	指数	排名	城市	指数	排名	城市	指数	排名
武汉市	1.3611	7	长沙市	1.4788	1	南昌市	1.1828	25
黄石市	1.2724	17	株洲市	1.2527	19	九江市	1.1613	26
鄂州市	1.4157	2	湘潭市	1.3668	5	景德镇市	1.2285	21
黄冈市	1.1141	29	岳阳市	1.3170	11	鹰潭市	1.2824	16
孝感市	1.1849	24	益阳市	1.4012	3	新余市	1.3053	12
咸宁市	1.2929	15	常德市	1.2413	20	宜春市	1.2050	23
仙桃市	1.3647	6	衡阳市	1.2973	14	萍乡市	1.2980	13
潜江市	1.3521	8	娄底市	1.1530	27	上饶市	1.0660	30
天门市	1.3265	9				抚州市	1.1447	28
襄阳市	1.3804	4				吉安市	1.0534	31
宜昌市	1.3197	10						
荆州市	1.2105	22						
荆门市	1.2557	18						

注：总排名指对 31 个城市排名。

武汉城市圈、环长株潭城市群、环鄱阳湖城市群“十二五”较“十一五”阶段城乡经济协同平均增长率分别提高 7%、10%、9%，可见环长株潭城市群、环鄱阳湖城市群城乡经济协同近年呈现发展进程加快趋势，而武汉城市圈发展放缓。武汉城市圈作为最先发展起来的城市群，武汉市一家独大的单核发展特征明显，各种资源集聚作用大于扩散作用且该城市群涵盖范围广，如宜昌市、荆门市、襄阳市等市离武汉市距离较远，辐射作用有限，因此经过快速崛起后内部城乡差异将出现先扩大后缩小的态势。环长株潭城市群、环鄱阳湖城市群作为后起之秀，处在快速上升阶段。尤以环长株潭城市群的成效显著，可能因其覆盖范围小，且长沙经济实力较为雄厚，同时毗邻各市发展良好，资源、要素有效流动极大地促进了该城市群城乡经济协同发展。但是环鄱阳湖城市群因产业基础、区位因素、经济实力较为薄弱等，还有南昌市对要素集聚力明显略差，这都制约了环鄱阳湖城市群城乡经济协同发展进程。

武汉城市圈、环长株潭城市群、环鄱阳湖城市群内部城市 2015 年城乡经济协同发展增长率为负增长的占比分别为15.4%、37.5%、20%。可见武汉城市圈城乡经济发展协调度最好，环长株潭城市群内部差异大，环鄱阳湖城市群内部城市在城乡经济协同发展指数总排名中基本靠后（见表3），因此看似协同发展但却是低效均衡发展。

（三）长江中游城市群城乡社会协同发展进程分析

2006~2015年单论城市而言，武汉市、长沙市、南昌市城乡社会协同发展水平位列前茅，皆为各城市群“领头羊”，且在2015年依然保持领先地位，核心城市定位突出。对比两个阶段分析城市群平均增速变化，长江中游城市群城乡社会协同发展整体水平显现缓步上升趋势。虽然环长株潭城市群平均增速稳步提升，同时环鄱阳湖城市群平均增速略有放缓，但武汉城市圈在“十二五”期间平均增速降低了1.97%，城乡民生保障发展速度回落。由于武汉市周边各市发展不如长沙周边发达，因此平均增速下降在一方面体现了武汉市在社会福利方面已达到一定阶段，有可能出现扩散效应；另一方面也显示可能遇到发展方面的瓶颈，或二者共同作用诱发平均增速降低。此外，环鄱阳湖城市群在教育资源方面既无优势经济基础又相对较差，因此整体社会民生保障发展进程缓慢。

2015年城乡社会协同发展增长率孝感市、咸宁市、荆门市、株洲市、湘潭市、岳阳市、益阳市、鹰潭市、宜春市、上饶市、吉安市均出现不同程度的负增长，拉低所在城市群整体水平。可见各市城乡居民社会福利发展水平尚有较大差异（见表4）。

表4　2015年三个城市群城乡社会协同指数及总排名

武汉城市圈			环长株潭城市群			环鄱阳湖城市群		
城市	指数	排名	城市	指数	排名	城市	指数	排名
武汉市	1.3701	1	长沙市	1.1434	2	南昌市	1.12729	3
黄石市	0.9744	6	株洲市	0.9570	9	九江市	1.07464	4
鄂州市	0.8932	18	湘潭市	0.9481	11	景德镇市	0.95243	10
黄冈市	0.8743	21	岳阳市	0.9369	14	鹰潭市	0.86307	25
孝感市	0.8009	31	益阳市	0.8815	19	新余市	0.94465	12
咸宁市	0.8193	29	常德市	0.9035	17	宜春市	0.86421	24
仙桃市	0.8271	28	衡阳市	0.9445	13	萍乡市	0.96718	7

续表

武汉城市圈			环长株潭城市群			环鄱阳湖城市群		
城市	指数	排名	城市	指数	排名	城市	指数	排名
潜江市	0.8656	23	娄底市	0.8709	22	上饶市	0.87614	20
天门市	0.8152	30				抚州市	0.85281	26
襄阳市	0.9624	8				吉安市	0.84596	27
宜昌市	1.0278	5						
荆州市	0.9134	15						
荆门市	0.9057	16						

注：总排名指对31个城市排名。

（四）长江中游城市群城乡生态协同发展进程分析

2006~2015年南昌市城乡生态协同发展保持较高水平，同时长沙市逐步加强城乡生态保护力度，取得令人瞩目的成绩，武汉市城乡生态协同发展进程相对较慢，生态基础相对薄弱这在一定程度上与其百年形成的重工业产业系统相关。就2015年而言，南昌市继续保持城乡生态协同发展水平领先优势，同期长沙市、武汉市也取得了进一步的发展（见表5）。

表5　　2015年三个城市群城乡生态协同指数及总排名

武汉城市圈			环长株潭城市群			环鄱阳湖城市群		
城市	指数	排名	城市	指数	排名	城市	指数	排名
武汉市	1.4074	5	长沙市	1.3712	8	南昌市	1.4661	1
黄石市	1.2908	23	株洲市	1.2989	22	九江市	1.3865	7
鄂州市	1.3594	10	湘潭市	1.3158	17	景德镇市	1.4343	3
黄冈市	1.2409	27	岳阳市	1.3671	9	鹰潭市	1.4605	2
孝感市	1.2409	26	益阳市	1.3329	14	新余市	1.3157	18
咸宁市	1.3301	15	常德市	1.4249	4	宜春市	1.3105	20
仙桃市	1.3504	12	衡阳市	1.3122	19	萍乡市	1.2518	25
潜江市	1.3089	21	娄底市	1.2354	28	上饶市	1.3412	13
天门市	1.2249	30				抚州市	1.3509	11

续表

武汉城市圈			环长株潭城市群			环鄱阳湖城市群		
城市	指数	排名	城市	指数	排名	城市	指数	排名
襄阳市	1.2249	29				吉安市	1.3919	6
宜昌市	1.2719	24						
荆州市	1.1694	31						
荆门市	1.3179	16						

注：总排名指对31个城市排名。

从城市群角度出发，一方面环长株潭城市群与环鄱阳湖城市群城乡生态协同进程明显快于武汉城市圈，尤其是环鄱阳湖城市群城乡生态协同发展取得非凡成果，城乡生态体系初步建立，同时经过10年发展环长株潭城市群城乡生态环境保护也是成效显著。而武汉城市圈由于自身生态基础薄弱，城乡生态文明建设进程较慢。另一方面比较“十一五”与“十二五”期间城市群城乡生态协同发展增长率，发现环长株潭城市群、环鄱阳湖城市群后一阶段增速略有下滑，因为发展和保护的矛盾依然难以平衡，不同阶段城乡生态体系的完善需要与现实整体发展相协调，相互弥补，互为推进动力，环环相扣。此外，尽管2015年三个城市群城乡生态协同发展增长率大致趋同，可见武汉城市圈也逐渐重视并加强建设城乡生态系统，但环长株潭城市群、环鄱阳湖城市群与武汉城市圈城乡生态协同水平大相径庭。

（五）长江中游城市群城乡空间协同发展进程分析

以时间跨度分析，长江中游各城市群城乡空间协同发展水平均有提升。2015年武汉市、长沙市、南昌市城乡交通物流发展较快。武汉市位于长江和汉江的交汇处，而且是长江黄金水道最宽的地方，同时武汉市还号称“九省通衢”，既是中国南北必经之地，又是东西部交流的大通道，近年长江中游通车的动车、高铁大多经过武汉市，交通发达，综合交通枢纽地位进一步巩固。紧追其后的是长沙市，其靠近江西中西部，与萍乡市、宜春市、吉安市、新余市距离较近。并且与广东、福建等沿海发达地区相距不远，商贸物流、空间布局建设更具外向型。可相对于武汉市、长沙市，南昌市交通体系建设略显滞后，除了受武汉市与长沙市影响，还与其自身经济基础较差导致基础设施建设投入有限相关。

“十一五”“十二五”期间，武汉城市圈、环鄱阳湖城市群城乡空间协同发展进程得到有序推进。然而，武汉城市圈、环长株潭城市群、环鄱阳湖城市群城乡空间协同发展平均增长率分别为6.53%、-2.34%、5.23%，可见后一阶段环长株潭城市群城乡运输与邮电增速下降。从2015年城乡空间协同发展平均增长率来看，武汉城市圈整体发展迅猛，因为武汉市的综合交通网络发展快速，运输网络的互联互通性相应地带动了周边城市交通物流的投入建设，从而推进武汉城市圈整体城乡空间协同发展进程。相较而言，环鄱阳湖城市群发展略逊色，其内部如鹰潭市、上饶市出现负增长影响了整体城乡空间协同发展水平，同时经济发展支撑力度不足，也制约了交通设施建设投入。同年，武汉城市圈、环长株潭城市群城乡空间协同发展水平提高且各市差距略有缩小，但环鄱阳湖城市群城乡空间协同发展水平整体偏低，其中抚州、上饶、鹰潭、宜春等城乡交通物流空间体系建设速度较慢（见表6）。

表6　2015年三个城市群城乡空间协同指数及总排名

武汉城市圈			环长株潭城市群			环鄱阳湖城市群		
城市	指数	排名	城市	指数	排名	城市	指数	排名
武汉市	1.4469	1	长沙市	1.3107	2	南昌市	1.0912	6
黄石市	0.9513	22	株洲市	1.0016	14	九江市	0.8606	24
鄂州市	1.1562	3	湘潭市	1.0589	8	景德镇市	0.8384	26
黄冈市	1.0923	5	岳阳市	0.9656	20	鹰潭市	0.8215	29
孝感市	1.0282	9	益阳市	0.9661	19	新余市	0.9783	17
咸宁市	0.9912	16	常德市	0.9713	18	宜春市	0.8308	28
仙桃市	1.0163	10	衡阳市	1.0047	13	萍乡市	1.0777	7
潜江市	0.9648	21	娄底市	1.1043	4	上饶市	0.7899	31
天门市	0.9479	23				抚州市	0.7921	30
襄阳市	1.0150	11				吉安市	0.8324	27
宜昌市	1.0001	15						
荆州市	1.0048	12						
荆门市	0.8598	25						

注：总排名指对31个城市排名。

四、长江中游城市群城乡一体化面临问题和原因分析

（一）存在问题

1. 武汉城市圈：城乡社会福利与城乡绿色生态发展进程相对滞后

除武汉市外其他各市城乡一体化发展水平相对较低，表明武汉市作为核心城市辐射带动周边各市发展能力较弱，并且由于武汉市周边无发展强劲的邻市或县，武汉市集聚作用较强。因此该城市圈具有明显单核驱动特征，在一定程度上也会影响城市群内部要素自由流动及资源合理优化配置，还会致使政府政策制定具有显著的偏向性，不利于毗邻城市城乡一体化发展，从而导致内部发展差异扩大。此外，武汉城市圈城乡教育文化公共卫生服务等社会福利与城乡绿色生态发展进程相对滞后。前者主要体现在：城乡文化教育差距较大；各市人口城镇化差异较为明显；城乡卫生社会保障体系不够完善。后者主要表现为：部分城市工业固体未得到充分利用；工业废水排放量较大；生活垃圾无害化处理能力较弱；单位 GDP 能耗较大。

2. 环长株潭城市群：城乡经济协同发展水平偏低，社会保障体系建设增速放慢

环长株潭城市群城乡经济协同发展水平相对武汉城市圈偏低。尽管该城市群经济活动空间集中式极化于长沙市，可与武汉城市圈不同，长沙市周边存在发展较强的邻市，加之长沙市房价高、交通拥堵等因素，使得生产要素、资源可能转而流向周边城市，因而集聚作用削弱，因此尽快形成多核推动模式是推进环长株潭城市群城乡经济协同发展的重要一环。随时间更替相较于武汉城市圈、环鄱阳湖城市群其社会保障体系建设增速放慢，对城乡一体化发展进程影响较大。究其原因：其一，各市城乡经济发展不协调，各市与长沙市的人均 GDP 差距较大。此外，个别城市存在城乡居民人均可支配收入、消费支出差距较大的问题。其二，除长沙市外其余各市卫生科教领域城乡发展水平偏低。

3. 环鄱阳湖城市群：城乡居民收入差距较大，城乡交通物流、通信水平发展较不协调

环鄱阳湖城市群城乡经济协同、城乡空间协同进程较慢问题相对明

显。首先，因为不具备区位优势、经济发展较为滞后、不能充分把绿色生态优势与推动城乡经济发展相结合等原因，南昌市集聚作用难以施展，又存在人才外流现象，城乡经济整体呈现均衡低效发展；其次，城市群内城乡交通体系、物流网络、通信水平差异化，交通公共设施体系不够完善。其中，城乡经济协同发展问题表现在：城乡经济发展不协调，人均 GDP 差距偏大；城乡居民收入差距较大。而城乡空间协同发展问题体现在：各市城乡物流、通信水平发展差距大且不协调；城乡公路网络密度较小，交通不够便利；民用车辆拥有水平较低；各市已建成通车公路里程差别较大。

（二）原因分析

1. 政府政策导向的影响

政府政策导向对长江中游城市群城乡一体化发展起到至关重要的作用。城乡一体化发展是新时代下化解人民日益增长的美好生活需要和不平衡不充分的发展之间的矛盾的一条有效途径，也是长江中游城市群发展必经之路。随着城乡发展差异增大，政府政策由偏向城市发展转变为促进农村发展的政策导向，如实施乡村振兴战略、特色小镇建设等。政策导向对农村发展的资源优化配置具有引导性，助推城乡公共服务、文化、教育、生态等方面与城市协同发展，纵深推进城市群城乡一体化发展。

2. 城乡资源共生共享机制

随着经济、生态、社会、空间方面的发展，长江中游城市群农村与城市逐步朝协同发展方向前进，二者是互助共进的关系。一方面，以城带乡、以乡促城的方式协作发展；另一方面，二者在发展所需的生产要素方面难免存在竞争。显然，城市的快速发展对人才、资金、技术等多项资源具有较强的吸引力与集聚作用。相反，农村的相应资源在迅速流失，滞后农村经济、空间等发展，进而城乡差距逐步显现并不断扩大。因此，前期城市的快速发展有效带动农村发展，但伴随日益增大的要素竞争，农村竞争力明显较弱，城乡发展差距拉大，影响了长江中游城市群城乡协调发展。

3. 城乡交通设施互通互联

城乡交通、通信物流网络的通达性、便利性对城乡一体化发展起到至关重要的作用。特别是长江中游城市群农村落后的交通设施，对城乡一体化发展产生滞后效应，在一定程度上也限制生产要素在城乡间流动，同时也影响了农产品输出与科技农业的进入。一方面，近几年随着动车、高铁陆续通车后，极大地缩短了城市与城市、城市与农村的相对距离，减小了物流、客运等时间成本，改变了原有的运输方式，为农村发展带来了新的契机，使城乡发展联系更加紧密，有效推进城乡一体化发展进程；另一方面，在基于交通网络布局的物联网快速发展时代下，交通基础设施建设的加强，逐步完善公路、铁路甚至水路的交通网络，无疑对农村的发展产生积极效益，进而推进长江中游城市群城乡一体化发展。

五、促进长江中游三大城市群城乡一体化发展建议

遵循规律因势利导、统筹推进重点突破等基本原则，紧紧围绕《长江中游城市群发展规划》提出的构建中心协同发展格局，促进统一战略合作规划并进行深度合作，破除行政区域壁垒，共促城市群互通发展，要建立更加有效的区域协调发展新机制，加强区域产业分工协作、实现功能与资源的有效整合和利用，科学、精准定位各城市、城市群发展方向，提高基础设施建设水平，构建互联互通的交通运输网络，强化发展轴线功能，形成有效、互补、良性竞合的一体化发展格局。同时，坚持走创新型城镇化道路、创新城乡统筹发展机制，以城市群为主体构建大中小城市和小城镇协调发展城镇格局，加快农业转移人口市民化，推进建设社会主义新农村，既有利于解决“三农”问题缓和人民日益增长的美好生活需要和不平衡不充分的发展之间的矛盾，又有利于实现我国社会主义现代化这一新时期的新目标。对比分析三大城市群城乡一体化子系统指数及各项指标，并结合党的十九大报告中新时代中国的设想，针对长江中游三省的三个城市群（圈）提出一些促进城乡一体化发展的对策建议。

（一）武汉城市圈：促进城乡绿色生态体系发展，提高城乡社会保障水平

（1）促进城乡绿色生态体系发展。加快推进城乡绿色发展，加大生

态环境保护力度，加深城乡生态环境监管体制改革。

（2）提高城乡社会保障水平。武汉市要继续强化其辐射引领作用并发挥科教优势提高周边各市教育文化服务水平，调整社会保障结构，促进完善武汉城市圈城乡社会保障体系，缩小城乡公共服务差距，进而推动相邻各市城乡社会保障发展，更好地促进武汉城市圈城乡一体化发展。

（二）环长株潭城市群：鼓励城乡创新创业，提升公共卫生及教育水平

（1）鼓励城乡创新创业。既要扎实推进长沙市、株洲、湘潭一体化发展，辐射带动周边各市协同发展，使城市群内部发展更趋协调，也要制定相关政策，优化工作环境，吸引高素质创新人才，鼓励创业带动就业，有效促进城乡经济协同发展。

（2）提升公共卫生及教育水平。针对教育及公共卫生服务水平较弱城市出台相关政策在一定程度上进行帮扶，提高整体城乡教育及公共卫生服务水平，进而促使环长株潭城市群成为全国“两型”社会建设示范区和现代化生态型城市群。

（三）环鄱阳湖城市群：加强城市群内部分工协作，不断完善交通物流网络

（1）加强城市群内部分工协作。优化南昌市要素集聚及科技创新，辐射带动周边地区发展，加强区域间分工协作，更深入地推动产业结构优化升级，资源、要素自由流动，同时应充分借助良好的城乡生态体系发展绿色经济，并结合“红色历史”开拓红色旅游路线，纵深推进环鄱阳湖城市群城乡经济协同发展。

（2）不断完善交通物流网络。加快完善与其他省市互联互通的交通运输网络，提高城乡物流服务效率及管理水平。由此进一步加快把环鄱阳湖城市群建设成为大湖流域生态人居环境建设示范区和低碳经济创新发展示范区。

金融发展与经济增长

金融发展促进产业结构优化的门槛效应研究

温 焜①

摘 要：本文对中国东、中、西部地区的金融发展与产业结构发展之间门槛效应进行了研究。利用29个省1998～2015年的面板数据为样本，以资源禀赋系数为门槛变量，运用双重门槛模型，研究金融发展对产业结构优化的内在联系。研究结果显示：金融发展与产业结构优化呈非线性关系，不同地区的资源禀赋差异会影响金融结构对产业结构优化的促进作用。并不是金融发展水平越高产业结构优化的正向作用越明显；在区域特有资源禀赋条件下，适度匹配的金融发展是产业结构优化的关键。

关键词：供给侧改革；金融发展；资源禀赋；产业结构

我国经济进入了新常态，发展仍处于可以大有作为的重要战略机遇期，也面临着诸多矛盾叠加、风险隐患增多的严峻挑战。中国目前正面临着供需的结构性失衡，"供需错位"已成为阻挡中国经济持续增长的最大路障：一方面，过剩产能已成为制约中国经济转型的一大包袱；另一方面，中国的供给体系，总体上是中低端产品过剩，高端产品供给不足。企业是社会供给的主体，引导企业生产具有竞争力并适用市场需求的产品，积极承接先进生产力转移是供给侧改革的重要内容。若缺乏自生能力的"僵尸企业"不能退出市场，只是靠政府补贴救济的话，将对提高资源特别是金融资源利用效率会有很大的约束。因此，为更好地贯彻落实供给侧结构性改革的顺利进行，我们需要从金融发展、资源禀赋方面对产业结构这三方面进行系统性分析和探讨。

产业结构优化的影响因素受到了许多学者的关注。韩颖、倪树茜

---

① 作者简介：温焜（1980～），男，江西石城人，江西行政学院副教授，南昌大学管理科学与工程博士研究生。

（2011）指出我国产业结构调整受到很多因素的影响，并且不同因素对产业结构的调整会起到促进或抑制作用。另外，在适当调整产业结构衔接各要素发展，增进经济发展的过程中，有效地投入资本，营造良好的金融环境，无疑是首要解决的问题。金融发展影响产业结构升级有直接效应和间接效应。直接效应是通过资金形成、资金导向、信用催化三大机制来实现的，产业结构优化升级的路径主要是靠资金的投入和资本的重组。金融发展对产业结构升级的间接效应主要通过经济增长和技术创新两大路径来传导的。金融发展能够吸纳储蓄，并能最大限度地促进储蓄向投资转化，增加生产性投资和生活型消费贷款，从而通过增加投资、加速消费驱动经济增长；金融发展水平的提高，还会推动跨国金融的发展，促进对外贸易和对外投资，从出口方面拉动经济增长。而产业结构升级是经济增长质的表征，经济有质量的增长应该以产业结构转型升级为基础，同时经济增长还可以通过牵引和倒逼两种机制促进产业结构升级。金融发展利用自身的信用创造功能可以将资金源源不断地投向创新活动领域，通过支持企业创新来提高生产效率从而促进产业结构的优化升级和经济的增长。斯蒂格利茨（Stiglitz，1985）等学者从信息经济学的角度出发，认为金融信用体系可以减少信息不对称和交易费用，从而促进资本积聚效率和科技创新，进而带动产业结构的升级和经济的发展。而且金融的发展会使整个世界的科技收敛于同一水平，而随着科技水平的提高也必然会带来全要素生产率的提高，进而推动产业结构的优化升级和经济的发展。

然而资源禀赋不会直接成为调整产业结构，促进经济增长的直接条件，因为缺少金融体系的支撑，那么金融发展、资源禀赋两者结合会对产业结构有怎样的影响？这需要我们进一步的研究。资源禀赋也称为要素禀赋，是指一国使用的各种生产要素，包括劳动力、资本、土地、技术、管理等要素的丰歉，其中包括了自然资源和社会资源。资源禀赋是一切生物生存和发展的物质基础，也是支撑区域经济社会可持续发展的重要条件和战略因素。产业结构历来是学者们研究的热点话题，但是研究金融发展、资源禀赋和产业结构三者之间关系的始于近几年。史晓喻（2011）在资源禀赋的基础上研究对区域产业结构的优化战略，提出了优化资源禀赋结构，以此可以带动产业结构的发展，并且两者之间相互影响。周元（2010）使用 VAR 等模型研究了金融发展与产业结构调整之间的互动关系。陶爱萍、徐君超（2016）使用非平稳时间序列说明了金融发展与产业结构升级之间的关系，认为两者并非简单的线性关系。

然而，产业结构、资源禀赋与金融发展这三者之间会存在什么样的关系？林毅夫等认为，金融结构对经济发展存在影响的关键因素在于高效的金融结构反映了实体经济的实际需求状况，要素禀赋状况（劳动力、资本和自然资源）决定了产业结构，反过来产业结构又离不开与特定发展阶段相适应的金融结构的支撑。具体来说，每个国家和地区在每一个发展阶段都有特定的要素禀赋结构，要素禀赋结构中的要素价格，决定最优的产业结构、相关风险的性质和企业规模的分布（林毅夫，2009）。不同行业，不同企业在规模、可承担的风险、融资需求等方面具有差异化，所以实体经济在某一发展阶段对金融服务的需求也会体现差异，当金融结构的特征与该经济产业结构特征相适应的时候，金融体系能最大可能发挥其效率和功能，从而促进产业结构优化和经济可持续，包容性发展。

因此，在供给侧改革视阈下，我们将研究视角转向金融发展、资源禀赋与产业结构优化的研究。产业结构优化是受到很多内外因素的影响，而金融环境至关重要，但是从已有文献研究结果来看，学者们对产业结构变化和金融发展两者的研究不多，大部分是从单一因素且在线性关系视角下验证金融发展对产业结构优化的关系。而从理论上来看，两者并非简单的线性关系，而且我们在考虑产业结构优化过程中，无法回避其固有的资源禀赋的限制，不同区域资源禀赋会影响金融环境对产业结构优化的作用效果。考虑到各区域产业结构优化的差异性，本文创新性地从金融发展与资源禀赋相结合视角出发，探究东、中、西三个区域产业结构的差异性，通过使用面板门槛模型，以资源禀赋为门槛变量，测度各区域、各阶段不同资源禀赋条件下，金融发展对产业结构的作用，以此挖掘金融发展、资源禀赋与产业结构优化的非线性关系。本文旨在厘清金融发展要素在资源禀赋作用下与产业结构优化的关系，并测度金融发展与资源禀赋约束条件对产业结构优化的效应。鉴于此，本文尝试以产业结构优化为研究对象，分析资源禀赋及金融发展能否成为一个有效的倒逼机制驱动产业结构优化，从而为加快产业结构优化，提高产业结构优化的速度和质量提供建议，进一步验证产业结构优化是否对供给侧结构性改革形成强有力的外力作用。

一、研究方法

1. 指标选取

（1）被解释变量（struc）。产业结构优化升级是指产业结构从低级形态向高级形态转变的过程和趋势，也就是第一产业比重下降，而第二、第三产业所占比重不断上升的过程和趋势，为此我们借鉴陶爱萍（2016）等人研究产业结构的经验，将第二产业产值和第三产业产值之和占地区生产总值的比重作为产业结构优化的代表指标。

（2）主要解释变量（fd）。持续扩大的金融资本总量可以有效地发挥集中储蓄、规避风险、配置资源等功能，解决产业结构过程中资金不足、风险过大以及信息不对称的困境，有效地推动区域产业结构的进程。因此本文选取金融发展水平作为本文的主要解释变量。金斯米（Goldsmith，1969）提出了金融相关比率指标，用金融资产总量与 GDP 的比值来衡量金融发展水平；迈克肯（R. I. Mckinnon，1973）采用货币存量 M_2 与 GDP 的比值衡量金融发展水平；卢峰、姚洋（2004）、王翔（2009）选取金融机构年末贷款总额与 GDP 比值来衡量金融发展水平；周立（2004）、马轶群（2012）、周丽丽（2014）用金融机构存贷款余额与 GDP 比重衡量金融发展水平。金融深化指标（金融机构存贷款余额/GDP）表示某一时点上金融活动总量与实物形式的国民财富的市场总值之比，从总量上反映金融发展的状况，现阶段我国金融主要通过以银行为主的信贷体系来影响实体经济，因此选取金融深化指标即金融机构存贷款余额与 GDP 比重来作为衡量金融发展水平的指标。

（3）控制变量。为了更加全面分析金融发展、资源禀赋与产业结构优化的门槛效应，我们引入了影响较强的相关控制变量。由于影响因素很多，为了获得更稳健的估计，根据已有文献研究结果，此处引入经济发展因素（pgdp）、要素流动（trans）、信息化水平（infor）、政府干预程度（gov）作为本文的控制变量（见表 1）。

表 1　控制变量的选取

变量名称	指标选取	符号	单位
经济发展因素	人均 GDP	*pgdp*	万元/人
要素流动	全社会货物运输周转量	*trans*	亿吨公里

续表

变量名称	指标选取	符号	单位
信息化水平	邮电业务总量	*infor*	亿元
政府干预程度	地方财政支出/GDP	*gov*	%

（4）门槛变量。在已有文献研究中，应瑞瑶（2009）采用煤炭和石油的需求缺口和产量来考察各地区的资源禀赋；王智新（2012）选取煤炭基础储量来代表各地区的资源禀赋。根据现代经济增长理论，考虑到资源禀赋对经济增长的影响，将资源禀赋等因素引入实证模型中。但区域资源禀赋条件并非只有能源，包括自然资源和社会资源，因此本文参考资源禀赋系数的影响因素，通过熵值法计算资源禀赋系数，并将其作为门槛变量（见表2）。

表2　资源禀赋系数影响因素

变量名称	指标选取	单位
自然资源	煤炭储量	亿吨
劳动力数量	各地区年底就业人员数	万人
资本存量	固定资本形成总额	亿元
人力资本存量	各种教育程度毕业人数的比重	%
市场化程度	市场化指数	—
对外开放程度	外商投资企业进出口总额/GDP	%

2. 数据来源

基于数据的可获得性和统计口径差异性，本文选取1998～2015年29个省、市、自治区的省际面板数据作为样本，由于西藏和新疆部分数据严重缺失，因此在实际分析过程中将其剔除。本文原始数据主要来源于《中国统计年鉴》《中国高技术产业统计年鉴》《中国金融年鉴》《中国劳动统计年鉴》，所有检验均使用Stata14.0软件。

由表3可知，*struc*、*e* 的最大值和最小值相差很大，据此我们可以推断各区域产业结构相差较大的原因之一可能是资源禀赋的差异。而 *fd* 的极差相差不是很大。那么，金融发展在资源禀赋条件下对产业结构的影响如何测度?

表 3　　各指标的描述性统计量

变量	均值	标准误	最小值	最大值
struc	86.65	7.160	63.55	99.47
fd	2.560	1.070	1.090	13.28
e	1 253	1 151	0.0900	6 545
pgdp	2.370	2.020	0.240	10.52
trans	2 998	3 552	73.60	20 373
infor	469.3	547.8	4.730	4 553
gov	17.51	8.240	5.680	61.21

3. 模型构建

本文建立非线性面板门限模型进行实证分析。该方法具有两个明显的特点：一是在进行研究时，不需要设定非线性的具体形式，可以通过样本数据的内生性来确定门限值、参数估计值以及置信区间；二是在样本数量有限的情况下，可以使用自举法（Bootstrap）重复抽取样本，进而提高参数估计的有效性和检验的显著性。

Hansen 将面板门限模型的具体形式设定为：

$$Y_{it}=\begin{cases}\mu_{it}+\beta_1'x_{it}+e_{it}, & q_{it}\leqslant\gamma\\ \mu_{it}+\beta_2'x_{it}+e_{it}, & q_{it}>\gamma\end{cases},\quad i=1,2,3,\cdots,K,n \tag{1}$$

其中，为模型的被解释变量，为模型的解释变量，为门槛变量，它既可以是解释变量中的一个回归元，也可以是一个独立的门槛变量，为门槛值，简化方程组（1），可得：

$$Y_{it}=\mu_i+\beta_1'x_{it}I(q_{it}\leqslant\gamma)+\beta_2'x_{it}I(q_{it}>\gamma)+e_{it} \tag{2}$$

其中，$I(\cdot)$ 为示性函数。$\beta_1'\beta_2'\gamma$ 为待估参数，对式（2）进行 OLS 估计可得到残差平方和，其对应的最小门限值为：$\gamma=\arg\min S_1(\gamma)$。确定门槛值以后，就可求得 $\beta_1'\beta_2'\gamma$ 的估计值。以上为单一门槛的情况，然而在实际生活中可能出现多门槛的情况，以双门槛模型为例，其估计方程为：

$$Y_{it}=\mu_i+\beta_1'x_{it}I(q_{it}\leqslant\gamma_1)+\beta_2'x_{it}I(\gamma_1<q_{it}\leqslant\gamma_2)+\beta_3'x_{it}I(q_{it}>\gamma_2)+e_{it} \tag{3}$$

估计方法：先假定单一门槛模型中估计出的为双重门槛中的第一个

门槛，再进行 γ_2 的搜索，估计与检验的方法与第一门槛值相同，得到第二个门槛值的残差平方和最小时对应的，然后对 γ_2 进行门限检验。

为了有效分析资源禀赋、金融发展与产业结构优化之间的非线性关系，本文将资源禀赋系数作为门槛变量，最终将模型可设定为：

单一门槛：

$$struc_{it} = \beta_1 fd_{it} I(e_{it} \leqslant \gamma) + \beta_2 fd_{it} I(e_{it} > \gamma) + \beta_3 fdi_{it} + \beta_4 pgdp_{it} + \beta_5 trans_{it} + \beta_6 infor_{it} + \beta_7 gov_{it} + \mu_i + e_{it} \tag{4}$$

双重门槛：

$$struc_{it} = \beta_1 fd_{it} I(e_{it} \leqslant \gamma_1) + \beta_2 fd_{it} I(\gamma_1 < e_{it} \leqslant \gamma_2) + \beta_3 fd_{it} I(e_{it} > \gamma_2) + \beta_4 fdi_{it} + \beta_5 pgdp_{it} + \beta_6 trans_{it} + \beta_7 infor_{it} + \beta_8 gov_{it} + \mu_i + e_{it} \tag{5}$$

struc：产业结构优化水平；*fd*：金融发展；*e*：资源禀赋；*pgdp*：人均 GDP；*trans*：要素流动；*infor*：信息化水平；*gov*：政府干预程度。

二、实证检验

1. 变量的相关性检验

表 4 为各解释变量与被解释变量的相关系数，从表 4 中可以得到，在 5% 的显著性水平下，每个解释变量与被解释变量之间存在着相关关系，说明各解释变量与被解释变量存在相关性。

表 4　　变量的相关性检验

	struc	*fd*	*pgdp*	*trans*	*infor*	*gov*
struc	1					
fd	0.422***	1				
pgdp	0.676***	0.435***	1			
trans	0.503***	0.167***	0.649***	1		
infor	0.401***	0.093**	0.444***	0.450***	1	
gov	0.031***	0.203***	0.104**	−0.146***	−0.189***	1

注：***、**、* 分别表示通过 1%、5%、10% 的显著性水平检验。

2. 单位根检验与协整检验

如表 5 所示，所有变量的一阶单整序列在 1% 的显著性水平下均拒绝原假设，即原始序列的一阶差分平稳，因此可进行协整检验。本文采用Kao检验和Pedroni检验，检验结果如表6所示。

表5　　面板数据单位根检验结果

变量	LLC	IPS	Fisher - ADF	Fisher - PP	判断结果
struc	0.000	0.032	0.413	0.015	不平稳
Δ*struc*	0.000	0.000	0.000	0.000	平稳
fd	0.778	0.565	0.9384	0.143	不平稳
Δ*fd*	0.000	0.000	0.000	0.000	平稳
pgdp	1.000	1.000	1.000	1.000	不平稳
Δ*pgdp*	0.000	0.000	0.000	0.000	平稳
trans	0.989	1.000	1.000	1.000	不平稳
Δ*trans*	0.000	0.000	0.000	0.000	平稳
infor	0.003	0.923	0.994	1.000	不平稳
Δ*infor*	0.000	0.000	0.000	0.000	平稳
gov	0.003	0.835	1.000	1.000	不平稳
Δ*gov*	0.000	0.000	0.000	0.000	平稳

注：LLC检验为相同单位根检验，Fisher - ADF检验为不同单位根检验。只有当两者同时拒绝存在单位根的原假设时，序列才是平稳序列。若两者当中有一个或者是两个都接受原假设，则该序列都不平稳。

表6　　Kao检验和Pedroni检验结果

检验方法	统计量名	统计量值	P值
Kao检验	ADF	-3.6721	0.0001
Pedroni检验	Panel v - Statistic	-2.5887	0.9952
	Panel rho - Statistic	4.1047	1.0000
	Panel PP - Statistic	-3.0113	0.0013
	Panel ADF - Statistic	-2.7187	0.0033
	Group - rho - Statistic	6.4513	1.0000
	Group PP - Statistic	-2.9766	0.0015
	Group ADF - Statistic	-1.6902	0.0455

表6的检验结果表明，除Panel v、Panel rho和Group-rho，其余统计量在5%的显著性水平下均显著，即拒绝不存在协整关系的原假设，因此可表明面板模型存在协整关系，可直接对式（4）、式（5）进行面板回归。

3. 东、中、西地区的分组回归结果

各区域金融发展、资源禀赋对产业结构优化的影响存在较大差异，鉴于此，我们有必要分区域估计金融发展对区域产业结构优化的影响。

由表7估计结果可知，Hausman检验的统计结果 *p* 值较小，因此支持面板模型设定为固定效应模型。从全国层面来看，*pgdp*、*trans*、*infor* 以及 *gov* 对产业结构优化起到正向的促进作用，金融发展（fd）在一定程度上对产业结构优化起到抑制作用。就东部地区而言，政府干预程度（gov）对东部地区产业结构优化的抑制作用与全国水平相当；要素流动（trans）对全国、中部、东部、西部都有一定的促进作用，但是促进效果不明显；就所有指标而言，只有金融发展水平会产生抑制作用，经济发展因素（pgdp）、要素流动（trans）、信息化水平（infor）以及政府干预程度（gov）都起到了不同程度的促进作用，虽然有的影响不大。其中就全国而言，政府干预程度对产业结构优化的促进效果最明显；从区域差异上来讲，政府干预程度对东部的影响更深远一点，改革开放以来，东部地区发展较快，然而伴随着较快的经济发展，使产业结构在不断优化升级。

表7　　分组回归结果

	全国	东部	中部	西部
被解释变量	*struc*	*struc*	*struc*	*struc*
解释变量				
fd	-0.0950 (0.153)	-0.0899 (0.293)	-0.00722 (0.185)	-0.363 (0.753)
pgdp	0.351 *** (0.121)	0.000372 (0.0940)	0.505 (0.415)	0.515 (0.340)
trans	0.000109 * (6.20e-05)	2.05e-05 (4.24e-05)	0.000406 ** (0.000168)	0.00125 *** (0.000431)
infor	0.00196 *** (0.000329)	0.00157 *** (0.000227)	0.00447 *** (0.00114)	0.00561 *** (0.000994)

续表

	全国	东部	中部	西部
gov	0.377***	0.526***	0.308**	0.194***
	(0.0278)	(0.0460)	(0.139)	(0.0420)
_cons	78.26***	83.04***	76.10***	76.80***
	(0.504)	(0.840)	(1.510)	(1.513)
Observations	493	187	136	170
Number of province	29	11	8	10
Hausman	*chi2*(4) = 273.06 p = 0.0000	*chi2*(5) = 10.99 p = 0.0957	*chi2*(5) = 26.38 p = 0.0001	*chi2* (5) = 439.76 p = 0.0000

注：***、**、* 分别表示通过 1%、5%、10% 的显著性水平检验。

4. 门限模型检验及估计结果

(1) 门限效应检验结果。鉴于样本的观测时间不长，观测对象数量有限，为了提高门限效应显著性检验的有效性，我们使用 Bootstrap 重复抽样 300 次，将金融发展水平（fd）作为被解释变量，资源禀赋系数（e）作为门槛变量，在 1%、5%、10% 的显著性水平下，分别测试存在一个门限、双重门限的假设，门限效应检验结果，如表 8、表 9 所示。

表 8　　门限效应检验

模型	F 值	P 值	BS 次数
单一门槛	15.920**	0.043	300
双重门槛	101.043***	0.010	300

注：***、**、* 分别表示通过 1%、5%、10% 的显著性水平检验。

表 9　　门槛估计值和置信区间

	门槛估计值	95% 置信区间
单一门槛模型（*g*1）	295.179	[270.488, 375.097]
双重门槛模型 Ito1（*g*1）	1 882.712	[1 525.225, 2 131.010]
Ito2（*g*2）	61.502	[61.502, 61.502]

由表 8 可知，在 1% 的显著性水平下，单一门槛的估计结果显著，在 5%、10% 的显著性水平下，单一门槛、双重门槛的估计结果也都显著。表 9 为单一门槛、双重门槛的门槛估计值以及 95% 置信区间。两个门槛估计值是似然比检验统计量 $LR=0$ 时 γ 的取值，两个估计值的置信区间指所有 $LR<5\%$ 显著性水平下的临界值 γ 构成的区间，原假设为两个门限值与实际值都相等。表 9 中单一门槛的估计值为 295. 179，双重门槛估计的两个值分别为 61. 502 和 1 883. 712。为进一步理解门限值和估计区间的构筑过程以及更为准确地确定模型为单一门槛还是双重门槛，我们绘制出似然比函数图，结果如图 1、图 2 所示，图中的虚线表示非标准卡方分布 95% 的临界值，可以得到不论是单重门槛还是双重门槛，其变量 γ 值都是有效的。

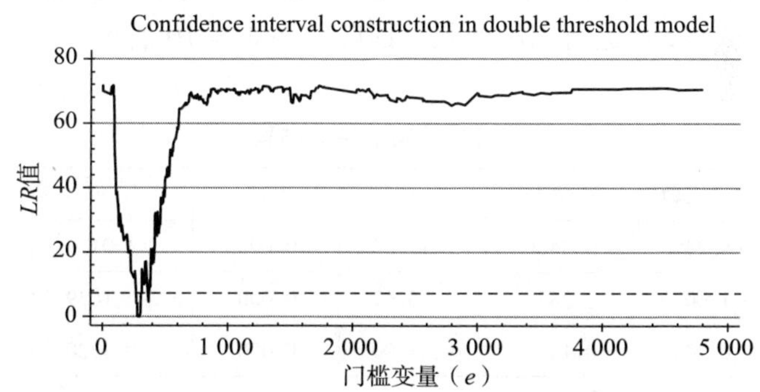

图 1　单一门槛的估计值和估计区间

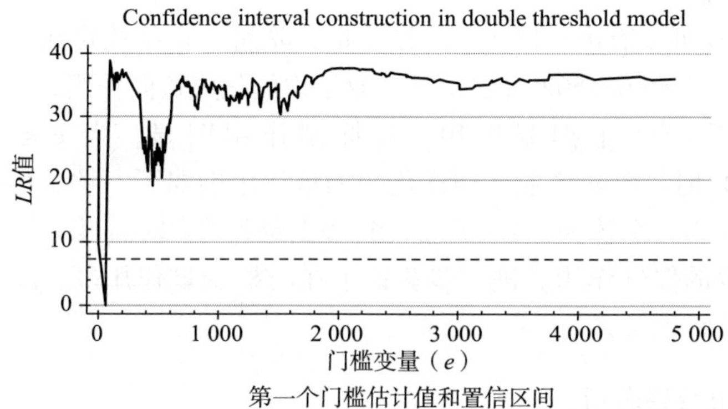

第一个门槛估计值和置信区间

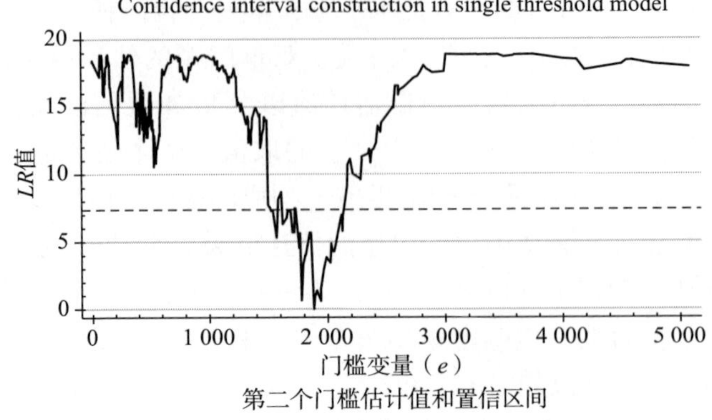

第二个门槛估计值和置信区间

图 2　双重门槛的估计值和估计区间

（2）门槛模型估计结果。在确定了门槛值与门限个数后，依据上文的划分，对式（5）进行门限回归，回归结果如表 10 所示。

表 10　面板门限系数估计结果

变量	估计系数	标准差	t 值	P 值	95%置信区间	
fd_1	-4.2368	0.3466	-12.22	0.000	-4.9179	-3.5557
fd_2	-1.6072	0.2833	-5.67	0.000	-2.1639	-1.0505
fd_3	0.7498	0.1923	3.90	0.000	0.3720	1.1277

注：fd_1：$fd \times I(e < 61.502)$；fd_2：$fd \times I(61.502 \leqslant e < 1882.712)$；$fd\_3$：$fd \times I(e \geqslant 1882.712)$。

由表 10 可以看出，以 e 为门槛变量，fd 对产业结构优化的门限效应非常显著；当 $e<61.502$ 时，fd 与产业结构优化成负向作用，会对产业结构的优化升级产生抑制作用，且抑制作用明显；当 $e \in [61.502, 1\,882.712)$ 时，fd 对产业结构优化的相抵作用削弱了一些，但仍是不可忽视的反作用，系数为 -1.6072；当 $e \geqslant 1\,882.712$ 时，fd 对产业结构优化有了较少的促进作用。进一步验证了在门槛变量作用下，fd 对产业结构优化的非线性关系。

5. 实证结果分析

单纯从表 7 的分组回归结果显示，无论是从全国范围还是分区域来分析，金融发展对产业结构优化的影响都为负向的抑制作用；而用

Hansen 面板门限模型进行估计，由表 10 估计结果可以看出，金融发展对产业结构优化的影响并非呈绝对的正向促进作用或是绝对的负向抑制作用，这与大部分学者目前研究的结果不相同。也就是说并不是金融发展水平越高，对产业结构优化升级的作用越大。金融发展水平是影响产业结构优化升级的一个因素，但金融发展水平，金融结构要和当地的经济发展水平、产业结构水平等因素相互适应和匹配，才能迸发出积极的作用力。我们也可以推测出金融发展对产业结构优化的影响过程中还有别的因素在起作用。

通过门槛效应模型检测可以看出不同的资源禀赋会影响金融发展对产业结构的作用力。当资源禀赋系数处于第一门槛和第二门槛时，金融发展对产业结构优化的抑制作用大于促进作用，究其原因，当资源禀赋系数较小时，当地的自然资源、劳动力数量、资本存量、市场化程度以及对外开放程度都较低，地区接受产业结构的承载能力不足，金融发展水平也较低，在这种局势下，金融发展对产业结构优化表现为负向作用，但是二者的抑制效果不同。伴随着经济的发展、市场经济的深化、技术水平的提高以及对外开放水平的提高，人们开采出更多的资源且资源利用率也不断提高，社会对劳动力的需求不断增加，劳动生产率提高，金融发展对产业结构优化表现为促进作用，即当资源禀赋系数位于第三门槛时，金融发展对产业结构优化的影响系数为正。我们要发挥金融发展对产业结构优化升级的积极促进作用中应该充分考虑当地的资源禀赋和产业结构水平，与当地资源禀赋、产业水平适度而匹配的金融发展水平和金融结构才能发挥对产业结构优化升级的促进作用。

三、结论与政策启示

在对既有文献回顾分析和对经验性事实统计观察的基础上，利用 1998～2015 年省际面板数据，对东、中、西部地区进行分组回归，并创新性地利用门槛效应模型，以资源禀赋系数为门槛变量，考虑金融发展、资源禀赋对产业结构优化的差异性，克服了已有文献单一线性假设的要求，拓展了已有研究结论，同时从非线性或阶段性角度对此问题进行了深化研究，主要验证了以下几点：

（1）以资源禀赋为门槛变量，金融发展与产业结构优化存在着显著的非线性关系。

（2）在不同的资源禀赋条件下，金融发展对产业结构优化的促进作用或抑制作用表现结果不同。并不是资源禀赋系数越高，金融发展对产业结构优化的正向作用越明显。金融发展对产业结构优化的影响，由于资源禀赋系数的不同表现为不同的影响作用，与之前学者研究结果不同，并非所有的东部地区都处于资源禀赋系数的高阶段，也并非所有的中部、西部地区处于资源禀赋的第二阶段。

随着经济的发展，各区域资源禀赋系数的不断增大，为更好地发挥金融发展对产业结构优化的促进作用，根据已有研究结果，提出以下政策启示：

首先我们要完善金融发展环境，改善和加强金融监管，为产业结构优化提供强有力的外部环境支持。根据门槛效应模型的检验结构可以看出，各地不同的禀赋决定了当地的经济水平和产业结构水平，与之匹配的金融发展环境能够促进当地的产业结构优化升级。一定发展阶段的地区的要素禀赋结构决定了该地区的最优产业结构，从而会对形成对金融服务的特定需求，因此，各个经济发展阶段的最优金融结构需要和需求相适应。我们应该建立有效的金融体系，来促进产业结构的优化和实体经济的发展。

加强地区之间的金融合作，提高资本的融合度，实现金融资本的最优配置，缩小地区之间的差距，加快产业结构优化的进度。我们的数据模型可以看出东、西部金融发展水平不一，导致对产业结构优化的作用效果也不一样，所以我们应该通过区域间金融要素的流动、金融发展和融合来推进欠发达地区的金融发展水平，从而发挥其对产业结构优化的积极作用。为此政府可以科学规划，顶层设计，主导一种有效的供给推动地区间金融合作与创新，助推各地产业升级和优化。

完善多元化、高效率的金融体系，加强金融服务创新，提升金融发展对产业结构优化的服务水平。我们的模型研究结果表明，合适的金融结构和金融体系对产业结构优化有积极的促进作用，金融服务的水平能够给实体经济发展创造良好的外部环境。为此我们可以加大金融产品的创新力度，根据市场的需要，开发金融产品的新品种，提供多元化的金融产品，帮助企业合理规避风险，降低优化产业结构的成本；在风险可控的前提下，构建信贷风险分担机制，适当放宽信贷权限，为地区产业结构优化提供金融支持；深化金融服务意识创新，增强金融服务的整体功能，为产业结构的优化提供全方位的金融服务。

基于地区金融发展视角的中小企业融资能力对专业市场发展的门限效应研究

彭继增　孙广鑫[①]

摘　要： 本文利用2005～2015年我国省际面板数据构建了一套新的专业市场综合竞争力评价体系，并采用熵值法对其进行测算和评价，综合采用OLS和面板门限模型对金融发展视角下中小企业融资能力对专业市场发展的影响机制进行实证检验。检验结果证明：基于地区金融发展视角，中小企业融资能力对专业市场发展的影响存在明显的双重门限效应。目前，中西部地区省份尚未跨越第一道门限，中小企业融资能力提高对专业市场发展起阻碍作用；东部超一半省份跨越了第一道门限甚至第二道门限，中小企业融资能力助力专业市场发展作用明显且不断加强，带动专业市场转型升级。因此，本文认为我国应该从金融规模和结构两方面“双管齐下”来助推中小企业走出融资困境，进而重新激发专业市场活力，推动传统专业市场转型升级。

关键词： 中小企业融资；专业市场；面板门限效应

一、引言

近年来，随着金融体制改革不断深入，普惠金融发展计划不断推进，中小企业融资问题越发受到关注。中小企业作为实体经济尤其是整个专业批发市场产业链的主体，其融资难、融资贵现状严重影响了专业市场的进一步发展，从而阻碍传统专业市场转型升级的进程。据2016年全国工商联的调查数据显示，中小企业占我国企业总数的90%以上，贡献着50%的税收，但从银行那里获得的贷款却不足10%。中小企业银行融资普遍存在上浮利率或要求担保公司担保的情况，另存在搭售咨询服务等中间业务，额外收费加大了融资成本（吕劲松，2015）。因此，如何通过

---

① 作者简介：彭继增（1967～），男，江西泰和人，南昌大学经济管理学院教授，硕士生导师，主要研究方向：国际经济与贸易。

深化金融改革、规范金融监管来改善中小企业融资能力来助力专业市场转型升级越来越成为学者关注的焦点。

二、文献回顾

专业市场并非中国独有的经济现象，曾在西方发达国家的前工业化时期大量存在。但随着生产规模的扩大和消费需求层次的提高，企业大多都脱离专业市场进入了自有品牌和营销网络时期，专业市场逐渐消亡。正如刘米娜等（2011）所持有的观点，由于专业市场是在现代经济学理论诞生之前退出历史舞台的，因此在西方经济学和经济研究者看来，这种不起眼的事物不足以进入研究的视野。因此，国外学者对此研究成果鲜有。国内学术界对于专业市场的观察和研究始于20世纪80年代，而我国专业市场普遍、大规模兴起是在90年代中期，学术界对于专业市场的研究也随之如火如荼地开展。

从专业市场形成机制的研究层面看，可以用“制度变迁”论和“集群”论来解释。金祥荣等（1997）从交易费用的角度，认为我国专业市场是对国有供销合作社销售渠道的“体制壁垒”下的一种制度创新，有利于中小企业通过交易的外部性来节约交易费用。郑勇军（1998）认为，专业市场作为一个共享式销售网络，是具有明显体制落差优势的“市场特区”。而后，随着集群理论的大量引入，从集群的视角并采用标准的集群理论来阐释专业市场的成因成为潮流。朱爱萍（1998）首次把专业市场与规模经济理论联系起来，认为商品的生产者和销售者聚集在一起的强大动力就是获得规模效应来降低成本。彭继增（2008）细分了专业市场的商业集群和市场集群，并指出了商业集群所特有的“共享客户”的外部性。陆立军等（2011）则从演化动力学角度揭示了专业市场和产业集群互动的内在演化机理和实现机制。陆立军、杨海军（2007）采用拓展的新古典经济学分工模型并结合空间经济学的基础——乘数模型分析得出：在规模报酬递增前提下，跨区域分工协作网络是义乌小商品城蓬勃发展的主要推动力；接着陆立军等（2008）提出了内生报酬递增是专业市场得以拓展的内在机理，佐证了这一观点。

针对专业市场发展影响因素的研究也伴随专业市场形成机制的研究而产生。金祥荣、柯荣住（1997）认为市场交易效率、专业市场管理体制约束等因素对专业市场的发展具有重大影响；陆立军等（2008）认为，市场交易的规模效应以及现代交易技术的发展等均促进了专业市场规模的不断扩张。谢守红等（2014）则指出市场化程度和交通条件等一些专业市场外部环境条件是专业市场发展的重要影响因素，对外开放利于加快专业市场国际化步伐。此外，一些学者强调要对政府在专业市场发展中的角色准确定位，必须强化地方政府在专业市场发展、促进其转型升级方面的积极作用（Blecher et al.，2001；Guiheux，2003）。另外，人际关系是小厂商在市场活动中得以存活并且推动专业市场持续繁荣的一个重要因素（Liu，2002）。

无论是专业市场的上游产品供应商还是专业市场经营主体的销售商，中小企业这一主体都扮演着极其重要的角色。谢守红、周驾易（2014）运用 SYS - GMM 估计方法验证了：在众多专业市场影响因素中，中小企业发展对专业市场起到了最为明显的推动作用。而中小企业融资现状将直接影响专业市场及所辐射的上下游企业的持续发展，部分学者开始着眼于针对中小企业融资对策来研究专业市场发展。林毅夫等（2001）强调解决中小企业融资难问题的根本出路在于完善中小金融机构。从银行实际经营的角度出发，相对于向大企业做融资批发业务，服务中小企业“小、频、急”的贷款业务是不经济的行为。而郭小波等（2011）着眼于中小企业信贷方式的创新，认为大力发展零售信贷既是对缓解中小企业融资约束的有效途径，更是对当前“金融脱媒”趋势下银行业实现转型和自我发展的应对之策。陈昌庆（2013）对银行为专业市场中小企业开展贸易融资业务的必要性和风险性进行了分析，认为贸易融资打破了银行传统针对单个企业的贷款局限，从企业个体上升到整个产业链高度，为整个产业提供金融服务，为解决专业市场中小企业融资问题提供了新思路的论证。

由此，基于金融发展视角探讨中小企业融资能力对专业市场发展影响的文献鲜有。中小企业融资约束重重的现状严重阻碍了其发展的步伐，而中小企业作为专业市场的主体，其融资约束对于专业市场发展进程的影响也是显而易见的。银行等金融机构作为企业外源融资的主要供给方，金融业的发展对于缓解企业融资约束，尤其是为帮助中小企业走出贷款难的发展困境更是关键之所在。本文采用面板门限模型基于金融发展水平视角探讨中小企业融资能力对于专业市场发展的影响，旨在为中小企业突破融资约束瓶颈、加快专业市场转型发展提出金融改革的相关建议。

三、金融发展水平、中小企业融资能力与专业市场发展的作用机理分析

（一）金融发展水平与中小企业融资能力

金融发展水平对于中小企业融资能力影响机理研究，学术界大致划分为“金融功能观”和“金融结构观”两大派。“金融功能观”强调金融发展的整体功能，而轻金融结构。贝特等（Beck et al.，2008）实证研究表明中小企业成长面临比大企业更为严重的外部融资障碍，而金融规模的扩大极大缓解中小企业融资约束。“金融结构观”认为金融结构应该被重点关注而非规模独大。林毅夫等（2009，2012）新结构主义经济学中的最优金融结构理论认为，不同的经济体在其不同的发展阶段因要素禀赋结构、比较优势等差异应该对应不同的最优金融结构。

金融总量抑或是金融结构都是金融发展水平范畴，学术界争论的焦点在于金融总量和金融结构对于中小企业融资影响孰轻孰重的问题，而不是二者取舍问题。信贷量是衡量一个经济体金融规模的主要指标，信贷量的增加无疑是将企业外源融资这块“蛋糕”做大了，大型企业或是中小微企业都会因“蛋糕”的增大而多分一杯羹。而金融结构则是偏微观的层面，便于从内部结构层面解释缓解中小企业融资约束的机制，由中小银行发展所推动的银行业结构变化显著缓解了中小企业融资约束（姚耀军等，2015）。基于此，金融发展水平与中小企业融资能力呈现一个同向变动的关系。

（二）金融发展水平与专业市场发展

信贷规模扩大和金融结构的优化能够使专业市场上下游中小企业获得更多信贷资金或得到价格更为公正的信贷资金来支持其运营，促使企业通过扩大规模来获得规模效应，从而引致一系列连锁效应：企业规模扩张带动当地就业，提高居民收入；居民收入扩张效应释放到对专业市场商品的消费环节激发市场活力，带来专业市场整个产业链的良性循环。

另外，金融发展水平提高会在投资环境和投资机会方面惠及市场投资者，金融监管也更加有效。合理有效的金融监管是金融发展的不可或缺的一环，近年来，金融监管加码旨在引导资本由“脱实入虚”过渡到

“脱虚入实”。金融监管大时代背景将助力引导更多资金支持实体经济发展，加快经济体转型升级。

（三）中小企业融资能力与专业市场发展

中小企业融资能力提高是否有效作用于专业市场发展与金融发展水平这一中介变量有莫大关联，即中小企业融资能力对专业市场发展的影响可能存在金融发展水平的门限效应。当金融发展水平较低时，金融规模小、金融结构不完善、金融监管不到位。一方面，中小企业获得融资的数量少、价格高，小量而高价的资金不足以支持中小企业正常运营；另一方面，金融监管不到位带来对供求双方对资金用途信息不对称，加大了企业滥用资金的激励，恶化实体经济发展。随着金融发展水平提高，金融规模不断扩大、金融结构渐向完善、金融监管更加合理有效。中小企业规范使用量大而价正的融资，加大投资实体经济，显著促进专业市场的发展。

因此，探讨如何推动金融发展与中小企业融资能力相匹配和适应，是使得专业市场实现持续发展进而转型升级的关键所在。

四、研究设计

研究文献表明，中小企业融资能力、金融发展水平、对外开放水平及其他诸多因素对专业市场发展起到了正向或负向的作用。本文尝试从金融发展的视角来探讨中小企业融资能力影响专业市场发展的机理机制，从而为出台金融改革政策来带动实体经济的活力提供科学依据。本文设定基本计量模型如下：

$$PMS_{it} = \alpha_0 + \alpha_1 FAE_{it} + \alpha_2 X_{it} + \varepsilon_{it} \quad (1)$$

$$PMS_{it} = \beta_0 + \beta_1 FIN_{it} + \beta_2 X_{it} + \varepsilon_{it} \quad (2)$$

$$PMS_{it} = \gamma_0 + \gamma_1 FAE_{it} + \gamma_2 FIN_{it} + \gamma_3 FAE_{it} \times FIN_{it} + \gamma_4 X_{it} + \varepsilon_{it} \quad (3)$$

其中，i 和 t 分别表示第 i 个省份第 t 年的数据，*PMS* 为专业市场发展水平衡量指标，*FAE* 为中小企业融资能力指标，*FIN* 为地区金融发展水平指标，本文引入 *FAE* 与 *FIN* 的交乘项来初步考察 *FAE* 对 *PMS* 影响的 *FIN* 门限效应。*X* 为控制变量向量组，包括对外开放水平 *TRA*、政府干预变量 *GOV* 和地区经济发展水平 GDP，ε_{it}为随机扰动项。

在初步考察中小企业融资能力对于专业市场发展存在门限效应的基础上，正式设定面板门限模型来探讨具体的门限值和不同门限变量值区间所对应的估计系数的差异。本文设定基本门限模型如下：

$$PMS_{it}=\theta_0+\theta_1 FAE_{it}\times I(thr_{it}\leqslant\lambda)+\theta_2 FAE_{it}\times I(thr_{it}>\lambda)+\theta_3 X_{it}+\varepsilon_{it} \quad (4)$$

$$PMS_{it}=\theta_0+\theta_1 FAE_{it}\times I(thr_{it}\leqslant\lambda_1)+\theta_2 FAE_{it}\times I(\lambda_1\leqslant thr_{it}<\lambda_2)+ \theta_3 FAE_{it}\times I(thr_{it}>\lambda_2)+\theta_4 X_{it}+\varepsilon_{it} \quad (5)$$

$$PMS_{it}=\theta_0+\theta_1 FAE_{it}\times I(thr_{it}\leqslant\lambda_1)+\theta_2 FAE_{it}\times I(\lambda_1\leqslant thr_{it}<\lambda_2)+ \theta_3 FAE_{it}\times I(\lambda_2\leqslant thr_{it}<\lambda_3)+\theta_4 FAE_{it}\times I(thr_{it}>\lambda_3)+\theta_5 X_{it}+\varepsilon_{it} \quad (6)$$

其中，$I(\cdot)$ 为门限示性函数，*thr* 为门限变量，本文中选取的是金融发展水平 *FIN* 作为门限变量，λ 为待估计的门限值。

本文选取了 2005 ~2015 年中国 30 个省（自治区、直辖市，不含西藏自治区）面板数据作为样本总体。控制变量中对外开放水平 *TRA* 用各省份进出口贸易总额衡量，政府干预变量 *GOV* 用各省份一般性财政支出来衡量，地区经济发展水平 *GDP* 用各省份人均 *GDP* 来衡量，这些数据来源于《中国统计年鉴》和各省份《统计年鉴》直接数据，作对数化处理，表示为 ln*TRA*、ln*GOV*、ln*GDP*。在选取影响中小企业融资能力的门限变量时，本文主要沿着金融功能观的角度出发，选取各省份金融机构各项贷款余额来衡量金融发展水平 *FIN*，数据来源于各省份《统计年鉴》和《中国金融年鉴》直接数据并作对数化处理，表示为 ln*FIN*。

中小企业融资能力：对于中小企业融资能力测度，部分国内外学者是通过筛选影响融资能力的因素来构造指标体系，通过因子分析或主成分分析法得到主因子或主成分，然后进一步测度融资能力。一些学者实证表明，企业规模、资本结构、盈利能力等是影响融资能力的主要因素（Penrose，2006；Prahalad & Hamel，2007；Foss & Knudsen，2008）。邓璐（2012）选取资产负债率、人均 GDP、金融相关率等 14 个指标构造融资能力评价体系；王乾（2016）筛选分析出股东权益比、总资产、资产担保价值等 7 个主成分。一些学者则通过运用 DEA 方法测度中小企业融资效率来反映其融资能力（沈海蓉，2014；宋光辉等，2017；王小宁等，2016）。

本文重点关注企业外源融资渠道中的债务融资而非股权融资，资产负债率为大多数学者普遍采用。基于数据的可获得性，本文采用资产负债率①这单一指标来衡量中国各省（自治区、直辖市）中小企业融资能

① 本文中资产负债率 = 负债总额/资产总额，于企业融资能力而言是一个正向指标。

力，初始数据来源于《中国工业统计年鉴》，然后汇总、整理、计算并表示为 FAE：

$$FAE_{it}=\frac{Liabilities_{it}^{M}/Asset_{it}^{M}+Liabilities_{it}^{S}/Asset_{it}^{S}}{2} \tag{7}$$

其中，*Liabilities* 代表负债总额，*Asset* 代表资产总额，M 代表中型企业，S 代表小型企业。

专业市场发展水平：根据已有文献分析，专业市场发展研究的定量分析集中在选取一个或一系列影响专业市场发展的指标，然后划归成单一指标，从而分析专业市场发展的时空差异。谢守红等（2014）利用全局主成分分析法获得主成分，并根据方差贡献获得指标权重算得专业市场综合竞争力得分；张旭亮等（2010）基于 Geoda 来构造区位熵指数、莫兰指数等分析中国商品交易市场的总体及省际层面的发展差异。

本文沿用此思路，在借鉴相关文献中主成分分析的相关指标基础上，参考研究专业市场发展影响因素的相关文献，构造一套新的专业市场综合竞争力评价体系（见表 1），并应用熵值法计算各地区 2005～2015 年专业市场综合竞争力得分，表示为 PMS。

表 1　专业市场综合竞争力指标体系

目标层	一级指标	二级指标	单位
专业市场综合竞争力指数	专业市场规模	专业市场个数（X1）	个
		营业面积（X2）	平方米
		单位营业面积成交额（X3）	万元/平方米
		年末摊位出租率（X4）	%
	现代化发展水平	人口城镇化率（X5）	%
		人均工资水平（X6）	元
		交通运输业固定资产投资占 GDP 比重（X7）	%
		第三产业增加值占 GDP 比重（X8）	%
	创新发展潜力	连续两年成交额平均增长率（X9）	%
		专业市场数量增长率（X10）	%
		国内发明专利授权数（X11）	项
		科研投入占 GDP 比重（X12）	%

注：指标 X1、X2、X3、X4、X9、X10 数据是来源于 2005～2015 年中国商品交易市场统计年鉴相关数据的直接采用和汇总整理，指标 X5、X6、X7、X8、X11、X12 数据来源于 2005～2015 年全国 30 省（自治区、直辖市，不含西藏自治区）统计年鉴相关数据的直接采用和汇总整理。

五、实证结果与分析

（一）专业市场综合竞争力评价

为了更为客观地给定各指标权重，采用熵值法来计算 2005～2015 年中国各省（自治区、直辖市）的专业市场综合竞争力得分，这里给出各地区专业市场综合竞争力得分雷达图（见图 1）。

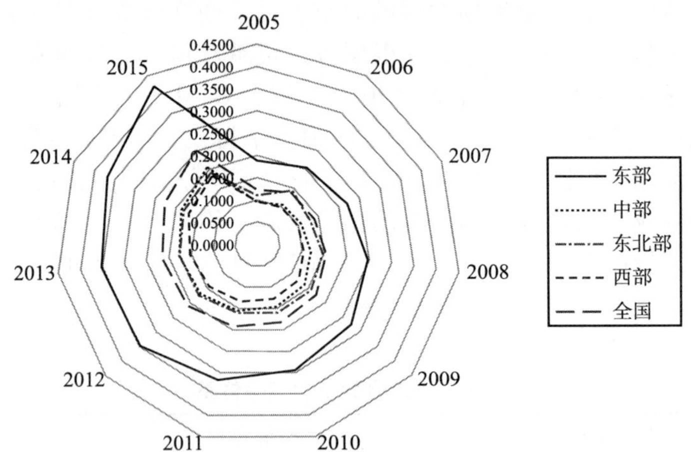

图 1　我国东中西及东北地区以及全国专业市场综合竞争力得分雷达图

从图 1 可以很明显地看出专业市场发展的几个特征：（1）专业市场发展整体呈上升趋势，从发展速度来看以东部居首，其次是中部和西部，东北部发展缓慢；（2）专业市场发展水平地区差异明显，呈现出“东发达，西薄弱”的特征；（3）中部和西部虽然发展起步晚，但发展势头猛；东北部专业市场发展不断放缓；东部地区专业市场发展水平和速度仍然保持遥遥领先地位。

对三个基本模型进行 OLS 回归，回归结果如表 2 所示。

表 2　金融发展水平、中小企业融资能力和专业市场发展的回归结果

Variables	Model（1）	Model（2）	Model（3）
FAE	0.0939 * （1.61）		3.960773 *** （7.54）

续表

Variables	Model（1）	Model（2）	Model（3）
ln*FIN*		0.0972 *** （7.40）	0.3321 *** （9.88）
FAE × ln*FIN*			-0.4183 *** （-7.54）
ln*TRA*	0.0379 *** （11.82）	0.0082 ** （1.73）	0.0149 *** （3.15）
ln*GOV*	0.0094 * （1.61）	-0.0558 *** （-5.39）	-0.0495 *** （-5.08）
ln*GDP*	0.0538 *** （7.64）	0.0458 ** （6.08）	0.0420 *** （5.99）
Constant	-0.7767 *** （-9.96）	-0.8221 *** （-13.45）	-3.1167 *** （-10.05）
F-value	196.33 ***	240.47 ***	196.94 ***
P-value	0.0000	0.0000	0.0000
Adjusted R-squared	0.7037	0.7443	0.7813
Number of observations	330	330	330

注：括号内数值为相应估计系数的t统计值，***、**、*分别表示通过1%、5%、10%的显著性水平检验。

对3个基本模型进行OLS回归分析，回归系数也比较符合前文中的机理分析结果。中小企业融资能力和金融发展水平系数显著为正，但中小企业融资能力和金融发展水平的交乘项系数显著为负，说明中小企业金融发展水平对于融资能力促进专业市场发展的正向力量具有明显的削弱作用。即可能存在对应不同的金融发展水平，中小企业融资能力对专业市场发展的影响是不同的。接着，我们将进一步通过面板门限模型来验证和分析这一猜想。

对于模型中的控制变量，对外开放水平和地区经济发展水平显著为正。伴随着经济发展水平提高，对外开放进程推进，更为完善的基础设施和更加宽松的投资环境为外商投资提供强大"吸力"，这也在一定程度上加快专业市场发展进程，推动专业市场"走出去"。模型（2）和模型（3）中政府干预系数显著为负，这也从一定程度上说明了政府这张

“有形的手”对市场发展的过多干预可能会压制市场活力、造成市场失灵等。因此，政府应重视让市场在资源配置中起决定性作用，避免过多不当干预。

本文以金融发展水平 ln*FIN* 为门限变量，探讨在金融发展的作用机制下中小企业融资能力对专业市场发展水平的影响。采用王群勇（2015）的建议，删除分组子样本异常值比例为 1%，采用“自举法”进行面板门限回归，具体回归结果如表 3 和表 4 所示。

表 3　　金融发展水平门限值估计和显著性检验结果

门限变量	门限数	F 值	10%	5%	1%	门限值	95% 置信区间
金融发展水平 ln*FIN*	单一	326. 78***	25. 6762	27. 1692	35. 7070	10. 5770	(10. 5637, 10. 5881)
	双重	76. 67***	20. 6559	25. 7764	32. 5415	11. 0932	(10. 8902, 11. 1136)
	三重	69. 50	187. 8833	208. 6395	272. 2168	10. 1634	(10. 1423, 10. 1644)

注：F 值和临界值、95% 置信区间均采用 Bootstrap（“自举法”）抽样 1 000 次获得的结果。***、**、* 分别表示通过 1%、5%、10% 的显著性水平检验。

表 4　　面板门限模型斜率系数估计结果

样本区间	PMS				
	FAE	ln*TRA*	ln*GOV*	ln*GDP*	Constant
ln*FIN*≤10. 5770	-0. 0465 (-1. 01)	-0. 0039 (-0. 71)	0. 0188** (2. 25)	0. 0457*** (3. 41)	-0. 3782*** (-4. 78)
10. 5770 < ln*FIN*≤11. 0932	0. 1484*** (3. 15)				
ln*FIN* > 11. 0932	0. 2996*** (5. 94)				

注：括号内数值为相应估计系数的 t 统计值，***、**、* 分别表示通过 1%、5%、10% 的显著性水平检验。

Wald 检验的 F 统计量用于判断门限效应的显著性，数值越大说明其对应的概率越小，即门限特征越明显。由表 3 可知，单一和双重门槛模型通过了 1% 显著性水平检验，而三重门限模型没有通过 10% 显著性水平检验，由此认为设定双重门限模型较为合理。

（二）门限值有效性分析

实证结果表明，双重门限效应显著，其对应的门限值分别为 10.5770 和 11.0932。根据汉森（Hansen，1997）构造的似然比检验得到图 2、图 3，其中金融发展水平的门限估计值为 *LR* 图形最低点分别对应的参数值（横坐标为参数值），且 *LR* 值明显小于 5% 显著性水平上 *LR* 的临界值 7.35（图中虚线表示 5% 显著性水平下 *LR* 统计量临界值）。因此，我们认为模型中门限估计值是有效的，即可以认为门限估计值等于真实值。

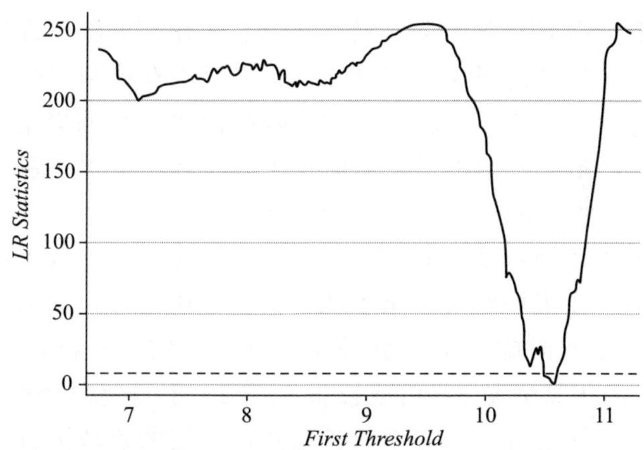

图 2　双门限模型的第一门限值 *LR Statistics*

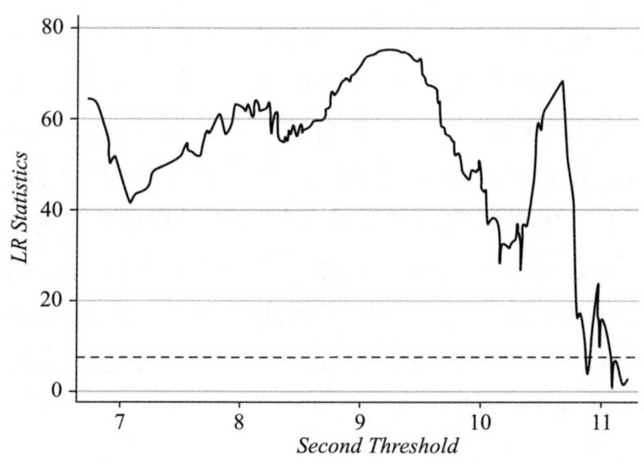

图 3　双门限模型的第二门限值 *LR Statistics*

对于金融发展水平被两个门限值划分为三个区间，分别定义为低发展水平（0，10.5770]、中等发展水平（10.5770，11.0932]和高发展水平（11.0932，+∞）。对比数据可以看出，突破门槛的省份集中在东部沿海地区，中西部绝大多数省份都被卡在第一道门槛之外。至2012年，浙江省、江苏省、广东省、北京市、上海市、山东省均跨越了第一道门槛。且至2014年，江苏省、广东省、浙江省纷纷跨越了第二道门槛，进入了金融发展高水平阶段。对比而言，中西部地区的四川省在2015年才勉强达到门槛值，其余中西部省份仍处于金融发展低水平。

通过斜率系数估计结果可以得知，在金融发展处于低水平区间时，中小企业融资能力对专业市场发展有一个不太显著的阻碍作用，但就其现状分析有一定的经济意义。究其原因：“钱没有用到实处”。一方面，中央针对中小企业贷款难、融资贵情况陆续出台一系列措施，中小企业融资情况有好转迹象。但由于金融监管不到位和高回报率驱使引致资金乱用现象丛生。而且融资能力越强的企业，在高回报率驱动下倾向于多元化投资于回报率相对高的非主营业务领域。这直接导致了中小企业融资能力增强对专业市场发展效果不明显甚至起阻碍作用。另一方面，可以从近几年“脱实向虚”的趋势角度来解读。实体经济增速下滑带来“脱实向虚”的状况对实体经济成长非常不利，也与金融服务实体经济的本质相背离，应该妥善处理好不同类型企业融资的资源配置以及资金流向监管问题。

金融发展水平跨越第一道门槛进入中等水平和高水平时，中小企业融资能力对于专业市场发展起到促进作用并不断增强。我国东部沿海地区，随着金融发展水平提高，金融监管更为到位。另外，金融结构在不断完善，中小型银行崛起，“小银行优势”可以更为高效和准确地搜集中小企业财务信息并且追踪资金用途。另外，金融机构信用体系建立并且逐步完善，资本市场泡沫化高风险等这些因素使得中小企业“脱实入虚”的激励锐减，资金又逐步重归“正途”作用于实体经济。同时，东部沿海地区又是金融改革的先行示范区和解决中小企业融资问题的试点集中区，金融改革助推中小企业走出融资困境，给中小企业带来发展的“春天”，从而带动专业市场的繁荣。

六、结论与政策建议

本文基于中国30个省（自治区、直辖市）2005~2015年面板数据，采用普通最小二乘和面板门限模型，初步测度和进一步论证了中小企业融资能力对专业市场发展水平影响的金融水平门限效应。计量检验结果表明：专业市场发展的门限值分别为10.5770和11.0932（即金融机构年末各项贷款余额为39 222.27亿元和65 722.72亿元）。基于金融发展水平视角，中小企业融资能力对于专业市场发展的影响可大致模拟为“U”型曲线。中西部大多数省份和东部少数省份仍处于“U”型曲线的左半边，即受金融发展水平限制，中小企业融资能力的提高并不能真正奏效于专业市场的发展甚至起抑制作用。东部地区超过一半省份已经跨越第一道门槛甚至跨越了第二道门槛，位于“U”型曲线右半边，中小企业切实感受到金融改革助推中小企业摆脱融资困境的红利，从而为专业市场带来活力。

结论表明：（1）中西部和东部地区金融发展水平差距大而明显；（2）中小企业融资能力受金融发展水平影响明显，融资约束形势依然严峻，因此专业市场发展的动力不足；（3）“脱实入虚”向“脱虚入实”的过渡仍需不断大力推进；（4）地区经济发展水平对专业市场发展带动作用突出。

针对实证结论，给出以下几点相关建议。

（一）金融规模与金融结构“双管齐下”，发力助推中小企业摆脱融资困境

长期以来的“重总量扩张，轻结构优化”金融发展之路日益成为金融发展的瓶颈，金融服务的个体差别对待也激化了金融运行的矛盾，金融发展应“既要做大蛋糕，也要分配得当”。稳步持续扩大金融规模，统筹区域金融合作，发达地区对欠发达地区开展金融业务和资源的精准对接和扶助，逐步缩小区域差距。在金融结构方面，高度垄断的银行业结构是中国金融发展的“软肋”，应该从大力发展中小银行出发作为改善金融结构的突破口，从而逐步形成与经济结构相匹配的金融结构来服务实体经济发展（姚耀军等，2015）。另外，银行业应该转变经营思路，改变传统的单一融资模式，创新金融产品和金融服务方式，如试推行对中小企业开展零售信贷和贸易融资等来助力中小企业融资，从而推动实体经济发展。

（二）大力推进普惠金融发展计划，“精准扶贫”中小企业

2016年1月15日，国务院印发《推进普惠金融发展规划（2016～

2020年)》，中小企业作为普惠金融的重点服务对象之一再次受到社会各界的广泛关注。针对中小企业融资难、融资贵，地方政府应该鼓励和引导银行建立小微企业专营机构，拓宽和规范小额贷款公司及典当行等融资渠道，让中小微企业获得价格合理、便捷安全的金融服务。强化金融监管、完善相关金融法律法规体系是金融发展的重要一环，推动“脱实入虚”向“脱虚入实”平稳过渡成为要务。同时加快征信机构的培育和征信系统的建立，增强中小企业信用的透明度，保证金融机构“精准扶贫”中小企业，控制风险，这样能激励企业将获得的融资运用于实体经济，也能降低企业违约给银行带来的风险。

（三）推动专业市场转型升级，助力供给侧结构性改革

近年来，我国商品市场发展很快，成效显著。但也存在一些传统专业市场在规划不到位等情况下在经济发展和城市变迁中逐渐丧失功能，逐步没落的迹象明显。传统商品市场的没落引致产业链的上游中小企业供应商产品积压、投资回报率低、发展动力不足等，转而逐步脱离实体经济形成恶性循环。因此，要抓住经济发展方式转型的契机，准确定位商品交易市场功能，一改以往“脏乱差”和“便宜货”印象，逐步完善相关配套设施，为吸引内商和外商提供一个良好的环境。

随着经济发展进入新常态，消费方式发生深刻变化，电子商务迅速崛起，商品市场发展也面临前所未有的机遇与挑战。信息化应用、定制化服务、平台化发展成为专业市场转型升级的重点方向。逐步建立较为完善的信息基础设施，大力推进商品消费的定制化服务，加强供应链管理与服务以推动商品市场平台化发展。重新定位和打造“引导生产、拉动消费”的新型专业市场，形成稳定的经济产业链和生态圈，为供给侧结构性改革提供支撑。

我国法定存款准备金的宏观审慎政策效应研究

朱勤勤　罗海平　周丽莉[①]

摘　要：2017 年是美国金融危机爆发十周年，危机以来，宏观审慎政策成为各国政策当局改进监管的重要选择。我国不断探索发展和完善宏观审慎政策框架，以弥补现行金融监管体系在逆周期调节和防范系统性风险方面的不足。为了更好地防范系统性金融风险，差别准备金动态调整和合意贷款管理机制于2016 年被人民银行升级为宏观审慎评估体系。动态调整存款准备金率已经成为央行调节宏观经济运行的重要手段。本文以国内 14 家上市商业银行为样本，通过构建向量自回归模型实证检验了法定准备金率在抑制商业银行信贷扩张及顺周期性中的作用，评估了法定存款准备金的宏观审慎政策效应。

关键词：宏观审慎政策工具；信贷量；向量自回归模型；金融稳定

一、引言

自金融危机发生以来，国际社会普遍认识到，旨在维护个体金融机构稳定的微观审慎监管已经无法实现金融系统稳定的目标。作为改进监管的集中响应，宏观审慎政策工具被广泛用来防范和降低金融负外部性，宏观审慎成为各国金融体制改革的重要动因。随着我国金融市场发展和金融创新深化，金融体系自身的复杂性、脆弱性也明显增大，以物价稳定为主要目标的货币政策在维护金融稳定方面有局限性。由于金融风险的跨部门传递、放大及金融机构地位和影响力的差异，微观审慎监管的加总不足以实现宏观审慎监管。结合国际金融危机的教训和我国金融市场的分析，微观审慎监管和货币政策在实际经济运行中存在监管空白，人民银行在构建宏观审慎政策框架方面进行了一系列探索，形成了“货

---

① 作者简介：朱勤勤（1994 ~），南昌大学经济管理学院，硕士研究生，研究方向为金融风险与金融监管。

币政策+宏观审慎政策”双支柱的金融调控框架。丁伯根原则表明，协调运用N种独立的政策工具实现N种独立的政策目标效果最为明显。在双支柱框架中，集中作用于金融体系本身的宏观审慎政策，侧重维护金融稳定，在防范系统性风险、营造健康的金融环境等方面发挥重要作用。党的十九大报告中，习总书记明确提出要“健全货币政策和宏观审慎政策双支柱调控框架”，再次将宏观审慎政策提到了新的高度。

在宏观审慎政策工具的使用方面，人民银行进行了不断地探索和创新。2009年开始研究强化宏观审慎管理的政策措施，随之引入差别准备金动态调整机制，并逐渐将差别准备金动态调整机制升级为宏观审慎评估体系。近年来的实践表明，存款准备金制度已经成为我国调节宏观经济运行和维护金融系统稳定的重要工具。国外的大量研究确认了存款准备金作为宏观审慎政策工具能够有效抑制信贷增长和减少系统性风险。由于宏观审慎工具的实施效果会受到不同国家金融特征的影响，国外研究分析得出的结论在我国的适用性尚需进一步验证。目前我国有关法定存款准备金宏观审慎政策效应的研究还十分有限，且现有研究多侧重理论分析缺乏数据基础的实证支持。

本文从法定存款准备金率影响商业银行信贷量的角度，分析法定存款准备金率的调整对金融机构贷款增长率的影响，从而研究法定存款准备金能否有效抑制信贷增长，维护金融体系稳定，实现宏观审慎政策目标。第一部分通过文献综述梳理了国内外的相关研究；第二部分理论分析了法定存款准备金的宏观审慎政策效应；第三部分采用商业银行微观数据构建向量自回归（VAR）模型实证检验了法定存款准备金作为宏观审慎政策工具的有效性；第四部分根据研究结果得出结论并提出相关的政策建议。

二、文献综述

本文从三个方面对研究主题相关的文献进行综述，第一，宏观审慎政策工具的选择与效果。林（Lim，2011）采用49个国家的数据评估了宏观审慎政策工具在降低系统性风险方面的效用，分析表明许多常用的宏观审慎工具都能有效缓解金融系统的顺周期性。刘志洋（2012）宏观审慎政策的实施需要政策工具的支持，宏观审慎政策工具的选择应该遵循灵活性原则，针对不同的系统性风险进行设计。张健华和贾彦东（2012）梳理了国内外宏观审慎政策工具的研究，认为同种宏观审慎政策工具有多重属性，在不同国家和地域使用可能产生不同效果。王冰和孙涛（2013）研究了中国宏观审慎政策及其在控制系统性风险上的作用，认为中国金融市场面临时间和截面两个维度的系统性风险。王志强和李青川（2014）对于宏观审慎政策工具，现有文献大多从时间维度和截面维度两个方面来研究。耿楠（2012）通过论述宏观审慎政策工具的实践进展与应用难点，指出我国宏观审慎政策工具的探索应该主要应对系统性风险随时间的累积，重点关注金融机构自身的顺周期性。卡拉斯森等（Claessens et al.，2013）通过面板数据回归实证检验了宏观审慎政策能有效降低许多新兴市场国家和发达国家的金融系统脆弱性。他们认为市场化水平的差异会导致新兴市场国家和发达国家选择不同的政策工具，新兴市场国家由于市场化程度不高倾向于使用调节信贷增速和信贷总量的工具。

第二，法定存款准备金工具的宏观审慎功能。蒙托罗和莫雷诺（Montoro and Moreno，2011）以巴西经济为研究对象，分析了法定存款准备金和利率政策的宏观经济效应，认为准备金要求可以作为利率政策在实现金融稳定目标方面的有效补充。托方等（Tovar et al.，2012）研究了准备金要求和其他宏观审慎工具的作用，发现准备金要求对降低拉丁美洲国家的信贷增速有短期稳健的影响。国际货币基金组织（2012）研究表明准备金制度能够有效应对实行浮动汇率制度的新兴市场经济体的资本流入，抑制信贷快速增长。梁琪等（2015）实证检验了存款准备金率和贷款价值比上限在控制商业银行信贷、杠杆率变动和顺周期中的作用，评估了我国宏观审慎政策工具的有效性。苏明政（2017）基于现阶段我国金融失衡的特征，检验了宏观审慎政策工具的有效性，单一工具检验结果表明存款准备金率是最整体有效的宏观审慎政策工具。

第三，模型的使用与测度方法。向量自回归（VAR）模型是针对变量无法确定为外生变量时，一种新的多方程模型的分析方法。每个方程等号右侧有相同的变量，而这些方程右侧变量包括所有内生变量的滞后项。西蒙斯（Sims，1980）将 VAR 模型引入到经济学中，推动了经济系统动态性分析的广泛应用。宏观审慎政策实施后，有学者开始选用 VAR 模型分析其政策效果。如王志强和李青川（2014）采用门限向量自回归模型，在考虑资本流入的情况下，从宏观审慎政策的角度分析了动态差别准备金的政策效果。张龙传（2015）根据四期滞后的 VAR 模型的实证结果，得出存款准备金政策在不同经济环境下的积极运用可以实现不同的宏观审慎目标。

综上所述，宏观审慎政策通过审慎工具的运用达到促进金融系统稳定的目标，一个完整有效的宏观审慎政策框架需要政策工具支持。不同国家所处经济环境和金融结构的差异会影响其对宏观审慎政策工具的选择和实施效果，因此，灵活性是一个国家在设计宏观审慎工具时应该考虑的问题。根据国情选择合适的宏观审慎工具，对宏观审慎政策的实施会起到事半功倍的效果。中国人民银行通过频繁调整存款准备金率来控制信贷总量，调节宏观经济运行。法定存款准备金制度已经成为我国一种重要的宏观审慎工具。尽管，存款准备金制度的宏观审慎政策效应在国外的研究中已经得到证实，但是在我国的研究还非常有限。另外，宏观审慎政策的有效性研究多侧重跨国分析，缺乏针对单个国家的具体分析。本文的意义在于，从法定存款准备金抑制银行信贷增长和增强金融机构稳健性的角度分析了存款准备金的宏观审慎政策效应，并采用2007～2017年商业银行的微观数据，构建VAR模型实证检验了近10年来我国存款准备金率作为宏观审慎工具的有效性，对金融监管部门具有参考价值。

三、法定准备金宏观审慎政策效应的理论模型构建

法定存款准备金制度主要行使四种职能：缓冲职能、流动资产管理职能、货币控制职能和税收职能。随着金融市场发展和金融体系改革的不断深化，中央银行逐渐将法定准备金率作为调控宏观经济变量的重要政策工具。法定准备金制度被人民银行频繁用来控制商业银行的信贷规模，从而增强金融机构的抗风险能力。实践表明，法定准备金已经成为我国重要的宏观审慎政策工具，其宏观审慎功能主要体现在抑制信贷的过度投放，防范系统性风险和加强金融系统的稳定性。分析法定存款准备金的宏观审慎政策效应即是分析宏观审慎监管部门通过法定准备金工具的使用，是否实现以及能够在多大程度上实现宏观审慎政策目标。因此，宏观审慎目标实现程度是判断宏观审慎政策有效性的客观依据。

本文从控制商业银行信贷量的角度研究法定存款准备金的宏观审慎政策效应，法定准备金率的变动会对银行的信贷投放产生影响。故选取商业银行的贷款增长率作为被解释变量，将法定准备金率作为解释变量。

然而，法定准备金率并不是影响银行信贷量的唯一因素，其他主要因素如经济增长率和通货膨胀率等与银行信贷有很强的正相关性；在整个金融市场和利率体系中处于关键地位的贷存款基准利率，它的变化在一定程度上决定法定准备金率的变化。向量自回归模型依据严格的经济理论，在建模的过程中，需要把这些存在相互关系的变量同时纳入模型中分析。变量的选取和处理如下：

（1）贷款增长率（DK）。用商业银行客户贷款及垫款总额的环比增长率表示。

（2）法定准备金率（RR）。用中国人民银行公布的 14 家商业银行的法定存款准备金率数据的加权平均数值来表示。

（3）经济增长率指标。银行的贷款主要集中于工业企业，因此选用实际工业增加值（PPI）作为经济发展指标。用名义的 PPI 剔除价格因素影响得到实际的 PPI。

（4）通货膨胀率指标。居民消费价格指数（CPI）的变动率在一定程度上反映了通货膨胀或紧缩的程度。用 CPI 季度同比增长率作为衡量通货膨胀的指标。

（5）贷存款基准利率差（R）。用中国人民银行发布的一年期金融机构贷款基准利率减去对应的存款基准利率。

向量自回归模型不仅可以反映法定存款准备金率变量对贷款增长率变量的直接影响，还可以反映存款准备金率变动通过经济增长率、通货膨胀率等变量对贷款增长率变量的间接影响。在模型构建过程中还需要确定模型滞后阶数，加入各个变量的滞后变量，使模型能够反映变量之间的相互作用。估计法定准备金率的冲击对信贷增长率的影响在向量自回归模型中的一个方程如下：

$$DK_{n,t} = \alpha_n + \sum_{i=1}^{m} (\beta_i DK_{n,t-i} + \chi_i RR_{n,t-i} + \gamma_i GDP_{n,t-i} + \lambda_i CPI_{n,t-i} + \eta_i R_{n,t-i}) + \varepsilon_{n,t} \tag{1}$$

其中，n 表示第 n 家商业银行；t 表示第 t 期；$(t-i)$ 表示滞后 i 期；β_i、χ_i、γ_i、λ_i、η_i 表示变量系数；$\varepsilon_{n,t}$ 代表随机扰动项。从公式可以看出，如果变量系数为负说明解释变量与被解释变量反方向变动；如果为正，则同方向变动。若法定存款准备金率能有效抑制信贷扩张，贷款增长率与法定存款准备金率会呈现反方向变动，即法定存款准备金率前的变量系数应该为负。

四、VAR 模型的实证分析

（一）样本区间的选取

该实证分析借助 EViews 计量经济学软件，应用 VAR 模型和脉冲响应原理，针对法定存款准备金政策的调整，研究商业银行法定存款准备金率变动对贷款增长率的影响。在向量自回归模型的样本选择上，选取自 2007 年第一季度到 2017 年第二季度的共计 42 个季度数据（见表 1），不能直接获得的数据经过相关计算处理得到该变量的值。基于 2007 年研究法定存款准备金的宏观审慎政策效应是因为，一方面，2007 年正值国际金融危机爆发，金融系统信贷投放量波动较大；另一方面，危机暴露出的系统性风险和金融顺周期性问题，引发世界各国对货币政策和金融监管的反思，宏观审慎政策成为危机后国际社会金融体系改革的核心内容。由于一些银行上市比较晚，无法获取完整的财务报告，得不到所需数据，故将这些样本剔除。因此，本文选取的样本银行包含了工行、中行、建行、交行 4 家大型商业银行，兴业、民生、平安、中信、华夏、浦发、招商 7 家全国性股份制商业银行，北京银行、南京银行、宁波银行 3 家城市商业银行，共计 14 家上市银行。数据主要来自各大银行的季度财务报告、年报、半年报、银行公告、中国人民银行官网、国家统计局等公布的信息。

表 1　样本数据统计

时间	DK	RR	R	PPI	CPI	时间	DK	RR	R	PPI	CPI
2007Q1	6.07	9.60	3.60	-0.75	0.69	2008Q4	3.58	16.47	3.09	-4.00	-2.66
2007Q2	4.87	10.80	3.56	-0.97	0.88	2009Q1	15.96	14.99	3.06	-3.87	-3.02
2007Q3	3.43	11.80	3.47	-2.58	2.41	2009Q2	9.02	14.97	3.06	-1.79	-0.91
2007Q4	0.85	13.10	3.41	1.28	0.47	2009Q3	3.97	14.98	3.06	-0.81	0.20
2008Q1	5.62	14.90	3.33	1.08	1.31	2009Q4	2.82	14.98	3.06	4.15	2.03
2008Q2	4.10	16.10	3.33	1.62	-0.19	2010Q1	6.63	15.68	3.06	5.90	1.49
2008Q3	2.58	17.48	3.33	3.58	-2.32	2010Q2	4.17	16.28	3.06	0.77	0.68

续表

时间	DK	RR	R	PPI	CPI	时间	DK	RR	R	PPI	CPI
2010Q3	3.34	16.48	3.06	-2.67	0.58	2014Q1	4.66	19.44	3.00	0.02	-0.58
2010Q4	3.24	17.18	3.06	-0.04	1.16	2014Q2	3.25	19.42	3.00	0.57	-0.10
2011Q1	4.38	18.58	3.06	0.94	0.38	2014Q3	1.71	19.34	3.00	0.46	-0.20
2011Q2	4.05	20.18	3.06	-0.76	0.57	2014Q4	1.61	19.33	2.94	-1.02	-0.49
2011Q3	3.06	20.97	3.06	-0.32	0.57	2015Q1	3.66	19.07	2.85	-1.57	-0.30
2011Q4	2.46	20.86	3.06	-2.14	-1.60	2015Q2	2.77	18.10	2.80	-0.27	0.20
2012Q1	4.52	20.27	3.06	-2.10	-0.76	2015Q3	1.79	17.64	2.85	-1.50	0.30
2012Q2	3.48	19.76	3.06	-0.67	-0.87	2015Q4	1.66	16.62	2.85	0.10	-0.20
2012Q3	2.98	19.46	3.00	-0.99	-0.97	2016Q1	4.06	16.18	2.85	0.48	0.59
2012Q4	2.21	19.45	3.00	0.87	0.20	2016Q2	3.07	16.26	2.85	2.07	0.00
2013Q1	5.50	19.45	3.00	0.22	0.29	2016Q3	2.80	16.25	2.85	2.58	-0.39
2013Q2	2.53	19.44	3.00	-0.99	0.00	2016Q4	1.99	16.24	2.85	3.67	0.49
2013Q3	2.41	19.44	3.00	0.62	0.39	2017Q1	4.28	16.07	2.85	4.72	-0.78
2013Q4	2.14	19.44	3.00	0.23	0.10	2017Q2	2.84	16.08	2.85	-1.52	0.00

（二）模型变量与模型估计

用向量自回归模型分析和预测相互联系的多变量时间序列系统，无须事先划分内生变量和外生变量。因此选取贷款增长率、法定存款准备金率、经济增长率、通货膨胀率和贷存款基准利率差五个变量，在VAR模型中可以把这五个变量都看作内生变量，均等对待。在进行VAR模型估计之前先检验时间序列的平稳性，以免出现“伪回归”问题。用ADF单位根检验方法检验变量的平稳性（见表2），原序列存在单位根，一阶差分后序列平稳。根据滞后长度标准，5个评价统计指标中有4个认为应该建立VAR（4）模型（见表3），则确定建立VAR（4）模型。

表 2　模型中各个变量的平稳性检验

变量	差分次数	(C, T, K)	ADF 值	10% 临界值	5% 临界值	1% 临界值	结论
CPI	1	(C, T, 1)	-4.43	-3.21	-3.56	-4.27	*I* (1)
PPI	1	(C, T, 1)	-6.08	-3.20	-3.54	-4.23	*I* (1)
R	1	(C, T, 1)	-5.61	-3.19	-3.53	-4.21	*I* (1)
RR	1	(C, T, 1)	-4.72	-3.21	-3.55	-4.26	*I* (1)
DK	1	(C, T, 1)	-8.32	-3.20	-3.53	-4.22	*I* (1)

表 3　模型滞后期的选择

Lag	LogL	LR	FPE	AIC	SC	HQ
0	-266.2048	NA	1.088293	14.27394	14.48941	14.35060
1	-127.6743	233.3145	0.002802	8.298646	9.591477 *	8.758625
2	-93.72289	48.24670	0.001880	7.827520	10.19771	8.670816
3	-55.26991	44.52449	0.001124	7.119469	10.56702	8.346081
4	-2.409454	47.29620 *	0.000393 *	5.653129 *	10.17804	7.263057 *

（三）脉冲响应分析

在对 VAR（4）模型进行脉冲响应分析之前，需要对模型的稳定性进行检验。模型单位根检验结果（见图 1）显示特征根都在单位圆内，满足 VAR 模型的稳定条件，可以在模型估计结果的基础上对该模型进行脉冲响应分析，得到脉冲响应函数的图形输出结果（见图 2）。

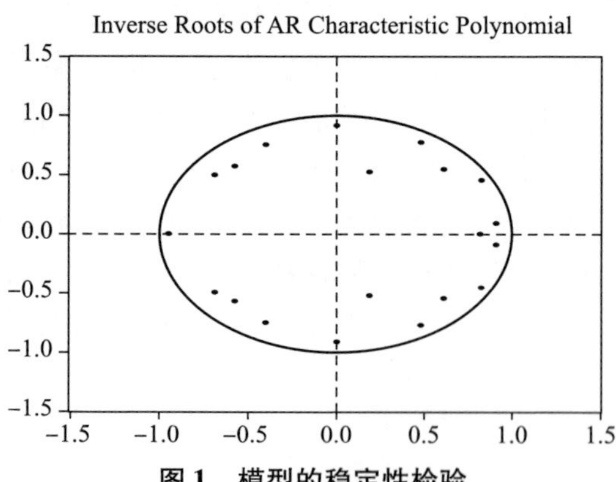

图 1　模型的稳定性检验

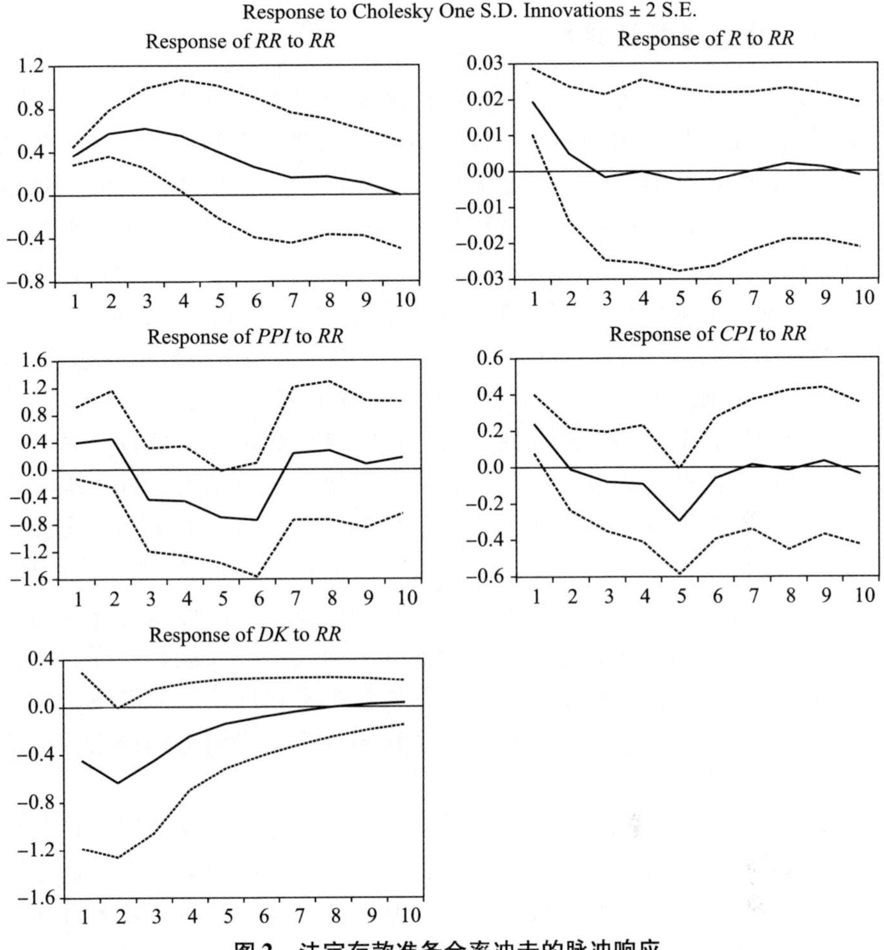

图 2　法定存款准备金率冲击的脉冲响应

（四）VAR 结果的解释

图 2 中的实线表示 1 单位脉冲冲击的脉冲响应函数时间路径，两边虚线为 2 个标准差的置信区间。法定存款准备金率的脉冲响应刻画了对法定存款准备金率施加一个正向的冲击后，*RR*（法定存款准备金）本身、*R*（贷存款基准利率差）、*PPI*（经济增长率）、*CPI*（通货膨胀率）和 *DK*（贷款增长率）的响应函数时间路径。贷款增长率的响应路径一直为负，第 2 期后逐渐趋于平坦，这说明法定存款准备金率的提高会引起后面各期贷款增长率的下降，调整法定存款准备金率可有效控制商业银行信贷总量。

五、结论与政策建议

实证分析表明法定存款准备金率作为宏观审慎工具的一种，能够有效抑制银行业信贷投放的顺周期性，防范系统性风险的累积，增强金融系统的稳定性，从而在一定程度上验证了我国法定存款准备金的宏观审慎政策效应。人民银行可以通过积极运用法定存款准备金制度，平缓经济的周期性波动，在不同的经济周期实现不同的宏观审慎政策目标：经济增长时期，金融机构迅速扩张信贷，金融杠杆率高，资本充足率低，不良贷款比率高，这时提高法定存款准备金率会促使金融机构收缩信贷，限制风险资产的过度扩张，从而增强金融系统稳定性和防范风险的能力；经济衰退时期，金融部门流动性趋紧，这时降低法定存款准备金率可以增加金融机构的信贷投放，拉动投资增长，提高经济活力。近年来，宏观审慎政策成为世界各国关注的焦点，我国召开的第十九次全国代表大会提出，要健全货币政策和宏观审慎政策双支柱调控框架。宏观审慎政策与货币政策作为金融宏观调控框架的两个重要支柱都可以进行逆周期调节，都具有宏观管理的属性，二者既有不同的目标又能相互配合。我国目前正处在经济转型和变革时期，各项金融宏观调控改革措施会陆续展开，将宏观审慎政策与货币政策联系起来分析其协调搭配作用，这将是我以后学习研究的方向。

相对于货币政策和财政政策，宏观审慎政策仍属于比较新的领域，宏观审慎政策框架有待进一步发展和完善。宏观审慎政策以维护金融体系稳定，降低系统性风险为最终目标，但其在实施过程中的具体目标还需要进一步明确细化。信贷波动、经济周期和金融系统的稳定性三者密切相关，因此本文提出以下相关的政策建议：一是健全逆周期调节的宏观审慎政策框架。建立逆周期信贷调控机制，抑制信贷过度增长，有效地防范金融系统性风险，强化宏观审慎监管的弹性和有效性，减弱经济周期波动幅度，实现经济平稳快速增长。二是法定存款准备金政策的实施要相机抉择。因地、因时、因事制宜，根据客观具体情况进行审慎选择。三是各个宏观审慎工具的使用要协调配合，使其产生叠加的政策效果。监管部门要将宏观审慎监管体系、信贷调控、资本要求及流动性管理有机结合起来，在运用差别存款准备金动态调整的同时，辅以常规性政策工具，实现政策效果最大化。

参考文献

[1] 刘志洋、宋玉颖：《宏观审慎监管政策工具实施及有效性国际实践》，载《中国社会科学院研究生院学报》2016 年第 1 期，第 50 ~ 55 页。

[2] 张亦春、胡晓：《宏观审慎视角下的最优货币政策框架》，载《金融研究》2010 年第 5 期，第 30 ~ 40 页。

[3] 张健华、贾彦东：《宏观审慎政策的理论与实践进展》，载《金融研究》2012 年第 1 期，第 20 ~ 35 页。

[4] 马勇、陈雨露：《宏观审慎政策的协调与搭配：基于中国的模拟分析》，载《金融研究》2013 年第 8 期，第 57 ~ 69 页。

[5] 王晓、李佳：《金融稳定目标下货币政策与宏观审慎监管之间的关系：一个文献综述》，载《国际金融研究》2013 年第 4 期，第 22 ~ 29 页。

[6] 苏明政、徐佳信、张庆君：《金融失衡视角下宏观审慎政策工具有效性研究——基于 119 家商业银行的实证分析》，载《会计与经济研究》2017 年第 1 期，第 102 ~ 116 页。

[7] 方意：《宏观审慎政策有效性研究》，载《世界经济》2016 年第 8 期，第 25 ~ 49 页。

[8] 梁琪、李政、卜林：《中国宏观审慎政策工具有效性研究》，载《经济科学》2015 年第 2 期，第 5 ~ 17 页。

[9] 张敏锋、李拉亚：《宏观审慎政策有效性研究最新进展》，载《经济学动态》2013 年第 6 期，第 123 ~ 131 页。

[10] 鲁玉祥：《宏观审慎政策框架的制度模式研究》，载《新金融》2016 年第 3 期，第 27 ~ 30 页。

[11] 聂召：《宏观审慎监管：政策工具与实践进展——基于应对信贷繁荣的视角》，载《上海金融》2015 年第 2 期，第 56 ~ 61 页。

[12] 马新彬：《最优宏观审慎政策治理安排研究：响应时间与政策路径》，载《上海金融》2015 年第 1 期，第 16 ~ 22 页。

[13] 张敏锋、王文强：《基于 DSGE 模型的我国宏观审慎政策规则有效性研究——以贷款价值比为视角》，载《上海金融》2014 年第 3 期，第 68 ~ 72 页、第 118 页。

[14] 宋科、李戎：《加快构建符合中国实际的宏观审慎政策框架》，载《国际经济评论》2017 年第 2 期，第 79 ~ 91 页、第 6 ~ 7 页。

[15] 陈明玮、袁梦怡、王博：《新常态下宏观审慎工具的有效性——基于 DSGE 模型的分析框架》，载《财经问题研究》2016 年第 11 期，第 59 ~ 65 页。

[16] 王刚、李丹丹：《浅析宏观审慎监管与宏观经济政策的基本关系》，载《浙江金融》2011 年第 5 期，第 17 ~ 19 页。

[17] 周小川：《金融政策对金融危机的响应——宏观审慎政策框架的形成背景、

内在逻辑和主要内容》，载《金融研究》2011 年第 1 期，第 1 ~ 14 页。

[18] 李文泓：《关于宏观审慎监管框架下逆周期政策的探讨》，载《金融研究》2009 年第 7 期，第 7 ~ 24 页。

[19] 王志强、李青川：《资本流动、信贷增长与宏观审慎监管政策——基于门限向量自回归的实证分析》，载《财贸经济》2014 年第 4 期，第 38 ~ 47 页。

[20] 曹小艳：《法定存款准备金调整对银行信贷供给的影响效应分析——基于我国 2001 ~ 2011 年数据的实证检验》，载《金融发展研究》2012 年第 3 期，第 3 ~ 9 页。

[21] 张晓慧：《宏观审慎政策在中国的探索》，载《中国金融》2017 年第 11 期，第 23 ~ 25 页。

[22] 王力伟：《宏观审慎监管研究的最新进展：从理论基础到政策工具》，载《国际金融研究》2010 年第 11 期，第 62 ~ 72 页。

[23] Longmei Zhang; Edda Zoli. Leaning against the wind Macroprudential policy in Asia [J]. *Journal of Asian Economics*. Volume 42, February 2016, Pages 33 – 52.

[24] Tovar C, M Garcia – Escribano, and M Vera Martin, "Credit Growth and the Effectiveness of Reserve Requirements and Other Macroprudential Instruments in Latin America" [R]. *IMF Working Paper*, 2012.

[25] Macro-prudential Policy: What Instruments and How to Use Them? Lessonsfrom Country Experiences. C Lim, F Columba, A Costa, P Kongsamut, A Otani, M Saiyid, T Wezel, X Wu [R]. *IMF Working Paper*, 2011.

[26] Claessens S, S R Ghosh, and R Mihet, "Macro – Prudential Policies to Mitigate Financial System Vulnerabilities" [J]. *Journal of International Money and Finance*, 2013.

[27] IMF, "Macroprudential Policy: An Organizing Framework" [R]. *Background Paper*, 2011.

[28] IMF, "The Interaction of Monetary and Macroprudential Policies" [R]. *Background Paper*, 2012.

[29] Montoro C, and R Moreno, "The Use of Reserve Requirements as a Policy Instrument in Latin America" [R]. *BIS Quarterly Review*, *March*, 2011.

[30] Wang B, and T Sun, "How Effective are Macroprudential Policies in China?" [R]. *IMF Working paper*, 2013.

区域经济与产业发展

地区动态比较优势与工业集聚的门限效应研究

彭继增　柳　媛①

摘　要： 近年来，我国工业集聚逐步形成了以东部为中心、中西部为外围的“中心—外围”模式，工业在东部地区的过度集聚使工业生产成本上升、集聚效应递减，导致地区的比较优势逐渐弱化。本文选取具有代表性的样本省市，使用 2000 ~ 2014 年省际面板数据分析了地区动态比较优势与工业集聚的门限效应。结果表明：首先，地区动态比较优势与工业集聚程度之间存在非线性关系，即存在门限效应；其次，处于高集聚区间的工业集聚程度对地区动态比较优势的影响小于低集聚区间工业集聚对其的影响；最后，在两个区间内，随着集聚程度的提高，动态比较优势才会增强，即从整体上看，工业集聚程度与动态比较优势是正相关关系。基于以上结论，提出发展产业集群、促进产业转移的相关建议。

关键词： 动态比较优势；工业集聚；门限效应

一、引言

近年来，产业集聚已经成为一种非常重要的经济现象，集聚效应成为地区经济规模扩大以及经济增长的重要因素，尤其是工业集聚。目前，很多国家已经把工业集聚作为产业发展和推动经济发展的战略方式之一。党的十八大也为中国特色新型工业化道路指明了方向，提出到 2020 年要基本实现工业化的宏伟目标。

但是由于区域间的地理位置、发展战略等的不同，我国各地区工业集聚的程度也具有较大的差异，并逐步形成了以东部为中心、中西部为外围的“中心—外围”模式。工业在东部地区的过度集聚，导致东部地区工业生产成本上升、集聚效应递减，这不仅严重影响了东部地区工业

---

①　作者简介：彭继增（1967 ~ ），男，江西泰和人，南昌大学经济管理学院教授，硕士生导师，主要研究方向：国际经济与贸易。

的可持续发展，而且导致中西部地区也难以摆脱粗放低层次的产业结构，对产业集聚发展演变及区域产业结构升级产生重大影响。目前，从整个东部沿海地区工业的发展情况来看，已经有地区意识到工业的过度集聚带来的问题，并开始有选择地将一些产业进行转移，而且政府也出台了《国务院关于中西部地区承接产业转移的指导意见》《国务院关于支持赣南等原中央苏区振兴发展的若干意见》等政策文件，鼓励和支持东部沿海地区将那些不再具有比较优势的产业转移到中西部地区。因此，东部沿海地区应该选择一些产业进行转移，实现比较优势的动态转型升级，中西部地区应根据自身的优势承接产业，培养新的经济增长点，进而促进地区产业结构升级。2016 年 9 月发展改革委等 5 部门制定印发了《关于支持老工业城市和资源型城市产业转型升级的实施意见》，强调改造提升“老字号”，深度开发“原字号”，培育壮大“老字号”，构建特色鲜明的现代产业集聚，再造产业竞争优势。因此，研究比较优势动态升级与产业集聚两者之间的联系对我国实现动态比较优势的动态演进，推进产业转型升级具有较强的现实指导意义。

（一）国外研究

在理论研究上，一般认为第一个对产业集聚进行直接研究的是马歇尔，他从外部经济和规模经济的角度阐述了产业集聚的经济动因，他指出外部性是决定集聚经济的关键因素，而且这种外部性主要来源于知识或信息外溢、劳动力市场发育和投入共享等方面，所以集中在一起的厂商比单个孤立的厂商更有效率。而后克鲁格曼在二区域模型中，指出产业集聚与规模经济程度成正比，产业集聚的动力就是规模经济。赫尔普曼等、蒂伯特等对规模经济和比较优势之间的作用进行了论述和总结，他们认为规模经济是影响比较优势的因素之一。比较优势理论的两个核心概念就是要素密集度和要素丰裕度，动态比较优势理论的研究也就首先沿着这两个方向展开。由此可见，国外学者对比较优势动态化的研究很早，并且一直都在不断拓展，但是主要用于研究国际贸易方面，包括罗纳得·芬得雷的动态比较优势模型、埃里克·邦德的动态比较优势模型等。

在经验研究上，翰德森（Henderson，1986）等的实证结果表明由产业集聚带来的规模经济具有有限性，他们都直接或间接地证实了“拥挤效应”的存在。翰德森通过实证研究分析了美国和巴西 70 年代的数据，结果表明规模经济的外部性主要来自产业集聚，并随着城市规模的不断扩大而衰弱，翰德森的实证结论暗示了规模经济的有限性。波斯马等（Broersma et al.）利用荷兰40个地区跨度12年的面板数据研究了集聚对劳动生产率的影响，他们的经验分析结论主要有两点：一是规模效应对劳动生产率的影响主要体现在水平上，具有正相关性；二是拥挤效应体现在增长上，具有负相关性，意味着集聚效应会抑制自身的增长。里卓万等（Rizov et al.）选取荷兰1997～2006年企业级数据，实证分析发现TFP增长率与集聚程度存在负相关，对TFP增长产生负向影响，也就是“拥挤效应”确实存在。阿米提（Amiti，2005）等分析了产业集聚和比较优势之间的关系。指出较低的贸易成本可能会导致一个国家的所有上游和下游企业集聚。迈克和塔卡托斯（Michael and Takatoshi）在研究影响服务部门及其与国际贸易和因素流动性在经济活动中的相互作用时发现非贸易生产服务之间的关系是由集聚力、贸易成本以及最终产品和服务的比较优势导致的。

（二）国内研究

国内学者关于产业集聚与规模经济的研究，较多的是在国外学者理论基础上进行的修正研究或者经验研究。关于产业集聚和比较优势二者之间的关系，有些学者认为产业集聚否认比较优势，但是大部分学者认为比较优势是实现有竞争力产业集聚的必要条件。如林毅夫等（2005）从企业的自身能力出发，认为比较优势和产业集聚之间没有冲突。盛朝迅（2012）在对经验数据分析后表明，比较优势具有较强动态性并逐渐发生变化，我国应大力培育中间部门，促进资本和技术要素集聚，塑造动态比较优势以促进产业结构优化升级。毛琦梁等（2014）分析了近期中国制造业空间格局的变化特征，并通过建立空间面板模型剖析了内在的影响因素，研究发现一国之内产业空间格局变化的主要原因并不在于地区间比较优势的变化，而是集聚外部性的作用。但也有学者有不同的观点，如张元智（2001）指出产业集聚能够产生竞争优势，但是并非只要有集聚就会产生竞争优势，即集聚可以看做是产业获得竞争优势的必要条件，而非充分条件。谭裕华等（2008）通过对国外学者在比较优势与集聚方面的研究进行梳理后指出集聚力量会改变初始的产业集聚，如果初始产业是比较优势的，那么集聚将强化原有的比较优势；如果初始产业是比较劣势的，那么集聚对比较优势的作用方向是不确定的。乔彬等（2015）构造了一个包括动态比较优势的空间经济学拓展模型后，使用1990~2011年31个省际面板数据，分析出在经济发展初期劳动力比较优势对产业集聚呈正相关关系，当物质资本存量达到某一门槛值后，劳动力比较优势对产业集聚产生负影响。

国内学者对于产业集聚的研究采用的较多的有空间经济模型和新经济地理学模型。赵增耀（2012）将市场潜能融合到空间经济学的模型之中，从理论和实证两个方面论证了国内外市场潜能与产业集聚发展与演变的关系。范剑勇（2006）、章元等（2008）都对空间经济学模型的拓展做出了独特的贡献，这也为研究产业集聚奠定了良好的基础。乔彬等则拓展了新经济地理模型，研究了我国工业空间集聚与动态比较优势两者之间的关系。

综上所述，国内外学者关于产业集聚与比较优势的研究很丰富，既有理论研究，又有经验研究。同时可以看出，国内学者对产业集聚与比较优势主要还是采用线性模型。但是我国作为一个后发大国，由于区域之间的经济发展具有异质性和复杂性，产业集聚与动态比较优势之间并不一定是线性关系。虽然关于已有学者开始研究产业集聚带来的“拥挤效应”，但是对这种“拥挤效应”出现的“时间点”以及其对动态比较优势的影响研究还较少，因此本文将以此为切入点对地区动态比较优势与工业集聚之间的非线性关系进行研究。

二、地区动态比较优势与工业集聚的现状分析

比较优势理论不仅广泛用于国际贸易的研究中，而且在产业经济的研究中也有着重要的作用。而动态比较优势理论是在比较优势理论上的一个拓展和创新，动态比较优势理论是指比较优势可以通过专业化学习、投资创新及经验积累等后天因素人为地创造出来，强调的是规模报酬递增、不完全竞争、技术创新和经验积累的理论。

不同的工业集聚程度会带来不同类型或者不同程度的专业化学习、投资创新及经验积累，会直接或者间接影响比较优势，从而形成比较优势的动态化。工业集聚带来的劳动力、资本、知识等要素的集中，会降低生产成本，凸显出规模经济效益，形成比较优势；而工业的过度集聚则会导致工业成本上升、资源短缺和集聚效应递减，比较优势就会逐渐消失。本文在做固定效应面板门限实证研究之前，首先对全国31个省市的动态比较优势和工业集聚程度进行现状分析。

鉴于台湾省和香港、澳门特别行政区的数据存在缺失，本文对全国其他 31 个省市的动态比较优势指标数据进行了整理，选取 2005 年和 2014 年的样本数据为例，运用 R 语言对我国 31 个省市的动态比较优势指数进行现状分析。结果表明东部地区具有最强的比较优势，尤其是沿海地区，主要包括广东省、浙江省、江苏省和山东省；其次是中部地区，主要包括四川省、湖北省、湖南省和河南省；最后是西部地区。虽然广东省、浙江省、江苏省和山东省等东部沿海地区在工业上仍然具有较强的比较优势，但是中部地区的比较优势也在逐渐增强。

工业集聚程度现状分析结果表明，东部地区的工业集聚程度最高。其他大多数地区比如青海省、山西省、湖北省等地区的工业集聚程度相差不大，而且处于相对较低的水平。少数地区如西藏自治区、湖南省和江西省等，工业集聚程度很低。2014 年，相比 2005 年四川省、河南省、湖南省和江西省等，工业集聚程度在逐步提高；而广东省和福建省等地区的工业集聚程度反而有所下降。

综上所述，对于主要几个东部沿海地区，主要包括广东省、福建省、浙江省、江苏省以及山东省而言，在 2005 ~ 2014 年，地区工业集聚程度虽然总体上有所下降，但是依然存在很强的比较优势；对于主要几个中部地区，主要包括湖南省、江西省、安徽省、河南省以及湖北省而言，在 2005 ~ 2014 年，地区工业集聚程度总体上显著提高，比较优势虽有所增强，但是不明显。所以，工业集聚程度和比较优势动态化之间可能存在非线性的关系，即当地区工业集聚程度在一个较低的区间内，对比较优势形成的促进作用比较大；当地区工业集聚程度在相对较高的区间内，对比较优势形成的促进作用比较小。

三、模型构建与数据说明

（一）模型构建与变量定义

门限模型可以描述变量之间关系的跳跃特征或者结构断裂特征，在非线性时间序列中被广泛应用，而汉森（Hansen，1999）的固定效应面板门限模型具有很明显的经济含义，因此本文借鉴汉森的固定效应面板门限模型来研究工业集聚程度对动态比较优势的影响。固定效应面板门限模型既考虑到面板数据的异质性，控制了面板数据中随个体变化但不随时间变化的遗漏变量；又能够通过断裂特征分析变量之间的非线性关系。

汉森运用固定效应面板门限模型研究了融资约束和利率之间的非线性关系，采用了美国 565 家公司 15 年的数据，模型设定如下：

$$I_{it}=\beta_0+\beta_1 q_{it-1}+\beta_2 q_{it-1}^2+\beta_3 q_{it-1}^3+\beta_4 d_{it-1}+\beta_5 q_{it-1}d_{it-1}+\beta_6 c_{it-1}I(d_{it-1}<\gamma_1)+\beta_7 c_{it-1}I(\gamma_1\leqslant d_{it-1}<\gamma_2)+\beta_8 c_{it-1}I(d_{it-1}\geqslant\gamma_2)+u_i+e_{it} \quad (1)$$

I_{it}是投资与资本的比率，q_{it}是总市值与资产的比率，c_{it}是现金与资产的比率，d_{it}是长期资产负债比。根据对 Hansen 模型的分析，结合我国动态比较优势和工业集聚的现状，本文构建的固定效应面板门限模型如下：

$$DCA_{it}=\beta_0+\beta_1 DIA_{it}I(DIA_{it}<\gamma_1)+\beta_2 DIA_{it}I(\gamma_1<DIA_{it}<\gamma_2)+\beta_3 DIA_{it}I(DIA_{it}>\gamma_3)+\beta_4 PGDP_{it}+\beta_5 PD_{it}+\beta_6 TLP_{it}+\beta_7 TCR_{it}+\beta_8 OPT_{it}+e_{it} \quad (2)$$

其中，下标 i 和 t 分别表示省份和时间，e_{it}为误差项。表 1 列出了本文构建的固定效应面板门限模型所涉及的变量定义（见表 1）。

表 1　　变量定义

变量名称	变量含义	资料来源
DCA（Dynamic Comparative Advantage）	动态比较优势	中国经济与社会发展统计数据库
DIA（Degree of Industrial Agglomeration）	工业集聚程度	中国经济与社会发展统计数据库
PGDP（Real GDP Per Capita）	经济发展水平	中国经济与社会发展统计数据库
PD（Population Density）	劳动力密集程度	中国经济与社会发展统计数据库
TLP（Total Labor Productivity）	技术水平	中国经济与社会发展统计数据库
TCR（Total Capital Resources）	资本资源	国家统计局
OPT（Openness of Trade）	贸易开放程度	中国经济与社会发展统计数据库

已有研究表明，地区的经济发展水平、劳动力密集程度、技术水平、资本资源、贸易开放程度都会对动态比较优势产生影响，因此本文在研究工业集聚程度对动态比较优势的影响时，还需控制以上一些对动态比较优势有影响的变量。

（二）变量说明

被解释变量：动态比较优势，本文采用殷德生、唐海燕（2008）的方法，运用比较规模经济指标作为衡量动态比较优势，即某地区某产业的平均规模与全国该产业的平均规模的比值，产业的平均规模用规模以上产业总产值来衡量。本文则是以某省（市）规模以上工业总值与全国规模以上工业总值的比值作为动态比较优势的衡量指标。

门限变量：工业集聚程度，本文采用区位熵指数来衡量工业集聚程度，即某地区某产业部门在全国该产业部门的比重与该地区整个产业占全国整个产业比重之比。本文以某省（市）工业部门的产值在全国工业部门的比重与该省（市）生产总值占全国生产总值之比来衡量工业集聚程度。

其他控制变量：本文分别采用地区人均国内生产总值、人口密度、全员劳动生产率、资本存量和进出口总额来衡量地区的经济发展水平、劳动力密集程度、技术水平、资本资源和贸易开放程度。其中，将人均国内生产总值、资本存量以及进出口总额作了对数处理，这样做可以缩小数据的绝对数值，也能够减少异方差的影响，使结果更加客观准确。

四、实证分析

（一）研究对象的选择

由以上现状分析，本文主要选择上海市、江苏省、浙江省、山东省以及广东省五个沿海省市作为研究对象，因为这五个省市的工业集聚程度在2000～2014年具有明显的波动，而且这五个省市在2000～2014年具有较强的比较优势。由图1可以看出，山东省、广东省以及上海市的工业集聚程度一直处于下降的态势，其中上海市和广东省工业集聚程度分别由2000年的1.70和1.82下降到2014年的0.62和0.82，而且这两个省市均在2011年降到1.0以下，山东省则由2000年的1.74下降到2014年的1.0。而江苏省和浙江省的工业集聚程度一直处于波动之中。江苏省的工业集聚程度在2000～2008年一直保持在1.25～1.35的水平，而在2009～2010年急剧下降至0.55左右，2011～2014年开始回升，从0.98上升至1.11；而江苏省的工业集聚程度在2000～2014年经历了两次“大起大落”的状态，第一次是由2000年的1.41跌落至2001年的0.8，之后在2002年迅速回升至1.42，第二次是由2002年的1.42跌至0.87，之后缓慢下降至0.73，而到了2011年迅速上升至1.22，并保持在这个水平直到2014年。由以上分析可知，这五个省市的工业集聚程度的波动既有下降趋势，又有上升趋势，会使分析结果更具有代表性。

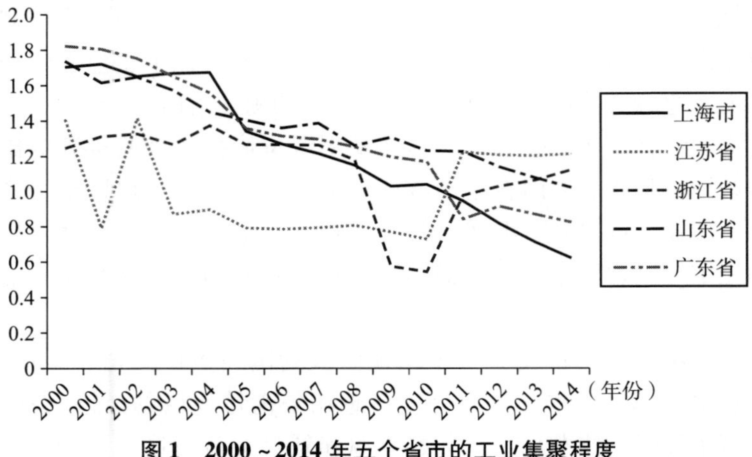

图1　2000～2014年五个省市的工业集聚程度

（二）样本描述性统计

表2是对各变量的描述性统计。由表2可以看出除变量TLP之外的其他变量的标准差均在1.00左右，第25百分位数（Q1）、第50百分位数（Q2）以及第75百分位数（Q3）值都比较平稳，并且Q1与最小值、Q3与最大值相差不大。变量TFP的标准差比较大，Q1与最小值、Q3与最大值相差较大，导致这种结果的原因不是因为出现异常值，从样本数据可以发现，上海市的TFP值在2000～2014年一直处于连年攀升的态势，2014年达到了最高值19.8946，远高于其他省市（江苏省13.6716、浙江省11.2496、山东省8.9952、广东省10.9639），这也符合各省市发展特点，即上海市的科学技术水平要高于其他省市。

表2　　样本描述性统计

变量名	平均值	标准差	最小值	Q1	Q2	Q3	最大值
DCA	0.1026	0.0332	0.0297	0.0748	0.1116	0.1303	0.1512
DIA	1.2038	0.3188	0.5431	0.9450	1.2264	1.3852	1.8225
PGDP	10.4498	0.6198	9.1648	9.9109	10.5358	10.9825	11.4863
PD	0.1131	0.1090	0.0459	0.0536	0.0609	0.0770	0.3851
TLP	7.1931	4.3956	1.5321	3.6230	6.4005	9.5412	19.8946
TCR	8.6354	0.5900	7.3831	8.4882	8.9520	9.1322	9.2802
OPT	10.7917	1.2200	7.7389	9.8760	11.0005	11.8296	12.3247

（三）单位根检验与协整检验

为了避免伪回归，确保估计结果的有效性，有必要对样本面板数据进行平稳性检验。为了保证结果的有效性与稳定性，首先采用 AIC 信息准则判定最优滞后阶数，然后选用 Leivin – Lin – Chu Test（简称 LLC）、Im – Pesaran – Shin Test（简称 IPS）以及 Fisher – ADF Test（简称 ADF）对数据进行单位根检验，结果如表 3 所示，在 5% 的显著性水平下，变量基本都在一阶差分之后均实现平稳。除了考虑数据的平稳性外，还需考察变量之间长期均衡的关系。因为变量满足同阶单整的条件，所以可以对其进行协整检验，检验结果如表 4 所示。根据 Westerlund（2007），统计量 Gt 和 Ga 为组统计量，组统计量检验面板异质性的条件下是否存在协整关系；Pt 和 Pa 为面板统计量，面板统计量检验面板同质性的条件下是否存在协整关系。由表 3 可以看出，Gt 和 Pt 在 5% 的显著性水平下拒绝了不存在协整关系的原假设，所以存在协整关系，即变量之间存在长期均衡关系。

表 3　　单位根检验结果

项目	LLC 单位根检验结果						
	DCA	DIA	PGDP	PD	TLP	TCR	OPT
未差分	0.23	0.26	−5.15***	−2.74***	6.07	−3.11***	−4.45***
一阶差分	−4.78***	−12.3***	−2.27**	−1.99**	−4.91***	−1.83**	−4.1***
	IPS 单位根检验结果						
未差分	1.61	2.13	−1.26**	0.86	7.74	0.45	−1.64**
一阶差分	−4.33***	−9.01***	−1.54**	−1.39**	−2.74***	−1.18**	−2.33***
	ADF 单位根检验结果						
未差分	4.21	10.89	7.32	4.75	0.12	8.73	19.52**
一阶差分	54.05***	140.64***	15.97**	19.27**	35.85***	18.38**	25.61***

注：***、**、*分别表示在 1%、5%、10% 水平上显著。

表 4　　协整检验结果

统计量名	统计量值	P 值
Gt	−7.935	0.000
Ga	−0.603	1.000

续表

统计量名	统计量值	P值
Pt	-7.020	0.029
Pa	-0.341	0.993

（四）实证结果分析

1. 实证结果

本文使用Stata14.0统计软件对设定的固定效应面板门限模型进行实证研究。为了确定门槛值的个数，本文依次按照存在一个门限值、两个门限值和三个门限值的情况设定并检验，得到各种情况下的F统计量、采用自抽样方法（Bootstrap-BS）得出的P值，结果如表5所示。

表5　　门限效果检验

门限个数	F统计量	P值	BS次数	1%	5%	10%
单一门限	3.8500	0.8067	300	18.1917	13.4794	11.1975
双重门限	15.0000	0.0467	300	19.4888	14.2297	11.9378
三重门限	6.9200	0.6033	300	36.9796	23.4181	20.3388

注：P值和临界值均为采用自抽样法反复抽样300次得到的结果。

检验结果显示，双重门限自抽样方法下的P值为0.0467，小于0.05；而单一门限和三重门限自抽样方法下的P值分别为0.8067、0.6033，均大于0.1。由此可见，本文的固定效应门限模型存在两个门限值。

门限值是似然比检验统计量LR为零时的取值，各门限值的95%置信区间是所有LR值小于5%显著性水平下的临界值7.35（对应图中虚线）的构成的区间。图2和图3是似然比函数图，由图可以看出双重门限值的估计及置信区间的构造过程。表6列出了门限估计值的大小以及置信区间。根据门限值，可将五个省市工业集聚程度划分为三个区间：低集聚区间（$DIA \leq 1.2134$）、中等集聚区间（$1.2134 < DIA < 1.2453$）和高集聚区间（$DIA \geq 1.2453$）。

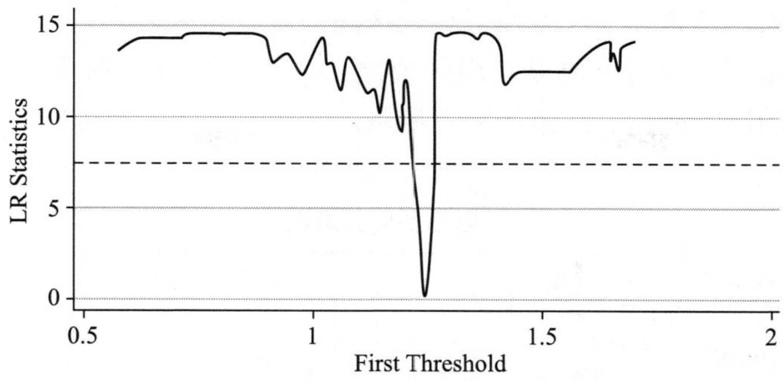

图 2　第一个门限的估计值和置信区间

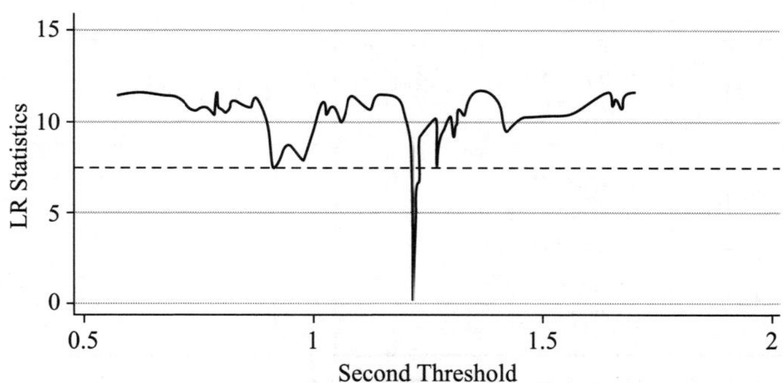

图 3　第二个门限的估计值和置信区间

表 6　　门限估计值及置信区间

集聚区间	估计值	95%置信区间
DIA≤1. 2134	0. 0045 *	[-0. 0021, 0. 0111]
1. 2134 < *DIA* < 1. 2453	-0. 003	[-0. 0096, 0. 0036]
DIA≥1. 2453	0. 004 *	[-0. 0015, 0. 0095]

由各省市工业集聚程度与门限值的大小关系，第一个跨出高集聚区间的是江苏省（2001 年），但在之后的两年中存在跳动，即 2002 年回到高集聚区间，而 2003 年又重新跨出高集聚区间；其次是上海市（2007 年）、浙江省（2008 年）、广东省（2009 年），这四个省市都是直接由高集聚区间直接跌落到低集聚区间，只有山东省是在 2010 年由高集聚区间进入中等集聚区间，并有两年的“过渡期”，之后再进入低集聚区间。直到近几年，上海市、山东省以及广东省在低集聚区间内还一直处于下降

的趋势，而江苏省和浙江省在低集聚区间内开始缓慢回升。

在确定了门限的个数以及门限值之后，需要估计各解释变量对动态比较优势的影响程度。结果如表 7 所示。

表 7　　门限模型估计结果

控制变量	变量名	估计系数	门槛变量和常数项	集聚区间	估计系数
	PGDP	0.0482*** (0.0054)		DIA < 1.2134	0.0045* (0.0033)
	PD	1.0575** (0.0812)		1.2134 < DIA < 1.2453	−0.003 (0.0033)
	TLP	−0.0044*** (0.0007)		DIA > 1.2453	0.004* (0.0027)
	TCR	−0.4244*** (0.0249)		常数项	估计系数
	OPT	0.0001 (0.0026)			3.1932*** (0.2039)

注：（1）括号里面的数值为估计值的标准差；（2）***、**、*分别表示 5%、10%、15% 的显著性水平。

由表 7 可以看出除贸易开放程度以外的其他变量都显著，其中，地区经济发展水平、技术水平和资本资源在 5% 的显著性水平上通过检验；地区劳动力密集程度在 10% 的显著性水平上通过检验；地区工业集聚程度在低集聚区间和高集聚区间在 15% 的显著性水平上通过检验，在中等集聚区间未通过检验。还可以看出，地区经济发展水平、劳动力密集程度和工业集聚程度与动态比较优势呈现出正相关关系，而地区技术水平与资本资源与动态比较优势则呈现出负相关关系。

2. 结果分析

（1）控制变量结果分析。由以上结果可知地区经济发展水平和劳动力密集程度都与动态比较优势是正相关关系，劳动力密集程度对动态比较优势的正向影响比经济发展水平对其的影响要大；地区技术水平和资本资源与动态比较优势是负相关关系，资本资源对动态比较优势的负向影响比技术水平对其的影响要大。

五个样本省市的经济发展水平在全国居于“领先”的地位，经济处于高速增长的快车道，会产生“吸纳效应”，不断地吸纳各种生产要素，将其他地区的劳动力、资本、技术等要素吸纳到本地区，这与我国当前的要素流动趋势一致。在劳动力方面，相对上海市，其他四省正处于经济发展增速中，发展潜力巨大，人力资本相对缺乏，而且人力资本积累得越丰富，生产成本越低，比较优势的逆转移的可能性越大。与人力资本积累相比，技术水平积累的成本要大得多，并且这五个省市的技术水平已经远远领先于其他省市，要想在技术方面取得很大的突破需要很高的成本。这种高昂的成本会极大地增加生产成本，进而削弱比较优势。同时，五个省市的资本积累在全国范围内也属于很高的水平，资本的边际效率会随着投资量的增加而递减。因为随着投资的增加，资本存量增加，一方面资本资产的成本会增加，比如购买同样一台机器所需花费的资本会更多；另一方面资产所产物品的供给增加，会导致预期收益下降。根据以上两方面可以看出资本存量的大量积累会导致生产成本增加，但是预期效益会减少，从而会使比较优势逐渐削弱甚至消失。

（2）门限变量结果分析。由以上结果可知，工业集聚程度与动态比较优势存在非线性关系，在低集聚区间和高集聚区间门限估计系数均为正，都通过了显著性检验，但是不相等；而在中等集聚区间的门限估计系数为负，但是没有通过显著性检验。可以看出处于低集聚区间的工业集聚对动态比较优势的促进作用最大，其次是高集聚区间。

在低集聚区间，由经济发展的“吸纳效应”所带来的各种生产要素，包括资本、技术、人力等经济资源集聚起来，突破区域经济发展过程中的要素短缺、技术落后等瓶颈，这时随着生产要素的集聚和积累，生产规模会随之扩大，进而产生规模经济，要素的边际效率会提高，产品的长期平均总成本会下降，从而迅速形成比较优势。在高集聚区间，各种生产要素在形成低集聚区时已经有了较高水平的积累，但是并不是积累水平越高越好。集聚程度达到门限值以后，会由于生产成品的上升，导致边际效益逐渐下降，引发规模不经济现象，比较优势会逐渐削弱，即集聚区内社会资源的非生产性消耗增加，产业集聚非经济现象渐次出现，提高了交易成本，降低经济效益。所以随着工业集聚程度由低集聚区间向高集聚区间的跨越，工业集聚对比较优势动态化的促进作用也会相对减弱。

数据也表明，五个省市的集聚程度是从 2000 年的高集聚区间逐步回落到2014年的低集聚区间，但是这些省市的动态比较优势依然很强，因为无论是处于低集聚区间还是高集聚区间，工业集聚对地区动态比较优势的形成都具有正向的促进作用，但是在低集聚区间时的促进作用更强，所以这几个省市工业集聚程度连年降低，逐步回落到低集聚区间，使生产要素回到之前高效利用的状态。

同时由结果还可以看出，虽然高集聚区间的促进作用不如低集聚区间，但是在两个区间内，随着集聚程度的提高，动态比较优势才会增强。因此像上海市和广东省虽然集聚程度近几年都处于低集聚区间，但是降幅很大，尤其是上海市，工业集聚程度已经降至0.62。而工业集聚程度经历了“大起大落”的江苏省和浙江省则是在2000年处于高集聚区间，之后也是降幅明显，跌至低集聚区间，并一直降低，最后江苏省和浙江省在2010年都降到谷底，分别为0.73、0.54，然而在2011年都开始回升，并保持在一个接近第一个门限值的水平。

五、结论及政策建议

（一）结论

对控制变量而言：地区经济发展水平和劳动密集程度都与动态比较优势是正相关关系，劳动力密集程度对动态比较优势的正向影响比经济发展水平的影响要大；地区技术水平和资本资源与动态比较优势是负相关关系，资本资源对动态比较优势的负向影响比技术水平的影响要大。

对门限变量而言：首先，工业集聚程度与动态比较优势存在非线性关系，即存在门限效应，在低集聚区间和高集聚区间门限估计系数不相等，处于低集聚区间的工业集聚对动态比较优势的影响比处于高集聚区间的影响更大；其次，虽然处于高集聚区间的集聚程度对动态比较优势影响不如低集聚区间，但是在两个区间内，随着集聚程度的提高，动态比较优势才会增强，即从整体上看，工业集聚程度与动态比较优势是正相关关系。

（二）政策建议

政府要采取各种政策促进产业集群发展：实证表明工业集聚程度过高会削弱地区动态比较优势，所以工业集聚程度过高的地区可以通过发展纵向一体化的产业集群，形成链条式的发展，从而降低地区工业集聚程度，并且能够带动相关产业甚至不同产业的发展。首先，政府应当做好发展规划，实现有序的、具有层次性和共生性的组织布局和结构，避免出现“断层现象”；其次，集群内部应该培育集群区域文化，制定内部通用的正式或者非正式的行为规范准则和惯例，从而大大地减少合作的风险和成本，以此来保持动态比较优势。

政府应积极引导规划，促进产业转移：研究表明动态比较优势是可以人为创造出来的，因此工业集聚程度高的地区应该培育拥有潜在比较优势或者比较优势增长稳定快速的新主体。同时地区政府应该严格把控，尽可能选择周边地区，并且根据周边地区的资源禀赋与经济社会状况，如江西省 14 个国家级工业园区的条件，将适合周边地区发展生产的产业转移出去，实现产业梯度转移，进一步夯实产业集聚优化产业结构、转变经济发展方式的功能。

政府需完善劳动力市场调节机制：实证结果表明劳动力因素目前在地区动态比较优势的形成中扮演重要的角色，因此地区应当建立并且完善劳动力要素供给与需求之间的市场调节机制，建立通畅的劳动力交流渠道，确立合理的人才要素市场价格，加快人力资源升级为人力资本，完善人才服务机构的市场化、产业化和信息化。

地区政府和集群应充分利用资本资源：研究显示五个地区的资本存量对动态比较优势的形成已经开始产生负面影响，所以地区政府应该考虑将“过剩”的资本要素转移至拥有潜在比较优势的发展中，集群内部充分利用资本要素，提高要素的利用效率，而不是一味地追求高投资，这样反而会降低资本的边际效率，削弱动态比较优势。

政府应审慎技术层面的投入：分析表明目前五个地区技术水平积累的成本较大，在一定程度上会阻碍动态比较优势，所以地区应该对技术水平方面的投入保持审慎的态度，稳步提升技术水平；应当充分利用现有的技术水平，发展拥有潜在比较优势的产业，形成动态比较优势。

参考文献：

[1] Henderson J V. Efficiency of Resource Usage and City Size [J]. *Journal of Urban Economics*, 1986, 19 (1): 47 -70.

[2] Broersma L, Oosterhaven J. Regional Labor Productivity in the Netherlands: Evidence of Agglomeration and Congestion Effects [J]. *Journal of Regional Science*, 2009, 49 (3): 483 -511.

[3] Rizov M, Oskam A, Walsh P. Is There a Limit to Agglomeration? Evidence from

Productivity of Dutch Firms [J]. *Regional Science and Urban Economics*, 2012, 42 (4): 595 - 606.

[4] Amiti M. Location of Vertically Linked Industries: Agglomeration versus Comparative Advantage [J]. *European Economic Review*, 2005, 49 (4): 809 - 832.

[5] Michael P, Takatoshi T Services. Comparative Advantage and Agglomeration of Economic: a Ricard - Marshall model, 2014, Conference Paper.

[6] 林毅夫:《比较优势与中国经济发展》,载《经济前沿》2005 年第 11 期,第 4 ~ 7 页。

[7] 盛朝迅:《比较优势动态化与我国产业结构调整——兼论中国产业升级的方向与途径》,载《当代经济研究》2012 年第 9 期,第 63 ~ 67 页。

[8] 毛琦梁、王菲、李俊:《新经济地理、比较优势与中国制造业空间格局演变——基于空间面板数据的分析》,载《产业经济研究》2014 年第 2 期,第 21 ~ 31 页。

[9] 张元智:《产业集聚与区域竞争优势探讨》,载《国际贸易问题》2001 年第 9 期,第 33 ~ 36 页。

[10] 谭裕华、冯邦彦:《比较优势与集聚:一个文献综述》,载《财贸研究》2008 年第 2 期,第 63 ~ 68 页。

[11] 乔彬、庞临然、张纯:《动态比较优势与中国工业空间集聚的门槛效应研究——一个新经济地理学的拓展模型》,载《当代经济研究》2015 年第 8 期,第 57 ~ 67 页。

[12] 赵增耀:《市场潜能、地理溢出与工业集聚——基于非线性空间面板门槛效应的经验分析》,载《中国工业经济》2012 年第 11 期,第 77 ~ 83 页。

[13] 范剑勇:《产业集聚与地区间劳动生产率差异》,载《经济研究》2006 年第 11 期,第 72 ~ 81 页。

[14] 章元、刘修岩:《聚集经济与经济增长:来自中国的经验证据》,载《世界经济》2008 年第 3 期,第 60 ~ 70 页。

[15] 殷德生、唐海燕:《中国制造业地区分布的比较优势与产业选择》,载《华东经济管理》2008 年第 11 期,第 57 ~ 61 页。

[16] 甘小文、毛小明:《基于 AHP 和灰色关联的产业承接地工业园区产城融合度测度研究——以江西 14 个国家级工业园区为例》,载《南昌大学学报(人文社会科学版)》2016 年第 5 期,第 88 ~ 89 页。

新常态经济宏观背景下产业结构转型升级的方向：以江西为例

王志国　谢谋盛①

摘　要： 产业结构演变是一个国家和地区工业化过程的显著特征。产业结构转型升级是当前我国新常态经济、发展方式转变的核心任务之一。江西产业结构成长的问题表现为“二高三低”“三偏三少”“新少旧多”现象。新常态宏观背景下，推进江西产业结构转型升级有四大方向：即向高级化转型，推动工业化阶段性升级；向中高端化转型，推动产业链向“三高”产业延伸升级；向创新化转型，推动产业结构向“三新”产业跨越升级；向服务化转型，推动服务业与一产、二产融合发展升级。

关键词： 新常态经济；产业结构；转型升级方向

“十三五”及今后相当一个时期，我国经济将较长时间处于“新常态”宏观背景下，经济增长的市场条件、技术条件、资源配置方式发生了巨大变化，尤其是新一轮科技革命带来生产方式和生活方式的变革，对新形势下我国产业结构调整提出了重大课题任务。

一、产业结构转型升级是适应和引领“新常态”经济的核心任务

（一）产业结构调整是一个持续、久远的课题

产业结构是国民经济体系内，由不同层次产业构造的生产要素投入产出数量比例关系和技术经济联系。是一个国家和地区的产业基础、市场条件、科技进步、消费模式和产业政策综合作用的结果。产业结构演变是一个国家和地区工业化过程的显著特征和产业进步乃至社会进步的

---

① 作者简介：王志国，南昌大学中国中部经济社会发展研究中心智库专家；谢谋盛，武汉大学政治与公共管理学院在读博士，江西中医药大学科技学院党委书记。

重要标志。英国经济学家克拉克、美国经济学家库兹涅茨研究了各国经济增长及其产业结构的关系；钱纳里、鲁宾逊、塞尔奎因等人研究了工业化运动以来，工业化不同阶段与三次产业结构的变动特征。产业结构演变的一般趋势是：未工业化或工业化初期，农业或第一产业的增加值和就业人数占据国民经济的主导地位和绝对大比重。随着工业化进展，农业比重逐渐乃至大幅度下降。目前，美、日、英、德、法等发达国家第一产业在生产总值中的比重仅占1%～2%。工业化中期，工业或第二产业快速增长，第二产业逐步取代第一产业占据国民经济主导地位和绝对大比重。一些发达国家第二产业高峰曾达到50%左右，后开始逐步下降，如美国1884年工业比重为52%。目前，这些国家第二产业比重保持在20%～30%。工业化后期，服务业或第三产业增加值和就业比重大幅度提升；到20世纪50～60年代，发达国家服务业占据主导地位，比重达到60%以上，目前保持在70%～80%（见表1）。

表1　若干发达国家国内生产总值的产业结构关系（第一产业：第二产业：第三产业）

单位为：%

年份	美国	日本	德国	英国	法国
2015	1.3:20.7:78.0	1.1:26.9:72.0	0.6:30.4:69.0	0.7:20.2:79.2	1.7:19.5:78.8
2000	1.2:23.2:75.7	1.6:31.1:67.4	1.1:30.9:68.0	0.9:27.1:72.0	2.3:22.3:74.3
1987	2.0:28.9:69.1	2.8:40.5:56.7	1.5:37.3:61.2	1.6:33.1:65.3	3.5:30.1:66.4

资料来源：中国统计年鉴1990年、2016年。

产业结构调整就是政府综合运用各种政策手段，调整或引导生产要素在不同产业部门或产业层次上的投入和供求关系，从而引导产业结构达到某种预期状态的过程。产业结构调整有两大方向：一是合理化。就是各产业之间相互协调，适应市场需求，合理利用能源资源，充分提供社会需要的产品和服务，劳动者充分就业，及时推广应用先进的产业技术并获得最佳经济效益。二是高级化。就是产业结构系统从较低级的形态逐步向较高级形态转变的过程。其转变遵循工业化发展的一般规律。如农业结构逐步从供给充足的农副产品向供给生态农产品和生态环境产品转变。工业结构转变则遵循从轻纺工业为主、到重化工业为主、到高新技术产业或高加工度产业为主的发展过程。我国在工业化运动历次5年计划和经济发展重要阶段，都把产业结构调整升级作为重大战略和重大产业政策来实施，取得了产业结构调整升级的重大成就。江西从“六五”计划开始，先后以轻重工业结构调整、农工产业结构调整、产品与市场需求结构调整为核心，开展大规模产业结构调整活动，解决了当时产业结构中的突出矛盾。由于人类科学技术不断进步，人们的消费需求不断升级，新市场、新业态不断出现，要求产业结构不断适应新市场、新消费需求；因此，产业结构调整伴随人类经济社会发展呈现一个持续、永恒的过程。

（二）新常态经济的核心任务之一是产业结构转型升级

新常态是中国共产党人对现阶段中国经济社会发展的现实问题和未来挑战的深刻认识和把握，对中国发展难题的破解、发展方式转变和宏观调控方式的创新。新常态经济有四大重要特征：一是增长速度由高速增长向次高速增长转变，即经济增长由改革开放前 30 多年平均 10% 左右，调整到 2012 ~2016 年的 7.3% 左右。二是产业结构由中低层次结构向中高级结构全面转型升级。三是增长动力由要素驱动、投资驱动向创新驱动、需求驱动转变。四是资源配置由市场起基础作用向市场起决定作用转变。这四大转变是我国经济社会发展阶段和发展环境的深刻变化决定的。深刻原因：

其一，国内外市场的巨大变化。“十一五”期末以来，国外市场由于金融危机出现了持续萎缩；国内市场由于基础设施不断完善、制造业产能过剩、消费向个性化、多元化发展，而新的消费热点还没有出现很大突破；因此，支撑经济高速增长的市场条件和要素投入条件发生了重大变化，依赖外需市场和投资拉动的增长模式不能持续下去。

其二，技术进步的深刻影响。进入 21 世纪，全球以新一轮信息技术、生物技术、新能源、新材料、深海和航天技术为代表的新技术革命和产业创新加快发展，新产业、新产品、新业态大量涌现，经济增长、产业发展主要依靠科技进步和技术创新，而依靠生产要素投入大规模增长的模式不能持续。

其三，环境承载力的极限。中国已拥有世界上最强大的制造能力，但制造业产能利用率长期在 80% 以下，以钢铁、玻璃、造船、电解铝等为代表的传统制造业面临严重的产能过剩；我国人口老龄化提前到来，人力资源成本上升；我国面临水土流失、资源枯竭、大气水体污染严峻局面，生态环境承载力与现有增长模式发生严重冲突。因此，中国以要素投入增加的粗放式、速度型的发展方式不能持续下去；必须坚定推进供给侧结构改革，走依靠要素质量提升、创新驱动的效益型、集约式发展道路。

中国经济增长和发展方式的根本转变，要求其产业结构必须相应发生根本的转变。即适应以内需市场为主、内外需市场协调发展的产业结构形式；代表科技进步方向的战略性新兴产业占据主导地位，传统产业跨越升级；新产业、新业态、新商业模式不断发展壮大，技术创新与产业组织创新成为产业发展的主要动力；节能环保、低碳生活方式成为人们的基本生活方式，经济增长与生态环境承载能力高度一致。这就是产业转型升级的根本任务，也是适应和引领新常态经济的核心任务。

（三）新常态经济下如何推进产业转型升级

新常态经济产业结构转型升级是一场深刻的产业革命，也是供给侧结构改革的重大使命。必须围绕产业结构合理化和高级化两大方向重构主导产业和产业链，必须坚决淘汰落后过剩产能和推动传统产业技术跨越，必须变革创新产业成长的动力机制，必须改革调整市场配置资源的方式和产业政策的作用方式。

一是推动战略性新兴产业和高技术产业领先发展，构造以战略性新兴产业和高技术产业为主导、为核心的未来产业结构体系。从国家层面，就是大力培育发展以新一代信息技术产业、生物技术产业、节能环保、新能源、新材料、先进装备制造业为代表的战略性新兴产业；各地区可以根据当地的发展实际和产业基础合理确定本地区的战略性新兴产业。

二是推动现代服务业领先发展，构建以现代技术装备的新兴服务业为主导、为主体的三次产业结构体系，推动国民经济服务化。

三是推进传统产业改造和技术跨越升级，淘汰落后工艺设备、落后过剩产能。主要是淘汰钢铁、水泥、玻璃、造船、电解铝等传统产业的落后装备和过剩产能，推动冶金、化工、建材、轻纺、服装等领域的产业改造与技术升级。

四是推动各层次产业与信息产业、与服务产业的深度结合。按照信息化、服务化方向推动第一、第二、第三产业的全产业链的重组重构、融合发展。

五是推进技术创新，提升自主创新能力，构建以人力资本质量为核心、以技术创新为根本动力的产业成长机制。

六是创新产业政策工具和产业政策的作用方式。加大对基础研究的投入和人力资本的投入，创新产业政策的扶持、引导方式，完善法律体系，创造良好的创新环境和发展环境，确立市场对产业成长资源配置的决定性作用。

二、江西产业结构成长的主要问题

（一）江西产业结构最高层次的问题是“二高三低”，说明工业化水平滞后于全国平均水平

产业结构最高层次表现为第一、第二、第三次产业比例关系。江西三次产业结构2000年为24.2∶35∶40.8，2015年为10.6∶50.8∶38.6。与全国相比，2000年第一产业高7.8个百分点，第二产业低15.2点。经过21世纪10多年的加速发展，江西第二产业比重大幅度提高了15个多点。2015年，江西第二产业比重比全国高10.3点，第三产业低11.9点。如果按江西第二产业比重2011年达到最高峰、全国2006年达到最高峰、此后开始缓慢下降的趋势比较，江西产业结构滞后于全国5年。表2反映了21世纪以来江西与全国及东部、中部若干省三次产业结构的变化轨迹，江西产业结构水平与广东、浙江有较大差距，与湖北接近。

表2　2000～2016年江西、全国及周边省GDP三次产业结构关系变化

单位：%

年份	全国	江西	广东	浙江	湖北
	第一产业∶第二产业∶第三产业	第一产业∶第二产业∶第三产业	第一产业∶第二产业∶第三产业	第一产业∶第二产业∶第三产业	第一产业∶第二产业∶第三产业
2016	8.9∶40.9∶50.2	10.4∶49.2∶40.4	4.7∶43.2∶52.1	4.2∶44.2∶51.6	10.8∶44.5∶44.7
2015	8.9∶40.9∶50.2	10.6∶50.3∶39.1	4.6∶44.8∶50.6	4.3∶46.0∶49.8	11.2∶45.7∶43.1
2014	9.1∶43.1∶47.8	10.7∶52.5∶36.8	4.7∶46.3∶49.0	4.4∶47.7∶47.8	11.6∶46.9∶41.5
2010	9.5∶46.4∶44.1	12.8∶54.2∶33.0	5.0∶50.0∶45.0	4.9∶51.6∶43.5	13.4∶48.6∶37.9
2005	11.6∶47.0∶41.3	17.9∶47.3∶34.8	6.4∶50.7∶42.9	6.6∶53.4∶40.0	16.6∶43.1∶40.3
2000	14.7∶45.5∶39.8	24.2∶35.0∶40.8	10.4∶50.4∶39.4	11.0∶52.7∶36.3	15.5∶49.7∶34.9

资料来源：全国、江西及相关省历年统计年鉴。

（二）江西第二产业结构的核心问题是“三偏三少”，表明工业产业链处于低端、低值状态

江西工业结构中，煤炭、有色金属、黑色金属、非金属矿产采选比重较大；有色金属冶炼及压延，黑色金属冶炼及压延，石油加工、化学原料、非金属制品等原材料或粗加工产业比重很大。这些处于产业链前端、中低端的产业是江西工业支柱的主体部分。2015 年，江西规模以上工业中，矿产品采选及主要原材料加工业主营业务收入 15 834. 68 亿元，占全部规上工业主营业务收入 48. 78%。江西高加工度制造业也有一定的发育，如计算机、电子设备、电气器材、生物医药、通用专用设备制造、汽车、船舶、航空航天设备制造等，但规模相对较小。2015 年主营业务收入 7 903. 75 亿元，只占 24. 35%。而且，其中不少产品尤其是电子产品是中间产品、元器件，整机产品较少。生物医药产业除中成药外，化学药也主要是原料药或分装药。这一现象我们概括为低端、低值、“三偏三少”现象，即偏重工业、偏原材料、偏中间产品产业；而高加工度产业少、整机产业少、高附加值产品少。表 3 表明，21 世纪以来江西矿产原材料工业比重有一定减小，而高加工度产业比重 2015 年比 2005 年提高了 4. 6 个百分点。

表 3　　2000 ~ 2015 年江西农村产业结构关系变化　　单位：%

年份	农林牧渔业	农业	林业	畜牧业	渔业	服务业
2015	100	46. 4	10. 3	25. 2	14. 7	3. 5
2010	100	42. 2	9. 8	30. 7	13. 5	3. 8
2000	100	46. 5	7. 8	29. 9	13. 5	2. 3

资料来源：《江西统计年鉴》（2016）。

（三）江西第三产业结构的关键问题是“新慢旧缓”，表明新产业、新业态发展环境不优，动力不足

2013 年我国第三产业比重稳定超过第二产业，这是国民经济服务化一个重大标志。江西第三产业比重“十一五”时期较为稳定，“十二五”以来提升较快。但 2016 年与全国比，第三产业比重仍低 9. 8 点（见表 2）。主要表现在现代物流发展较慢，金融规模小，互联网 + 等新业态发

展较慢；而传统商贸物流改造提升较缓，金融机构、金融产品改造升级较缓，科技创新缓慢。即呈现新产业、新市场、新商业模式发展较慢，传统传统商业模式改造升级较缓等“新慢旧缓”现象。

（四）江西农业结构主要问题是“农重服轻”，反映农村产业结构服务化任重道远

在一个较为发达的农业农村经济中，农业生产环节分工细密，专业服务组织发达，而农业与休闲、观光、餐饮、体验式劳动融为一体，其增值功能主要在服务环节，像中国台湾地区，农业农村服务业已占据主要比重。2000～2015年，江西农业结构中种植业比重一直保持在46.5%左右，牧业比重从30%下降到25.2%，渔业保持在14%左右，林业比重从7.8%上升到10.3%，服务业从2.3%上升至3.5%。服务业12年仅提高1.2个百分点（见表4）。也就是说江西农业结构变化缓慢，一直维持粮猪两业主导并占70%的稳定结构。农业“农重服轻”，农业服务化历程任重道远。

表4　　江西高新技术产业占规模以上工业的比重

年份	企业数（家）		工业增加值（亿元）		主营业务收入（亿元）		利润总额（亿元）		出口交货值（亿元）	
	个数	比重%	金额	比重%	金额	比重%	金额	比重%	金额	比重%
2015	1 931	20.93	1 869.7	25.72	7 646.1	23.56	580.6	36.94	786.1	38.14
2009	1 260	17.19	564.4	21.62	1 740	17.73	114.2	22.99	284.6	56.54

资料来源：《江西统计年鉴》（2016、2010）。出口交货值比重为占全省出口总额的比重。

（五）江西增长方式反映在产业结构上的中心问题是“新少旧多”，反映本省创新能力薄弱、高新技术产业发展任务重、传统产业改造升级难

江西从2009年起在全国率先推进战略性新兴产业发展计划，重点扶持十大战略性新兴产业并取得重要成效。到2015年底，全省高新技术企业数1 931家，工业增加值1 869.7亿元，出口交货值786.1亿元，占全省规模以上工业增加值比重25.7%。但与全国、与先进省市比，有不小差距。如广东先进制造业增加值比重高达48%。产业创新能力弱，如生

物医药，即使骨干企业90%以上没有研发机构和研发能力。总体来说，江西高新技术产业、战略性新兴产业、先进制造业数量较少，比重较小，创新能力弱；而传统产业特别是传统优势产业像钢铁、建材、石化、有色金属产业等企业数量较多，主营业务收入比重较大，改造升级任务重。

三、江西产业结构转型升级的主要方向

根据新常态经济和供给侧结构改革的要求，结合江西优势产业基础与产业结构成长中主要问题，“十三五”和今后较长一个时期，江西产业结构转型升级有四大主方向：高级化、中高端化、服务化、创新化。

（一）促进产业结构向高级化转型，推动江西工业化阶段性升级

推动江西三次产业结构最终走向三二一顺序是产业结构转型升级、也是工业化阶段性升级的重大方向和标志。

当前我国农业基本实现了机械化、电气化、化学化耕作，青壮年基本上实现非农化转移。农业只需少数劳动力就可以提供13亿人口所需的粮食、副食品。而工业领域，我国已成为世界第一制造大国，尤其是装备水平、自动化程度提高后，工业劳动生产率飞速提升，工业只需要较少劳动力就可以提供充裕的工业品。居民收入水平提高，社会物质大大丰富，科技、教育、金融、信息、文化、卫生、休闲旅游、健康等各种服务需求大幅度提升，市场空间扩大，服务业出现空前繁荣局面，并迅速成长为国民经济的主体产业。三次产业这种转变过程就是产业结构在最高层次上的高级化转型过程。从全国范围上看，2015年，全国人均GDP 7 727美元，处于联合国标准中上收入（3 976～12 275美元）国家之列。2013年，全国第三产业首次稳定超过第二产业，总体上迈进工业化高级阶段门槛，进入服务业领先发展时期。

江西产业结构与发展阶段与全国比有一定的滞后性。这是制定江西产业转型升级、结构调整和产业促进政策必须重点考虑的基本省情依据，其产业结构转型升级总体政策应与全国有所不同。主要考虑两点：

（1）必须坚持以工业化为核心，继续把发展工业放在重要位置。因为江西工业化滞后，工业基础相对薄弱，发展还不够充分；因此要大力发展高新技术产业、战略性新兴产业、先进制造业，大力推进传统产业改造，在产业结构调整转型中扩大产业规模，提升产业质量，增强经济

效益，实现工业或第二产业升级。

（2）充分抓住第三产业大发展的机遇，大力发展服务业尤其是新兴服务业。必须抓住服务业加速发展的历史性机遇，促进新兴服务业领先发展，尽快提升在国民经济中的比重，缩小与全国的差距，促使江西工业化发展阶段向高级阶段转化进步。

（二）促进制造业中高端化转型，推动江西工业产业链不断向“三高”产业延伸升级

产业结构向中高端化转型就是转变江西加工制造业“三偏三少”、低端、低值现状，推动产业链向高技术、高加工度、高增加值“三高”产业或中高端制造升级。这是江西制造业向中高端制造、先进制造业转型升级的主导方向。

（1）大力发展原材料多次加工工业、精深加工业，淘汰落后过剩产能，推动江西传统支柱产业向中下游加工制造，向中高技术、中高加工度产业转型延伸升级。“十二五”以来，江西多次压缩淘汰过剩产能积累钢铁 833 万吨、水泥 1 474 万吨、平板玻璃 284 万重量箱、电解铝 1 万吨。江西有色金属、钢铁、建材、石油化工等传统特色优势支柱产业在深入实施“三去一降一补”中，得到了洗礼和焠炼。要在巩固发展去产能的基础上，大力发展精深加工业、高附加值加工业。大力发展铜精深加工产品、高纯铜、超强超导铜材、线材等高新技术产品；大力发展高强度钢材、高耐温、高耐腐蚀等特种钢材；大力发展精细化工、有机化工、盐化工、氟化工、林产化工、生物化工等精深加工业。极大地延伸这些产业的产业链，提高增值率。

（2）加快发展高端装备制造业，推动江西制造业向智能、整机装备、终端产品产业转型延伸升级。以信息化、工业化深度融合为重点，积极推动智能装备制造发展。大力发展江西有一定基础的智能化、机电仪一体化设备、工业机器人；有一定优势的矿山机械、工程机械、电气机械、成套设备，现代汽车、船舶、航空器制造；大力发展节能低碳技术与装备，推动大气污染治理技术与固体垃圾处理先进技术装备产业化。

（3）大力推进传统产业改造，促进江西传统优势产业纺织服装、轻工陶瓷、绿色食品向中高技术、中高加工度、绿色有机产业转型升级。发挥江西资源优势，引进先进技术，提升棉纺、化纤、粘纤产业能力和印染、后整理技术水平，提升高档面料、服装制造能力；扩大汽车用布、

医疗用布、航空用布生产规模和技术水平，实现纺织服装技术跨越。发挥江西陶瓷产业的独特优势，大力发展高档建筑陶瓷、功能陶瓷、结构陶瓷新材料、新器件，推进陶瓷产业的技术跨越。发挥江西农业优势，大力发展有机农业、绿色食品、推进农副产品精深加工，提升农产品商品率、加工率、增值率。

（三）促进产业创新化转型，推动江西产业结构向“三新”产业跨越式发展升级

把大力培育发展战略性新兴产业、高新技术产业作为江西产业结构转型升级的主攻方向。充分抓住历史机遇，依托本省部分基础优势，推动以战略性新兴产业和高新技术产业为代表的新产业、新技术、新业态“三新”产业、也是高技术、高加工度、高增加值的“三高”产业，快速发展成长，不断提高在国民经济中的比重和贡献率，实现产业结构整体向中、高端、创新化转型跨越升级。

（1）大力发展生物医药产业。本省以中医药为主体的生物医药产业有突出的比较优势，抓住生物技术和现代智能制造技术大发展机遇，做大做强现代中药制造业。加快发展生物制药、化学原材药及中间体制造，提升医疗器械制造技术水平和产业规模。提升生物医药产业创新能力，做强做大南昌生物医药科创城，建设南昌以中医药为主导的大健康产业中心，建设中医药强省。

（2）大力发展新一代信息技术产业。发展新一代移动通信、宽带、光纤传输、互联网核心设备、智能终端；发展新型平板显示、计算机、电子元器件；发展物联网，实现三网融合；发展大数据，云计算机产业。

（3）加快发展新材料产业。利用江西稀土有色金属资源优势，推动稀土永磁、发光、储氢等新型功能材料产业化；重点开发纳米钨超细粉体材料、新型硬质合金材料、高性能钽粉、钽丝材料及产品等。

（4）加快发展新能源产业。加快发展光伏新能源，推广太阳能发电、发展风电；加快发展 LED 绿色光电产业，推动硅衬底芯片及器件产业化；大力发展锂电池及锂电材料、超级电容、驱动电机，发展新能源汽车。

（5）推进信息化与工业化融合。把信息技术、计算机技术融入到产品设计制造、质量控制、节能降耗、经营管理上来，推动第一、第二、第三产业融合发展，催生新市场、新产业、新业态大量涌现。

（6）推进科技创新基础能力建设。在国内外引进一大批高水平创新

型人才和学科带头人，培养一批高水平创新团队。推进高水平大学和特色大学建设，提高创新型人才的培养水平和培养规模。依托江西优势特色大学和优势特色产业基础，建设一批国家重点实验室，国家工程技术中心和科技创新联盟，推进高水平创新平台建设。依托江西优势特色支柱产业建设一批工业设计中心，提升江西原始创新、二次创新和集成创新能力。扩大科技创新投入，选择江西优势特色产业、重点改造升级的传统产业发展中，需要解决的关键性技术问题、共性技术问题，加大投入、联合攻关，促进产业技术升级。加大知识产权激励力度，鼓励科技成果转化为生产力。

（四）促进产业结构向服务化转型，推动江西服务业新产业、新业态领先发展升级

抓住服务业大发展、大繁荣的历史机遇，促进江西服务业新市场、新产业、新业态领先发展，促进服务业与第一、第二产业融合发展，促使服务业尽快完成经济发展主体产业角色转换。

（1）大力发展现代商贸物流业。大力发展储运、配送、货代、批发物流业，在全省各中心城市建立物流中心、物流园、在县域中心建立物流节点，建立多种运输体系、多种港站口岸服务一体化体系和便捷转换体系。大力发展物流配送、连锁超市，发展商业综合体，发展会展服务业、商务服务业。

（2）推动金融服务业创新发展。发展消费金融，创新科技金融，拓展农村金融，加速互联网金融，着力小微金融。推进银行、证券、保险、创投、担保、融资租赁等金融机构和金融产品交叉融合创新。

（3）加快电子商务发展。大力发展专业化的电子商务外包服务，构建电子商务交易服务平台、技术服务平台、中介服务平台，构建和完善电子商务服务业链条。优化发展环境，推动互联网 + N 产业爆发式增长。

（4）加快信息服务业发展。加快信息基础设施建设，发展信息传输、计算机服务、软件开发、信息终端服务业。推动智慧城市、智慧交通、智慧旅游、高效政府建设。发展在线教育、远程医疗、数字出版、文化娱乐、就业和社会保障等广泛领域的信息应用服务业。大力发展法律事务、会计事务、环境评价、工程监理、招投标、民间智库等信息咨询服务业。发展物联网、车联网。

（5）大力发展文化服务业。发展文化创意、新闻出版、广播影视、

文化传媒、艺术创作、演艺、动漫等文化服务业；发展文化与艺术作品的衍生品服务业、非物质遗传产品开发利用服务业。打破文化体制对产业发展的束缚，释放文化和休闲娱乐的巨大需求，激发文化服务业的发展活力。

（6）加快发展旅游服务业。整合江西生态资源优势和文化遗存优势，大力发展生态旅游、文化旅游；开发精品线路，开拓旅游新业态，拓展休闲式、度假式、养生式、体验式旅游新模式、新业态。

（7）大力发展健康养老服务业。适应人口老龄化社会和健康消费升级的需求，大力发展健康消费服务业，发展健身、保健、体育服务业。发挥江西中医药优势，结合卫生医疗体制改革，释放巨大的健康消费需求。大力发展养老和医养结合服务业，发展社区服务和家政服务业。

（8）促进农业农村服务业快速发展。大力提升农业耕作、养殖服务化水平，发展农业观光、乡村观光、休闲农业、乡村民俗旅游服务业，促进农村三次产业融合发展，促进农业规模化生产和服务化发展。

电子信息产业集群竞争力研究：以江西吉安为例

胡学英　孙永萍[①]

摘　要：本文分析了吉安电子信息产业的现状，采用偏离—份额法对吉安电子信息产业结构及各子产业竞争力大小进行了实证研究。本文提出，要打造具有大范围影响力和竞争力的电子信息产业基地，吉安应在现有的产业基础上，承接产业转移，引进战略性新兴产业；引进和培育龙头企业，在产品构架上将产业链向附加值高的精密核心元件和整机扩张，在功能构架上将产业链向研发创新、市场营销和品牌建设上扩张。同时加强基础设施建设，搭建金融和信息等综合服务平台，进行产业集群机制体制创新，注重人才培养，提升吉安电子信息产业的竞争力和可持续发展。

关键词：吉安电子信息产业集群；竞争力；偏离—份额法

“十二五”期间，吉安电子信息产业主营业务收入从不到160亿元，发展到600多亿元，占全省份额的46.2%，并成为国家新型工业化产业示范基地、国家电子信息高新技术产业化基地。占江西省四成以上具有绝对优势的吉安电子信息产业，因其较好的产业基础与江西省产业发展战略相呼应，而被确定为江西省电子信息制造业未来3年的主攻方向之一。

一、研究背景

目前，吉安电子信息产业的发展势头良好，在总量上处于全国中等，全省领先的水平，产业规模不断扩大，集聚效应显现，按照集聚规模划分了六大子产业集群，通讯终端及传输设备、计算机及外部设备、触控

---

① 作者简介：胡学英（1984～），女，江西泰和人，中共江西省委党校经济教研室教师，经济学博士，研究方向为产业组织理论与政策；孙永萍（1974～），女，江西吉水人，吉安市政协委员，江西省委党校区域经济学在职研究生毕业，研究方向为产业经济学。

显示、电子线路板、LED、数字视听6个百亿产业集群，汽车车载电子、锂离子电池等“X”个50亿~200亿元产业集群。近年来，这些子产业集群齐头并进，取得了不同程度的发展，发挥了一定的规模效应。同时，在发展中也累积出一些问题，产业结构上，尽管大部分子产业集群增长速度高于全国平均水平，但由于产业集群在功能架构和产品架构上均处于全球价值链的底部，缺少高附加值的终端产品，产业链在高附加值的研发创新、市场营销和品牌建设环节缺失，因此存在产业附加值低、利润空间被压缩等问题，竞争力受到来自周围地区的挑战。尤其是通讯终端及传输设备产业集群竞争力的下降与全省未来3年的发展侧重点出现矛盾。另外，从六大子产业的划分标准缺乏科学性，有待进一步规范。

二、实证分析

产业集群竞争力的评价是指通过特定指标或模型，判断产业集群竞争力的大小，从产业集群的总量、结构、创新能力、价值链和辐射效应等多维度对不同产业集群的竞争力进行对比。其中定性分析的方法有波特（Poter）的“钻石模型”以及楚东森（Dong - Sung Cho）在“钻石模型”的基础上改良的九因素模型、阿拉维（Alavi）的竞争力模型和我国学者金碚提出的产业竞争力分析模型，这些模型通过将集群竞争力的影响因素分解为产业的组织网络、产业的专业化、地域性、产业的区域协调和产业周期等产业层面的因素，并进一步细分到构成产业集群相关企业的资源禀赋、经营管理水平、文化与品牌建设和技术水平因素，在政策环境和市场环境的综合框架下，评价产品实现的形态和竞争力，具有科学性和全面性的评价优势，但通常弱化了数据支撑的作用。常用的定量分析方法有偏离—份额法和GEM因素分析模型，其中GEM因素分析模型的思路是将影响产业集群竞争力的相关指标进行量化，通过专家打分的形式进行赋值来评价产业竞争力的指标，由于变量赋值受评价者对各指标的了解程度和认知水平影响较大，在评价者的对象选取上具有一定的困难，且具有较强的主观性。而偏离—份额法以其在结构因素和竞争力因素上的定量分析优势，逐渐成为国内外研究区域经济和产业结构竞争力普遍使用的方法之一，使用偏离—份额法能从产业集群的整体竞争力因素和内部结构因素两方面研究产业集群的竞争力，能准确把控产业集群整体竞争力整体定位，并深度剖析其内部结构的优劣，对研究产业集群的整体发展竞争力和发展方向、调整内部结构具有重要的意义，兼具客观性、全面性和动态性。为此，本文选取偏离—份额法对吉安市电子信息产业集群竞争力进行实证研究。

本文在偏离—份额法对产业结构竞争力实证结果的基础上，进一步从全球产业价值链的视角，对吉安市电子信息产业各子行业的竞争力、产业附加值、产业发展前景进行分析，预测相关子行业的发展趋势并通过合理规划引导相关子行业嵌入全球电子信息产业链的有利位置，在充分利用自身比较优势的前提下，通过专业化分工产生的规模效应降低成本，提升自主研发能力和产品核心竞争力，对电子信息产业链进行升级和完善。

自美国经济学家法宾坎（Fabricant）在研究制造业劳动需求问题时开创性地提出偏离份额法以来，经过屯（Dunn）等人的归纳与推广，这一方法已被广泛用于研究经济结构相关研究。在运用于产业集群结构和竞争力方面，通常以一国特定产业为参照，从该产业集群所属的区域整体竞争力和内部结构来解释区域产业不同的增长速度和差距大小。用于研究吉安市电子信息产业集群竞争力时的具体思路和研究过程如下。

（一）模型的建立

假定在 $[t_0, t]$ 的时间间隔内，全国电子信息产业、吉安电子信息产业集群 i（若对 i 求和，则表示对全国各地区电子信息产业集群求和，一般情况下 i 特指吉安电子信息产业集群）和吉安电子信息产业集群的子产业 j 在总量和产业结构上均发生了变化，则 $[t_0, t]$ 时间内的变化率为：

$$R = \frac{Y_t - Y_0}{Y_0} \times 100\% \tag{1}$$

其中 R 为变化率，Y_t 为在 T 时刻的产值，Y_0 则表示在 t_0 时刻的产值。式（1）为变化率的基本公式，按照分解过程可以分为全国总产值变化率，吉安市产业集群产值变化率和吉安市产业集群各子产业的变化率。

全国电子信息产业在 t 时刻的总产值为：

$$F(t) = \sum_{i=1}^{I} F_i(t)(i = 1, 2, \cdots, I) \tag{2}$$

由于对 i 求和，此处 i 泛指全国各地区的电子信息产业集群，I 表示全国电子信息产业集群总量。而吉安市电子信息产业集群在 t 时刻的总产值为：

$$F_i(t) = \sum_{j=1}^{J} F_{ij}(t)(j = 1, 2, \cdots, J) \tag{3}$$

其中 j 表示吉安市电子信息产业集群各子产业，J 则表示吉安市电子信息产业集群子产业的总量，$F_{ij}(t)$ 表示吉安市电子信息产业集群 j 在 t 时刻的总产值。

参见王育宝等（2003）、姚芳等（2005）、蔡志刚（2012）和余小仙（2015）等人的研究，进一步地，将吉安市电子信息产业集群产值变化率分离出结构分量和竞争分量。

$$\begin{aligned}\Delta F_{ij} &= F_{ij}(t) - F_{ij}(t_0) \\ &= F_{ij}(t_0)\left[\frac{F(t)}{F(t_0)} - 1\right] + F_{ij}(t_0)\left[\frac{F_i(t)}{F_i(t_0)} - \frac{F(t)}{F(t_0)}\right] + F_{ij}(t_0)\left[\frac{F_{ij}(t)}{F_{ij}(t_0)} - \frac{F_i(t)}{F_i(t_0)}\right] \\ &= N_{ij} + P_{ij} + D_{ij}\end{aligned} \tag{4}$$

其中 $N_{ij} = F_{ij}(t_0)\left[\frac{F(t)}{F(t_0)} - 1\right]$，$P_{ij} = F_{ij}(t_0)\left[\frac{F_i(t)}{F_i(t_0)} - \frac{F(t)}{F(t_0)}\right]$

$$D_{ij} = F_{ij}(t_0)\left[\frac{F_{ij}(t)}{F_{ij}(t_0)} - \frac{F_i(t)}{F_i(t_0)}\right]$$

式（4）是文章的核心公式，ΔF_{ij}表示［t_0，t］时刻内吉安市电子信息产业集群中各子产业的增加额，分解为 N_{ij}，P_{ij}，D_{ij}三个分量，其中 N_{ij} 全国电子信息产业增量部分，根据 N_{ij}表达式 $N_{ij} = F_{ij}(t_0)\left[\frac{F(t)}{F(t_0)} - 1\right]$，$N_{ij}$ 等于特定的子产业 j 在 t_0 时刻的产值 $F_{ij}(t_0)$ 与全国电子信息产业总产值增长速度$\left[\frac{F(t)}{F(t_0)} - 1\right]$的乘积，即吉安市电子信息产业集群特定子产业按照全国电子信息产业总产值的增长速度应有的增长额，在全国电子信息产业呈增长趋势的情况下，$N_{ij} > 0$。根据相同的分析方法可知，P_{ij}为产业结构分量，即特定产业 j 按照吉安市电子信息产业集群偏离全国总产值的增长速度应有的增长额，它反映了吉安市电子信息产业以全国电子信息产业为标准，产业结构的优劣程度。$P_{ij} > 0$ 意味着吉安市电子信息产业集群中特定子产业 j 的增长速度高于全国平均水平，因此产业结构更优，$P_{ij} < 0$ 意味着吉安市电子信息产业集群中特定子产业 j 的增长速度低于全国平均水平，因此产业结构劣于全国平均水平，P_{ij}的绝对值越大，子产业 j 的增长（或衰退）速度越快，对吉安市产业集群发展的贡献（或削弱作用）也就越大。D_{ij}为子产业竞争力分量，即特定子产业 j 按照该子产业偏离吉安市产业集群的增长速度应有的增长额，它反映了子产业 j 在吉安市各子产业中的竞争力对吉安市电子信息产业整体的影响。$D_{ij} > 0$ 意味着该子产业 j 的增长速度高于吉安市电子信息产业的整体增长速度，对整个产业的发展具有推动作用；$D_{ij}<0$ 则意味着该子产业 j 的增长速度低于吉安市电子信息产业的整体增长速度，阻碍了整个产业的发展，D_{ij}的绝对值越大，说明经过产业 j 的初始产量进行加权后，对整体产业的推动或阻碍作用就越明显。

（二）数据来源与描述性统计

本文以吉安电子信息产业集群为研究对象，根据数据的可获得性，选取时间跨度为 2011 ~ 2015 年，所涉及的全国电子信息行业主营业务收入来源于我国工业和信息化部，吉安市的电子信息产业总主营业务收入和各子产业的主营业务收入来自于吉安工业与信息化委员会，增长率由笔者计算得出，相关年份的产值和增长率如表 1 所示。

表 1　　产值变化率计算表

产业部门及产业集群	Y_0（亿元）	Y_t（亿元）	R（%）
全国电子信息产业	74 909. 0	111 318. 0	48. 6
吉安电子信息产业	256. 0	611. 7	138. 9
触控显示产业集群	27. 0	65. 9	144. 1
LED 产业集群	13. 2	74. 4	463. 6
计算机及外部设备产业集群	51. 3	131. 8	156. 9
数字视听产业集群	19. 9	34. 0	70. 9
通讯终端及传输产业集群	53. 9	75. 3	39. 7
电子线路板产业集群	51. 3	92. 4	80. 1

资料来源：我国工业和信息化部、吉安工业与信息化委员会。

1. 总量占比分析

在经济“新常态”下，为调整产业结构、推动产业升级，使产业发展方式由粗放型向集约型转变，促进信息化和工业化的融合，推动新型工业化的进程，随着 2009 年《电子信息产业调整和振兴规划》的提出，江西省将电子信息产业作为战略性、基础性和先导性产业进行重点培育，经过 2009 ~ 2011 年 3 年的规划期和近 5 年的发展，在产业总量上有了巨大提升，占全国电子信息产业的比重由 2011 年的 0. 34%，发展到 2015 年的 0. 54%。这反映出吉安市近 5 年按照“吉安要依托吉泰走廊，重点建设电子信息产业基地”要求，打造主导产业，在电子信息产业集群上取得了重大的进展，产业集群效应初步显现。占全省电子信息产业4成的吉安电子信息产业集群如火如荼的发展态势使其在实现《江西省电子信息制造业三年行动计划（2016~2018年）》总量指标上具有举足轻重的地位。

2. 产业结构分析

从吉安电子信息产业集群内部产业结构变化分析，如图1和图2所示。在近年电子信息各子行业的发展中，触控显示、计算机及外部设备、数字视听等产业集群比重基本保持不变，电子线路板和通讯终端及设备产业集群比重有所下降，而LED产业集群和其他新兴产业的发展突飞猛进。

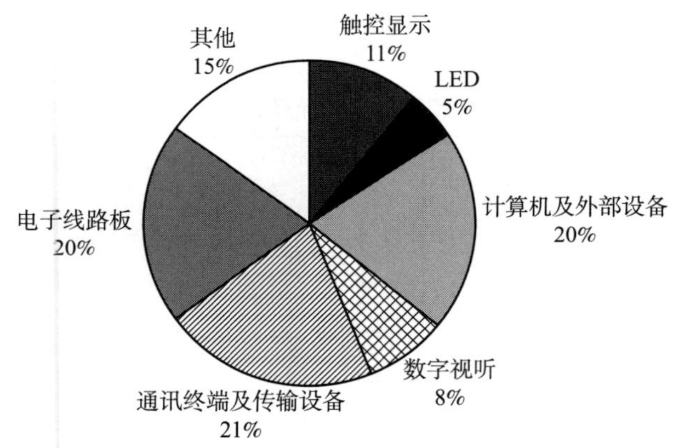

图1　吉安电子信息产业集群结构（2011年）

资料来源：我国工业和信息化部、吉安工业与信息化委员会。

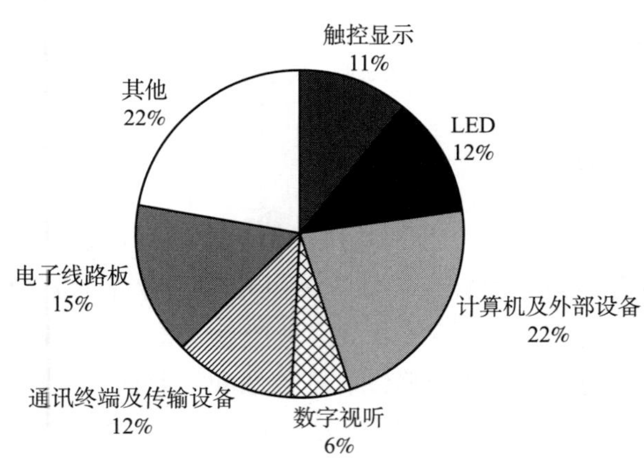

图2　吉安电子信息产业集群结构（2015年）

资料来源：我国工业和信息化部、吉安工业与信息化委员会。

其中，LED 智能照明以其节能节电、低碳环保、亮度高、无毒等先天优势，将逐渐取代传统白炽灯而成为主要的新型照明工具，且在传统白炽灯淘汰的趋势中，LED 智能照明具有广阔的需求前景，工信部电子信息司负责人更是预测未来 5 年的 LED 年化增长率将达到每年 15% 左右。吉安市以其 LED 产业基础，抓住沿海地区地区产业转移的机遇，充分利用吉安籍在外企业家创办 LED 取得成功的资源优势，优化家乡投融资环境，通过积极宣传推介，主动联络对接，吉安市工信委多次赴广州等地进行调研，开展 LED 产业对接活动，引进和培育江西省 LED 照明产品示范应用项目。吉安 LED 规模逐步扩大，以其劳动力成本优势，并不断进行技术创新，生产成本降低，规模效应凸显，产业集群效应初露端倪，园区企业在品牌建设上卓有成效，在吉安市 40 多家生产企业中，木林森脱颖而出，仅 2014 年 LED 显示屏产值就超过 18 亿元，占行业市场份额 60% 以上，在照明灯和光源产值方面超过 33 亿元，产能全球最大。木林森建立了集设计、研发、生产、销售和服务于一体的完整产业链，产品和服务向产业链高附加值环节扩张，发挥龙头企业的作用，带动 LED 相关上下游企业落户吉安，吉安 LED 产业集群将成为吉安电子信息产业集群的支柱产业。

另外，在江西省“6 + X”的产业集群发展战略下，六大产业集群的份额变得更加均衡，其他战略性新型产业的发展遍地开花，吉安市根据国内外电动汽车和新能源的发展趋势并结合自身产业基础，锂电动力电池产业集群和汽车车载电子产业集群经过孵化培育，已初具规模，将成为吉安市电子信息产业集群中冉冉升起的一颗新星。

3. R 值分析

对吉安电子信息产业集群总体和内部子产业增长率 R 进行分析。在 2001 ~ 2015 年，江西省电子信息产业集群增长速度为 138.9%，遥遥领先全国水平的 48.6%，从子产业集群增长速度来看，除通讯终端及传输产业集群低于全国平均水平外，吉安其余五大产业集群增长速度均位于全国平均增长水平之上，其中 LED 产业集群的增长速度更是一骑绝尘，增长率达到 463.3%，其原因在上面已有论述。吉安产业集群的 R 值表明：吉安市电子信息产业集群整体发展强劲，各子产业集群并驾齐驱，吉安市依托吉泰走廊，重点建设电子信息产业基地取得了卓有成效的进展。

（三）偏离—份额分析过程

利用偏离—份额法进一步分析吉安电子信息产业集群的整体竞争力和内部结构竞争力。根据前面的模型和数据，利用 Excel 计算出指标计算分析如表 2 所示。

表 2　　指标计算分析表

产业集群	N_{ij}	P_{ij}	D_{ij}
触控显示	13. 12	24. 39	1. 38
LED	6. 42	11. 93	42. 86
计算机及外部设备	24. 93	46. 34	9. 22
数字视听	9. 67	17. 98	-13. 55
通讯终端及传输设备	26. 20	48. 69	-53. 49
电子线路板	24. 93	46. 34	-30. 18

1. N 值分析

N 值表示吉安工业园区特定子产业集群按照全国电子信息产业平均水平速度发展的增加额，若 N 小于该产业的实际增加值，则说明若该按照全国平均发展水平的增速发展，则增加值比实际增加值低，相反则更高，通过计算表 1 中 6 个产业集群的实际增加值，并与 N 值比较，所有的 N_{ij} 均小于实际增加值，这说明吉安市 6 个产业集群的增速均超过了全国平均发展水平。从 N 值得绝对量来看，计算机及外部设备产业集群、通讯终端及传输设备产业集群和电子线路板产业集群在初始总量的基础上，通过高于全国平均发展水平的增速增加后的总量优势

2. P 值分析

P 值表示吉安工业园区特定子产业集群按照吉安工业园区产业集群整体偏离全国电子信息产业增长速度应有的增加额，P_{ij} 受吉安电子信息产业集群增长速度与全国电子信息产业增长的相对速度的影响，表现为一致的正向贡献作用或者负项阻碍效应，P 值绝对值的大小则反映出在不同初始总量的基础上，吉安市整体发展速度的绝对值，P 的绝对值越大，则这种贡献作用或阻碍效应的程度越明显，P 值差距较大则说明产业集群的

结构不合理，产业集群间的协调发展水平有待提升。表 2 的 P 值显示出各子产业集群对吉安市产业集群的贡献均为正，说明吉安市电子信息产业集群增长速度高于全国水平，在数量上由于六大产业集群的发展起点存在差异，在不同的发展速度下，呈现多层次结构，其中计算机及外部设备产业集群、通讯终端及传输设备产业集群和电子线路板产业集群以其规模优势，对吉安电子信息产业集群的发展贡献较大，利用其规模优势成为带动吉安电子信息产业发展的引擎，数控显示和数字视听居中，LED 在发展起点最低的情况下，结合上一节的结构分析，进一步说明 LED 产业集群在近几年迅猛的发展势头。吉安的电子信息产业集群在发展过程和发展结果上存在较大的调整空间。

3. D 值分析

D 值是反映各子产业集群的初始总量竞争力和发展速度竞争力的综合发展水平指标，D_{ij}为正说明 j 子产业集群的竞争力高于吉安产业集群的平均竞争力，为负则相反，D_{ij}的绝对值大小表示这种竞争力高于（或低于）平均竞争力的程度。通过比较表 2 中吉安电子信息产业集群各子产业的 D 值可以发现，LED 产业集群以其在规划过程中的高起点和高增长速度，在各子资产集群中展现出绝对的竞争力优势，其次为计算机及外部设备产业集群，而通讯终端及传输设备产业集群在总量相对领先（见图 1）的情况下，由于增长速度有所放缓，在其他子产业高速增长的竞争态势下，其产值占吉安电子信息产业总产值的份额在 2011 ~ 2015 年下降，其竞争力受到其他子产业集群的挑战。

（四）实证结果

运用比较分析和实证研究，对吉安电子信息产业的总量水平、产业结构和各产业间的竞争力得出如下结论。

第一，在发展总量上，吉安电子信息产业集群占全国的市场份额从 2011 年占全国电子信息产业总量的 0.34%，发展到 2015 年占全国电子信息总量的 0.54%，增长速度稳中有进，产业集群效应初步显现。尽管与其他省份存在差距，但处于全省领先地位，已成为带动江西省电子信息产业集群发展的中坚力量。

第二，在产业结构上，吉安市电子信息产业六大产业集群结构处于合理的范围，各产业集群齐头并进，在增长速度上均高于全国平均水平，呈现出良好的发展态势，带动了吉安电子信息产业整体的高速增长，展现了吉安六大产业集群建设的协调性和包容性，也反映出产业集群的竞争力和辐射作用。尽管增速高于全国水平，但由于生产产品集中于零配件生产，生产环节集中于制造阶段，缺少具有高附加值的环节，依靠劳动力等要素驱动的高速增长不可持续，因此面临产业升级的压力。

第三，在各子产业集群间的竞争力上，LED 产业集群以其在规划过程中的高起点和高增长速度，在各子资产集群中展现出绝对的竞争力优势，其次为计算机及外部设备产业集群，而通讯终端及传输设备产业集群虽然总量相对领先，发展起点较高，由于增长速度有所放缓，在其他子产业高速增长的竞争态势下，其产值占吉安电子信息产业总产值的份额在 2011 ~2015 年下降，竞争力受到其他子产业集群的挑战。

三、基于全球价值链视角的产业发展研究

综合前文的分析过程与结果，吉安六大传统电子信息产业集群无论从总量还是结构上都取得了巨大的发展成果，但六大传统产业以劳动密集型产业为主，产业附加值低，竞争力弱，面临来自内部的劳动成本上升和外部竞争压力的双重挑战。随着全球一体化进程的加快，通过嵌入全球产业价值链，进行专业化分工，提升生产效率，降低成本是江西电子信息产业发展的大势所趋和必然选择。通过嵌入全球价值链，能更好地吸收和学习发达地区电子信息产业的技术溢出，加快自身产业发展方式的转变，促进产业升级转型；在全球价值链中承接产业转移，占据合适的价值链位置，以专业化生产提升产业聚集程度，加强产业集群的竞争力；通过嵌入全球价值链的竞争体系中，能准确地把握自身在全球的比较优势动态变化，如我国中西部地区低廉的劳动力成本、资源和土地价格的比较优势正在被其他发展中国家模仿超越，通过占据全球价值链的有利地位，进行产业转型升级是吉安电子信息产业发展的战略选择和迫切需要。

全球贸易的一体化趋势和生产的国际分工规律，基于全球价值链（GVC，Global Value Chain）的产业发展已成为当今世界产业全球化发展的主要形式。然而，发达国家以其先发优势牢牢占据产业链的高端，而大多数发展中国家被长期锁定在 GVC 的低端。以全球产业链的视角对吉安电子信息产业集群进行定位，对促进其产业升级转型具有重要意义。

“微笑曲线”概念自提出以来，被学者广泛应用于各个行业的产业链

价值研究中，而多数研究的微笑曲线仅从功能架构进行展开，如图3显示了在电子信息产业链条中，附加值较高的环节是位于上游的研发设计环节和位于下游的市场营销和品牌运作环节，然而，这种传统的微笑曲线并不能准确刻画电子信息产业的利润分布特征，电子信息产业除功能架构上存在价值的不均匀分布外，在产品架构上也存在类似的分布规律，核心精密零配件和整机的附加值更高，位于微笑曲线的两端，而一般零配件技术含量低，附加值低，位于微笑曲线底端。本文借鉴刘维林（2012）的分析范式，从产品构架和功能构架对微笑曲线进行展开，刻画出电子信息产业的二重“微笑曲面”，如图4所示。拟从产品构架和功能构架的二重全球价值链对吉安电子信息产业进行更为科学全面的研究。一方面，从功能构架的角度来讲，前文的分析指出，除少量模仿性的研发和局部的品牌建设外，吉安电子信息六大产业集群大都位于生产制造环节的微笑曲线底部，充当着电子信息产业集群的“代工厂”角色，附加值低。而研发创新和设计由于需要大量的资金投入，同时需承担研发风险，具有较大的进入壁垒，因此，吉安电子信息行业在全球价值链上的扩张在市场营销和品牌运作上具有广阔的空间。另一方面，虽然部分龙头企业已拥有集高技术的精密核心器件、一般零配件和整机于一体的完整生产线，但吉安电子信息产业产品整体以附加值低的一般原配件生产为主，由于精密核心器件同样具有技术壁垒，因此，在电子信息产业集群效应日益凸显的情况下，龙头企业应以其研发能力和优势加大精密核心器件的研发和生产，而一般规模企业可以扩展生产线，从事完整的终端产品生产。

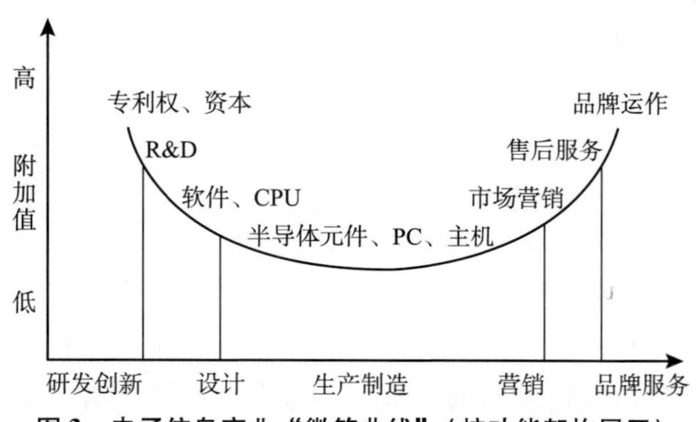

图3　电子信息产业“微笑曲线”（按功能架构展开）

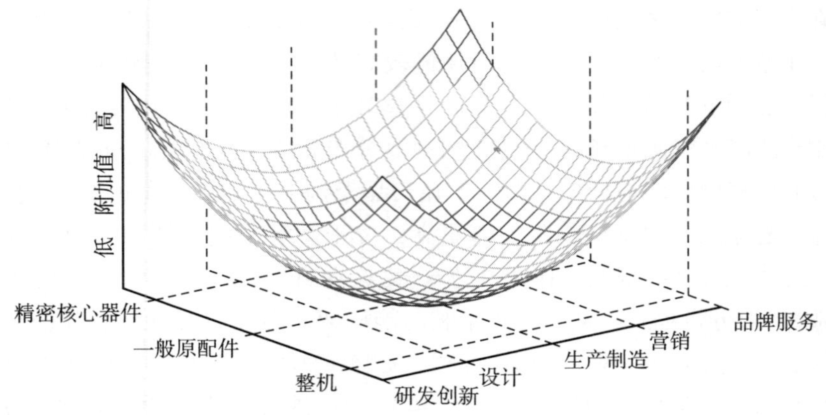

图4 电子信息产业“微笑曲面”（按产品和功能架构展开）

四、吉安电子信息产业的发展路径

我国区域经济呈现明显的东部强中西部弱的特征。由法国经济学家佩鲁提出，被广泛应用于区域经济学的增长极理论表明：由于资源是有限的，一个国家或区域在现实中不可能实现经济平衡发展，政府应通过政策和资源倾斜优先发展特定产业和地区，将其作为“增长极”，以增长极为中心带动相关产业和地区的整体发展。刘芬等（2007）通过总结增长极理论并结合我国实际指出在资源稀缺的不发达阶段，应采用增长极发展战略。结合上文对吉安电子信息产业的基本面分析和实证研究结果，利用增长极理论、产业价值链理论和东莞市电子信息产业发展经验对吉安电子信息产业集群的发展路径进行设计。由于 LED 和通讯终端及传输设备是江西省未来电子信息产业 3 年发展规划中产业集群的主攻方向，且 LED 产业集群在吉安电子信息产业中最具有竞争力，形成了完整的产业链，具有木林森等集设计、研发、生产、销售和服务于一体的龙头企业，发挥龙头企业的作用，带动 LED 相关上下游企业落户吉安，同时，利用吉安籍在外企业家创办 LED 产业的资源优势，吉安在承接广州等地 LED 产业转移上较周边地区具有竞争力，吉安 LED 产业集群已成为吉安电子信息产业集群的支柱产业。吉安的通讯终端及传输设备产业集群在总量上位列全市第三，仅次于 LED 产业集群和电子线路板产业集群，尽管在其他产业集群高速发展的势头下，通讯终端及传输设备在全市的竞争力有所减弱，但在产业价值链上较电子线路板产业集群具有更高的附加值和发展潜力，同时也是全省未来的主攻方向之一，因此应将 LED 和通讯终端及设备培养为增长极，通过整合资源，完善其产业价值链，提高产品附加值和竞争力，发挥集群效应，带动其他产业集群的发展。触控显示、计算机及外部设备、电子线路板和数字视听等产业集群应在保持总量增长势头的情况下，主要在产品架构上扩张产业链，增加产品附加值。除六大产业集群外，吉安还承担着产业结构优化和产业升级的任务，应根据电子信息产业发展的最新动向和规律，通过招商引资引进或承接战略型新型产业，为吉安电子信息产业集群的结构升级注入新的增长动力，形成新的增长点。

五、政策建议

根据上述研究结果，本文对吉安电子信息产业集群提出如下政策建议。

（一）优化投资环境，承接产业转移

在电子信息产业转移浪潮下，吉安应根据自身比较优势和区位优势，并抓住国家政策支持吉泰走廊电子信息发展的契机，以工业园区为依托，通过招商引资引进战略性新型产业和龙头企业，在保持六大产业的良好发展势头下，通过合理承接产业转移，优化产业结构，促进产业升级。吉安应以工业园区为依托，提前规划，合理布局，充分发挥产业集聚效应和产业间的协调机制。园区基础设施和制度环境是承接产业转移的基础，吉安应完善工业园区的基础设施建设，建立健全的相关配套服务机构和信息化平台，优化投资环境，加大政策支持力度，提升吉安在招商引资上的竞争力。

（二）发展龙头企业，进行品牌建设

从东莞电子信息产业的发展经验和吉安 LED 产业集群迅速发展的规律可以看出，龙头企业发展成熟稳定，拥有相对完整的产业链，在规模、研发能力、品牌建设上具有强大的竞争力，能吸附配套产业的组群式转移和迅速发展，并通过其辐射作用带动相关产业集群的发展。从全球价值链视角来看，吉安电子信息六大产业集群大都位于附加值低的生产制造环节的微笑曲线底部，充当着电子信息产业集群的“代工厂”角色。而研发创新和设计由于需要大量的资金投入，同时需承担研发风险，具有较大的进入壁垒，因此，市场营销和品牌运作是吉安电子信息产业集群嵌入高附加值价值链位置的重要发展方向。政府应引导企业进

行终端产品的生产并进行品牌建设，提升产品的附加值，增强产业集群竞争力。

（三）优化产业链，提升产业集群竞争力

吉安电子信息产业集群处于劳动驱动型的要素驱动阶段，产品大多为附加值低的零部件，由于精密核心器件具有较高的技术壁垒，在电子信息产业集群效应日益凸显的情况下，龙头企业应以其研发能力和优势加大精密核心器件的研发和生产，而一般规模企业在产品架构上可将产业链从零部件生产向附加值高的整机等终端产品扩展，在功能架构上拓宽产品渠道，进行品牌建设，摆脱“低端锁定”。从电子信息产业内部分析，LED 产业集群以其在规划过程中的高起点和高增长速度，在六大子资产集群中展现出绝对的竞争力优势，产业集群效应明显，可以作为提升吉安电子信息产业集群竞争力的支撑点和增长极。而通讯终端及传输设备产业集群在总量相对领先的情况下，由于增长速度有所放缓，在其他子产业高速增长的竞争态势下，竞争力受到其他子产业集群的挑战。《江西省电子信息制造业三年行动计划（2016～2018 年）》将通信设备产业、半导体照明产业和数字视听产业作为主攻方向，由偏离—份额分析得出 LED 产业集群竞争力持续上升的情况下，通讯设备和数字视听产业集群竞争力处于弱势，吉安作为全省电子信息全省规模第一的产业基地，应结合全省的发展方向和自身基础，以 LED 与通讯设备和数字视听为增长极，加快通讯设备产业集群的发展速度，扩大数字视听产业集群的发展规模，提升电子信息产业集群的竞争力。

（四）金融支持体系

无论扩大产业链、进行品牌建设还是提升企业研发能力都需要大量的资金支持，政府应拓宽企业的融资渠道，发挥多层次资本市场的作用，吉安电子信息产业集群以中小企业为主，随着“新三板”分层制度的推出，“新三板”逐渐趋于完善，已成为创新型中小企业融资的摇篮，在各地“新三板”财政补贴进行得如火如荼的情况下，吉安政府应以财政补贴或税收减免的形式引导企业挂牌登录“新三板”，以拓宽企业融资渠道。

（五）人才支持体系

电子信息产业作为新兴产业，在研发、生产和管理上都需要大量的

专业型人才。江西省拥有众多高校，然而沿海城市对人才具有更大的吸引力，吉安应在相关专业人才培养上进行政策设计，吸引江西省和全国众多高校人才落户吉安，对吉安电子信息产业集群的发展提供人才支持。同时，应加强与高校在人才培养和技术创新上的合作，加快科技成果转化，实现“产学研”相结合，提升创新能力。

打造“闽新轴带”的趋势和重点

刘耀彬[①]

南昌大学中国中部经济社会发展研究中心

摘　要： 国际地缘政治变化正深刻地影响着中国区域发展走向，中国的区域战略格局也明显冲击着世界地缘政治格局，从增长极到线域开放是中国实现海陆统筹和区域协调发展的理论和现实诉求。在新时代重点打造闽新轴带不仅对内可以加快促进国家和平统一和促进民族地区经济社会繁荣，还可以加快推进“一带一路”的联通效果和加大对外开放格局。打造闽新轴带需要站在发展的新时代，顺应国家区域格局调整大趋势，重点培育爆发点、基础设施线路、产业和投融资带，并做好互动互融、战略先行、文化共建工作。

关键词： 闽新轴带；国家和平统一；民主地区经济繁荣；一带一路

一、发展趋势：国际地缘政治变化对中国战略格局的走向

（一）国际地缘政治经济发展状态

（1）世界金融危机之后，世界经济缓慢复苏。从图1可以看出世界经济呈现出复苏的迹象，虽然新兴经济体和发展中国家复苏的速度较快，但是仍旧无法摆脱世界经济复苏乏力的现象，新的经济增长点还没有形成。

（2）世界面临一种新的“三期叠加”状态。即为“增长速度进入缓慢期，经济结构处于调整期，前期刺激政策消化期”。为了应对早期金融风暴所引起的余波冲击，部分发达国家早已提出了用“再工业化”来调整结构，以维持他们世界经济的领先地位，而早期的各种消费刺激政策也到了消化的关键时期，世界经济增长的质量正在上升，在为下一轮的经济爆发蓄势（见图2）。

---

① 作者简介：刘耀彬，南昌大学中国中部经济社会发展研究中心主任，教授。

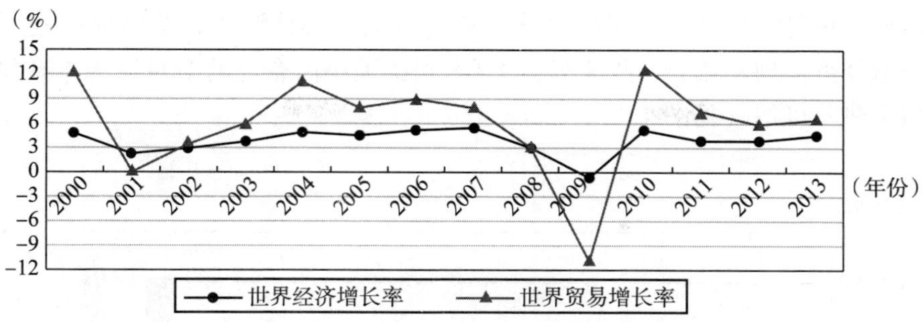

图 1　2000 ~ 2013 年世界经济与贸易增长率变化趋势

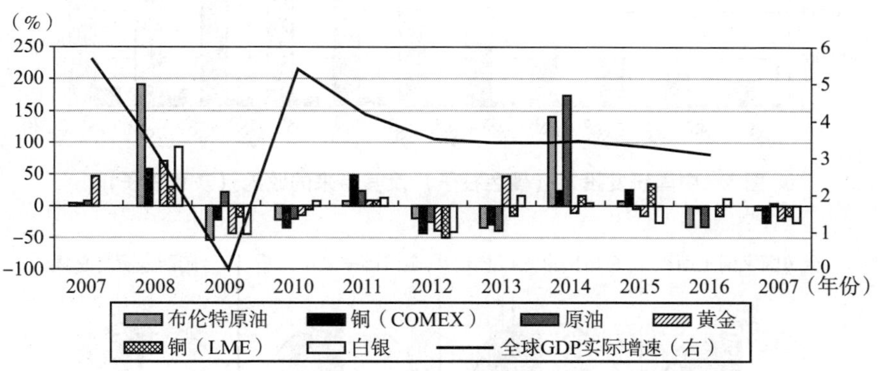

图 2　2007 ~ 2007 年世界经济主要增长指标

（3）新兴经济体发展牵动世界经济的全局。新兴经济体特别是中国、巴西和印度经济的强劲表现提振了全球贸易，也帮助美国、日本、欧洲实现了经济增长。“金砖四国”“钻石十一国”“展望五国”“灵猫六国”等新兴经济体星光熠熠。随着新兴经济体实力的提升和合作的加深，必将推动世界经济格局发生深刻变化。

（4）科学技术进步在经济增长中的作用将进一步提高，全球性的科学技术竞赛将进一步加剧。资本积累，劳动力投入，人力资本积累和技术进步是经济增长的四大推动力。在 19 世纪，资本积累是世界经济增长的主要动力。在 20 世纪，特别是“二战”以后，科学技术的飞速发展，科学技术特别是高科技在生产中的迅速推广和应用，成为世界经济发展的重要特征（见图 3）。

（5）新兴经济体在国际事务尤其是全球经济治理议题上拥有更多的发言权。2008 年国际金融危机爆发后，人们对世界政治经济格局的一个深刻认识是世界经济力量的对比迅速向新兴经济体倾斜，并由此引起了全球经济治理领域的一些变革。从G8到我国小微企业的新兴经济体崛起似乎势不可挡（见图4）。

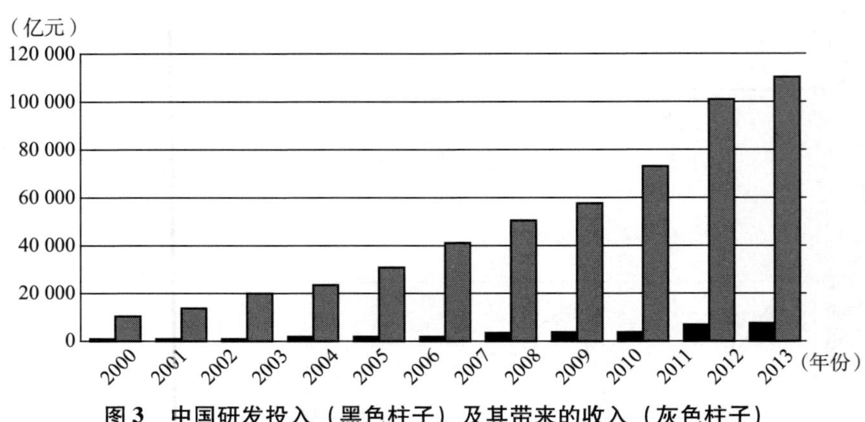

图3　中国研发投入（黑色柱子）及其带来的收入（灰色柱子）

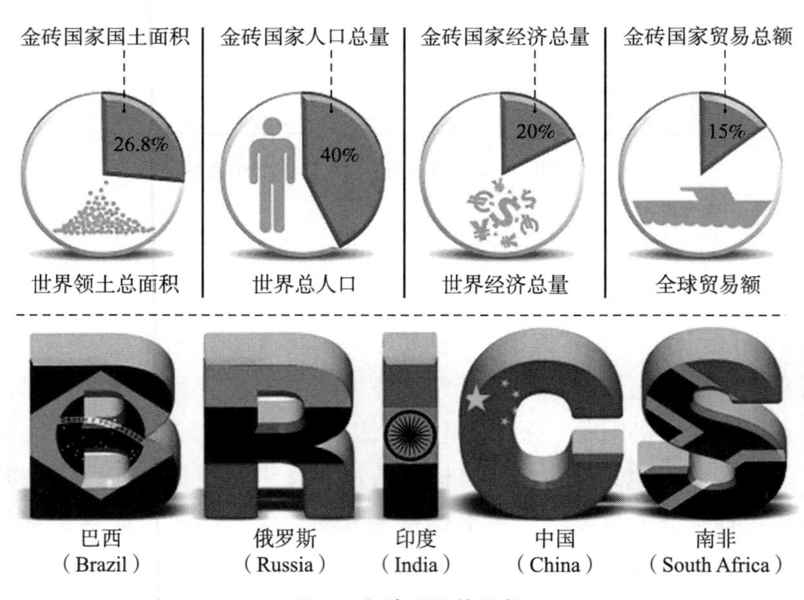

图4　金砖五国的份额

（6）虚拟经济向实体经济进行交织型回归。综观世界经济发展史可以看出，金融危机的频繁爆发总是与虚拟经济的过度发展有着十分密切的关系，虚拟经济的扩张往往伴随着泡沫，一旦产生泡沫经济，将会对实体经济造成严重的影响。在这次金融危机的余波中，发达国家也借此逐步脱身于虚拟业务，大力发展实业。“去工业化”致使发达国家抗危机能力不足这一弱点充分暴露，因而重归实体经济，推进“再工业化”战略被发达国家提到产业结构调整的议事日程上来。

（二）国际地缘政治经济发展趋势

（1）世界经济增长的动力仍显疲弱，低速增长成为常态。国际金融危机后，各国都在寻找重振经济的新的增长动力。但总体看，新一轮工业革命尚处孕育阶段，大范围的新的领先产业仍处于寻求阶段，关键技术和商业模式创新缺乏实质性突破，短期内还难以形成强有力的新经济增长点（见图5）。

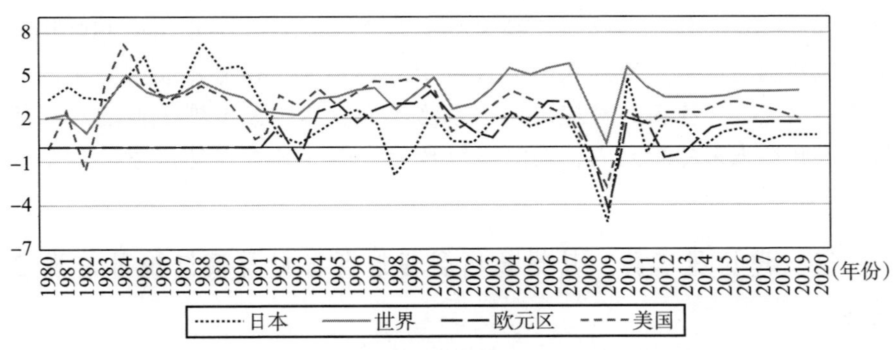

图5　IMF对三大国际发达经济体的经济走势预测

资料来源：IMF数据库（2014年）。

（2）全球市场竞争将日趋激烈，投资流向世界扩散。世界进出口的份额将会发生调整，在世界的新一轮科技革命过后，新兴经济体的实力逐步提升，并更多地参与进了消费市场的争夺。过去10年里，金砖四国GDP总和增加了两倍多，而与此相对应的，是发达国家的停滞不前甚至衰落。而在东南亚与非洲正逐步体现价值的现在，他们这两块充满吸引力的香饽饽必将引起新老经济体的新一轮角逐。

（3）科学技术创新将成为引领世界发展的潮流。进入21世纪以来，新一轮科技革命和产业变革正在孕育兴起，全球科技创新呈现出新的发展态势和特征。中国科学技术发展战略研究院发布《国家创新指数报告2013》显示，全球创新能力十强基本稳定，中国创新能力继续领跑金砖国家。美国凭借雄厚的创新资源和优异的创新绩效，再次成为最具创新能力的国家。日本和韩国依靠突出的企业创新表现和知识创造能力，分别位居第 2 位和第 4 位，继续领跑其他亚洲国家。

（4）世界利益体的分分合合，将呈现更多地区利益主体。一些国家和国家集团为了自身发展和规避全球化的风险，促进商品、资本、人才和劳动力自由流动，加快了经济区域化和一体化的步伐。近年来许多区域合作组织在不断扩大规模与影响力（如欧盟东扩至 28 国、东盟“10 + 3”等）的同时，正在推进市场、经济和社会一体化的进程。为应对危机，一些新的机构如二十国集团、“10 + 3”等协调机制也在不断出现。而可以预见的是，在未来的很长时间之内，这种趋势还会不断持续下去，世界的利益划分显得扑朔迷离。

（5）发达国家的再工业化，全球生产、贸易格局将发生重大变化。发达国家的再工业化进程加快，东南亚和南非的出口替代更加明显。早在 20 世纪 70 年代，美国就已经提出了再工业化这一名词，而 2008 年的金融风暴则使这一进程加快。而且由于金砖四国等强势发展中国家的人力资本增加，寻找新的替代出口国家已成为发达国家发展工业的新兴趋势，因此在未来的时间内，新的出口替代可能伴随着发达国家的再工业化提上新的议程。

二、理论和实践：从增长极到线域开放以及海陆统筹的现实需求

1. 从增长极理论到线域开发是中国区域开发的一个理论发展趋势

随着社会阶段的变迁，城乡区域之间发展的总体规律越来越明显，即从城乡不分到城乡分离又逐步走向城乡一体的过程，这一过程是城乡关系在相互作用下不断发展的螺旋式上升过程，体现了马克思主义的辩证唯物发展观，遵循了区域发展的总体规律（见图 6）。图 6 所示，社会需求的不同引发区位性质的改变，区位性质的改变需要相应的理论改变作为支撑，区域的空间表现形式在日益复杂的渐变中，也同时印证了促使城乡关系不断发展、空间动力不断转变以及区域发展战略的不断调整的系统化、动态化、阶段化的过程。

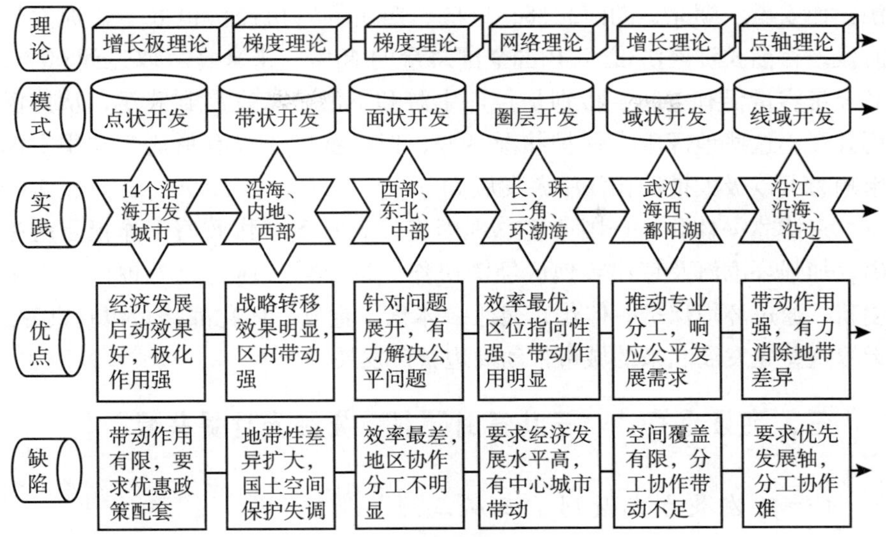

图6　我国区域发展战略的演变过程

2. 更注重区域协同平衡发展，加大沿江沿路开放开发是中国的鲜活实践

党中央、国务院深入实施区域发展总体战略，谋划区域发展新棋局，将建设丝绸之路经济带、21 世纪海上丝绸之路、长江经济带和推进京津冀协同发展作为全国经济发展主轴线，由东向西、由沿海向内地，沿大江大河和陆路交通干线，推进梯度发展。让泛珠三角与长江中游城市群的合作日益深化，东部沿海地区产业加速向中西部地区转移，打破区域限制，让要素资源更加自由流动起来，优化配置，释放发展动力与活力。

“一带一路”——经济全球化深入发展，区域经济一体化加快推进，全球增长和贸易、投资格局正在酝酿深刻调整，亚欧国家都处于经济转型升级的关键阶段，需要进一步激发域内发展活力与合作潜力。“一带一路”倡议的提出，契合沿线国家的共同需求，为沿线国家优势互补、开放发展开启了新的机遇之窗。中国将出资 400 亿美元成立丝路基金，为“一带一路”沿线国家基础设施、资源开发、产业合作和金融合作等与互联互通有关的项目提供投融资支持。

长江经济带——长江经济带覆盖东中西部、11 个省市，范围较大，发展层次梯度不一。在长江经济带，上海、浙江、江苏是我国经济发达地区，是中国经济快速发展的“龙头”，能成为带动长江流域发展的动力源；而安徽、湖北、湖南北部、重庆、四川等省份经济也处于快速发展阶段。目前长江经济带 GDP 占全国总量的 40%，未来将争取达到 60%，其经济容量仍有空间，特别是长江中游和下游。从宜昌到武汉，从武汉到九江，这些地区生态保护状况良好，但经济中心没有形成，利用上海影响力可以极大推动长江中游发展。

京津冀一体化——国务院总理李克强 3 月 5 日作政府工作报告时指出，加强环渤海及京津冀地区经济协作。京津冀一体化是一种体制上的创新，通过环境保护一体化、交通一体化、企业一体化战略可以让北京、天津这些先发展起来的城市带动周边城市发展。

三、突破重点："三从三到"和"先融先行促共建"

（一）发展方式做到"三从三到"

（1）在站位上发挥增长极先发优势，实现"闽新轴带"建设"从核心区到联通区"升格。在国家顶层设计的《愿景与行动》中，新疆是"丝绸之路经济带核心区"，福建是"21 世纪海上丝绸之路核心区"，倡导的"闽新轴带"是联系陆海丝绸之路核心区（东南海疆门户福建与西北陆疆门户新疆）的最便捷大通道。在陆海统筹双向开放背景下，将"闽新轴带"上升为国家级生产力大通道首先做的工作就是将两个核心区上升到联通区建设，提升战略站位。

（2）在推进方式上发挥点轴的外溢优势，实现"闽新轴带"建设"从点线轴到轴线带"升级。"闽新轴带"连接着西部、中部、东部三大战区，三大战区的相互策应对于维护国家安全意义重大。借助"一带一路"倡议及福建自贸区政策红利，海西经济崛起将对台湾经济产生明显的辐射效应，这将为祖国统一大业建立良好的经济基础和民意基础，也是稳定边疆地区、维护民族团结、实现中国梦的有效途径（见图 7）。

（3）在推进动力上发挥产业的关联效应，实现"闽新轴带"建设"生产区到产业融资带"提质。"闽新轴带"连接着西北内陆开放经济区（乌鲁木齐、喀什经济区）和东部沿海开放经济区（福建自贸区、海西经济区），充分发挥"闽新轴带"西北—东南直线物流大通道优势，促进联通带各省共建智慧物流、港口等基础设施，采取"共建园""托管园"等形式，构建"闽新轴带"沿线六省合作新机制、新平台，大力促进特色产业集聚，着力打造产业转型创新区，实现生产区到产业融资带的提质增效。

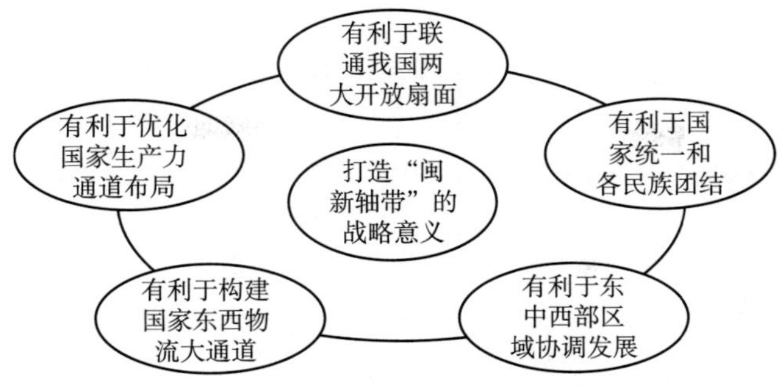

图7　打造“闽新轴带”的政治意义示意图

（二）发展模式做到“先融先行促共建”

（1）在关系协调上发挥利益共享原则，做好互动互融的多元开放贸易体系建设。“环太平洋”和“欧亚大陆”是新时期我国对外开放的两大扇面。“闽新轴带”作为连接“一带一路”与“长江经济带”两大国家级发展战略的生产力大通道，将我国“西北—东南”双向开放的两大扇面沟通起来，将有力促进国家陆海统筹发展以及多元开放体系的构建。

（2）在目标远景协调上发挥规划导向作用，做好战略先行的空间规划体系建设。“闽新轴带”现阶段整体经济发展水平与其作为我国重要的一级发展轴线的定位尚不相符，依然处在需要大幅度提高经济总量和升级产业结构的关键阶段。区域整体发展依然需要依靠经济中心强大的辐射带动，在经济发展地域上必然要求有所侧重。应该加快基础设施互联互通，但是在空间体系规划上要按照“整体规划、分段开发、互享互荣”的思路进行。

（3）在文化认同协调上发挥命运共同体导向，做好文化共建工作。“一带一路”建设是所有国家不分大小、贫富，平等相待、共同参与的合作，通过扩大文明对话和互学互鉴，加强各国间的政策沟通与对接，“一带一路”建设有利于解决当前世界和区域发展面临的突出问题，有利于促进各种文明和谐共存，有利于推动地区共同发展和世界和平稳定。深度挖掘“闽新轴带”丰富的历史文化内涵，构建现代公共文化服务和传播体系，组织6省将文化产品向沿线国家和地区展览展示。借助国家平台，推动更多的优秀出版物和广播电视节目落地周边及沿线国家，加大中华文化推介传播力度。

粮食与生态安全

生态安全视阈下的粮食安全：影响机制与风险防控*

王妍华　罗海平①

摘　要： 生态安全是粮食安全的重要基础和支撑。我国面临粮食供给与需求、国内外粮食市场以及农业生态资源等多个维度和层次的粮食安全压力，粮食安全的生态安全问题突出。水资源、土壤环境日趋恶化，生物多样性减少等生态安全问题严重影响到我国可持续性的粮食安全战略。为此，需防范粮食安全的生态风险，完善农业基础设施建设，增强农业可持续发展能力，集中治理农业生态环境问题，增强农业生态承载力，通过农田生态治理实现我国粮食安全和生态安全的双重目标。

关键词： 生态安全；粮食安全；生态治理

一、引言

粮食安全离不开生态安全的支撑。2016 年中央一号文件提出加强资源保护和生态修复，实现粮食生产与农田生态系统的协调与可持续。2017 年中央一号文件进一步要求"积极推进农业供给侧结构性改革"、实现从量到质的粮食安全战略转换。党的十九大报告提出："要确保国家粮食安全，把中国人的饭碗牢牢端在自己手中。"中国是一个农业大国，也是一个粮食消费大国。但近年来，自然、人为等多种原因导致生态环境恶化，生态问题成为影响和制约粮食安全问题的重要因素。

粮食安全问题是一个全球性问题，1976 年联合国粮农组织（FAO）在第一次世界粮食首脑会议上首次提出了"食物安全"问题，1983 年 4 月联合国粮农组织粮食安全委员会通过了"粮食安全"概念，即"让所

---

* 项目基金：国家社科基金项目（项目编号：17BJL066）；江西省高校人文社会科学重点研究基地研究项目（JD16163）。

① 作者简介：王妍华（1998～），女，汉族，江西省吉安市泰和县，南昌大学经济管理学院学生。

有人在任何时候都能获得充足的粮食”，该概念强调“粮食安全”不仅仅是“充足粮食”的目标状态，同时也包含实现过程的可持续性要求。长期以来，粮食安全研究中生态视角研究是不可或缺的重要一环。康穆和匹鲁英（Common and Perrings，1992）研究认为，石油农业是导致农业土地贫瘠的根本原因，未来必然转向生态农业，出路在于改进农田生态系统。富兰克林·H. 金（2011）则提出粮食安全保障不能超出生态生产潜力，不能对整个生态系统构成威胁。FAO 和 OECD 在《Agricultural Outlook 2013～2022》甚至预言，在资源环境约束下生态安全和粮食安全的矛盾将不断加深。

国内粮食安全研究，生态维度的粮食安全审视同样受到广泛关注。对于粮食安全与生态安全的关系，主要观点包括：（1）将生态安全视为粮食安全的重要构成。如翟虎渠（2004）将粮食安全解构成“数量安全、质量安全和生态安全”，生态安全被视为粮食安全可持续化的保障。胡岳岷等（2013）则将生态安全纳入与粮食数量安全、品质安全与健康安全同等重要的价值范畴。黎东升、曾靖（2015）构建了生态安全与产品安全、资源安全、贸易安全“四位一体”的粮食安全体系。（2）视生态安全和粮食安全同等重要且相互影响。张士功（2005）认为，粮食安全与生态安全相互促进、相互影响，其中生态安全是粮食安全的基础。倪国华、郑风田（2012）将粮食安全、生态安全与食品安全置于同一分析框架，提出从生态安全与食品安全维度审视粮食安全。王国敏、张宁（2015）则提出“粮食生态安全”概念。（3）将生态作为影响粮食安全的重要因子，其中主要侧重生态中土地资源与气候变化对粮食安全的影响研究。如李腾飞、亢霞（2016）从气候变化、国际形势、城镇化进程和消费结构转变等维度研究了我国粮食安全问题，认为全球气候变化和资源环境约束等带来粮食安全新矛盾与挑战。

纵观学术界对粮食安全的研究，生态视角下的粮食安全考察多以某一个方面的生态问题为研究对象，系统考察生态问题对粮食生产以及粮食安全的影响的文献并不常见。基于此，本文从生态环境和我国粮食安全的概念和现状入手，在深入剖析生态环境对粮食生产影响机制的基础上，提出生态安全视角下的我国粮食安全风险防控对策。

二、粮食安全与生态安全概念

1996 年 11 月，第二次世界粮食首脑会议通过的《罗马宣言》和行动计划，将“粮食安全”定义为“只有当所有人在任何时候都能够在物质上和经济上获得足够、安全、富有营养的粮食，来满足其积极和健康生活的膳食需要及食物喜好时，才实现了粮食安全。”不同国家有不同的国情，粮食安全的概念和标准也各不相同（祝滨滨，刘笑然，2010）。党的十七大报告中指出：“增强农业综合生产能力，确保国家粮食安全。加强动植物疫病防控，提高农产品质量安全水平。”党的十七大将“粮食安全”与“农业综合生产能力”相联系。这表明“粮食安全”不能仅仅局限于保障获得食物的数量和质量，还应当考虑其对社会经济发展的作用，在我国表现为在工业、养殖业、种植业等有关行业中的用粮安全。因此，我国的粮食安全是指粮食数量能够满足人口食用，养殖业、工业及其他国民经济正常发展所需的日益增长的所有用粮。粮食安全要求国内粮食产量要能与夺取全面建设小康社会新胜利目标和进程的客观需要相匹配。粮食安全要求粮食价格及其变化要能符合国民经济健康快速稳定发展内在规律的客观要求。粮食安全要求粮食供给和消费质量要能符合人民群众生活水平日益提高的要求（张忠良，2008）。

“生态安全”概念在1991年12月19日颁布的《俄罗斯苏维埃联邦社会主义共和国自然环境保护法》中首次正式使用，具体指：生态系统的平衡得到维护，自然界的自然过程保持一种和谐状态；可再生自然资源的再生条件得到保护；不可再生的资源备受珍惜和得到节约利用；自然界的环境容量受到尊重；环境的自然净化能力得到维护；整体自然环境处于良好的状态；维持人的生命活动和健康所需要的正常条件得到保障；人的环境权利受到尊重和保护。

生态安全与人类经济社会的可持续发展紧密相关。在我国，生态安全的建设也是党和国家重要决议中必须关注和考虑的问题。2014年4月15日中央国家安全委员会第一次会议召开，明确将生态安全纳入国家安全体系，生态安全由此正式成为国家安全的重要组成部分。党的十九大报告中指出，“建设生态文明是中华民族永续发展的千年大计”。

粮食生产的自然再生产过程是粮食生物与自然环境进行的物质、能量的交换过程，受自然环境因素的影响较大（刘英基，2012），因而生态安全与粮食安全有着不可分割的关系。生态安全是粮食安全的重要基础。粮食生产受到水源、土壤、气候等生态环境因素的制约，生态安全得到保障能够为粮食生产提供优质的生产环境，提高粮食生产的数量和质量。另外，粮食生产必须协调生态环境的保护，以牺牲生态环境为代价的粮食生产行为是不可持续的、不可取的，它终将受到自然的惩罚。

三、我国粮食安全压力与生态资源现状

（一）我国面临粮食供给与需求、国内外粮食市场以及农业生态资源等多个纬度和层次的粮食安全压力

我国是一个粮食消费大国，粮食需求结构主要包括口粮、饲料粮、工业用粮、种子用粮、损耗及贸易用粮。根据国家卫生计生委的估计，全面二孩政策实施后会适度推迟我国人口峰值到来的时间，预计在2030年前后到达14.5亿人的峰值。人口增长导致口粮需求刚性增长。根据梁姝娜（2014）基于营养摄入研究的我国居民人均口粮需要量分析，2020年和2033年前后，我国口粮需求总量将分别达到5.84亿吨和6亿吨，口粮需求数量持续攀升。

近年来，人民生活水平的提高使得人民的消费逐渐向质量型消费转型，对蛋禽肉等的需求增加，推动了畜牧业生产的较快发展。规模化、集约化、现代化养殖方式的普及，以及饲养种类的多样化，饲料粮的需求越来越高。冉娟等人通过ARIMA法预测肉蛋奶的产量，基于肉蛋奶产量的预测结果，推算出未来的饲料谷物年求量突破20 000万吨关口，2025年的需求达到21 596万吨（冉娟、王济民，2017）。另外，酿酒业、生物制药、生物燃料等产业，均以小麦、玉米等为原料，其发展也增加了对工业用粮的需求，并出现加速增长的趋势。工业用粮是我国粮食消费中仅次于口粮和饲料用粮的重要消费方式。种子用粮占粮食消费比重较小，需求量总体稳定，基本保持在1.5%～2.0%（闫琰、王志丹、刘卓，2013）。我国的粮食损耗非常严重，据国家粮食局数据显示，我国每年生产的粮食中有35%被浪费，其中餐桌外的浪费就高达700亿斤。

随着加入WTO过渡期的结束以及金融危机的爆发，中国粮食出口呈小幅下滑态势，而粮食进口则大幅上升，不仅超过了出口，且贸易逆差不断扩大（王溶花，2014）。但由于世界粮食产量现状也不乐观，再加上一些政治因素，有些国家实行禁止粮食出口的政策，我国较高的粮食进口依存度与严峻的外贸形势，也威胁着我国的粮食安全。

另外，近年来工业化、城镇化的发展占用耕地的现象越来越严重，生态环境被破坏也导致耕地减少，粮食产量降低，农药、肥料的不合理利用使得粮食的质量也大打折扣。综上可知，我国粮食的需求量不断增

加，但是供给的数量和质量难以达到要求，粮食安全问题形势严峻。

（二）生态资源是粮食安全的支撑，生态安全是粮食安全最重要的保障，但我国生态资源安全形势严峻、粮食安全的生态安全问题不容忽视

我国生态安全的基本态势表现为：资源数量多、类型多但多数质量较差；资源总量大而人均占有量小；资源供给增长缓慢且后备不足而需求增长迅速，供需矛盾突出；资源短缺和浪费现象并存。我国资源安全形势严峻，资源承载负担重，尤其是能源、水资源及耕地资源的安全问题最为明显（王永波，2011）。据2016年中国水资源公报相关数据显示，2016年我国全年水资源总量为32 466.4亿立方米，2016年全国总供水量6 040.2亿立方米，占当年水资源总量的18.6%，我国人口众多，对水资源的需求量极大，是世界上13个贫水国家之一，严重的缺水问题导致我国的城镇化进程、居民生活水平的提高都受到了制约。我国的水质分为五类，作为饮用水源的仅为一、二、三类。2016年我国达不到饮用水源标准的四类、五类及劣五类水体在河流、湖泊（水库）、省界水体及地表水中占比分别高达28.8%、33.9%、32.9%及32.3%，水体污染严重。我国的土地资源绝对数量大、但人均占有量小，还有一部分土地质量较差。在现有耕地中，涝洼地占4.0%，盐碱地占6.7%，水土流失地占6.7%，红壤低产地占12%，次生潜育性水稻土为6.7%，各类低产地合计5.4亿亩。由于人为、自然原因，我国的生物多样性也逐渐减少，主要表现为珍稀物种的灭绝，植被覆盖率的降低以及农业生物多样性的减少。由此可见，我国的生态安全问题不容忽视，形势十分严峻。

四、影响我国粮食安全的生态问题及风险

（一）水环境日趋恶化

1. 水资源短缺

水作为粮食生产过程中的重要资源，对粮食安全有着重大影响。没有水安全就无法实现粮食安全（Bertilsson P.，2013）。2016年9月7日在山东济南召开的现代灌溉新技术交流研讨会上，中国灌溉排水发展中心李仰斌指出，我国灌溉水有效利用系数仅为0.53，与先进国家的0.7～

0.8 相比有着明显的差距。虽然喷灌、滴灌等新型灌溉方式已经被使用，但仍然有许多地方延用漫灌等传统的灌溉方式，灌溉水资源利用率低，用量大。华北平原是我国的重要粮食产区，在粮食生产过程中水资源用量较大，引起地下水位下降、河道断流等环境问题。华北区域浅层地下水都在 30 米以下，导致土质干化。灌溉水源缺少，土壤水分不足，粮食作物吸水量不足，不利于作物生长，给粮食生产带来严重威胁。另外，旱灾等极端天气也导致农业用水不足，影响粮食产量的提高。2014 年 7 月东北局部地区发生旱灾，辽宁省农作物受灾面积 1 330.4 千公顷，其中绝收 261.9 千公顷；吉林省农作物受灾面积 943.4 千公顷，其中绝收 61.9 千公顷。

2. 水污染加剧

随着我国人口的膨胀以及经济社会的快速发展，大量的工业废水和生活废水产生。虽然国家和相关部门已经制定并执行了《污水综合排放标准》《城镇污水处理厂污染物排放标准》以及其他一些管理规定规范废水排量，但仍然有未经处理的废水排入河湖中，引起大面积水体污染。农村地区污水处理设施并不完善，农民保护生态环境意识不强，生活污水随意排放，再加上农业生产过程中农药、化肥的大量不合理使用。目前，无论是地表水还是地下水，我国的水质污染都非常严重（张利平、夏军、胡志芳，2009）。受污染的水用来灌溉导致被灌溉的土壤有毒有害物质积累，土质不断恶化，甚至不能用来种植作物，导致作物减产。2016 年 11 月 19 日召开的第十一届中国经济—法律论坛暨市场流通法制论坛中指出，中国每年有 1 200 万吨粮食受土壤重金属污染，造成损失每年可达 200 亿元人民币。土壤中的有毒物质被作物吸收会影响作物的质量。比如，镉不是植物生长的必须元素，土壤中镉的含量过多，会影响作物正常生长。镉被作物吸收后，会造成作物中的叶绿素含量下降，使叶片发黄、褪绿。土壤酸性越强，镉的活性也就越强，作物也就越容易受到污染（李洪良，2007）。

（二）土壤环境日趋恶化

1. 耕地面积减少

自我国实行改革开放以来，工业化城镇化的发展越来越快。随着工业化、城镇化的快速推进，“以地为本”的中国式城镇化正在影响和决定着中国经济的后续发展之路，土地城镇化是地方政府城镇化推进过程中片面追求城镇化率导致的扭曲失衡。城乡区域失衡、结构失衡、分配失衡、社会权利失衡等城镇化失衡发展凸显出来的问题和矛盾日益尖锐，首当其冲的就是粮食安全问题，粮食安全呈现不稳定、脆弱性加剧的趋势（冷智花，付畅俭，2014）。工业化城镇化对土地资源有着刚性需求，大量占用土地使得耕地面积减少。据《2016 中国国土资源公报》数据显示，截至 2016 年末，全国耕地面积为 13 495.66 万公顷，2015 年全国因建设占用、灾毁、生态退耕、农业结构调整等原因减少耕地面积 33.65 万公顷，通过土地整治、农业结构调整等增加耕地面积 29.30 公顷，年内净减少耕地面积 4.35 万公顷。同时，工业化城镇化使得非农业就业机会增多，引起大量农村劳动力涌入城市，大量耕地被抛荒闲置，耕地利用不充分。

2. 耕地污染

大量的工业、生活排污不合理，污染耕地，使土壤中有害物质增加。土壤污染对粮食作物的产量及质量有着严重的影响，对粮食安全构成极大的威胁。在可以预见的未来，我国的人口将继续增多而耕地将进一步减少，在这种情况下，为了保证国家的粮食和农产品安全，仍然必须继续依靠化肥的使用以进一步提高单位面积产量和总产量（朱兆良、金继运，2013）。我国的肥料使用量过高，但利用率较低，肥料利用不合理，向土壤中过量施入化肥后，影响土壤中微生物的活性，从而破坏土壤团粒结构，致使土壤板结。在土壤板结的情况下，农作物因缺氧而导致根系活力下降，影响正常发育，导致产量减少。另外，施用以农家肥为主的有机肥是我国的传统施肥方式，我国对有机肥的使用也不充分，再加上我国有机肥以禽畜粪便为主，目前我国的畜禽饲料添加剂质量标准不够严格，造成许多地方在饲料中添加大量微量元素，这些微量元素通过禽畜粪便带到土壤中，长期使用有机肥引起土壤的重金属显著富集，使土壤受到污染，进一步影响粮食作物的质量安全。另外农药的不合理使用使得其不易分解的残毒在土壤中集聚，破坏了以土壤为基础的生物链，土壤变得不适宜粮食作物的生长，影响粮食作物的产量及质量。

（三）生物多样性减少

1. 非农业生物多样性减少

生物多样性是指所有植物、动物、微生物物种以及所有生态系统及其形成的生态过程，主要包括遗传多样性、物种多样性和生态系统多样性。生物多样性是粮食安全和营养的根本保障（钱凯、刘成志、李洁莉，2012）。生物多样性不仅有利于保持水土、调节气候，还可以吸收和分解污染物为农业生产提供一个良好的生态环境。比如，蚯蚓被称为改良土壤的“功臣”，它们挖掘土壤，使土壤变松，并使空气和水容易达到植物的根部。蚯蚓纵向栖息的特点使其粪便遗留在土壤中，据检测，蚯蚓的粪便富含氮、磷、钾、氨基酸等物质，能够增加土壤肥力，而且肥效持久。目前我国的农业生产，施用化肥农药是重要的提产途径，但也对生物多样性造成威胁。如用于控制土壤害虫的杀虫剂甲拌磷等，对蚯蚓等动物具有杀伤力，蚯蚓在这种环境下难以存活，其对土壤的有利作用难以生效，不利于作物的生长。过度开垦、过度砍伐等行为导致水土流失，极端天气出现的频率增加，使生态系统遭到严重破坏，对粮食作物的生长不利。黄土高原地区植被覆盖率较低，生物多样性较少，其水土流失情况极其严重，据水土保持部门观测，在黄土高原常年平均流失的 16 亿吨泥沙中，含有氮、磷、钾总量约 4 000 万吨（李忠魁，1994）。这导致黄土的生产能力大大降低。水土流失的加剧也加快沟壑发展的速度，农田面积被肢解得越来越小，威胁粮食生产。

2. 农业生物多样性减少

狭义的农业生物多样性是指物种水平上的多样性，即所有的农作物、牲畜和它们的野生近缘种以及与之相互作用的授粉者、共生成分、害虫、寄生植物、肉食动物和竞争者等的多样性（朱立民，1996）。农业生物多样性是粮食生产系统的基础，它为人类提供食物、燃料等必备品。另外，一些研究表明，农业生态多样性合理搭配具有提高粮食产量、净化水源，控制病虫害等功能。可以说，农业生物多样性对粮食安全起着非常重要的作用。但是，近年来，多种原因导致农业生物多样性减少。一是石油农业的推广，其提倡的种植和养殖品种单一化，导致许多拥有重要基因资源的传统品种消失；二是化肥、农药的高投入破坏了生态环境，威胁到农业生物多样性。农业生物多样性的减少，直接影响了粮食作物的总产量。另外，由于多样性的减少而降低的生态环境保护功能也对生态环境产生一定影响，最终威胁到粮食安全。

五、基于生态安全的粮食安全防控对策与措施

（一）加快转变农业发展方式，推进农业现代化建设

我国对粮食的需求量越来越大，大面积开荒造田和毁林耕种等传统耕作方式不仅难以满足粮食需求，反而会破坏生态环境，给粮食安全带来威胁（戴攸峥，2017）。加快转变农业发展方式，推进农业现代化建设是保障粮食安全的关键。转变农业发展方式，一是要将粮食生产增长依靠土地投入转变为依靠科技投入，创新农业的发展模式，发展土地集约型、科技密集型农业；二是加快开发种类齐全、系列配套、性能可靠的节水灌溉技术和相关产品，大力普及新型灌溉技术；三是研发并推广现代施肥技术和农药喷打技术，测土施肥，精准喷药，控制化肥农药的使用量，提高化肥农药的利用率。

（二）完善农业基础设施建设，增强农业可持续发展能力

完善农业基础设施建设，深入实施藏粮于地、藏粮于技战略，严守耕地红线，保护优化粮食产能。全面落实永久基本农田特殊保护政策措施，实施耕地质量保护和提升行动，持续推进中低产田改造。一是针对传统灌溉方式导致灌溉水源利用率低、水资源浪费的情况，要加强田间工程、农灌沟渠等设施建设，完善农田的灌排体系，努力发展节水灌溉，扩大保灌水田面积；二是进一步加强水利工程建设，提高粮食生产区的水源涵养能力；三是推进基本农田地改造，加大对中低产田改造，挖掘粮食增产潜力；四是加强损毁工程的修复。

（三）集中治理农业生态环境问题，增强农业生态环境承载力

对于荒漠化、水土流失严重的耕地，实施休耕、退耕的耕作制度，并合理设定补助标准。植树种草，改良农业土壤，恢复并增强土壤生产潜力。开展土壤污染状况详查，深入实施土壤污染防治行动计划，进一步开展重金属污染耕地修复。开展灌溉水源污染调查分析，加大治理水污染的力度。加大农业废弃物资源化利用的技术研发，提高农业废弃物的综合利用率，减轻农业废弃物对耕地环境的破坏。同时注意合理利用好农作物秸秆、人畜粪便等有机肥，增强土壤有机质。

（四）完善生态环境监管体制，完善生态环境补偿制度

农业生态环境补偿是指对损害生态环境的行为进行收费，或对保护生态环境的行为进行补偿，以提高该行为的成本或收益，达到保护生态环境的目的（刘英基，2012）。对于工业化、城市化进程中产生的对耕地环境的破坏，应该完善生态环境监管体制，制定相关法律法规，工业废气物需达到一定指标才可排放，建立固定的排放体系。对于随意排放、排放不达标等行为，应依照规定进行严厉的处罚。建立合理的生态环境补偿机制，为粮食生产提供一个优质的生态环境。

（五）保护生物多样性，加快研发粮食新品种

生物多样性对粮食安全和生态安全起着重要作用，因此，保护生物多样性是保障粮食安全的重要措施。一是制定并完善生物多样性保护的有关法律法规，尽可能多地将和农业有关的生物纳入法中，扩大保护范围；二是加快研发优质高产、抵抗力强、适应力强的粮食新品种，丰富农业生物的多样性；三是设立专门机构，统筹规划种质资源引进与收集、鉴定与研究、保护与利用等工作，大力引进国外种质资源，扩大国内及赴世界各地进行珍稀野生亲缘种的收集考察工作，力争尽早改变中国种质资源的结构与组成，为拓宽品种的遗传基础而创造条件（李华锋，2010）。

（六）适当降低我国的粮食自给率，增加粮食进口

我国是一个粮食生产大国，但目前的粮食生产潜力并不乐观，生态环境遭到破坏，一系列生态问题如生态多样性减少、土壤污染、水污染等都制约了粮食生产。因此，恢复并增强粮食生产潜力需要解决生态问题，为此，可以通过休耕等方式来减少耕地面积达到适当降低我国的粮食自给率的效果，同时增加粮食进口，在保障粮食安全的同时，对耕地进行保护和生产潜力的恢复。

参考文献：

[1] M Common，C Perrings. Towards an ecological economics of sustainability [J]. *Ecological Economics*，1992，6（1）：7－34.

[2] 富兰克林·金、程存旺、石嫣译：《四千年农夫》，东方出版社 2011 年版，第 113 页。

[3] 翟虎渠：《粮食安全的三层内涵》，载《瞭望新闻周刊》2004 年第 13 期。

[4] 胡岳岷、刘元胜：《中国粮食安全：价值维度与战略选择》，载《经济学家》2013 年第 5 期。

[5] 黎东升、曾靖：《经济新常态下我国粮食安全面临的挑战》，载《农业经济问题》2015 年第 5 期，第 42 ~ 47 页。

[6] 张士功：《耕地资源与粮食安全》，中国农业科学院，2005 年。

[7] 倪国华、郑风田：《粮食安全背景下的生态安全与食品安全》，载《中国农村观察》2012 年第 4 期，第 52 ~ 58 页。

[8] 王国敏、张宁：《中国粮食安全三层次的逻辑递进研究》，载《农村经济》2015 年第 4 期。

[9] 李腾飞、亢霞：《“十三五”时期我国粮食安全的重新审视与体系建构》，载《农业现代化研究》2016 年第 4 期。

[10] 祝滨滨、刘笑然：《我国粮食安全概念及标准研究》，载《经济纵横》2010 年第 11 期。

[11] 张忠良：《对十七大报告中粮食安全概念的理解与思考》，载《中国粮食经济》2008 年第 2 期。

[12]《俄罗斯苏维埃联邦社会主义共和国自然环境保护法》，1991 年。

[13] 刘英基：《农业生态环境对粮食安全的作用机理及对策》，载《农机化研究》2012 年第 4 期。

[14] 梁姝娜：《中国居民人均口粮需要量分析——基于中国居民膳食营养素推荐摄入量视角》，载《东北师大学报（哲学社会科学版）》2014 年第 6 期。

[15] 冉娟、王济民：《基于饲料需求的我国饲料谷物需求预测分析》，载《中国农业大学学报》2017 年第 5 期，第 190 ~ 198 页。

[16] 闫琰、王志丹、刘卓：《我国粮食消费现状影响因素及趋势预测》，载《安徽农业科学》2013 年第 35 期。

[17] 王溶花：《中国粮食进出口现状及面临的主要问题分析》，载《农业经济》2014 年第 3 期。

[18] 王永波：《论我国生态安全现状及其法律保障》，全国环境资源法学研讨会，2011 年。

[19] Bertilsson P Stockholm. Water Front：World Water Week Daily [EB/OL] *Stockholm International Water Institute*. [2012 - 08 - 28].

[20] 张利平、夏军、胡志芳：《中国水资源状况与水资源安全问题分析》，载《长江流域资源与环境》2009 年第 2 期。

[21] 李洪良：《农田污水灌溉的风险分析研究》，河海大学，2007 年。

[22] 冷智花、付畅俭：《城镇化失衡发展对粮食安全的影响》，载《经济学家》2014 年第 11 期。

[23] 朱兆良、金继运：《保障我国粮食安全的肥料问题》，载《植物营养与肥料

学报》2013 年第 2 期，第 259 ~ 273 页。

［24］钱凯、刘成志、李洁莉：《生物多样性保护和农业可持续发展》，载《江苏农业科学》2012 年第 12 期。

［25］李忠魁：《小流域治理的哲学思考》，载《水土保持通报》1994 年第 1 期。

［26］朱立民：《浅谈生物多样性概念及意义》，载《天津农业科学》1996 年第 4 期，第 42 ~ 43 页。

［27］戴攸峥：《农村耕地抛荒的多层治理》，载《南昌大学学报（人文社会科学版）》2017 年第 4 期，第 63 ~ 68 页。

［28］《中共中央国务院关于深入推进农业供给侧结构性改革加快培育农业农村发展新动能的若干意见》，2017 年。

［29］刘英基：《农业生态环境对粮食安全的作用机理及对策》，载《农机化研究》2012 年第 4 期。

［30］李华锋：《浅论我国农业生物多样性保护》，载《农业环境与发展》2010 年第 2 期。

基于粮食调出的我国粮食主产区粮食安全贡献度的时空演化研究：1985～2015*

余兆鹏　罗海平①

摘　要：本文运用 FSP 模型测算了 1985～2015 年粮食主产区对全国粮食安全的贡献度，并对其时空属性进行了实证考察。研究表明，过去三十多年我国粮食安全保障主体内部发生了重大变迁，13 个粮食主产区粮食地位以及粮食外调贡献经历了分化重组，形成了新的粮食安全格局。2015 年粮食主产省（区）对我国粮食安全的贡献度达 95%，但动态来看粮食安全贡献度呈现较为显著的空间分异趋势，并存在个别省（区）周期性波动异常、农业资源与粮食安全地位错配和偏离等较为突出的粮食安全隐患和问题。为此本文提出优化农业资源、建立产区间的联动机制、强化粮食风险时空监测及防控等对策建议。

关键词：粮食安全贡献度；粮食主产区；空间分异

一、引言

粮食是关系国计民生和国家经济安全的重要战略物资，为此，党的十九报告强调，“确保国家粮食安全，把中国人的饭碗牢牢端在自己手中”。根据国际粮农组织（FAO）的定义，粮食安全是指保证任何人在任何时候能买得到又能买得起为维持生存和健康所必需的足够食品。粮食安全核心是粮食的可持续性供给保障。当前我国粮食安全问题越来越突出，影响粮食安全的内外因素日趋复杂化。从粮食供需来看，中国粮食消费需求增长的速度快于粮食供给增长的速度（李腾飞等，2016；汪希成等，2016）；从农业资源效力来看，城市化、工业化和石油农业的快速推进严重降低了耕地质量。2015 年，我国农药、农用塑料以及化肥使用

* 项目基金：国家社科基金项目（项目编号：17BJL066）；江西省高校人文社会科学重点研究基地研究项目（JD16163）。

① 作者简介：余兆鹏（1994～），男，广东湛江人，南昌大学经济管理学院硕士研究生。

严重超过国家安全标准，仅单位面积化肥施用量就超国际安全上限1.4倍，导致耕地对粮食安全的保障不具有可持续性（郭珍，2016；戴攸峥，2017）。从粮食贸易国际形势来看，粮食交易的金融化、粮食使用的能源化强化了国际农业垄断资本对发展中国家粮食领域的渗透与控制，给发展中国家带来极大的粮食安全隐患（杨静等，2017）。鉴于此，保障粮食安全一直是重大的国家战略！

粮食主产区是国家粮食安全保障的最重要支撑。我国辽宁、河北、山东、吉林、内蒙古、江西、湖南省、四川、河南、湖北省、江苏、安徽、黑龙江13个粮食大省（区）长期以来在我国粮食安全保障中发挥着重要作用，粮食产量约占全国总产量的70%，历年粮食增产贡献90%以上。为此，国家粮食安全保障关键在于粮食主产区。罗海平等（2014，2015，2016）运用偏离—份额法从粮食产量、农业产值等角度对粮食主产区的粮食安全地位进行了较为系统的考察。崔奇峰等（2013）通过计算原粮产量、商品粮和粮食增产占比并运用综合比较优势指数法对粮食主产区进行了研究，研究认为，粮食主产区具有规模优势且对我国粮食安全的贡献明显。曾福生等（2009）从粮食生产、流通、消费三个方面评估2007年粮食主产区对我国粮食安全的贡献度，认为粮食主产区的贡献度处于良好等级。另外，马树庆等（2010）基于粮食总产量、粮食人均占有量、粮食稳产系数、粮食贮藏系数和粮食商品率等评价指标对吉林省粮食安全状况进行了研究。苏晓燕等（2011）运用层次分析法，构建了粮食安全指数，分析评价了我国尤其是粮食主产区的粮食安全态势。李轩（2015）基于粮食供需均衡态势从粮食的生产、仓储和消费等角度构建了区域粮食安全综合评价体系。

总体来看，目前粮食主产区的研究依然存在如下不足：（1）立足于一省一区的文献较多，将13个粮食主产区视为一个整体进行研究的较少；（2）缺乏长时间纬度动态考察粮食主产区粮食产能变化及时空演化的研究文献；（3）在粮食主产区粮食安全贡献度的研究上，多侧重于粮食产量贡献，缺乏基于区域粮食供需多纬度的粮食安全贡献度的实证考察。《国家粮食安全中长期规划纲要（2008～2020年）》明确指出，为有效保障我国的粮食安全，主产区要进一步提高粮食生产能力，为全国提供主要商品粮源。为此，本文运用FSP模型测算1985～2015年间粮食主产区对全国粮食安全的贡献度，并对其时空属性进行实证考察有利于及时发现我国粮食安全隐患，从而更好地发挥粮食主产区作为国家粮食生产引擎作用。

二、研究区概况、研究方法与数据来源

（一）研究区概况

我国粮食主产区指长期以来粮食产量位列全国前13位的黑龙江、吉林、辽宁、内蒙古、河北、山东、江苏、河南、安徽、江西、湖北、湖南和四川等省和自治区。粮食生产区主要分布于东北平原（118°40′～128°00′E，40°25′～48°40′N）、华北平原（114°～121°E，32°～40°N）和长江中下游平原（111°～123°E，27°～34°N）。主产区13个省域单元大多数处于平原或低丘区，气候湿润或半湿润，雨量充沛，光、热、水资源较为充足，土壤有机质含量较高，易于耕作和水土保持，适合农作物生长（蒋和平等，2011）。从粮食生产状况上看，历年来粮食主产区粮食产量占全国粮食总产量比重达70%以上，是支撑我国庞大粮食需求的中坚力量，对推动国民经济发展和巩固农业战略地位具有十分重要意义。

（二）研究方法

区域粮食安全贡献指区域在满足自身粮食需求的基础上对区域以外地区的粮食安全保障。粮食主产区的粮食安全核心在于保障全国粮食安全，为此粮食主产区不仅要满足自身，还需发挥作为国家粮食安全主体功能区的战略作用，为国家粮食安全保障提供有力的支撑。本文基于区域粮食安全贡献度FSP（food safety percent）测算模型（王兆华等，2014），从粮食主产区在满足自身粮食需求后的粮食调出量入手，测算区域粮食安全贡献度。考虑到数据获取难度且各省人均粮食消费量差距不大的原因，本文通过折算加总全国粮食需求量来计算各省粮食需求量，忽略人均粮食需求标准在省与省间的差异。同时模型假设13个粮食主产省（区）在年末除掉本省粮食需求之后剩余的粮食均能顺利调度。其中粮食需求量（FC）、粮食调出总量（FO）以及粮食安全贡献度（FSP）的计算公式分别为：

（1）全国粮食需求量（FC_{tj}）和区域粮食需求量（FC_{ij}）

$$FC_{tj} = C_{tj}^{FoodG} + C_{tj}^{FeedG} + C_{tj}^{IndG} + C_{tj}^{SeedG} + G_{tj}^{WasteG} \tag{1}$$

式中：j为年份，t为总和，FC_{tj}为j年度全国粮食需求总量，C_{tj}^{FoodG}为j年度全国口粮需求总量，C_{tj}^{FeedG}为j年度全国饲料用粮需求总量，C_{tj}^{IndG}为j

年度全国工业用粮需求总量，C_{tj}^{SeedG}为j年度全国种子粮需求总量，G_{tj}^{Waste}为j年度全国粮食损耗总量。

$$FC_{ij}=\frac{FC_{tj}}{P_{tj}}\times P_{ij} \tag{2}$$

式中FC_{ij}为i地区j年度的人均粮食需求量，P_{tj}为j年度全国人口总数，P_{ij}为i地区j年度人口数。

（2）全国粮食调出量（FO_{tj}）和区域粮食调出量（FO_{ij}）

$$FO_{tj}=\sum_{i=1}^{n}(FY_{ij}-FC_{ij}) \tag{3}$$

式中：i为全国能调出粮食地区（省份、直辖市、自治区）（$i=1$，2，3，…，n），j为年份，t为总和，FO_{tj}为j年度全国粮食调出总量，FY_{ij}为i地区j年度粮食产量。

（3）区域粮食安全贡献度FSP_{ij}

$$FSP_{ij}=\frac{FY_{ij}-(C_{tj}^{FoodG}+C_{tj}^{FeedG}+C_{tj}^{IndG}+C_{tj}^{SeedG}+C_{tj}^{WasteG}/P_{tj})\times P_{ij}}{\sum_{i=1}^{n}(FY_{ij}-FC_{ij})}=\frac{FY_{ij}-FC_{ij}}{FO_{tj}}\times 100\% \tag{4}$$

式（4）中：i为不同地区，j为年份，t为总和，FSP_{ij}为i地区j年度粮食安全贡献度，FSP取值范围为百分比（－100，100）。

（三）数据来源

（1）测算用历年粮食产量、人口数、粮食农作物种植面积、口粮消费量及肉、奶、蛋、水产量等原始数据源于《中国统计年鉴》（历年）和13个主产区（省）的《统计年鉴》（历年）；白酒、啤酒、酒精及味精产量来源于《中国食品工业年鉴》（历年）。

（2）口粮需求总量（C_{tj}^{FoodG}）根据城镇居民与农村居民平均口粮消费量计算加总得到，其中城镇居民口粮消费按照0.85的折算系数（姚成胜等，2008）将原料转化为口粮，城镇与农村居民在家庭之外用粮率分别为12%，4%（肖国安，2002）；饲料用粮需求总量（C_{tj}^{FeedG}）按照料肉比折算，其中猪肉为3.2∶1，牛羊肉为2∶1，禽肉为2∶1，蛋类为2.5∶1，奶产品为0.3∶1，水产品为1∶1（肖国安，2002；李鹏等，2005），其中饲料用粮约占饲料总量的74%（隆国强，1999）；工业用粮需求总量（C_{tj}^{IndG}）参照白酒2.3∶1、啤酒0.172∶1、酒精3∶1、味精3∶1的比例折算，其他工业用粮按以上四种用粮总量的25%计算（肖国安，2002）；种子用粮需求总量（C_{tj}^{SeedG}），包括玉米、稻谷、大豆、小麦和其他粮食作物分别按75、75、75、150、225kg/hm^{2}比例计算（肖国安，2002）；中国的粮食损耗率按照2%计算（肖国安，2002）。

三、结果分析

（一）时间维度的粮食安全贡献度：动态演化及趋势

1. 总粮食安全贡献度

本文运用区域粮食安全贡献度 *FSP* 模型，对13个粮食主产省（区）1985～2015年对全国粮食安全的贡献度进行了测算，粮食主产区历年总的粮食产量、需求量以及粮食安全贡献度走势如图1所示。

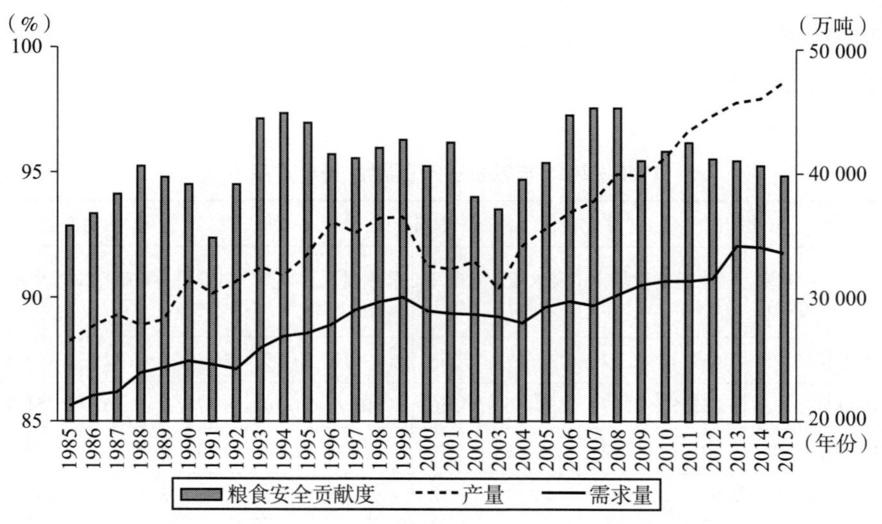

图1　粮食主产区粮食安全贡献度、粮食供给与需求状况

总体来看，我国粮食主产区对全国粮食安全贡献度相对稳定，粮食供给量和自身粮食需求量基本走势趋同。三十多年来，粮食主产区紧握着国家粮食生命线，对全国粮食安全贡献率一直处于90%以上，13个粮食主产区粮食总产量占全国比重除了在个别年份外（1985年、1989年和1991年）低于70%之外，其他年份均维持在70%以上，并表现出稳步上升的态势。2015 年主产区粮食需求总量较 1985 年增加了 12 424.6 万吨，表现出缓慢上涨的趋势，但增长速度低于全国平均水平。结合粮食产量的变动情况，可以发现粮食主产区粮食需求量和产量这两者表现出相对下降与绝对增长的规律，1998 年以前粮食主产区的粮食盈余（粮食供给超过自身粮食需求的部分）绝对值高度稳定。1998 年粮食主产区粮食产量攀顶后逐年下降直到 2003 年探底。2003 年后粮食主产区的粮食产量逐年快速增长，且粮食主产区的粮食盈余逐年拉大。2015 年粮食主产区粮食产量达到 13 696 万吨，约为 1985 年的 2.5 倍。总体来看，三十多年来粮食主产区作为一个整体不断发挥农业资源优势，稳定地发挥着为我国粮食安全保驾护航的角色。

2. 分区粮食安全贡献度

从经济区域来看，13 个粮食主产区分布于我国的东北产区（黑吉辽）、华北产区（冀蒙）、华东产区（鲁苏皖）、华中产区（豫鄂湘赣）、西南产区（川）等域，根据模型测算结果按经济区划分的粮食安全贡献度（部分）如表 1 所示。

表 1　　1985～2015 年粮食主产区粮食安全贡献度

年份	东北产区		华北产区		华东产区		华中产区		西南产区	
	贡献率（%）	需求量（万吨）	贡献率（%）	需求量（万吨）	贡献率（%）	需求量（万吨）	贡献率（%）	需求量（万吨）	贡献率（%）	需求量（万吨）
1985	13.75	3 033.4	2.77	2 456.3	37.63	6 190.7	30.95	7 130.9	7.82	2 409.3
1990	33.83	3 455.5	4.87	2 904.6	24.56	7 301.9	24.10	8 379.7	7.26	2 754.7
1995	33.96	3 791.8	9.22	3 184.2	32.71	7 949.0	14.84	9 247.4	6.28	2 979.8
2000	40.63	4 048.5	8.53	3 431.3	19.88	8 573.7	21.21	9 803.5	5.02	3 159.3
2005	51.54	4 076.7	11.62	3 507.1	8.46	8 850.0	22.28	9 750.1	1.52	3 112.2
2010	51.65	4 347.1	12.72	3 835.6	9.94	9 636.3	21.28	10 382.7	0.30	3 192.4
2015	51.21	4 590.4	14.11	4 156.6	10.21	10 339.4	19.37	11 129.8	0.10	3 428.9

改革开放 30 年多来，我国粮食安全保障主体发生了重大变迁。1985 年粮食安全贡献度最大的区域为华东地区，粮食安全贡献度为 37.63%，但到 2015 年则下降为 10.21%。而东北地区则从 13.75% 上升为 51.21%，

且 2013 年一度达到 57.79%。东北三省撑起了全国粮食调出量的半壁江山！与之相对应的是我国西南产区、华东产区对全国粮食安全贡献度则逐年下降，分别从 1985 年的 7.82% 和 37.63% 下降到 0.10% 和 10.21%。传统意义上的产粮大省几乎没有粮食可外调。如四川省 2015 年粮食调出量仅为 13.9 万吨，且 30 年中有 7 个年份需要大量的粮食调入，2006 年粮食赤字达 -241.7 万吨！而且部分产区粮食供给与需求呈现周期性的失衡，粮食产量上升，但对全国的贡献度则严重下降。原因在于人口体量过大，自身粮食需求量大，从而粮食调出量偏少甚至表现为粮食的净调入。

3. 分省粮食安全贡献度

近三十年来我国 13 个粮食主产区粮食地位内部分化严重，按照总体贡献度的走势来看，可分为三个阶段。第一阶段是 1999 年之前，是粮食主产区粮食产量曲折攀升期；第二阶段是 2000 ~ 2003 年粮食主产区粮食产量急剧下降期；第三阶段是 2004 ~ 2015 年，粮食主产区粮食产量稳步攀升期，目前依然保持着这种逐年增强的势头。

（1）粮食主产区分化重组（1985 ~ 1999 年）。1985 ~ 1999 年是我国传统产粮大省地位下降，新兴产粮大省异军突起的初步形成期。该阶段 13 个粮食主产区粮食地位分化重组，粮食产量表现出极不稳定的状态。主产区粮食产量波动幅度较大，某些产区甚至在连续的时间节点出现了大涨大跌的情况，走势不明。各主产区粮食安全贡献度差距大小存在不确定性，除了个别主产区能逐步确立其在粮食主产区中“领头羊”的位置外，大部分主产区之间的差距变化起伏不定。

粮食地位显著上升的有黑龙江、吉林和内蒙古。黑龙江省在粮食作物耕地面积增加和粮食单产提高等有利因素的推动下，粮食生产量从最初的 1 430 万吨提高到了 1997 年的 3 104.5 万吨，增产幅度高达 1 674.5 万吨，贡献度涨幅高达 20.28%。吉林省除了在 1989 年遭遇到了严重的自然灾害，受灾面积大，粮食歉收严重，贡献度同比下降 8.24% 之外，其粮食安全贡献度在绝大部分时间稳定在 10% 以上，只限于小范围内波动，表现出上涨的势头。内蒙古粮食安全贡献度也从一开始不能自给的状态提高到 1998 年的 9.39%。

粮食地位开始逐年下降的有江苏、安徽、湖北和湖南省。其中安徽、湖北和湖南省贡献度在早期均在 10% 左右幅度，但这几个粮食主产区由于地貌多以山地为主，耕地较为零散，实现规模化种植的难度大，后期粮食安全贡献水平并不理想。1991 年，安徽更是遭遇严重洪涝灾害，粮食减产 675.7 万吨，导致当年粮食无法自给。江西省工业基础薄弱，耕地面积较少且可拓展性不强，随着粮食需求的增长，其粮食安全贡献度一直在下降。而下跌幅度最大的主产区则属江苏省，贡献度从最高的 21.64% 下降到 2000 年的 7.72%。在这期间，虽然江苏省粮食单产率节节攀升，增加了约 1 000 千克/公顷，但其粮食作物播种面积从 1985 年的 6 432.44 千公顷减少到 2000 年的 5 304.31 千公顷，复种指数从 1.86 下降到了 1.59。与此同时，江苏省总人口数量不断增长，到 2000 年人口数达到了 7 327 万人，较 1985 年增加了 1 114 万人次，使得江苏省自身粮食需求量上涨，增加了其粮食供应的负担，粮食调出量也在逐年下降。

粮食地位不稳的有河南、四川和山东省。山东省在 1988 ~ 1992 年这 5 年期间贡献度波动比较大，主要是因为受灾面积较大，粮食作物播种面积下降。由于河南属于人口大省，粮食需求量巨大，粮食产量的细微变动就能引起贡献度的较大波动。而河北、辽宁这两个主产区粮食产量想比其他主产区较低，粮食安全贡献度稳定在较低的水平。

（2）粮食主产区新格局形成（2000 ~ 2015 年）。2000 年粮食主产区粮食产量断崖式下跌，直到 2003 年探底后逆势上涨。从粮食安全贡献度来看，波动幅度较小，新的粮食安全贡献度格局逐渐形成。13 个粮食主产区中，只有黑龙江省粮食安全贡献度仍保持上涨势头，2014 年更是达到了峰值 36.18%，平均值为 30.33%，高居 13 个粮食主产区的首位。黑龙江省拥有得天独厚的农业资源优势，且随着农业生产规模化、机械化程度的不断提升以及粮食作物基因改良技术的成熟和应用，其延续了之前的增长势头。相反，安徽、四川和湖南和湖北则处于下降状态。安徽省贡献度从最高的 8.03% 下降并稳定在 4% 左右的水平。实际上，安徽省农业后备资源并不充足，而人口持续增长的压力更是使得安徽省人均耕地面积下滑，所以安徽省粮食安全保障能力有待提高。四川省是人口大省，粮食需求量巨大。近年来，由于其工业化发展强势、城市化推进迅速，部分农业用地受到挤占，农业人口流失。这些问题导致了四川省粮食供需状况不容乐观。湖南和湖北省的耕地在“量”和“质”上都不突出，主产区地位也逐年降低。而吉林、山东和河南三省的粮食安全贡献地位则呈波动起伏态势。但吉林和河南省总体上是在中高贡献度范围内波动，总体略有下降的趋势。河南整体工业水平并不高，而且地处中部平原充足的耕地资源为粮食生产提供了绝佳的条件。吉林省则较好地发挥了其作为粮食主产区的粮食安全战略作用，2006 年之前吉林省的贡献度均超过 20%，最高更是达到了 39.28%。虽然从 2007 年开始贡献度有所下滑，但整体下滑的幅度不大。山东在 2000 年以前贡献度比较高，但 2000 年后在 5% 左右浮动。相对而言，河北、内蒙古、辽宁、江苏和江西粮食安全贡献度在此期间已相对稳定。从 2000 年开始，内蒙古就确定了它在主产区中的地位，大部分处于中高贡献度区间。由于农业生物技术的普及和机械化种植提高了粮食作物的耐受力和单产水平，内蒙古有效克服了自然环境恶劣、沙漠化严重和水资源相对缺乏等不利因素，粮食生产更具效率。河北、辽宁、江苏和江西粮食安全贡献度在多数年份都低于 3%，粮食产量没有太大的增长，粮食地位与其农业资源地位不符。

（二）空间维度的粮食安全贡献度：空间分异及变迁

从空间上看，粮食安全贡献度在粮食主产区上的变化分布规律表现为三个方面：（1）粮食安全贡献度在空间上表现出明显分异的现象；（2）粮食安全贡献度的重心集中向北方移动，特别是偏向土壤相对肥沃，常住人口较少且工业发展缓慢的粮食主产区，出现“一家独大”的情况；（3）相邻区域之间的粮食安全贡献度有一定联系，即在地理上相近的主产区，它们在贡献度上体现出差距并不明显（见表 2）。

表 2　　粮食安全贡献度评价标准

贡献级别	低贡献	中低贡献	中等贡献	中高贡献	高贡献
分值区间（%）	0≤FSR≤5	5＜FSR≤10	10＜FSR≤15	15＜FSR≤20	FSR≥20

从图 2 可以看出，粮食安全贡献度较高的产区主要集中在东北地区。早期高贡献度的区域与高人口密度的区域相吻合，但随着时间推移粮食生产表现出了由农业劳力密集型向技术密集型过渡的特点。东北地区人口密度低，位于黑土区，宜耕面积大，生物有机质含量极高，为粮食的种植和培育创造了良好的条件。这解释了东北地区后续发力的原因所在。近年来，受到吉林省“增产百亿斤商品粮能力建设”、黑龙江省“千亿斤粮食生产能力建设”和哈尔滨“现代农业综合配套改革试验”等一系列农业政策，东北三省还将继续发挥“粮食市场稳压器”的作用。1985 年

以来，尽管辽宁省的贡献度一直处在较低水平，但由于吉林和黑龙江两个省份贡献度都明显高于其他产区，东北地区在粮食主产区的粮食地位不断得到巩固和提高；对于华北地区来说，目前其总体贡献度稳定在15%左右。以往内蒙古粮食种植条件差，存在荒漠化、水土流失等问题，且生产技术落后，导致生产效率低，而河北人口较多，粮食需求量较大，所以早期华北地区贡献度整体偏低，没能很好起到主产区应有的功能。20世纪90年代以来北方地膜等农业技术的成熟使得作为农业生产领域所必需的温热条件和地理条件等门槛越来越低。拥有丰富土地资源的内蒙古，运用农业技术进步为其发展现代化可持续农业提供了有利条件，从而带动了华北地区；以往华东产区曾依靠充足的农业劳动力保持着较高的粮食输出。但如今随着技术变革，其人口优势并不明显，加上华东地区粮食需求量巨大，其贡献度呈现下降的趋势；华中地区贡献度也存在明显下降态势，其中湖南和湖北两省下降得较为严重，原因在于南方的城市化和工业化程度在上升，工业和城市用地外扩致使耕地面积减少，而粮食作物种植带来的经济效益相比之下并不高，造成大量农业人口开始往城市流动。这种现象在经济发达的省份较为明显。华中地区仅河南省粮食输出较为稳定。2015年河南省粮食产量为6 067.1万吨，比1985年增加了2.24倍，粮食总产量仅次于黑龙江。这得益于河南省通过土地流转、中低产田改造和农业机械化普及带来的大量新增耕地资源，极大提高其粮食种植效率；位于西南地区的四川省1998年“洪灾”以后，大量推行退耕还林，以及农村人口大量进城务工，农村实际种植用耕地严重减少。而另一方面四川粮食需求量节节攀升，使得四川省徘徊在满足自身粮食需求的边缘，粮食安全贡献度无法保持早期7%左右的水平，基本丧失了粮食外调地位。

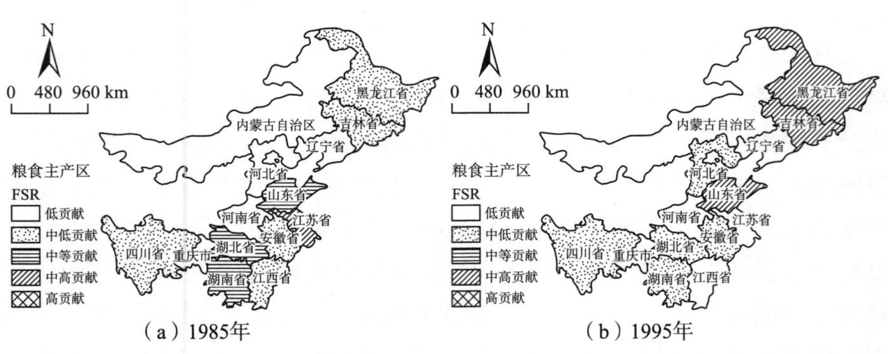

（a）1985年　　（b）1995年

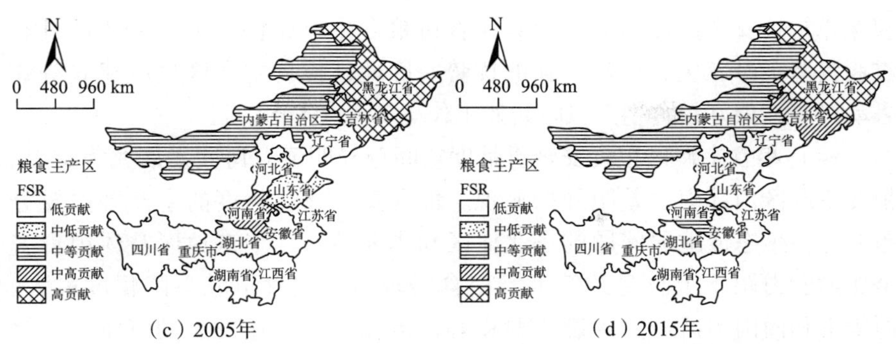

图2　1985～2015年粮食主产区粮食安全贡献度的空间变动趋势

四、结论与讨论

（1）近四十年来，我国粮食安全保障主体发生了重大变迁，传统意义上产量大省粮食主体功能地位迅速下降，新兴产粮大省异军突起。13个粮食主产区粮食地位以及粮食外调贡献经历了分化重组，形成了新的粮食安全格局。粮食主产区为保障我国粮食安全做出了重要贡献，但受制于农业和生态资源约束，这种粮食主产区新格局面临不可持续的粮食安全隐患。部分粮食主产区粮食产量、粮食地位和粮食安全贡献度所面临的不稳定、不确定性、周期性波动因素增多。

（2）粮食主产区粮食安全贡献度与农业资源价值存在偏离和错配现象，提升农业资源使用效率是关键。部分主产区农业资源价值无法得到充分利用的问题在国内粮食需求不断增加的情况下逐渐被放大。这种情况在造成主产区粮食种植经济效益降低的同时还会造成资源浪费。因此，改造中低产田，推进农业土地流转，鼓励粮食规模化种植，减少资源错配的现象发生是粮食主产区发展方向之一。另外，粮食主产区要借鉴国外先进的生产经验，开展农业知识更新学习，加强主产区间农业生产性的交流。主产区要在有限资源的基础上充分优化粮食生产的各个环节，使整体粮食安全贡献度实现由“量”到“质”的转变。

（3）粮食生产环节的风险防控力度不足问题突出，完善粮食安全风险管控急不可待。安徽、江苏、山东、吉林等省都曾出现过粮食产量和贡献度断崖式下跌的状况。耕地污染和水资源短缺等现实因素造成的粮食生产效率损失和农业可持续发展受制约等问题正在削弱粮食主产区粮食生产风险抵抗能力。所以，在可开发资源受限的情况下，粮食主产区通过进一步增加人力资本和运用农业现代科学技术提高其应对恶劣环境和保障粮食安全的能力。比较其他省份粮食生产条件，粮食主产区具有农业资源丰厚和生态可塑性强的优势。因此，粮食主产区更应建立有效联动机制，做好粮食生产风险防控工作。

（4）粮食主产区粮食安全贡献度空间分异明显，协同发展尤为重要。粮食主产区内部南北差距开始显现。粮食安全高贡献度的主产区主要分布在存在生态链脆弱问题的东北地区和华北地区。华东地区整体粮食安全保障能力跟不上自身持续上升粮食需求量，粮食贡献下降幅度最大。而华中和西南地区虽然生态资源良好，但在经济高速发展的背景下，粮食生产潜力受到限制，粮食安全贡献度和良好的区位条件严重不匹配。要充分挖掘主产区粮食安全贡献潜力，必须在粮食主产区形成信息化、标准化和组织化的粮食生产模式。

本文主要从粮食生产和粮食需求的角度探究了我国粮食安全贡献度的问题，分析了13个粮食主产区粮食安全贡献度在时空上的变化。通过实证研究发现了我国粮食主产区粮食安全贡献度变化的特征，以及贡献度背后所隐藏的粮食安全保障的问题与隐患。但由于模型本身没有涉及农业生态环境变化的研究，从而无法考察生态系统的变化对粮食安全的影响。尽管如此，本文研究依然能为针对提升粮食主产区粮食安全保障能力提供思路。

参考文献

［1］李腾飞、亢霞：《新常态下中国粮食安全的价值取向与保障体系分析》，载《中国科技论坛》2016年第8期，第130～136页。

［2］汪希成、吴昊：《我国粮食供求结构新变化与改革方向》，载《社会科学研究》2016年第4期，第130～135页。

［3］郭珍：《石油农业、污水灌溉与耕地污染防治》，载《南通大学学报（社会科学版）》2016年第5期，第111～116页。

［4］戴攸峥：《农村耕地抛荒的多层治理》，载《南昌大学学报（人文社会科学版）》2017年第4期，第63～68页。

［5］杨静、陈亮、冯卓：《国际农业垄断资本对发展中国家粮食安全影响的分析——兼对保障中国粮食安全的思考》，载《中国农村经济》2017年第4期，第75～87页。

［6］罗海平：《基于偏离—份额法的我国粮食主产区粮食产量结构与增长效益研究：1980～2012》，载《云南财经大学学报》2014年第5期，第23～30页。

［7］罗海平、宋炎：《基于偏离—份额法的我国粮食主产区农业产值结构与增长效益研究：1980～2012年》，载《经济经纬》2015年第6期，第29～34页。

[8] 罗海平、宋焱、彭津琳：《基于 Costanza 模型的我国粮食主产区生态服务价值评估研究》，载《长江流域资源与环境》2017 年第 4 期，第 585～590 页。

[9] 崔奇峰、周宁、孙翠清：《主产区粮食生产贡献度及地区比较优势分析——以水稻、小麦和玉米为例》，载《农业经济与管理》2013 年第 2 期，第 35～42、56 页。

[10] 曾福生、匡远配：《粮食大省对粮食安全的贡献度分析》，载《农业经济问题》2009 年第 6 期，第 14～19 页。

[11] 马树庆、王琪：《区域粮食安全的内涵、评估方法及保障措施》，载《资源科学》2010 年第 1 期，第 35～41 页。

[12] 苏晓燕、张蕙杰、李志强等：《基于多因素信息融合的中国粮食安全预警系统》，载《农业工程学报》2011 年第 5 期，第 183～189 页。

[13] 李轩：《重构中国粮食安全的认知维度、监测指标及治理体系》，载《国际安全研究》2015 年第 3 期，第 68～95 页。

[14] 蒋和平、崔凯：《我国粮食主产区农业现代化指标体系的构建和测算及发展水平评价》，载《农业现代化研究》2011 年第 6 期，第 646～651 页。

[15] 王兆华、褚庆全：《粮食安全战略视野下我国区域粮食生产量度分析——以山东省为例》，载《江苏农业科学》2014 年第 8 期，第 463～464 页。

[16] 姚成胜、朱鹤健：《区域主要食物资源安全评价及其安全对策——以福建省为例》，载《自然资源学报》2008 年第 5 期，第 832～840 页。

[17] 肖国安：《未来十年中国粮食供求预测》，载《中国农村经济》2002 年第 7 期，第 9～14 页。

[18] 李鹏、谭向勇、王玉斌：《从食物保障状况看中国当前粮食安全》，载《中国农村经济》2005 年第 6 期，第 4～10 页。

[19] 隆国强：《大国开放中的粮食流通》，中国发展出版社 1999 年版，第 105～108 页。

我国粮食主产区耕地压力与粮食安全研究：1985～2015年*

周静逸　罗海平①

摘　要：耕地安全是粮食安全的第一道防线。本文运用耕地压力模型对我国13个粮食生产省（区）耕地资源的紧张程度与粮食安全问题进行了时空纬度的实证研究。研究发现，我国粮食安全保障依然较为脆弱，粮食安全的粮食产量保障压力依然周期性地存在。粮食主产区的耕地面积、人均实际耕地数量以及耕地产能总体趋势良好，耕地压力基本处于可控的安全区域内，但耕地压力的空间分异趋势隐含新的粮食安全隐患。耕地压力呈现由华北产区向西南、中部产区转移的趋势，且传统产粮大省相较于新兴产粮大省耕地压力问题更加突出。研究认为，提高单产及耕地生产力，跨省（区）协调和优化耕地资源是最有效的实现粮食产量安全可持续化的最佳途径。

关键词：粮食安全；耕地压力指数；粮食主产区

一、引言

粮食安全事关国计民生、社会稳定，是一个国家繁荣发展的根本前提。党的十九大报告要求“确保国家粮食安全，把中国人的饭碗牢牢端在自己手中。”粮食安全根据联合国粮农组织（1974）的定义，指一国或地区所具有的确保任何人在任何时候都能得到为了生存和健康所需要的足够食品的一种粮食供需状态。粮食安全包含多个纬度的要求，一是数量充足，既要求粮食总量充足也要求人均粮食占有量充足；二是品质有保证；三是供应稳定，尤其是在紧急情况下（如发生严重的自然灾害）国家供应粮食的能力（曾宏，2006）。田建民（2010）进一步指出，粮食

---

* 项目基金：国家社科基金项目（17BJL066）；江西省高校人文社科重点研究基地项目（JD16163）。

① 作者简介：周静逸（1995～），女，湖北宜昌人，南昌大学经济管理学院研究生。

安全是一个动态的多维范畴，要求在充足的食物供给基础上还必须满足营养全面、结构合理、卫生健康等标准，同时食物的生产应与生态安全相适应，需确保粮食安全的可持续性。

耕地安全是可持续性实现粮食安全的前提，是保障粮食安全的首要因素（聂英，2015）。随着工业化和城市化的加速，我国大量耕地被用于建设用地，造成耕地数量减少，冲击着粮食安全（朱红波，2007；戴攸峥，2017）。除耕地面积外，耕地生产力及耕地质量同样对粮食安全具有重要影响。针对耕地与粮食安全的关系，蔡运龙（2002）提出了用耕地压力指数来表征耕地资源与粮食安全的量化关系。荣颖（2013）认为，实际人均耕地面积减少会导致耕地压力变大进而对粮食安全产生影响。罗翔（2016）在此基础上，用耕地的地区生产力与全国生产力之比来对原耕地压力指数模型进行修正。我国耕地资源主要分布于13个粮食主产区，粮食主产区的耕地安全是粮食安全保障的最重要支撑（李玉平，2008；方修琦，2009）。基于此，粮食主产区的耕地安全问题一直被置于粮食安全同等重要地位。2004年的中央一号文件指出：集中力量支持粮食主产区发展粮食产业，建设高标准基本农田，增强粮食主产区的粮食综合生产能力，强化种粮技术集成能力。2016年、2017年中央一号文件再次要求保护耕地资源，支持粮食主产区建设粮食生产核心区。

纵观粮食安全研究文献，强调耕地资源对永续性粮食安全保障重要性的文献越来越多。但研究粮食主产区耕地压力的文献并不多，且大多研究集中在省级层面，缺乏对我国13个粮食主产省（区）耕地资源与粮食安全境况的系统研究。本文基于1985～2015年粮食主产区的粮食生产与耕地资源禀赋，运用耕地压力模型对粮食主产区的耕地压力进行了测算，分析耕地压力的动态趋势与走势以及粮食主产区间的空间分异属性，厘清影响粮食安全的耕地资源隐患，从时间和空间维度实证检验粮食耕地资源与粮食安全的关系。

二、研究区概况

我国粮食主产区是指地理、土壤、气候、技术等条件适合种植某些粮食作物并具有一定的资源优势、技术优势和经济效益等比较优势的粮食重点生产区，主要包括黑龙江、吉林、辽宁、内蒙古、河北、河南、山东、江苏、安徽、江西、湖北、湖南、四川13个省、自治区。这13

个省、自治区分别集中分布在我国东北平原、华北平原和长江中下游平原。东北平原位于118°40′~128°00′E，40°25′~48°40′N，地跨黑、吉、辽和内蒙古四个省区，处于温带和暖温带范围，属温带大陆性气候；区内河流湖泊众多，土质疏松，有机质含量高，耕地生产力较高。华北平原位于114°~121°E，32°~40°N，跨越粮食主产区中的冀、鲁、豫、皖、苏五省，属暖温带季风气候，降水季节、年际差异大；区内土层深厚，土质肥沃，主要种植小麦、玉米、棉花和花生等粮食、经济作物。长江中下游平原地处111°~123°E，27°~34°N，地跨粮食主产区中的鄂、湘、赣、皖、苏五省，大部分属于北亚热带，区内有长江、汉江、赣江、鄱阳湖、洞庭湖等江河湖泊，是我国水资源最丰富的地区；还是重要的产棉产粮区，水稻、小麦、棉花等粮食、经济作物产量居全国前列。

三、研究方法与数据来源

（一）人均粮食需求量（Gr）

本文采用最小人均耕地面积以及耕地压力指数模型对我国粮食主产区耕地资源压力的时空变化进行实证研究。粮食需求总量由人均粮食需求量与年末总人口的乘积得出，具体公式如下：

$$Gr = D_m/n \tag{1}$$

Gr 为人均粮食需求量（kg），D_m 为粮食需求总量（万吨），n 为全国总年末人口数。

（二）最小人均耕地面积（$S_{\min_j}$）

最小人均耕地面积是指在一定区域范围内，一定食物自给水平和耕地生产力条件下，为了满足人口正常生活的食物消费所需的耕地面积。最小人均耕地面积是关于粮食自给率、粮食需求量以及耕地资源的利用效率等因子的函数，具体表示如下：

$$S_{\min_j} = \beta \frac{Gr_j}{p_j \cdot q_j \cdot k_j} \tag{2}$$

式（2）中，$S_{\min_j}$ 为最小人均耕地面积（公顷/人）；j 代表省份；β 为粮食自给率（%）；Gr_j 为人均粮食需求量（千克/人）；p_j 为粮食单位面积产量（千克/公顷）；q_j 为粮食播种面积与农作物总播种面积之比；k_j

为复种指数（%），以全年农作物播种（或移栽）面积与耕地总面积的比值表示。最小人均耕地面积给出了为保证特定区域粮食安全所需的耕地数量底线。

（三）耕地压力指数（K_j）

耕地压力指数是反映某特定地区耕地资源紧张程度的一个相对指标，用最小人均耕地面积与实际人均耕地面积的比值来表示，具体如下：

$$K_j = \frac{[\beta \cdot (D_m/n)]/(p_j \cdot q_j \cdot k_j)}{S_{a_j}} = \frac{S_{\min_j}}{S_{a_j}} \quad (3)$$

式（3）中，S_{a_j}为实际人均耕地面积（公顷/人）。由于一个地区不同时期的耕地面积、粮食播种面积、粮食产量不同，相应的耕地压力指数会随之发生变化，因此耕地压力指数是一个动态变化的指标，且由实际人均耕地面积、单位面积粮食产量、复种指数等多个因素确定。蔡运龙等（2002）将耕地压力指数分为三种情况：当$K<1$时，表明实际人均耕地面积高于人均耕地数量底线，耕地资源较为充足；当$K=1$时，表明实际人均耕地面积恰好等于人均耕地面积底线，位于临界值；当$K>1$时，表明实际人均耕地面积低于人均耕地数量底线，耕地资源紧缺，压力较大。本文参考蔡运龙（2002）、罗翔（2016）等关于耕地压力水平的划分标准将耕地压力分为4个等级：安全压力区（$0\leqslant K\leqslant 0.9$）、临界区（$0.9<K\leqslant 1$）、轻度压力区（$1<K\leqslant 1.8$）、高度压力区（$K>1.8$）。

（四）数据来源与处理

本文13个粮食主产省（区）的农作物播种面积、粮食作物播种面积、粮食总产量、单位面积粮食产量以及人口数据主要来源于各省份统计年鉴（1986～2016年），同时参考了《新中国农业60年统计资料》《中国农村统计年鉴》部分耕地面积数据；全国层面的数据主要来源于《中国统计年鉴》和《中国国土资源公报》。

粮食需求量通常由口粮、工业用粮、饲料用粮和种子用粮等构成。根据吕捷（2013）对我国粮食需求结构的研究，目前口粮需求约占我国粮食总需求的50%，且处于下降态势；工业用粮和饲料用粮占比随着工业发展稳步增加，种子用粮的比例基本保持在2%～3%之间上下浮动。

基于小康水平的粮食消费标准，再参考朱红波等（2007）对人均粮食需求量 Gr 的设定，本文将人均粮食需求量确定为：1985～1989 年 375 千克、1990～1994 年 385 千克、1995～1999 年 395 千克、2000～2004 年 400 千克、2005～2009 年 405 千克、2010～2015 年 420 千克。粮食需求总量由人均粮食需求量与总人口的乘积得出，即 $D_m = Gr \times n$，其中 n 为全国总人口数。

四、研究结果及分析

（一）全国粮食供需关系的动态变化

从粮食供给来看，1985～2015 年全国粮食总产量基本保持平稳上升的态势，但仍可分为三个历史阶段：第一个阶段是 1985～1999 年，该阶段是我国粮食产量波折攀升阶段，粮食产量由 37 910.8 万吨增加至 50 838.6 万吨，15 年间增长了 1.34 倍，年均增长率为 2.12%；第二阶段是 2000～2003 年是我国 30 年来罕见的粮食产量整体性急剧下降并探底逆势上涨的阶段。2000 年和 2001 年是新中国成立以来的重灾年，2003 年为自然灾害的偏重发生年，农作物的成灾、绝收面积较高，但这种下降趋势成功得以逆转；第三个阶段是 2004～2015 年，我国持续实现粮食产量稳步增长阶段，粮食产量从 43 069.5 万吨增加到 62 143.9 万吨，2015 年的粮食产量大约是 2003 年的 1.4 倍。

从粮食供需关系来看，1985～1999 年我国每年的粮食产量基本能够满足总的粮食需求，基本实现粮食自足。但自 2000 年开始，一方面粮食需求随着社会经济的发展和人口的增长稳步上升；另一方面粮食产量却由于自然灾害的发生以及耕地面积的减少出现连续下滑，导致粮食生产无法满足生产和生活的需要。粮食产量出现下降以后，政府紧急出台支持农业生产的相关政策，增加财政投入。2004～2010 年“三农”投入年均增长 21.8%，与粮食生产有关的直接投入从 1 029 亿元增加到 4 575 亿元。得益于政府的政策支持，粮食产量从 2004 年开始逐年增加，终于在 2008 年超过粮食总需求，此后，粮食总产量保持稳定增长态势，基本满足生产和生活对粮食的总需求（见图 1）。

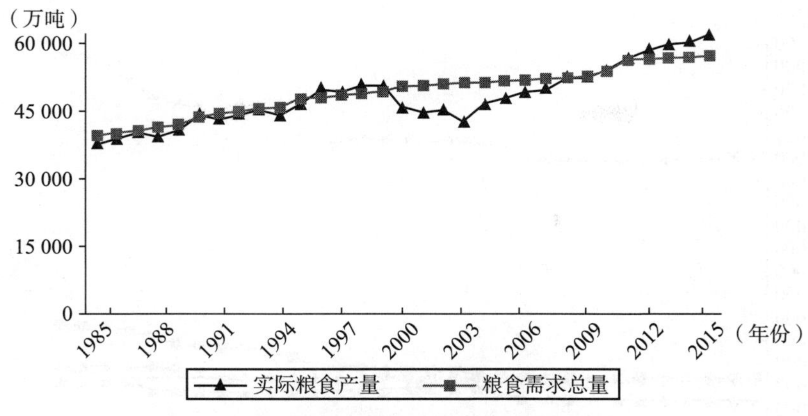

图1　全国粮食供需对比：粮食需求与实际产量

（二）粮食主产区分区的耕地资源动态比较

为便于详细探究粮食主产区内部13个省份的耕地面积、人口数量、粮食产量等指标的动态变化，本文将这13个省份按地理区位划分为5个区域，分别是：华东产区（鲁苏皖）、华中产区（豫鄂湘赣）、华北产区（冀蒙）、西南产区（川）和东北产区（黑吉辽）。

1. 粮食主产区耕地面积的动态变化

总体来看，1985～2015年30年来，在政府积极的补耕政策的推动下，粮食主产区13个省份的年末实有耕地面积在波动中有所上升（见图2），由1985年的6 518.6万公顷上升至2015年的8 710.6万公顷，30年增长了2 192万公顷，年均增长0.97%。研究期内主要有两个耕地面积大幅增加的关键节点：第一个节点出现在1996年，同比增长了3.58%，达到1985年以来耕地面积增长速度的最大值。其主要原因在于辽宁、内蒙古、黑龙江等省份的耕地面积大幅增加，此后，耕地面积基本保持平稳状态。直至2003年，受全国性的生态退耕政策影响，大部分省份的耕地面积都略有减少，粮食主产区总的耕地面积达到1997年以来的最低值6 793.02万公顷。2009年开始，由于黑龙江三江平原东部土地整理工程和湖北仙洪等农村土地整治项目的实施，粮食主产区迎来耕地面积增加的第二次高峰，同比增长了3.02%。

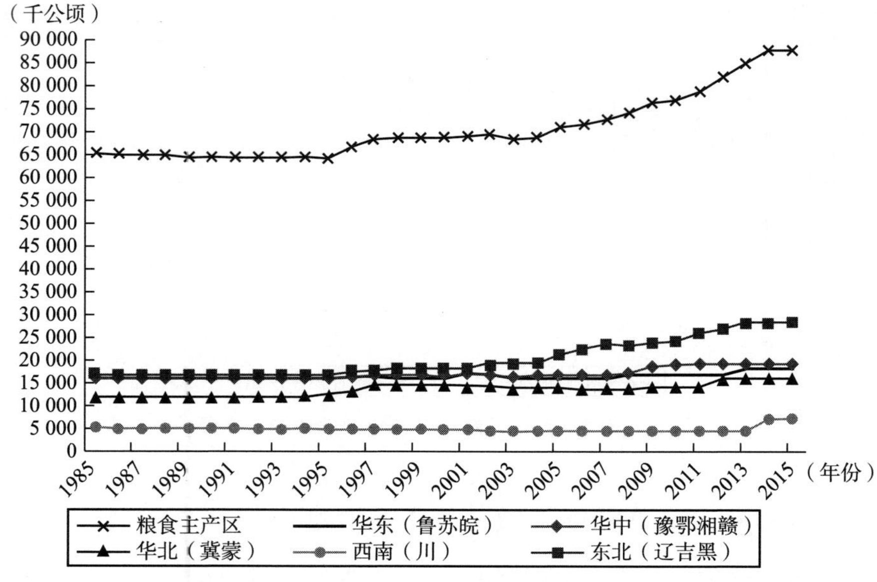

图 2　粮食主产区分区耕地面积走势图：1985 ~ 2015 年

2. 人均耕地分析

从人均情况来看，粮食主产区整体的实际人均耕地面积一直在 0. 1 公顷左右徘徊，但省（区）间差异较大。由于东北三省和华北产区地广人稀，其实际人均耕地面积都在 0. 13 公顷以上，远高于粮食主产区的平均水平；华东、华中、西南产区由于人口密度较大，实际人均耕地面积都在 0. 08 公顷以下，且呈降低态势。

1985 ~ 1995 年 10 年间，各省耕地面积增长滞缓，人口数量增长速度快于耕地面积增加速度，导致 5 个区域都处于实际人均耕地面积下降状态。东北产区由 0. 177 公顷下降至 0. 159 公顷，华北产区由 0. 152 公顷下降至 0. 138 公顷，华东产区由 0. 084 公顷下降至 0. 071 公顷，华中产区由 0. 075 公顷下降至 0. 062 公顷，西南产区由 0. 064 公顷下降至 0. 056 公顷。而 1996 年和 1997 年东北和华北产区耕地面积急剧增加，实际人均耕地面积分别达到 0. 167 公顷和 0. 162 公顷，其他产区实际人均耕地面积则继续下滑。2003 年，由于经济发展需要引致的建设用地需求增加，大量耕地被占用，人口呈刚性增长，除东北产区以外的其他各产区实际人均耕地面积进一步下降，华北产区表现尤为明显，同比下降了 3. 52%。这种情况一直持续到 2010 年，全国性的耕地保护政策开始实施，粮食主产区内华北、华东、华中、西南四个产区人均耕地面积下降形势得到缓解，华东产区甚至由2010年的0.068公顷增加至2015年的0.073公顷。

华北产区在2012年扭降为增的主要原因是2012年内蒙古自治区实施了《中华人民共和国土地管理办法》，开展农村土地整治，新增耕地196万公顷。因此，华北产区人均耕地面积由2011年的0.141公顷增加至2012年的0.160公顷，同比增长了13.6%。东北三省自2001年以后能够一直保持波动中较大幅度的上升也主要得益于土地综合整治工作的进一步推进，东北产区实际人均耕地面积由2001年的0.167公顷上升至2015年的0.260公顷，14年增长了55.3%，政策效果较为显著（见图3）。

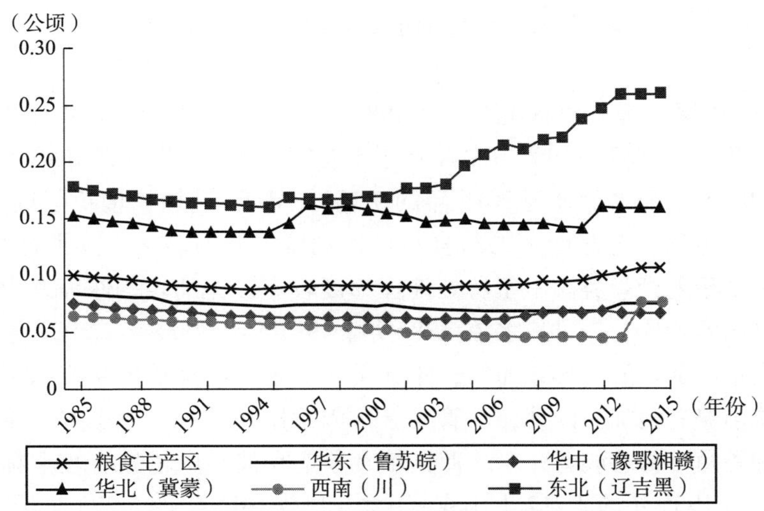

图3 粮食主产区分区实际人均耕地面积趋势图

3. 耕地产能分析

单位面积粮食产量是影响粮食总产量的最直接因素，单产的增加是提高粮食总产量的关键。由图4可知，粮食主产区的平均单位面积粮食产量在研究期的30年内基本保持稳步上升；主产区内部各区域之间的单产水平差异越来越小，华东产区2015年的单产水平已经达到6 042.14千克/公顷，其他产区的单产水平也都在5 100千克/公顷以上，均向6 000千克/公顷的高水平单产集中。

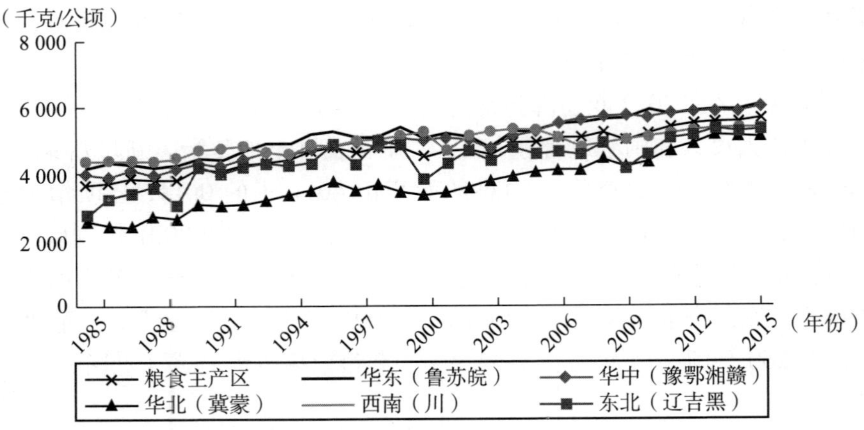

图4　粮食主产区单位面积粮食产量分区比较

分产区看，华北产区的单产在1985～2015年这30年中基本保持稳定增长态势，并且相比1985年的单产水平有较大幅度的提升，由1985年的2 592.9千克/公顷上升至2015年的5 108.1千克/公顷，增长了近1倍，增速最为迅猛。东北产区的粮食单产波动幅度相对较大，周期性稍强，但总体处于上升趋势。由于所处地理纬度较高，受气候条件等人为不可控制的因素影响，东北三省在1989年、1997年、2000年、2009年出现了粮食单产陡降的情形，而第二年又迅速恢复至陡降前的单产水平，甚至较之前略有增加。因此，尽管受气候因素影响较大，由于农业技术的提高和种植结构的改善，东北产区粮食单产在波动中依然有较大幅度的提升，由1985年的2 712.1千克/公顷上升至2015年的5 273.9千克/公顷，增幅达到94.46%。西南产区的四川省由于受到自然灾害的影响，粮食单产也略有起伏，但整体保持上升状态。从2007年开始增长趋于平稳，单产水平逐年递增，到2015年实现“九连增”，由3 026.9千克/公顷增至3 442.8千克/公顷，年均增长1.62%。华东和华中产区相对而言波动较小，基本保持平稳增长态势，仅在2003年由于遭受严重干旱袭击，两个产区的粮食单产同时下滑，较2002年分别下降了5.96%和6.45%；2004年开始，两个产区单产迅速增加，此后基本保持稳步上升。华东和华中产区30年粮食单产分别增加了1 891.47千克/公顷、2 043.25千克/公顷，增幅相对较小。

近年来，随着惠农政策的大力实施，农业基础设施的改善，先进生产技术的推广，粮食主产区内各个区域的粮食单产都大幅提高，华北、东北产区表现尤为明显。

（三）耕地压力指数分析

1. 时间维度的耕地压力分析

从时间维度来看，1985~2015年30年间我国粮食主产区的耕地压力都处于安全区域内，且呈下降趋势。与全国的耕地压力指数相比，粮食主产区的耕地压力指数走势与其大体一致，但粮食主产区的整体波动更为平滑，且始终低于全国的耕地压力指数。研究期内，粮食主产区的耕地压力指数基本在0.7~0.9这一区间内上下浮动，整体的耕地压力变化情况可分成三个阶段：1985~1999年波动下降，2000~2005年缓慢上升，2006~2015年平稳下降。

具体到各个产区的耕地压力情况可以看到，华东产区的耕地压力指数K由1985年的0.8变为2015年的0.84，K值在0.76~1.08区间内波动；1985~1999年呈波浪线形下降，2000~2006年呈一个倒“V”形，先增大后减小，在2003年达到倒“V”形的顶点1.08，2007年至今呈稳定下降态势。华中产区的K值走势与华东产区大体一致，在1999~2005年经历倒“V”形，并在2003年达到峰值1.08，此后缓慢下降；K值由1985年的0.86下降为2015年的0.82，压力区间为0.84~1.08。华北产区的耕地压力指数K整体呈下降态势，由1985年的1.03下降到2015年的0.64，降幅明显；期间也有两个压力上升阶段，分别出现在1985~1987年和1998~2003年。与其他产区不同，西南产区的耕地压力呈现浮动增加，由1985年的0.86增加至2015年的0.99，目前处于临界区；K值主要有两个明显的上升时期，其一是从1999年的0.8上升至2001年的0.99，其二是从2005年的0.94上升至2007年的1.07，2008年以后K值慢慢减小，压力趋于缓解。东北产区的耕地压力指数K降幅最为显著，由1985年的0.86下降至2015年的0.34，2003年以前波动不太规律，幅度稍大，2003~2015年基本保持稳定下降状态，13年K值下降了0.27，压力得到有效缓解（见图5）。

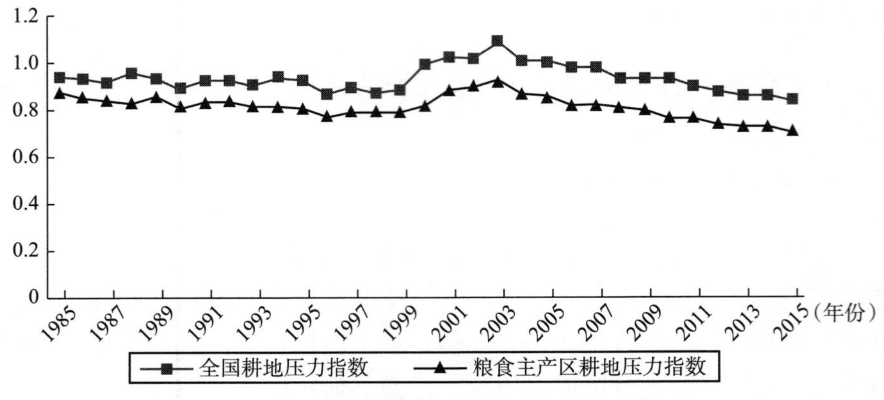

图 5　全国与粮食主产区耕地压力指数走势图

与全国的耕地压力变化情况相比，粮食主产区的耕地压力变化相对平稳，且始终低于全国的耕地压力水平。出现以上情况的原因可能有两个方面：一是农业技术的改进导致粮食主产区的单位面积粮食产量大大提高，生产效率和土地利用效率大幅度提升；二是内蒙古等地土地整治工作的全面推进有效增加了相应省份的耕地面积，耕地压力进一步缓解。

2. 空间维度的耕地压力分析

30 年来我国粮食主产区的耕地压力呈现由华北产区向西南、中部产区转移的趋势。单就耕地压力指数而言，呈现中高北低的特征，即北部产区的耕地压力普遍低于西南、中部产区的耕地压力。相较于 1985 年，2015 年北部省份的耕地压力降幅最为明显，内蒙古、辽宁由轻度压力区降到了安全压力区，河北省、湖南省也由临界区降到了安全压力区；而与之相反，四川省和湖南省则由安全区域上升到接近轻度压力区，压力增加。其中粮食主产区中耕地压力指数最小的分别为黑龙江（0. 23）、吉林（0. 28）和内蒙古（0. 34），耕地压力指数相对较高的有河南（0. 67）、安徽（0. 74）、山东（0. 79）、辽宁（0. 80）、江西（0. 80）、河北（0. 83）、江苏（0. 85），而耕地压力指数最高的三个省份分别为四川（0. 99）、湖南（0. 91）和湖北（0. 86）。总体来看，尽管我国 13 个粮食主产区耕地压力指数目前均处于安全区间，但极值相差较大，耕地压力最大的四川省与最小值黑龙江省之间相差 0. 76。除此外，其他粮食主产区 K 值分布均较为集中，均处于 0. 67 ~ 0. 86 区间。且目前粮食主产区的耕地压力呈现由北向南逐渐递增趋势（见图 6）。

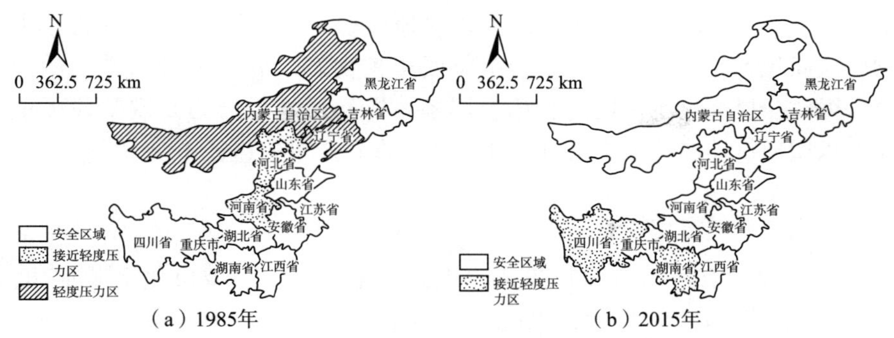

图6　13个粮食主产省（区）耕地压力指数比较

五、结论与建议

（一）研究结论

（1）我国粮食安全保障依然较为脆弱，粮食安全的粮食产量保障压力依然周期性地存在。尽管目前我国粮食产量增势良好，但从粮食的供需关系来看，相对于粮食需求的增势，粮食的供给并不能经常地满足粮食需求自给，一旦出现极端天气，粮食歉收将导致粮食供需失衡。

（2）粮食主产区的耕地面积、人均实际耕地数量以及耕地产能总体趋势良好，但周期性影响粮食安全的因素依然存在。尽管全国和粮食主产区耕地量从统计数量上基本保持了平稳状态并略有增加，但弃耕、城市化侵占良田等现象普遍存在，粮食安全问题依然严峻。华东、华中、西南产区人均实际耕地面积不但没有增加，反而呈降低态势。13 个粮食主产区单产差异越来越小，东北产区波动幅度相对较大，周期性较强，呈现不稳定因素。

（3）粮食主产区的耕地压力基本处于可控的安全区域内，但耕地压力的空间分异趋势隐含新的粮食安全隐患。粮食主产区耕地压力始终低于全国平均水平，并呈下降趋势。但具体到各个产区，东北和华北产区的耕地压力呈现整体下降趋势，其中东北趋势最为显著。华中和华东产区耕地压力指数呈倒“V”形走势，耕地压力缓慢下降。而西南产区的耕地压力呈现浮动增加。我国粮食主产区的耕地压力呈现由华北产区向西南、中部产区转移的趋势。传统产粮大省相较于新兴产粮大省耕地压力问题更加突出。

（4）从耕地压力成因来看，耕地压力指数的下降是由于最小人均耕

地面积 $S_{\min}$ 的下降速度快于实际人均耕地面积 S_a 的下降速度，而最小人均耕地面积 $S_{\min}$ 的下降又得益于单位面积粮食产量 p 和复种指数 k 的提高。因此，提高单产、提高土地利用率、提高耕地生产力是现阶段无法大面积增加耕地的情况下最有效地增加粮食总产量的途径。

（二）对策建议

（1）加大农田基本建设投入，提高耕地产能。在城市化不断加速，粮食需求刚性增长的今天，提高单产是增加粮食产量的根本途径之一。为此，应增加对农业基础设施及农田水利基本建设的资金投入，改善耕地灌溉与排水条件，增强农业生产抵御自然灾害风险的能力。应特别注重对中低产田的改造，提高耕地质量，改善农业生态环境，着眼长效发展。对农机设备的购买进行适当补贴，鼓励机械化生产种植，提高生产效率。以提高土地产出率、资源利用率和劳动生产率为目标，在保护生态环境、保证生态安全的基础上，提高单产，增加粮食产量，进一步缓解粮食主产区的耕地压力。

（2）发挥农业技术的推动作用。农业技术是提高粮食产量的根本动力。应加大农业科技投入，鼓励农业新技术、新生产工具的研发，不仅仅是农业专家、技术人员，也应鼓励与其息息相关的农民参与其中。充分发挥农业科研的力量，培育更多高产、优质、多抗的农业新品种，推广间、套、混作种植技术，提高复种指数，将更多农业机械运用到粮食生产中去，提高耕作效率，引导农民科学种田。发展高科技农业，扩大农机覆盖率，鼓励集约化生产经营，加快新品种新技术的推广，促进知识技术向实际的生产力转变。

（3）大力开展耕地整理。在现阶段耕地后备资源越来越紧张的情况下，耕地整理成为补充耕地的主要方式之一。应在严格坚守耕地红线，制定有效的耕地保护政策基础之上，提高城市土地的利用效率，在保持经济增长的同时，抑制耕地过度非农化的速度。对于农村土地，应加强政策引导，有计划地对田、水、路、林、村进行土地综合整治，提高耕地质量，改善耕地生态环境；广泛开展农田整理、土地复垦等工程，增加耕地资源数量，减缓耕地流失。与此同时，还应注重优化农业种植结构，因地制宜，提高土地资源利用率和劳动生产率。

参考文献

[1] 蔡运龙、傅泽强、戴尔阜：《区域最小人均耕地面积与耕地资源调控》，载

《地理学报》2002年第2期，第127～134页。

［2］罗翔、张路、朱媛媛：《基于耕地压力指数的中国粮食安全》，载《中国农村经济》2016年第2期，第83～96页。

［3］朱红波、张安录：《中国耕地压力指数时空规律分析》，载《资源科学》2007年第2期，第104～108页。

［4］李治国、张竟竟、郭志富：《基于耕地压力指数的河南省粮食安全状况研究》，载《地域研究与开发》2014年第2期，第141～145页。

［5］刘笑彤、蔡运龙：《基于耕地压力指数的山东省粮食安全状况研究》，载《中国人口·资源与环境》2010年第S1期，第334～337页。

［6］张元红、刘长全、国鲁来：《中国粮食安全状况评价与战略思考》，载《中国农村观察》2015年第1期，第2～14、29、93页。

［7］程叶青：《东北地区粮食单产空间格局变化及其动因分析》，载《自然资源学报》2009年第9期，第1541～1549页。

［8］吕新业、冀县卿：《关于中国粮食安全问题的再思考》，载《农业经济问题》2013年第9期，第15～24页。

［9］徐建玲、查婷俊：《基于城镇化视角的省域粮食安全研究——以江苏省为例》，载《资源科学》2014年第11期，第2353～2360页。

［10］郭兵：《我国城市化与粮食安全关系问题研究》，载《经济体制改革》2011年第1期，第32～35页。

［11］胡鞍钢、地力夏提·吾布力、鄢一龙：《粮食安全"十三五"规划基本思路》，载《清华大学学报（哲学社会科学版）》2015年第5期，第158～165、198、199页。

［12］黎东升、曾靖：《经济新常态下我国粮食安全面临的挑战》，载《农业经济问题》2015年第5期，第42～47、110页。

［13］黄季焜、杨军、仇焕广：《新时期国家粮食安全战略和政策的思考》，载《农业经济问题》2012年第3期，第4～8页。

［14］罗翔、罗静、张路：《耕地压力与中国城镇化——基于地理差异的实证研究》，载《中国人口科学》2015年第4期，第47～59、127页。

［15］胡聪、邓正苗、谢永宏、陈心胜、李峰：《1984年以来湖南省耕地压力与粮食安全初步研究》，载《农业现代化研究》2015年第2期，第259～264页。

［16］郭巍、宋戈：《基于粮食安全的黑龙江省耕地压力动态变化定量分析》，载《中国农业大学学报》2009年第2期，第47～51页。

［17］罗翔、曾菊新、朱媛媛、张路：《谁来养活中国：耕地压力在粮食安全中的作用及解释》，载《地理研究》2016年第12期，第2216～2226页。

［18］方修琦、殷培红、陈烽栋：《过去20年中国耕地生产力区域差异变化研究》，载《地理科学》2009年第4期，第470～476页。

［19］戴攸峥：《农村耕地抛荒的多层治理》，载《南昌大学学报（人文社会科学版）》2017年第4期，第63～68页。

我国粮食安全与生态安全空间包容性的实证研究：以粮食主产区为例*

罗海平　宋　焱　金恩焘①

摘　要： 13个粮食主产区是我国重要的粮食安全和生态安全保障区，本文运用空间自相关模型对粮食主产区粮食安全和生态安全空间包容性进行了实证测算和评估。研究发现：粮食主产区生态服务价值和粮食产能存在显著的单变量空间聚集效应；粮食主产区粮食产能与生态价值在全国的地位存在较大的空间偏离；粮食产量、粮食单产与生态系统服务价值存在较为显著的空间负相关。研究认为，我国粮食主产区粮食安全与生态安全包容性还较为脆弱，粮食安全保障存在生态支撑隐患。受生态资源约束，粮食安全保障主体正呈现由北向南的空间迁移态势。

关键词： 粮食产能；生态系统服务价值；空间自相关

中国实行农村家庭联产责任承包制以来，河南、河北、内蒙古、辽宁、吉林、黑龙江、江苏、山东、湖北、湖南、江西、安徽、四川13个粮食主产省（区）粮食产量基本保持在全国70%左右，历年全国粮食增产贡献率达95%，是中国粮食安全最重要保障区。2010年国务院印发《全国主体功能区规划》，13个粮食主产区同时也是中国最重要的生态屏障区，肩负国家粮食安全和生态安全主体功能。当前，中国主要粮食产区均存在不同程度生态破坏或生态失调，给粮食安全带来隐患。为此，2016年中央一号文件提出加强资源保护和生态修复，实现粮食生产与农田生态系统的协调与可持续。2017年中央一号文件要求"积极推进农业供给侧结构性改革"，实现从量到质的粮食安全战略转换，而实现新的粮

---

* 项目基金：国家社科基金项目（17BJL066）；江西省高校人文社科重点研究基地项目（JD16163）。

① 作者简介：罗海平（1979～），男，四川南充人，南昌大学中国中部经济社会发展研究中心副研究员，硕士生导师，主要研究方向：粮食安全。

食安全战略离不开生态安全的支撑。

粮食安全和生态安全关系的研究一直受到学术界的高度关注。早在1995年莱斯特·R. 布朗（Lester R. Brown）就基于中国耕地资源短缺和农田生态问题提出“谁来养活中国”，使得中国粮食安全成为全球关注的焦点。富兰克林·H. 金则提出粮食安全保障不能超出生态生产潜力，不能对整个生态系统构成威胁。鉴于粮食生态安全面临的严峻形势，对粮食生态安全进行实证测算与评估成为新的研究热点。在测量方法上，德利等（Daily G. C. et al.）提出并构建了生态系统服务价值（Ecosystem Service Valve，ESV）概念。根据ESV定义，提供粮食和原材料食物是区域生态系统的直接价值。从而为区域粮食安全和生态安全二者关系的量化研究提供了较好范式。针对中国粮食安全与生态安全关系，田克明、王国强研究了土地生态安全对粮食安全和经济安全的影响和作用机制，构建了农用地生态安全评价方法。刘渝、张俊飚研究了水资源生态安全与粮食安全关系，并制定了双重安全评价体系。何玲、贾启建等以河北省东南部黄骅市为研究区，利用生态系统服务价值和粮食安全标准进行生态安全底线测算。杨建利、雷永阔以中国粮食安全评价指标体系为研究对象，应用系统综合评价理论和方法，构建粮食安全评价指标体系。通过各种方法实证评估和测算，粮食生产活动对土地生态服务价值存在较强反作用关系。谢高地等发现中国单位面积土地生态系统服务价值呈现“沼泽>水域>林地>草地>耕地”的递减趋势，耕地生态服务价值与生态效率在陆地生态系统中最低。不仅如此，粮食作物种植和生长会带来耕地以及生态系统服务价值损失。在粮食生产和生态环境关系的实证研究上，学术界主要集中在耕地变化对粮食生产的影响、粮食生产与生态可持续问题以及粮食生产的资源环境成本问题等问题研究。尽管对区域粮食产能与生态环境关系的研究越来越重视，但在实证研究中，“生态因素”往往被视为“环境变量”，忽视“生态”的产出及价值，研究缺乏生态产出（生态系统服务价值）和粮食产能空间关系的实证模型。

一、研究方法与模型构建

空间自相关是空间关系研究的重要方法，指空间中某空间单元与其周围单元就某种空间属性而言潜在的相互依赖性，即托布勒（Tobler）提出的地理学第一定律，事物彼此关联，但较近的事物比较远的关联性更强。空间自相关模型已广泛应用于空间数据挖掘、区域经济空间差异等分析。但有关“粮食产能”和“生态系统服务价值”的空间自相关研究却很少。本文通过对我国13个粮食主产区粮食产能与生态系统服务价值空间关系评估，实证检验粮食安全和生态安全空间包容性，力图发现并解决中国粮食安全和生态安全隐患。

本文从粮食和生态的“产出”及“产能”的视角进行研究变量的选择，其中粮食侧指标选择有两个：一是“粮食产量”，是代表粮食产出总量和规模的“年度粮食总产量”；二是代表粮食种植和产出效率的单位耕地面积的粮食产量，即“粮食单产”。而生态侧选择具有“生态产出”意义的“生态系统服务价值”作为实证用指标，以表征生态价值。通过二者空间关系及属性的研究，剖析我国粮食主产区粮食安全和生态安全隐患及问题，如图1所示。

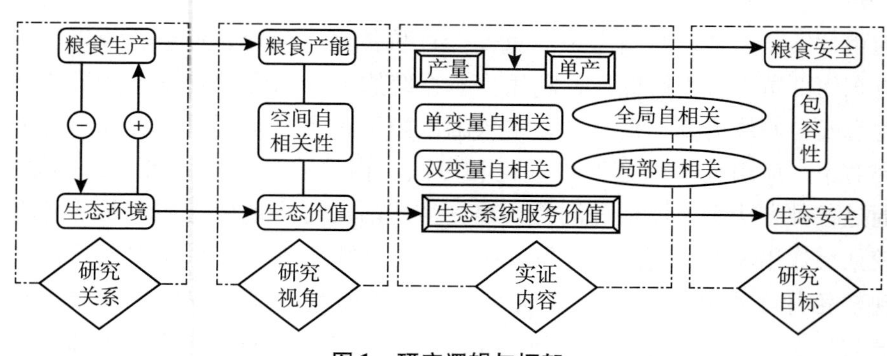

图1 研究逻辑与框架

1. 全局空间自相关

全局空间自相关用来检验整个研究域某一空间属性是否存在空间依赖性，分析所有对象之间的平均空间关联、空间分布模式及其显著性。一般用莫兰指数（Moran's I）表示，其中 Moran's I 计算公式为：

$$I = \frac{\sum_{i=1}^{n}\sum_{j=1, j\neq i}^{n} W_{ij}(Y_i - \bar{Y})(Y_j - \bar{Y})}{S^2 \sum_{i=1}^{n}\sum_{j=1, j\neq i}^{n} W_{ij}} \tag{1}$$

$$z_I = \frac{I - E(I)}{\sqrt{Var(I)}} \tag{2}$$

Moran's I 取值范围是 [-1, 1]，当 $z_I > 1.96$ 时，表示观测值之间存在显著空间正相关，即高观测值与高观测值空间聚集（H－H 聚集）或低观测值与低观测值空间聚集（L－L 聚集），呈现空间聚集格局；当 $z_I < -1.96$ 时，表示观测值之间存在显著负相关，高观测值与低观测值聚集（H－L 异常），低观测值与高观测值聚集（L－H 异常），呈现空间异常格局。

2. 局部空间自相关

局部空间自相关性可以研究不同地理位置上可能存在的空间关联模式，从而发现局部区域空间聚集性和分异性（Anselin L.，1995）。局部空间自相关一般用局部 Moran's I 指数表示，计算公式为：

$$I_i = \frac{Y_i - \bar{Y}}{S^2} \sum_{j=1, j \neq i}^{n} W_{ij}(Y_j - \bar{Y}) \tag{3}$$

式（1）、式（2）、式（3）中，$S^2 = \frac{1}{n} \sum_{i=1}^{n} (Y_i - \bar{Y})^2$；$\bar{Y} = \frac{1}{n} \sum_{i=1}^{n} Y_i$；$Y_i$ 和 Y_j 分别表示第 i 个第 j 个地区的属性值，I_i 是第 i 个区域局部 Moran's I 指数，n 为地区总数（本文中地区划分为 13 个），W_{ij}是基于地区 ij 空间邻接关系建立的权重矩阵，$E(I)$ 是 Moran's I 指数期望，$Var(I)$ 是 Moran's I 指数方差。

3. 双变量空间自相关分析

为了分析多个变量之间的空间关联性，安瑟林等（Anselin L. et al.）等提出双变量空间自相关分析方法（Anselin L.，2002）。双变量空间自相关分析所产生的 Moran's I 值是用所有相邻位置的加权平均值评估一个位置变量值与其他变量的相关程度。其定义为：

$$I_{lm}^{i} = z_l^i \sum_{j=1}^{n} w_{ij} z_m^j \tag{4}$$

式中，w_{ij}是基于区域 i 和 j 空间邻接关系建立的权重矩阵，$z_l^i = \frac{X_l^i - \bar{X}_l}{\sigma_l}$，$z_m^i = \frac{X_m^j - \bar{X}_m}{\sigma_m}$，$X_l^i$ 是空间单元 i 属性 l 的值、X_m^j 是空间单元 j 属性 m 的值，$\bar{X}_l$、$\bar{X}_m$ 是属性 l、m 的平均值，σ_l、σ_m 是属性 l、m 的方差。

二、数据来源与处理

采用粮食产量（单位：千吨）、粮食单产（即单位耕地面积的粮食产量，单位：千吨/平方千米）作为反映粮食主产区各省（区）粮食产能的变量。以生态系统服务价值 ESV 作为区域生态产出价值变量。ESV（单位：10^7 元）采取 Costanza 模型进行测算。模型以 1 公顷全国平均产量的农田每年自然粮食产量的经济价值设定为当量“1”，其他生态类型根据生态服务价值与当量经济价值的比值计算出当量因子：

$$E_a = \frac{1}{7} \sum_{i=1}^{n} \frac{m_i p_i q_i}{M} \quad (i=1,\ 2,\ 3,\ \cdots,\ n) \tag{5}$$

其中 i 为作物种类（主要包括稻谷、小麦、玉米），P_i 为第 i 种作物的全国平均价格（元/t），q_i 为第 i 种作物单产（吨/公顷），m_i 为第 i 种作物的粮食播种面积（公顷）；M 为粮食作物播种总面积（公顷）。结合不同地区每个当量的经济价值和当量因子表 e_{ij}（肖玉、谢高地，2003）可得出各省其他生态系统或其他服务功能的单价，进而根据 Costanza 模型计算出各类生态系统的服务价值、各项服务功能的价值和生态服务总价值：

$$E_{ij} = e_{ij} E_a (i=1,\ 2,\ \cdots 9,\ j=1,\ 2,\ \cdots,\ 6) \tag{6}$$

$$V_j = \sum_{i=1}^{9} A_j E_{ij} (i=1,\ 2,\ \cdots,\ 9;\ j=1,\ 2,\ \cdots,\ 6) \tag{7}$$

$$V_i = \sum_{j=1}^{6} A_j E_{ij} (i=1,\ 2,\ \cdots,\ 9;\ j=1,\ 2,\ \cdots,\ 6) \tag{8}$$

$$V = \sum_{i=1}^{9} \sum_{j=1}^{6} A_j E_{ij} (i=1,\ 2,\ \cdots,\ 9;\ j=1,\ 2,\ \cdots,\ 6) \tag{9}$$

其中，E_{ij}为第 j 种（包含林地、草地、耕地、湿地、水体和未利用地等 6 种陆地生态系统）生态系统的第 i 种生态服务功能（包含食物生产、原材料供给、气体调节、气候调节、水源涵养、废物处理、土壤形成与保护、生物多样性保护和娱乐文化 9 种生态系统服务功能）的单价（元/公顷）；e_{ij}为第 j 种生态系统第 i 种生态服务功能相对于农田生态系统提供生态服务单价的当量因子。V_j、V_i、V 分别为第 j 类生态系统的生态系统服务价值、第 i 项服务功能的价值和生态系统服务的总价值，A_j 为第 j 类生态系统的面积。本实证研究测算用土地利用、粮食产量等原始数据均来源于 2016 年《中国统计年鉴》，粮食价格数据来源于 Wind 数据库。粮食主产区空间自相关模型测算用数据如表 1 所示（部分）。

表1　13个粮食主产省（区）粮食产能与生态系统服务价值（部分）

粮食主产区	粮食产能		生态系统服务价值（ESV）				
	粮食产量	粮食单产	ESV总值	ESV当量	耕地ESV	食物生产价值ESV	原材料供给ESV
河北	33 638	5.26	47 708.27	1 643	8 566.68	1 184.31	2 285.29
内蒙古	28 270	4.94	281 330.54	1 389	9 936.86	5 902.58	13 847.43
辽宁	20 025	6.07	56 445.61	1 933	6 780.02	1 755.45	4 535.34
吉林	36 470	7.18	86 904.67	2 264	12 282.76	2 642.41	6 645.16
黑龙江	63 240	5.38	177 153.51	1 720	21 311.59	4 676.04	12 511.82
江苏	35 613	6.57	54 647.1	2 340	8 378.12	1 791.85	2 221.57
河南	60 671	5.91	46 821	1 960	12 049.4	1 590.53	2 347.24
山东	47 127	6.29	47 736.01	2 005	11 801.26	1 891.42	2 434.46
湖北	27 033	6.05	83 555.76	2 192	8 917.2	1 460.5	5 111.37
湖南	30 029	6.07	99 713.07	2 278	7 393.93	1 657.4	6 393.86
江西	21 487	5.8	89 160.83	2 211	5 399.67	1 405.12	6 207.49
安徽	35 381	5.33	40 322.88	1 856	8 338.13	986.5	2 204.77
四川	34 428	5.33	134 085.85	1 573	8 222.08	2 107.44	7 858.67

三、生态服务价值与粮食产能空间自相关及分异实证分析

（一）单变量空间自相关

传统的空间权重矩阵可按照空间边界邻近关系来分析，或者从区域中心出发，依照一定距离设置空间关系矩阵，探索在不同空间范围内所形成的空间组织关系。由于四川与湖北、湖南间隔重庆市，所以本文采用基于距离标准的方法建立空间权重矩阵，运用Arcgis软件建立含有主产区各省份质心经纬度、各指标属性的shp文件，然后导入到Geoda中进行单变量全局空间自相关与局部空间自相关分析。得到全局空间自相关指数Moran's I（见表2）。

表 2　　单变量全局空间自相关结果

实证结果	生态价值	粮食产能	
		粮食产量	粮食单产
Moran's I	0.1786	0.9278	0.6055
P Value	<0.001	<0.001	<0.001
Z(I)	22.95	72.88	48.45

注：p 表示概率，z(I) 为检验值，$z < -1.96$ 或 $z > 1.96$ 时，$p < 0.05$，置信度大于95%。

Moran's I 即莫兰指数，Moran's I>0 表示空间正相关性，其值越大，空间相关性越明显，Moran's I<0 表示空间负相关性，其值越小，空间差异越大，否则，Moran's I=0，空间呈随机性。由表 2 可知，我国粮食主产区生态系统服务价值、粮食总产量、粮食单产三个单一变量的莫兰指数均为正且 P 值小于 0.01。表明中国粮食主产区粮食产量、单产以及生态系统服务价值等单一变量分布不具有随机性，而是呈现空间自相关性，具有一定聚集效应，其中粮食产量的空间集聚性最高，莫兰指数达到 0.9278，其次是粮食单产，而生态系统服务价值的空间自相关性相对较小，莫兰指数仅为 0.1786。说明我国 13 个粮食主产区生态差异性较为突出，生态价值聚集关联不够高。

从粮食主产区生态系统服务价值看，主要呈现两个聚集区，一是内蒙古、黑龙江、吉林、四川、湖南、湖北、江西高生态价值聚集区，二是山东、河南、河北、安徽等低生态价值组团。而从生态系统服务价值当量来看，我国东北的黑龙江、吉林、辽宁，长江流域的湖南、湖北、江西依然是高价值聚集区，位处我国东中部的山东、河南、河北、安徽生态系统价值当量则较低，属低价值组团。从地域空间土地利用情况来看，东北三省、内蒙古以及长江流域各省，森林、湿地、草原、水体面积总体和比例较大，而河北、河南、安徽、山东四省因耕地面积较大，林地、草地、湿地面积相对较小，耕地分布数量对生态系统总的价值量影响较为明显。

从粮食主产区的粮食产能来看，粮食产量形成了黑龙江、吉林以及河南、山东、江苏、安徽高价值聚集区，其中黑龙江、河南的粮食产量分别为 6 242.2 万吨和 5 772.3 万吨，远远高于周边各省。从粮食单产方面来看，从高到低排序依次为：吉林 > 江苏 > 山东 > 湖南 > 湖北 > 江西 > 河南 > 辽宁 > 黑龙江 > 河北 > 四川 > 安徽 > 内蒙古。粮食产量最高的黑龙江和河南在粮食单产排名位于中游，粮食单产高的省份集中分布在中、东部四省、长江流域三省和吉林。综合来看，我国粮食主产区粮食产能总体上呈现较强的空间自相性，但粮食产能空间分异依然较为显著。

（二）双变量全局空间自相关

基于距离标准的方法建立空间权重矩阵，分别计算粮食产能与全域和耕地生态系统服务价值的全局空间自相关 Moran's I。根据全域生态系统实证结果，粮食产量、粮食单产与生态服务价值的双变量 Moran's I 值数均小于 0，且均通过了显著性检验，说明粮食产量、粮食单产与整个陆地生态系统的生态服务价值存在显著的空间负相关。其中粮食产量与生态服务价值的负相关性较强，Moran's I 值数为 -0.2592。从粮食生产对生态系统服务功能结构的影响及关系来看，粮食产能与生态服务价值中食物生产、废物处理功能呈空间正相关，与生态的气体调节价值呈现空间负相关。粮食产量与耕地不同类型生态服务价值的双变量 Moran's I 均小于 0，粮食单产与耕地不同类型生态服务价值的双变量 Moran's I 均大于 0，表明粮食产量增加会对区域耕地生态环境产生负影响，而粮食单产提升对耕地生态价值产生了正影响。这是因为，粮食总产量反映粮食生产的规模，增大耕地面积以及施用化肥农药是提升粮食总产量的主要手段，所以粮食总量的增大势必会驱动区域土地利用发生较为剧烈的变化，造成林地、草地、水域、湿地等高生态服务价值的土地类型向生态价值较低的耕地转变，而化肥农药的滥用同样会导致生态服务价值的损失，导致粮食单产的提高对区域生态环境的负影响要远远小于粮食总产量的提升（见表 3）。

综合上述实证结果，该结论与谢高地（2010）、宋利娜（2013）、齐月等（2016）等学术研究的基本结论具有一致性，即我国粮食主产区同样存在粮食种植与生态系统服务价值的负相关性。但就中国粮食主产区而言，这种负向关系较为突出地表现在原材料供给、气候调节、水源涵养、土壤形成与保护以及生物多样性等生态功能。而就耕地本身的生态系统服务价值而言，粮食单产的提升对耕地生态价值的提升具有正相关性。为此，提升粮食生产效率才是区域保持粮食安全、生态安全的有效途径。

表 3　粮食产能与生态系统服务价值的双变量空间自相关莫兰指数

比较域	粮食产能	生态系统服务功能									
		食物生产	原材料	气体调节	气候调节	水源涵养	废物处理	土壤形成与保护	生物多样性保护	娱乐文化	生态服务价值
全域	粮食产量	0.0613 **	-0.3152 **	-0.3780 **	-0.2041 **	-0.1583 **	0.0175 *	-0.3750 **	-0.3516 **	-0.3091 **	-0.2592 **
	粮食单产	0.1448 **	-0.1413 **	-0.2150 **	-0.0572 **	-0.0097	0.1266 **	-0.2243 **	-0.1950 **	-0.1527 **	-0.1068 **
耕地	粮食产量	-0.0149 **	-0.0144 **	-0.0151 **	-0.0158 **	-0.0154 **	-0.0155 **	-0.0176 **	-0.0156 **	-0.0163 **	-0.0159 **
	粮食单产	0.0103 **	0.0096 **	0.0107 **	0.0066 **	0.0116 **	0.0105 **	0.0171 **	0.0126 **	0.0135 **	0.0118 **

注：** 和 * 分别表示在置信度为 99% 和 95% 时，相关性是显著的。

（三）双变量局部空间自相关

在 z 检验的基础上（P = 0.05）绘制双变量局部空间自相关 LISA 聚集图（见图 2），用于表征区域生态服务价值与其邻域粮食产能均值之间的局域空间关系，即高—高（high-high）、低—低（low-low）的空间正相关和低—高（low-high）、高—低（high-low）的空间负相关。由图 1 可知，生态服务价值与粮食总产量呈高—低空间负相关的地区有内蒙古、吉林和辽宁，呈低—高空间负相关的地区有河北、河南和山东，这些空间负相关均达到 99% 置信水平。生态服务价值与粮食总产量有很强的空间异质性。粮食单产与生态服务价值呈高—高空间聚集的地区有黑龙江、四川和湖北，呈高—低空间负相关的地区有内蒙古、吉林和辽宁，呈低—高空间负相关的地区有河北、河南、山东和安徽，这些空间相关性均达到 95% 置信水平。

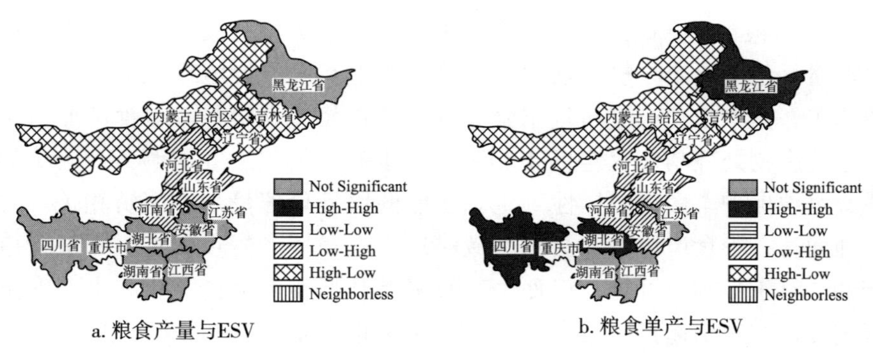

图 2　粮食产能与生态服务价值的双变量 LISA 聚集图

生态服务价值与粮食总产量、粮食单产的双变量 LISA 分布图分异明显，但整体上空间分异很相似。低—高聚集区集中分布在河北、河南、山东和安徽四省，表明这些区域粮食安全的生态压力过重，粮食安全地位明显高于生态安全地位。高—低聚集区集中分布在中国北方的内蒙古、吉林和辽宁，生态服务价值较邻近省份高、粮食产能较邻近省份低，表明这些区域粮食安全的生态资源及潜力较好，粮食产能地位还有待进一步提高。高—高聚集区指生态和粮食地位均较为突出，该区域集中分布在长江流域各省和黑龙江。

四、研究结论与讨论

本文基于生态系统服务价值的视角，运用空间自相关模型莫兰指数（Moran's I）对中国粮食主产区粮食产能与生态价值的空间相关性的进行了实证测算和评估，初步形成以下研究结论：

（1）粮食主产区生态服务价值、粮食产能空间聚集效应明显。生态服务价值、粮食总产量、粮食单产全局空间自相关 Moran's I 指数分别为 0.1786、0.9278、0.6055，局部空间分异图聚集现象明显。生态服务价值、粮食产能空间属性相同的区域会趋向聚集到一起，呈现同向外溢作用。

（2）生态服务价值、粮食产能空间分异显著，存在空间滞后异常。除黑龙江、四川两省在生态价值和粮食产能呈现“高—高”价值聚集外，其他粮食主产区均表现出不同程度的粮食产能与生态价值的地位以及资源配置上的空间偏离。“高—低”空间自相关的有内蒙古、吉林和辽宁；“低—高”自相关的有河北、河南、山东和安徽。

（3）粮食主产区的粮食种植对生态系统服务价值具有显著影响。粮食产量、粮食单产与整个陆地生态系统的生态服务价值存在显著的空间负相关。其中粮食产量与生态服务价值的负相关性较强。粮食产能与生态系统废物处理功能呈空间正相关，与生态的气体、气候调节、土壤形成、水源保护、生物多样性等生态功能的服务价值呈现空间负相关。对耕地而言，粮食产量增加会对区域耕地生态环境产生负影响，而粮食单产却具有正影响。可见，粮食生产效率提升是确保粮食安全和生态安全双重目标的理论途径。粮食安全应立足于粮食生产效率，而不单纯是粮食产量的提高。

（4）受地貌、土地利用结构等复杂因素影响，粮食主产区中某些省区存在粮食产能、生态价值的空间分异，以及二者地位的空间滞后异常，从而使得粮食主产区在确保粮食安全和生态安全功能时难以包容，粮食安全与生态安全的包容性较为脆弱。

以上研究结论的主要政策启示有：加强农田生态资源保护和修复，通过农业和生态的科技进步推动提高耕地产粮效率，建立农田生态补偿机制，促进农业的供给侧改革。研究认为，坚持粮食生产与生态服务功能协调发展是实现粮食安全和生态安全双重目标的根本路径。同时该研究亦论证并支撑了我国粮食安全战略由北向南转移的必然性和必要性，这是我国未来粮食安全战略形成的一个重要启示。

决策咨询与对策建议

构建“绿色+”新体系，促进中部“绿色崛起”

罗海平　王妍华　余兆鹏　周静逸[①]

当前，我国迎来“互联网+”之后“绿色+”新的发展机遇，这是一个创新和竞争喷发，进位追赶的大变革时代！“绿色+”是催生新经济、建立新业态，促进转型升级的最重要途径，是经济新常态的时代特色。对中部地区而言，在“互联网+”时代表现极其得平淡无奇，既没有抓住这个产业大变革机遇期实现中部地区“崛起”和“赶超”，更没有在“互联网+”浪潮中引领潮流！但在“绿色+”时代中部地区则可迎来“大有可为”的新机遇！

一、“绿色发展”是新时期“五大发展”理念的重要构成，绿色经济、绿色发展以及生态文明建设催生“绿色+”新体系

“绿色+”是体系化和系统化的绿色发展观，是经济社会发展的绿色化、科学化和可持续化，是践行社会和谐、环境友好、能源节约的科学发展观的路径和目标。为此，需要通过顶层设计实现各种概念和理念的整合和统一，确保绿色发展战略的全方位推进。

（一）构建“绿色+”新体系是国家宏观战略和规划的需要

绿色发展是新的发展潮流，我国“十三五”规划提出了“创新、协调、绿色、开放、共享”五大发展理念，并指出“绿色是永续发展的必要条件和人民对美好生活追求的重要体现。必须坚持节约资源和保护环境的基本国策，坚持可持续发展，坚定走生产发展、生活富裕、生态良好的文明发展道路，加快建设资源节约型、环境友好型社会，形成人与自然和谐发展现代化建设新格局，推进美丽中国建设，为全球生态安全

① 作者简介：罗海平（1979～），四川南充人，南昌大学中国中部经济社会发展研究中心副研究员，硕士生导师。

作出新贡献。”从而为“绿色发展”目标和要求做了最权威的顶层诠释。绿色发展是以实现经济发展、社会进步、环境保护三者平衡为出发点，以可持续发展为目的的发展模式和途径，其核心内容包括环境保护、资源节约、循环经济、清洁生产、低碳发展等。“绿色+”作为转变发展方式的一场革命，必须进行机制、法制、体制上的深层次、全方位的顶层设计，形成“绿色+”新体系。

（二）构建“绿色+”新体系是整合各种绿色发展新概念的现实需要

当前，我国呈现出非常严重的发展概念的炒作和滥用。一类是与绿色发展概念相近或一致的发展要求和发展理念如科学发展观、生态文明、可持续发展、两型社会（资源节约型、环境友好型）等；另一类是绿色发展外延式概念，如绿色 GDP、绿色经济、绿色税收、绿色能源、绿色考评、绿色金融等；还有体现绿色发展途径的概念或专属名词，如低碳发展、新型工业化道路、循环经济、生态工业、清洁生产、环境保护、应对气候变化、节能减排、污染治理、总量控制、生态保护、水土保持、新能源、可再生能源、清洁能源等。这种盲目追逐新概念，炒作新名词的现象，不仅容易在理论上形成模糊认识，影响人民正确理解绿色经济的实质，误导人们价值判断，而且会影响政府部门的正确决策，助长混乱的法规体系、政策体系、管理体系以及绩效与发展考评体系，对经济社会发展和环境保护造成重要影响。因此，需要基于绿色内涵，构建“绿色+”新体系，以达到整合和统一各种绿色发展相关的概念和新名词，形成完备的绿色发展新体系！

二、中部地区是我国践行绿色发展，实现“绿色+”的重点区域，构建“绿色+”新体系是实现中部国家战略有机融合的必然要求，是实现中部地区绿色崛起的顶层设计

近十年来，中部地区被赋予多个国家级战略，涵盖了“两型社会”“新型城镇化”“生态经济区”、资源型经济转型示范等。故从“绿色+”顶层设计及概念内涵入手，进行中部地区“绿色+”新体系构建，有助于实现中部崛起绿色战略体系的完整性与科学性，实现中部崛起战略的有机融合和统筹。

（一）"绿色+"的体系维度

"绿色+"是以经济发展、社会进步、环境保护三者之间的平衡为出发点，以可持续发展为目的而形成的科学的产业结构、增长方式、消费模式等活动，其核心内容包括环境保护、资源节约、循环经济、清洁生产、低碳发展等。"绿色+"顶层设计及体系构建包含"绿色+"理念层、目标层、准则层、行动层、评价层。理念层是"绿色+"指导思想，是方向、道路、行动指南；目标层是"绿色+"需要实现的发展蓝图；准则层是绿色化准则和标准以及"绿色+"工作原则；行动层是推进实现"绿色+"的主体职责、任务和行为要求；评价层是评价"绿色+"进程和成败的关键性指标。

"绿色+"新体系包含概念体系、范畴或对象体系、政策体系、管理体系以及绿色认证与评价体系。其概念体系包含了绿色发展、科学发展和生态文明三大概念，故用"绿色+"从概念上与我国不同时期提出的可持续发展、建设生态文明社会、"两型社会"、城乡统筹等发展理念具有一致性，可用以统领和阐释这些发展理念、发展政策及其战略。从范畴体系来看，"绿色+"包含了多个领域，如经济、资源、环境、生态以及社会等范畴，在这些领域中都可贯穿绿色理念和思想，都存在绿色化及"绿色+"的过程。从政策体系看，政府"绿色+"的政策体系包含有绿色产业政策、绿色消费政策、绿色城镇、绿色金融等政策，其政策目的在于实现产业发展的绿色化、消费模式绿色化、城镇建设绿色化等。"绿色+"管理体系包含了绿色管理的法律、制度及法规。"绿色+"认证体系包含绿色标识、绿色产品资质以及绿色标准等。

（二）实现中部绿色崛起的"绿色+"新体系

"绿色+"监管体系：制定涵盖资源消耗、环境损害、生态效益等内容的生态文明建设目标评价考核办法。探索绿色考核体系，全面推行地方政府政绩考评差异化考核，弱化经济指标，突出生态保护。取消工业增加值的考核，新增森林覆盖率、水源水质、生态旅游的考核。实行领导干部自然资源资产离任审计，落实生态环境损害责任终身追究制，节能减排工作问责制。建立环保监管垂直管理体制，建立环境监督、执行、督察三位一体的环保监管执法体系，实行政府监督、企业自律、公众参与的环保监督机制。

“绿色+”城镇体系：创建科学的城镇规划设计体系，遵循生态优先、宜居宜业、理性规划、精品建设、人文关怀、持续和谐的原则，科学编制城市产业发展、绿地建设、水系功能等规划。创建完善的城镇综合服务功能体系。坚持“宜居宜业宜游”的原则，建设高效、快捷、方便的交通网络，科学配置学校、医院、体育健身等服务设施，满足市民生产生活和休闲需要。创建特色生态城市体系，打造特色生态城，建设一批生态山水城、生态旅游城和生态工业城。

“绿色+”消费体系：推行资源节约、零污染的消费观，引导市民转变消费观念，尽量选择无污染、无公害的绿色新产品，使绿色消费成为一种时尚。推行重复使用、多次利用的消费习惯，减少“一次性”物品的使用。优化饮食结构，提升饮食质量，反对过度消费和攀比消费。鼓励使用环保装修材料，推广建设生态住宅区，提倡使用环保型动力交通工具。启动政府绿色采购工程，带动社会形成绿色消费的价值观。

“绿色+”金融政策体系：引导和激励社会投资进入环保领域。严格环境法治，催生环保投资需求。推动制定环保税法、土壤污染防治等法律和排污许可等法规，以及环境污染责任保险等规章。推进环境污染责任保险制度建设，引进市场机制提高环境安全隐患排查、防范能力。构建支持绿色信贷的政策体，建立企业环境信息的共享机制，为金融机构的贷款和投资决策提供依据。

“绿色+”产品标准、认证、标识体系：落实和执行国务院《关于建立统一的绿色产品标准、认证、标识体系的意见》精神。按照统一目录、统一标准、统一评价、统一标识的方针，将现有环保、节能、节水、循环、低碳、再生、有机等产品整合为绿色产品，建立系统科学、开放融合、指标先进、权威统一的绿色产品标准、认证、标识体系，健全法律法规和配套政策，实现一类产品、一个标准、一个清单、一次认证、一个标识的体系整合目标。

三、在我国全面推进“绿色+”新经济常态的大变革时代，中部地区应把握历史机遇，不断催生新经济、建立新业态，促进中部地区转型升级和进位赶超，加速中部地区“绿色崛起”，为我国绿色发展创造新的实践经验、做出新的国家贡献

（一）深挖绿色内涵，拓展绿色体系外延

无论是绿色发展，还是绿色经济都是一个系统工程，实现绿色崛起，

需要在理论上对绿色崛起的内涵和外延进行一个科学的界定和重构。不能将“绿色+”单纯理解为绿色经济和绿色产业，更不简单地停留在生态经济等内涵上。绿色是一个体系，是多个系统的“和谐”和平衡。既包括生态和谐，也要求社会和谐。为此，从和谐这个层次去理解“绿色”二字，要实现中部“绿色崛起”就不单纯是指在探索生态经济发展要走在全国前列，更要在增进人民幸福、改善民生和提升社会服务等方面得到提升。

（二）做好绿色顶层营销，打造绿色品牌

中部各省应重视绿色营销，塑造绿色特质，使其绿色发展的核心价值和理念在最短时间内被最广泛的人和市场接受并认可，从而筑就自身品牌，发挥品牌效应，放大品牌价值，达到拓展市场、凝聚人气、汇聚资源的作用。只有通过“绿色”赚足中部发展长期以来缺乏的“人气”时，才能实现中部地区的真正崛起。

（三）发挥独特优势，开拓“绿色+”新业态

绿色产业不仅仅是传统产业的绿色化，更是一种新业态。“绿色+”将是未来产业的主流形态和发展趋势。中部各省发展绿色产业的自然资源丰富，除传统优势产业绿色化外，更应拓展和改造农业、旅游、休闲、创意产业、会务会展产业、文化娱乐产业、影视传媒、金融服务、社区服务、家政服务等产业，形成“绿色+”新业态。

（四）搞好绿色试验，勇担国家责任

中部六省每个省都有一到两个绿色发展的国家战略，每省都应立足于国家战略，搞好绿色试验，勇担国家责任。作为国家战略，必然要求要能通过创新体制，试验和实践出经济社会发展与生态环境保护的成功模式和范本。为此，需要突破传统“经济至上”的政绩观和发展观、打破旧体制尤其是旧行政体制的束缚，不断地改革创新。唯有勇于创新和大胆实践，中部地区才能在全国引领“绿色+”新时代。

江西建设特色小镇的四大困境与破解之策

王圣云[①]

规划建设特色小镇，是顺应经济新常态、推进江西经济转型发展的最佳选择，是打造江西未来新产业的全新平台，扩大有效投资的重要抓手，推进城乡统筹发展和传承地方文化的有效载体。本文指出江西建设特色小镇面临的四大困境：产业规模不大，科技创新不足，小镇产业支撑能力不强；产业融合不够，基础设施不完善，小镇多种功能叠加不足；投资渠道单一，治理主体单一，小镇持续发展缺乏活力；规划定位不清，文化挖掘不够，小镇特色不浓缺乏“灵魂”。并提出破解江西特色小镇建设困局的四大对策建议：第一，加强创新集聚，推进业态创新，大力提升小镇产业层级；第二，培育新经济引领的特色小镇，实施分类发展，强化功能叠加；第三，促进多元资本合作，实施 PPP 模式，探索建立长效性、常态化的建设投融资机制；第四，做好科学规划，实施分类评价，打造各具特色的小镇“创业创新生活综合体”。

规划建设特色小镇，是顺应经济新常态、推进江西经济转型发展的最佳选择，是打造江西未来新产业的全新平台，扩大有效投资的重要抓手，推进城乡统筹发展和传承地方文化的有效载体。当下的江西，涌现出一批“特而强、小而美”的特色小镇。它们在小空间里再生产，在小平台上大创新，正成为推进江西经济转型升级发展的新引擎。

江西拥有优越的综合自然条件和资源禀赋优势，同时又是文化资源大省，红色文化、绿色文化、古色文化遍布全省各地，具有得天独厚的建设特色小镇的优势。在住房城乡建设部公布的第一批 127 个中国特色小镇名单中，江西省有 4 个小镇入选（南昌市进贤县文港镇，鹰潭市龙虎山风景名胜区上清镇，宜春市明月山温泉风景名胜区温汤镇，上饶市婺源县江湾镇），第二批全国特色小镇即将公布。江西省政府计划在“十三

① 作者简介：王圣云，男，博士，南昌大学中国中部经计算和发展研究中心区域经济研究所所长，硕士生导师，主要研究方向为区域经济与福祉地理学。

五”期间培育60个省级特色小镇，力争建成一批各具特色、富有活力的现代制造、商贸物流、休闲旅游、传统文化、美丽宜居的特色小镇。本文通过对江西近些年特色小镇建设的考察，结合国外及江浙地区建设特色小镇的一些成功经验，总结出江西建设特色小镇面临的四大困境，提出了江西特色小镇未来发展的对策建议。

一、江西特色小镇建设中面临的四大困境

（一）产业规模不大，科技创新不足，小镇产业支撑能力不强

当前，江西建设特色小镇在打造特色产业中仍缺乏高新技术、特色产业经济以及高新技术产业与传统产业的结合创新，使未来前瞻产业的科技含量低。“云技术”“金融产业”“智慧产业”“特色小镇+互联网+传统产业”等新型产业与特色小镇的跨界发展以及商业模式和业态创新环境正在培育，特色产业尚不能占据产业制高点，其行业影响力远远不够。

同时，特色小镇培育的企业规模不大，高端企业引进困难。原有的一些基于产业集聚区、工业园区转型发展的小镇，囿于多年以来企业小、低、散的问题制约，难以在短时间内实现“华丽转身”。此外，江西省地处中部内陆，多数小镇由于产业基础薄弱、区位优势不明显、配套设施不完善，高端人才引进难。年轻创业者、大企业高管及连续创业者、科技人员创业者、留学归国创业者等为主的“创业新四军”普遍对创业创新环境要求较高，导致江西对行业领军人才或核心团队吸引能力严重不足。

（二）产业融合不深，基础设施不完善，小镇多种功能叠加不够

江西各市的部分“特色小镇”建设多以工业园区、旅游度假区、产业集聚区的传统思维来谋划特色小镇，突出表现为产业融合水平不深，基础设施不完善导致小镇功能叠加不足：

一是产业与旅游功能融合不够。一些工业小镇由于产业定位相对特殊，难以开发丰富多彩的旅游项目和产品，对游客吸引力有限，便将周边已自成体系的成熟旅游景区纳入规划来拼凑客源。

二是产业与文化功能融合不够。有些地区不深入挖掘产业自身的历

史文化与内涵，而寄希望于商贸综合体的重新整合包装，或者建一个“高大上”的创意中心、时尚中心，尽管改善了小镇的形象面貌，但与本地根植性的产业结合不紧密，“传统产业”文化与“现代时尚”文化难以深度融合。

三是产业与社区功能融合不够。当前小镇还停留在原专业市场、产业园区企业管理者、创业者的赚钱处、暂居地的功能上，完整的社区生态还没有形成，居民身份认同度普遍不高。

四是基础设施建设不够完善。特色小镇基础设施建设不够完善，对特色产业的支撑不够。不仅体现在小镇路面改造和房屋亮化，其他如给排水、排污、电讯管网的铺设，停车场、医疗急救等设施的规划建设都没有跟上要求，部分小镇公厕、排污等基础设施建设仍需加强。

（三）投资渠道单一，治理主体单一，小镇持续发展缺乏活力

一是投资渠道单一。目前江西特色小镇筹划或建设的重点投资项目大部分仍由政府或国有投资公司主导，民营性质的龙头企业、行业骨干企业投资参与的大项目明显不足，小镇建设投资力量的“强政府弱市场”、推进模式的“自上而下”等特征明显，不管是基础设施建设，还是房屋的设计改造，基本是政府投资，民间资本投资建设特色小镇的意愿不强。投资渠道单一，没有形成多元化的投资格局，不利于特色小镇建设的持续发展。

二是治理主体单一。多元参与、协同共享是特色小镇治理的核心要义。国外和江浙特色小镇的治理主体既立足于小镇当地政府和民众，也大量吸纳了与其特色相关联、人文相融合的多方参与主体，如市场化的第三方，或专家智囊团，或与权威智库形成的治理联盟。江西特色小镇目前的治理主体多依赖于政府主导和大企业推动，缺乏第三方和智库组织的支持，治理主体单一且缺乏智库化。这就使得在特色小镇建设过程中很难在决策时倾听多方声音、协同多元利益。

（四）规划定位不清，文化挖掘不够，小镇特色不浓缺乏“灵魂”

一是规划定位不清，没有体现小镇特色。特色小镇最根本的是要突出其独一无二的特色元素。江西一些小镇由于规划核心区块不明确，外部界限不清，甚至规划变化频繁，拼凑痕迹明显，使得规划的核心区块

集聚度不高，难以形成相对独立、特色形象突出的区域。

二是文化挖掘不够，规划的模仿痕迹明显。创造有地方文化底蕴、地方文脉传统的特色小镇，是江西在特色小镇建设中必须强调的一个重要原则。只有这样，才能走出一条符合江西实际的特色小镇建设之路。如江苏乡镇的繁荣，特色在于公共经济基础厚实；浙江小镇的发展，特色在于“块状经济”基础。江西要规划建设有地方经济文化特色的“新型块状经济”的结构化空间，才能够有效推进新高端经济要素的再集合，在特定的新空间进行空间再生产和整合创新。深度挖掘地方文化特色是江西制定特色小镇规划必须注意的创新思维。

三是特色止于表面，差异化的小镇之魂缺失。特色小镇建设是城市从“千篇一律”向“各具特色”转向的实践，因此不能停留在表面的特色上，要挖掘小镇更深层的、差异化的“灵魂”。特色小镇之魂既体现在产业集聚的特色上，更体现在其能吸引人们向往拥有的小镇生活，即由人们的生活水平、生活方式融合而成的独具性格的小镇生活形态。特色小镇之魂不可能在短时间内缔造，需要小镇创建者、小镇投资者和小镇生活者共同来建设和治理。

二、江西特色小镇建设困局的破解之策

（一）加强创新集聚，推进业态创新，大力提升产业层级

江西特色小镇建设的主流方向，应该是产业小镇，是高端产业小镇，因此要在节能环保、新能源、新材料、生物和新医药、航空产业、先进装备制造、新一代信息技术、锂电及电动汽车、文化暨创意、绿色食品等十大战略性新兴产业方面都要有所布局。做大产业规模，大力培育具有特色的优势支柱产业和上规模的龙头企业，进而增强江西小镇的产业支撑能力。

一是要坚持科技创新引领产业创新。坚持科技创新，尤其是高新技术的创新和产业链的创新，提高企业的生产效率，增加产品的附加价值，形成企业的核心竞争优势。用科技创新引领企业创新，将企业创新升级为产业创新。在重要领域抢占技术制高点，重点推动龙头骨干企业围绕核心技术持续研发攻关，占据产品终端、行业高端，增强产业优势。

二是要聚焦发展一批核心竞争力强的龙头企业。强化龙头企业带动能力，增强龙头企业的产业影响力和市场竞争力。围绕重点产业集群，

瞄准竞争力强、成长性好、辐射带动效应大的旗舰型企业，设法引进，加强培育。推动特色小镇建设中的资源、资产、资本向优势企业集中，提高龙头企业规模。

三是要加快扶持一批“专精特新”的中小企业。引导中小企业根据个性化、多样化需求，朝向专业化、精细化、特色化和新颖化发展。激发中小企业创业创新活力，通过专业分工、服务外包、订单生产等多种形式的经济技术合作，培育新的竞争优势。支持高成长性和优势中小企业做大做强，鼓励发展“小巨人”企业。

四是要完善提升产业链条。江西特色小镇的产业发展，一定要去占领产业链的高端环节，不能按照城镇体系的分工，就给中心城市做配套，承接中心城区淘汰出来的落后产能。要按照“产业内部拓展、产业之间延伸”的要求，加快延伸完善产业链条。鼓励中小企业进入龙头企业网络，完善提升并形成分工有序、相互协作、前后配套、连接紧密的产业链条。

五是要搭建创新创业的专业组织和开放平台。创新创业人才带来的技术、项目、甚至一个创意都可能发展成为大的产品和企业。对这类人才的甄别、评估、吸引、集聚以及创新创业活动的激励是专业工作，应由专业组织完成。必须搭建内、外部开放性平台，让相同、相关产业的人才经常交流、互动、合作，不断壮大、完善创新生态和产业生态。推进不同产业小镇的创新创业平台复制扩展、信息共享和人才流动，促进联动发展。

六是要使智慧经济和分享经济助力特色小镇业态创新。当前，江西分享经济步入发展黄金期，分享经济正从交通出行和住宿领域，逐步向个人消费的细分领域拓展。可以预见，以生产能力分享、创新资源分享、生活服务分享为主要内容的分享经济将有助于江西特色小镇经济实现动力转换。分享经济和大数据、物联网、电子商务、智慧城市为代表的智慧经济紧密结合，势必推进小镇业态创新，把服务经济变成江西特色小镇经济增长的主引擎。

（二）新经济引领，实施分类发展，强化多种功能叠加

（1）以新经济为引领，培育建设“新制造、新服务、新绿色”三类特色小镇。加快特色小镇建设，必须以新经济引领，因地制宜、分类指导。根据江西小城镇发展的实践和政策导向，可以采用以下三种新经济

引领方式建设江西特色小镇：

一是以“新制造经济”兴镇。将特色小镇建设和江西航空、新能源汽车、新型电子、智能制造等优势产业发展相结合，打造新制造经济小镇。航空产业兴镇方面，依托南昌航空城，景德镇直升机产业园和九江红鹰飞机产业园，重点发展高端航空制造，大型飞机、无人直升机研制，发动机自主研发等特色产业。新能源汽车产业兴镇方面，依托宜春锂电及电动汽车产业，重点发展电动汽车和动力电池。新型电子产业兴镇方面，依托南昌高新区光电及通信产业，南昌经开区光电产业及井开区通讯终端设备产业，发展新型电子材料，车载通信设备以及硅衬底 LED 产品推广应用。智能制造产业兴镇方面，依托南昌机器人产业，瞄准医疗健康、家庭服务、教育娱乐等服务机器人应用需求，加快发展代步机器人、康复护理机器人、家政服务机器人。新材料产业兴镇方面，依托赣州稀土产业，鹰潭铜加工产业，广丰金属材料产业以及芦溪县电瓷产业，发展有色金属和有机硅、功能陶瓷等非金属新材料以及超导材料、纳米材料、石墨烯等战略前沿材料。

二是以“新服务经济”兴镇。将特色小镇建设和江西全域旅游、文化创意等产业发展相结合，打造新服务经济小镇。在全域旅游兴镇方面，积极推动江西独特的红色、古色、绿色等历史文化与丰富的旅游资源有机融合，打造类型丰富、形式多样的旅游目的地和便捷、舒适、健康的休闲空间。支持开发具有地域特色和民俗风情的旅游产品、特色旅游餐饮和主题酒店。在文化创意产业兴镇方面，既要加强对历史文化名镇、传统村落、古建筑物保护以及地域民居风格和村落文化的原生态保持，又要和创意文化产业园建设融合发展。对重点文化遗址、重大历史事件、重要影响人物等文化资源和非物质文化遗产进行数字化建设和重点开发。

三是以“新绿色经济”兴镇。将特色小镇建设和江西中医药、新能源、绿色智慧农业等产业发展相结合，打造绿色小镇。中医药产业兴镇方面，依托樟树、袁州生物医药产业和进贤医疗器械产业，创新中药及个性化治疗药物，大力培育集光、电、仪为一体的医疗器械产品。新能源产业兴镇方面，依托上饶经开区、新余高新区的光伏产业，重点发展光伏绿色照明产业，锂电、风电等新能源产业。绿色智慧农业兴镇方面，积极实践新型农业发展方式，打造智慧农业、创意农业、休闲农业，将特色农业小镇和江西农业数据云，农业指挥调度中心，12316 资讯服务中心，农业物联网平台，农产品质量安全监管平台，农产品电商平台等结合起来。

（2）按照“先生态、后生活、再生产”原则，强化“宜居宜游宜业宜商”小镇功能叠加。

特色小镇是融产业、旅游、居住为一体的区域。实施分类发展，坚持“先生态、后生活、再生产”顺序，强化多种功能叠加对江西特色小镇发展十分必要。

一是叠加好生态功能。建设特色小镇要综合考虑环境的承载能力、资源的约束力。坚持绿色发展，以生态安全为底线，以原生态保护为重点，科学确立开发建设强度，实现生态功能增强、环境品质提升、空间结构优化、资源持续利用，推进保护与开发有机协调。

二是叠加好旅游功能。重点做好产业旅游资源和体验旅游资源开发，讲好江西特色产业的发展历程与历史故事，最好能够创设相关产业产品的风情体验区。

三是叠加好文化功能。既要保持江西特有地域文化的原生性、鲜活性，又要培养一种鼓励创新、包容失败、敢闯敢试的现代文化，提供适宜江西小镇创新发展的文化土壤。

四是叠加好社区功能。通过对生活居住区、休闲娱乐区、商业配套中心等精心规划建设，营造绿色环保的生态环境、优美舒适的生活环境、贴心周到的服务环境。积极完善小镇公共服务及生活服务功能，重点布局居住、餐饮娱乐、商贸金融等功能，配套建设社区服务中心、卫生服务站、健身会所等社区公共服务设施。增强企业与居民的文化认同感或心灵归属感，提高小镇居民的身份认同度。

（三）实施 PPP 模式，促进多元资本合作，探索建立长效性、常态化的建设投融资机制

《国家发展改革委关于加快美丽特色小（城）镇建设的指导意见》明确指出：“创新特色小（城）镇建设投融资机制，大力推进政府和社会资本合作，鼓励利用财政资金撬动社会资金，共同发起设立美丽特色小（城）镇建设基金。”政府和社会资本合作（PPP 模式）在国家政策层面上已经成为推动特色小镇建设的重要动力。

其一，建议充分利用 PPP 平台，推动江西特色小镇建设中的融资模式创新。以 PPP 模式打造特色小镇，既可以撬动更多活跃资金参与特色小镇建设，又可降低和分散风险。通过用政府的财政资金撬动社会资本，

弥补特色小镇的资金缺口，拓宽小镇建设的资金来源。促进多元资本合作，提供稳定可靠的资金投入，解决江西在集镇管理服务和基础设施的欠账，探索形成长效性和常态化的建设投融资机制，进而加快特色小镇等集镇建设。同时，通过合同对政府和社会资本在投资建设过程中的责任进行明确划分，又可降低和分散风险，实现政府和社会利益共享和风险共担。

其二，建议以资产证券化为核心，探索金融资本介入江西特色小镇的具体路径。从已有成功的特色小镇整体运营模式来看，建议江西开展以下工作：首先是对江西特色小镇特质及资产属性进行专业区分。辨识出哪些资产会有现金流收益及收益性质，整个小镇运营后，不同属性资产间的收益平衡问题。其次是资产重新建设包装后，价值显化，如何通过专业的金融运作，面向整个公开市场募集流动性。最后要探索多个专业机构的跨界整合机制。通过资产证券化途径，可使得短期金融资本可通过资产证券化实现有效退出，社会公众可通过证券化的募集过程，选择好的地区特色小镇进行认购，实现低风险投资。通过资本与运营的隔离，实现特色小镇的专业化运营。初期介入的金融资本出于安全考虑会选择好的运营商，而运营商鉴于项目的安全性，也会对资本进行监督，两者制衡下，政府与小镇原住民的权益得到了最大化保障。

（四）做好科学规划，实施分类评价，打造各具特色的小镇“创业创新生活综合体”

要对镇域进行深入调查研究、准确定位，从小镇的功能定位、产业发展方向、建筑风格、配套设施以及文化旅游开发、历史文化挖掘等方面考虑，因地制宜，制定生态优先、自然与人文融合、生态资源利用、注重历史文物保护和突出促进产业发展的规划理念，切实做好特色小镇科学规划。

一是坚持多规合一，做好顶层规划。对特色小镇的选择与建设应充分考虑与区域城镇体系的协调，挖掘产业特色、文化底蕴和资源禀赋，激发特色小镇的发展潜力。积极借鉴国内外瑞士达沃斯小镇、法国普罗旺斯小镇、美国格林威治对冲基金小镇、浙江乌镇等特色小镇的发展经验，建立由概念到具体、由策划到规划、由整体到局部的总体发展规划。要与城镇总体规划、土地利用总体规划相结合，以“多规合一”的思路系统化、高标准谋划小镇的功能定位和发展思路。

二是明确小镇开发边界，做好功能分区。首先要借助大数据、云计算、卫星定位等高新技术，进行特色小镇规划，增强规划的科学性、应用性和动态性；其次要保证空间“精致紧凑”，坚决杜绝无序扩张。将偏离发展定位的项目区块尽快剥离，使小镇四至范围、产业定位、投资规模符合创建要求；再要注重小镇规划的功能分区，设置产业核心集聚区、创客创意区、人才生活区等三大功能集聚区，打造“创业创新生活综合体”。将重点项目尽量集聚在产业核心集聚区；创客创意区空间不求大而全，只求精而细，充分提高内部空间的环境品质；按照3A级或5A级景区的标准来打造内部空间，以此营造就业、创业和创新的人性化、艺术化和品质化空间。

三是在特色上做深文章，突显小镇特色元素。要在特色上下实功夫，着眼于拉高特色产业的建设标杆，致力于补齐特色产业创新转型的短板。把立足于特色产业的精准招商作为特色小镇跨越发展的着力点和突破口。使基础设施建设与产业特色相匹配，确保小镇风格的独特性。

四是建设一批试点小镇，做好推广。为了保障特色小镇建设的科学性和合理性，及时发现小镇建设过程中可能出现的一系列问题，建议建设一批试点小镇，给予一定政策性支持和发展空间。通过试点小镇的建设，力图为特色小镇在全省乃至全国范围的推广提供科学依据。

五是设置多重标准，建立各类小镇的科学评价体系。改变目前过于单一的特色小镇评价标准，建议在后续的评价中，针对不同类型的特色小镇设置不同的评价标准，通过多重标准的设置，更为科学地对特色小镇进行年度考核。

瓦屑坝移民遗址的历史文化价值与保护利用建议

郑克强　王志平　罗珍珍①

文化是民族的血脉，是人们的精神家园。文化自信是更基本、更深入、更持久的力量。近日，中共中央办公厅、国务院办公厅印发《关于实施中华优秀传统文化传承发展工程的意见》要求：“加强新型城镇化和新农村建设中的文物保护。加强历史文化名城名镇名村、历史文化街区、名人故居保护和城市风貌管理，实施中国传统村落保护工程，做好传统民居、历史建筑、规模文化纪念地、农业遗产、工业遗产保护工作。”两办的最新文件，对于蕴藏着丰富历史文化遗存的江西有着非常重要的意义，其中鄱阳的“瓦屑坝”——这个中国南方最重要的移民迁徙大遗址保护利用问题，更值得纳入人们的视野。

明初，朱元璋曾实行“计口授田”和“移民垦荒”两项重大政策，政府为此组织了一场持续多年的大规模移民活动，史称“洪武赶散”。在那场由官方组织的大规模人口迁徙活动中，北方的移民集中地主要在山西洪洞县的大槐树，移民迁徙范围包括河南、河北、山东、北京等地，历经50余年，从山西洪洞大槐树迁徙出去的移民约数十万人。而在南方，移民则主要集中于江西鄱阳的瓦屑坝，移民迁徙范围包括安徽、江苏、湖北、湖南、四川等地。据《明史》《明太祖实录》及曹树基先生根据多种家谱记载研究出版的《中国移民史》考证，仅洪武期间的30年中，江西向境外移民就高达210余万人（另一说为234.3万人）。可见，江西鄱阳瓦屑坝的移民规模远胜于同期山西洪洞的大槐树的规模。

瓦屑坝位于鄱阳县城西10公里的莲湖乡，那里曾是古代鄱阳湖地区的重要水运交通枢纽。宋元之后，随着全国经济重点的南移，江西一跃而成为全国人口首众之地。元末农民大起义的残酷战争，造成了皖鄂湘

① 作者简介：郑克强，南昌大学中国中部经济社会发展研究中心研究员，博导。

豫川等地大片土地荒芜，成为百里无人烟的“宽乡”；江西则因地理位置稍偏，罹难略浅，地方相对安宁，成为地少人多的“窄乡”。为了发展经济，明朝新的统治者把目光移向江西，特别鄱阳瓦屑坝这个可以通达四方、辐射周边的古老渡口，使它成为官方首选的移民集散地。

在中国移民史研究中，江西“瓦屑坝”与山西“大槐树”盛誉并列，同处于中国八大移民圣地前列。但是，从近些年的实际情况看，江西“瓦屑坝”在遗址保护、研究推介、开发利用和社会影响力等方面，远远不及山西“大槐树”，其中原因颇为复杂，亦不必深究。

为了进一步保护利用好瓦屑坝移民大遗址，特提出以下几点咨询建议。

一、逐级申报文物保护单位，统筹规划建设

“大遗址”是指文化遗产中规模和文化价值突出的文化遗址，其重点特征在“大”字上，概念内涵应具备“规模性”并包括周边相互依存的环境。瓦屑坝移民大遗址承载着丰富的历史文化信息，是江西文明史的重要载体，不仅具有深厚的文化底蕴，也是极具特色的环境景观和旅游资源。瓦屑坝移民大遗址的保护利用，对于建设“绿色江西”、向世界展示悠久的赣文化、促进当地经济社会文化发展等方面，有着重要的推进作用。

瓦屑坝遗存的文物范围不小，坝基沿着浩渺的鄱阳湖，绵延长度约达20华里；我们在核心区的“码头”附近，清晰可见厚达十数米的瓦砾堆积层；临湖山坡高处留存有十多年前毁于雷火的一棵千年古樟树残根（约三人抱），附近的二代古樟树（约二人抱）依然生机勃勃。经现场了解，在核心区周围，还有始建于后晋天福元年（936年）的莲花山万寿寺，建于南宋开禧三年（1207年）的古井，建于明永乐十八年（1420年）的忠臣庙，建于明崇祯元年（1628年）的朝阳庵，建于清乾隆五十三年（1788年）的偈云楼。这些古遗址、古建筑大体保存完好。

由于遗址面积大、保护难度也比较大，相对于风雨侵蚀等自然因素，人为破坏（包括群众生产生活、基础设施建设等）是大遗址保护面临的最大威胁。瓦屑坝目前的文物保护等级还比较低，基本处于县乡政府和村民自发保护状态，亟待列为省级文物保护单位，直至争取升格为国家文物保护单位。为此，建议由省文化厅牵头，召集旅游、文物、民政及当地政府认真研究、组织逐级申报省保、国保单位；同时在科学严密的

论证基础上，制定瓦屑坝大遗址保护利用规划，统筹力量实施建设。

二、讲好瓦屑坝故事，全方位进行推介

瓦屑坝的移民活动持续了400多年，期间发生了许多故事。按当时朝廷对移民“四口留一，六口留二，八口留三”的规定，从江西各地集中而来的一拨又一拨移民，在鄱阳瓦屑坝集中，他们乘坐古老的帆船，踏过波涛滚滚的鄱阳湖，忍受着难以想象的牵挂与迷惘，背井离乡，走向未知的远方。在移民的同时，由于朝廷颁布的《禁止回迁令》，斩断了移民返乡的念头，年长月久，与故乡失去联系的移民渐渐忘记了祖籍的具体地点。但是“瓦屑坝”却千百次在记忆中出现，且口口相授，代代相传，有的言之凿凿记载在族谱中。在安徽、湖北等许多地方至今还保留有“江西湖”“鄱阳街”“瓦屑坝”“筷子巷”等地名（注：南昌筷子巷曾被认为是明初移民的一处集散地，但我们从实地考察得知，瓦屑坝当地也有一条街就称“筷子巷”，推测因口口相传有误，瓦屑坝的“筷子巷”才应是真正的移民集散地。）鄱阳瓦屑坝是江西移民的“根”，是他们灵魂的归宿，是他们夙愿的寄托，也是他们千百年守望的精神故园。

瓦屑坝移民遗址，理应成为既具有国家意义又具有地方特色的重要研究对象和资源。开展这样大型研究项目涉及多个学科，非个人之功能克，建议由省社联统筹协调，立即着手组织申报国家社会科学基金“重大项目”，发挥有关高校、研究机构的积极性和天然优势，集中江西历史、文化、经济、社会、建筑、农业等方面专家合力攻关；建议由江西省相关单位联合举办全国性“瓦屑坝移民学术研讨会”，争取在本土文化研究上取得具有全国先进水平的新突破；组织力量着手整理、编辑、出版《瓦屑坝移民简史》等大型图书，辑录古代典籍，钩沉淹没史实，同时编辑出版一批相关的知识性通俗性读物。

由省委宣传部牵头，组织一批有影响的记者、学者和网络大V，安排几个时间段进行实地考察，分别在各大报刊、各门户网站集中发布新闻稿、研究文章和网络言论，不间断地扩大瓦屑坝移民遗址在国内国际的知名度；拍摄《瓦屑坝移民》电视专题片，用实物与文字资料，形象阐释源远流长的赣文化；选定合适内容、角度和作者，鼓励电视剧、电影、戏曲、小说等文学创作；在境内外举办“瓦屑坝出土文物巡回展览”。为保护可预见的知识品牌潜在价值，现在就需要抢注与“鄱阳瓦屑坝”有关的电子域名。

三、设立祭祖节日，密切与移民后代联系

从瓦屑坝迁徙出去的移民们，凭着自己顽强的生命力，依赖江西人特有的勤劳、坚毅品德与艰苦奋斗的精神，开创了世人瞩目的业绩，据文献载：瓦屑坝移民的祖先筚路蓝缕，插草为标，划地结庐，劈山开田，子孙繁衍至今已近两亿人。他们对皖鄂湘川等“宽乡”的经济发展有再造之功，也为国家培养了一大批栋梁之材、移民后裔中的举人、进士、宰相、将军及文学家、科学家、银行家、企业家……如群星璀璨。然而，这些名人志士并没有忘记他们的祖宗曾经付出的代价，在众多的史料、笔记、谱牒中都记载了他们的祖先来自江西瓦屑坝。

“移民精神”是一个值得研究、推介的现象，它涵盖了“舍小家、为国家”的爱国情怀，体现了“识大体、顾大局”的协作精神。恢复“移民圣地”——瓦屑坝遗址，再现江西古人独特的迁徙图景，不仅是对江西移民历史情结的传承，也是开发江西旅游业的亮点，它可以向各地游客展示瓦屑坝历史文化折射出来的光辉和移民“血浓于水”的乡情，或可成为鄱阳湖上一道新的靓丽风景线。

近年来，到瓦屑坝寻根问祖的移民后裔纷至沓来，仅“互联网”上发布的有关“瓦屑坝”的信息就达上万条。瓦屑坝以它独特的魅力，吸引了很多移民后裔前来寻找先辈的足迹，寻找历史在这片土地上发生过的牵肠挂肚的一幕。为顺应移民后裔的思乡情结，建议由当地政府牵头，联合各方力量，逐步建立和完善皖、鄂、湘、川等地及境外移民后裔联络名录，加强与他们的沟通；尽早设立一年一度的“瓦屑坝移民祭祖节”，为他们寻访考察和旅游提供便利。

四、多管齐下，发展文化旅游事业

从江西旅游线路视角观察，环鄱阳湖带有南昌—九江—景德镇—鹰潭等一系列著名景点，在交通条件大为改善的情况下，南昌的滕王阁、青云谱、海昏侯墓，九江的庐山、西海、云居山、甘棠湖、石钟山，景德镇的御窑、瑶里及鹰潭的龙虎山、天师府等名胜风景，已串成了高质量的环形旅游线路。但是，在这一大片区域的中间地带，尚缺乏一处具有全国影响力的景点。瓦屑坝移民遗址的开发，似可成为填补其空白的担大任者。

旅游不仅是徜徉于青山绿水的事，寻觅文化也在情理之中。旅游的

本质是一种对自然景观和文化景观的体验，客人只有住下来才能挖掘附加在旅游中的文化意蕴，获得对当地生活方式的亲身感受。尤其是现在“80后”“90后”“00后”的年轻人具有自主意识，追求“说走就走的旅行”，他们到一个地方旅行不仅是要走马观花看景，还要了解当地生活和文化；不仅要自己深度体验，还要在网上与朋友家人分享。因此，我们在旅游发展的观念上需有创新，作为旅游大省，江西理应建设全国一流的旅游目的地，努力吸引更多外地游客慢下来、静下来、住下来，让其身临其境、仔细考量、咀嚼品味，使他们能更深入地体味赣文化的特质，获得异地过夜的不同体验和乐趣。

建议由省旅发委牵头，研究、制定以瓦屑坝移民文化为载体、以候鸟观赏和水上运动为特色、以湖区渔乡生活为体验的鄱阳湖特色旅游规划，开发多元化旅游发展的新路子。

五、政府引导，帮助农民实现产业转型

瓦屑坝移民大遗址的建设，必将涉及当地的农地征用、居民搬迁、公路建设等一系列问题，特别是会影响到周边以粮食生产销售为主业的农民生产生活方式的重要转变，需要未雨绸缪、统筹兼顾做好相关工作：一是深入农户宣讲历史文化遗产保护的意义，使当地农民认识到保护好瓦屑坝遗址不仅是一种政府行为，也是与其自身利益息息相关的实现转型致富的机遇，在建设过程中积极主动予以配合；二是引导当地农民主动调整产业结构，适应今后文化、旅游产业和休闲农业的发展，实现由粮食种植为主向多元化业态转移，如发展猪牛羊鱼鸡鸭等养殖业、蔬菜瓜果药材等种植业、开办旅游产品制作、可参与体验的互动性作坊等手工业，以及家庭旅舍、特色餐馆、网上电商等服务业；三是由政府支持，免费培训一批失地农民，帮助他们了解相关的旅游、卫生、接待、外语等知识，使他们能较顺利地掌握由一产向三产转移的技能；四是提供农民房舍改造成旅游接待用房的户型及建设标准，统一制定内部标配设施清单，简化农户办理旅游接待手续；五是由当地政府规划建设商品一条街，研究推出具有特色的菜肴、小吃或套餐；开发“瓦屑坝”特色旅游产品，帮助当地农民增加收入。

锂电产业成为江西新兴支柱产业的条件与几个关键性问题

刘耀彬　钟海媛[①]

一、锂电产业有足够成为江西新兴支柱产业的条件与优势

（一）资源储量丰富能够支撑锂电大规模发展

一是江西具有丰富的锂矿资源。宜春锂云母、赣州锂辉石储量丰富，已探明可开采氧化锂储量高达250万吨。宜春钽铌矿进行扩能改造后，锂云母年产量可达到16万吨以上，可加工生产碳酸锂1.2万~2万吨。丰富的锂矿资源为江西锂电产业的发展提供了坚实基础。

二是江西锂矿资源复合程度高。江西的宜春钽铌矿就是一座富含锂、钽、铌、铷、铯等多种贵重金属的综合型矿山，全采区矿石可采储量1.5亿吨，氧化锂可采储量为110万吨，占全国的31%，世界的12%，是世界上最大的矿石类锂矿山。

（二）产业基础厚实能够支撑锂电全产业链发展

一是近几年江西锂电产业发展势头迅猛。全省已经初步形成“锂矿原料→碳酸锂→锂电池材料→锂电池→应用环节”的产业链雏形，相对全国而言具有后发优势。

二是锂电产业逐步向宜春、新余两大聚集区集中。宜春具有“亚洲锂都”之称，规划建设了20平方公里的国内首个锂电产业园区，全市共有锂电企业百余家，其中投产企业过半，形成了较为稳健的上下游对接的产业体系，以锂电新能源为核心的产业链条日益紧密。2017年1~6月，宜春经开区实现财政收入10.55亿元，增长13.2%，其中，锂电产

---

① 作者简介：刘耀彬（1970~），男，湖北麻城人，南昌大学经济管理学院教授，博士生导师。

业做出了重要贡献。新余市也提出将锂电产业打造成千亿产业，新余高新区是“国家新能源科技城”，全国新能源行业最具投资价值的高新区。1～7 月，全市锂电产业主营业务收入完成 95.82 亿元，同比增长 192.16%。预计 2017 年、2018 年全市锂电产业主营业务收入分别可达到 150 亿元、220 亿元，成为全市新的经济增长点。

（三）人才储备充分能够支撑锂电发展升级

江西的人才队伍建设一直不断发展与完善。两市培养和引进了一批锂电产业科技人才，形成了包括领军人才、骨干人才、技术人才、梯队人才在内的人才体系。江西还与清华大学、北京大学等一批国内科研院所以及国家锂电重点实验室建立和保持了良好的联系与协作机制，并开设了锂电新能源专业，培养大批专业性技术人才和技能性人才，为锂电产业发展培养大批实用型人才。

（四）政府政策扶持正助力锂电发展壮大

江西已将锂电产业列为全省十大优势高新技术产业和第四个千亿元产业工程。宜春市出台了《关于加快锂电新能源产业发展的决定》，新余市也先后制定出台了《关于促进动力与储能电池产业加快发展的意见》等文件，坚持把锂电产业作为战略性支柱产业，举全市之力推进锂电产业发展。政府的大力扶持是将锂电打造成省支柱产业的重要支撑。

（五）新旧动能转换为江西锂电发展赢得市场广阔机遇

2017 年 2 月 24 日，省委、省政府出台《关于加快发展新经济培育新动能的意见》，将发展新经济培育新动能作为重点工作。因此，发展具有高密度、无记忆、转换效率高、重量轻、寿命长、无污染等优势的锂电池，对实现新旧发展动能转换具有重要意义。当下，长三角、珠三角、环渤海地区对尾气治理、汽车管理政策越来越严厉，节能环保成为汽车生产消费的“指挥棒”，新能源车将成为汽车产业新增长点、市场新动能。据统计，2017 年 1～6 月，新能源汽车产销分别达 21.2 万辆、19.5 万辆，同比增长 19.7%、14.4%。新能源汽车成为当下发展潮流，而锂电作为集各种优势于一身的新型汽车动力源，必将为江西锂电产业赢得新一轮爆发性增长商机。

二、锂电产业快速发展面临的几个关键性问题

（一）短板是提锂技术不强，产业集聚亟待加快

一是提取技术亟待提升。江西锂资源虽然较为丰富，但锂云母提取碳酸锂工艺还不成熟，生产成本也比较高，影响了锂资源的规模化开发和利用；大容量动力电池尚属空白，关键材料如隔膜和电解液大多是从国外进口，所掌握的锂离子技术要真正达到商业化运作阶段仍需时日，且存在较大的市场风险。

二是产业亟待规模化、集聚化。锂电及电动汽车产业受制于关键技术瓶颈，锂电资源优势没有转化为产业优势，电动汽车也没有规模化，锂电产业集群虽初具轮廓，但龙头企业对产业链的带动能力还略显不足。

（二）产业规模较小，产业链亟待延伸

宜春的锂电生产企业中，多数是顺应宜春市政府大力发展新能源的优惠政策转型而来，发展还处于初级阶段，还较少有知名大企业来投资。生产规模上受资金投入、技术水平、管理水平等的限制，发展较为缓慢。新余虽然在近年来，能够抢抓新能源产业发展机遇，大力发展锂电产业，但发展较晚、基础较弱，完整配套的产业链还未很好地形成，产业衔接联系也不够紧密。相比日本、韩国的锂电产业，中国的锂电产业基本都定位于中低端市场，产业链发展严重不均衡。

（三）配套引资力度不够，创新激励机制亟待完善

一是锂电产业招商引资力度不足。锂电产业是资金密集型和技术密集型产业，技术的研发与创新、产业的专业化与升级都需要大量的资金支持。虽然目前宜春、新余等地新签的锂电新能源项目不断增加，签约金额也与日渐增；但总体说来，锂电产业创新发展资金严重不足，特别是对于新兴锂电产业的吸引力来说，招商引资仍然有很大的发展空间。

二是企业内部尚未形成有效的创新激励机制。目前，宜春和新余锂电企业大都属于新型企业，技术创新的激励机制还没有建立起来，适应技术创新的经营环境和条件也还没有形成，对锂电产业创新驱动发展形成重要影响。

三、将锂电打造成为江西新兴支柱产业的三大关键路径

（一）实施“纵向技术改造、横向技术整合”，推动提锂技术升级，打牢高新技术产业发展根基

一是锂电企业要进行纵向技术改造与技术创新，解决锂电发展中的技术瓶颈，占领技术制高点，大大提升提锂技术。对现有提锂技术加以改造创新，力争在锂云母提取锂及其深加工、正极材料等方面实现新突破，促进锂产品从工业级碳酸锂、工业级氢氧化锂等基础锂产品向电池级碳酸锂、电池级氯化锂、电池级氢氧化锂、高纯碳酸锂、电池级金属锂等高端锂产品延伸，将资源优势转化为产业优势。

二是注重横向技术整合，提升技术整体溢出效应。鼓励企业入驻高新技术产业园区和大学科技园区，加强与大学、科研院所的产学研合作，联合攻关提锂过程的关键技术和共性技术问题。大力开展高校、科研院所、行业企业、政府等各创新主体的协同创新，实现各参与方创新资源及创新能力的整合、利用，促进知识、技术的共享、转移与扩散，并最终转化为企业的技术优势与产品优势，转化为江西锂电产业技术优势与产品优势。

（二）通过“掌控上游、突破中游、集聚下游”，纵向整合锂电全产业链

一是要掌控上游，从源头上加强锂矿资源监管控制。江西虽然具有大量的锂矿资源，但倘若不对资源开采加以管理约束，则很可能造成资源的滥开滥采，不利于把握现有的资源优势发展锂电产业。因此，应当加大对宜春钽铌矿及宜丰、奉新、高安交界地锂资源矿区的监管，依法严厉打击乱采滥挖，坚决从源头上杜绝资源外流；严格执行相关法规，加快对宜春市锂矿资源探矿权、采矿权收储整合，确保其氧化锂含量达到选矿价值矿山的探矿权和采矿权管控全覆盖。

二是要突破中游，增强龙头企业带动效应。做强锂电产业集群，增强龙头企业的竞争力。江西锂电产业集群虽初具轮廓，但龙头企业对产业链的带动能力还略显不足。处于产业链演化的中级阶段、产业集群发展投资导向阶段的上市公司江特集团，在其特种电机、富锂锰基锂电池、转向系统变频电机已获得成功的基础之上，应利用自身的资本与技术知

识优势，继续促进产品升级换代。对赣锋锂业公司和江特锂电池材料公司，要不断加大技术创新步伐，增加价值环节，推进相关企业聚集。通过龙头企业的带动作用，逐步将锂电产业打造成为江西的优势支柱产业。

三是要集聚下游，强化全链招商引资。创新招商手段，以锂电池全链产业发展战略为指导，以重点环节为切入点，以重大工程、重大项目为载体，综合运用产业链招商、以商招商、情感招商、会议招商等多种方式，形成锂电池产业特色集聚基地，使资源优势转化为产业优势，并最终转化为经济优势，实现资源的综合高效利用，将锂电产业打造成为江西的新兴支柱产业。

（三）着力“配套优惠、资金支持、平台打造”，营造良好的锂电发展环境

一是切实发挥政府的政策导向作用。制订切实有效的扶持锂电产业发展的相关配套政策，在土地出让、金融服务、税收等方面给予充分的优惠，提高全社会发展锂电产业的积极性。

二是引导锂电产业的民间投资。加大政府投资，发挥政府基金的引导作用，积极引导社会资金进入锂电产业。通过建立健全公共服务体系，在政策、市场、信息咨询等方面为社会资本投资提供便利，创造宽松的投资环境。

三是突出产业发展平台建设。打造资金保障平台。创新信贷模式，加大对“银园保”“财园信贷通”的支持力度，加强银企对接，帮助中小微锂电企业解决“融资难”。打造人才技术平台。鼓励引进一批博士、教授（高工）、管理人才及学科带头人等高端专业人才，为江西锂电产业快速发展提供人才支撑。

大力发展大健康产业，牵引撬动江西三次产业大联动

毛小明　刘耀彬　方　丽[①]

2017年10月，中办、国办印发了《国家生态文明试验区（江西）实施方案》，要求江西努力打造美丽中国的“江西样板”，中部地区绿色崛起的先行区。大健康产业作为新兴绿色低碳产业之一，它涵盖了中药种植，生物医药生产，医疗服务、康体旅游、健康食品、养生养老、健康管理等一二三产领域，具备三大产业关联性大、产业之间融合性强的基本特征。以大健康产业发展为牵引，能够撬动健康产业内上下游联动，三次产业间的联动，是继江西汽车产业、航空产业发展之后的又一带动性极强的龙头产业，是江西培育新经济，发展新动能的支柱产业，将影响江西未来10年甚至更长时间的产业格局。

一、大健康将成为引领江西“新发展”前景性产业

（一）大健康产业发展前景广阔，能够在江西落地生根

据统计，2012年，全球健康产业产值已达到11.8万亿美元。其中，美国健康产业近10年总就业人数增加了76.58%，产值已超过1万亿美元。瑞士健康产业增加值占GDP的比重为30%；加拿大、日本健康产业的比重为18%。世界发达国家的平均水平达15%。而我国2012年健康产业的增加值占GDP的比重只有5%，发展空间巨大。从国际经验看，当人均国内生产总值达到5 000美元时，健康产业将进入快速发展阶段，我国在2011年人均GDP就已达到5 447美元。2013年《国务院关于促进健康服务业发展的若干意见》指出，到2020年我国健康产业产值要达到8万亿元。2016年10月，中共中央、国务院印发了《“健康中国2030”规

① 作者简介：毛小明，男，南昌大学经济管理学院副教授。

划纲要》，提出“健康服务业总规模大于 8 万亿元”。按照相关规划，到 2020 年我国健康产业的产值比 2012 年可增长 100 倍，需达到 GDP 的 10%，约 4 万亿元。可见，健康产业需求在我国发展正逐渐步入小康水平的进程中呈几何倍数增长。

江西山清水秀、空气清新，生态环境质量居全国前列。2016 年，因其生态基础较好、资源环境承载能力较强与福建、贵州一起，被纳入首批国家生态文明试验区。江西森林覆盖率 63.1%，设区市城区空气质量优良率 86.7%，主要河流监测断面水质达标率 88.6%，湿地保有量保持 91 万公顷。环境优美，气候宜人，被誉为中国的“天然氧吧”。江西区位优势明显，交通便利，江西境内高速公路网已基本建成，京九线、浙赣线、高铁网纵横贯穿全境，航空和水运运输皆十分便捷。江西发展大健康产业有着其他省份无法比拟的天然优势。

（二）大健康产业发展正逢时机，能够成为江西新旧动能转换“试验田”

江西是个农业大省，绿色（有机）食品在全国占有重要分量，2016 年，绿色（有机）食品产业主营业务收入突破 1 000 亿元，“三品一标”农产品总数达 3 503 个，被农业部列为全国唯一的“绿色（有机）农产品示范基地试点省”，拥有众多如赣南脐橙、南丰蜜橘、庐山云雾茶、宁红茶、遂川狗牯脑、泰和乌鸡、高正茶油等具有影响力的生态食品品牌。2016 年，江西医药产业实现主营业务收入 1 299.02 亿元，其中中医药实现主营业务收入 550.40 亿元。中药材资源十分丰富，传统中药产业历史悠久。如樟树市有 1 800 余年的药业历史，是享誉中外的“中国药都”，素有“药不到樟树不齐，药不过樟树不灵”的美誉。宜春市袁州区生物医药产业也已形成特色产业集群，拥有济民可信、百神药业、海尔思、远大生物等医药类企业 45 家，形成了以医药制造、医药研发、医药物流及医药包装为一体的较为完整的医药产业链。江西省旅游产业也取得了很大的进步，2016 年，旅游总收入 4 993.29 亿元，同比增长 37.27%。旅游资源种类多、品位高、潜力大，红色旅游资源、绿色山水资源、古色历史文化资源交相辉映。可见，江西的农业、医药工业、旅游业发展已具备相当规模，发展大健康产业的产业基础已基本完备，加之大健康产业正逢国家新政策红利期，能够成为江西新旧动能转换的“试验田”，江西产业“二次创业”的领跑者。

（三）大健康产业带动性强，将牵引江西产业融合发展

大健康产业不是一个狭义、单一的工业产业。大健康产业是与健康直接或间接相关的产业链和产业体系，是全社会为维护和促进健康而从事的健康服务提供、产品生产经营和信息传播的集合体，具有覆盖面广、产业链长的独特特点。大健康涵盖（1）健康人群（5%）的养生保健，如娱乐文体、美容保养等；（2）亚健康人群（75%）的调节管理，如心理呵护、保健理疗、养老服务、健康管理、中医养生等；（3）疾病人群（20%）的治疗护理，如术前术后、医疗服务、医疗器械、慢性病调理等。另外，还带动了药草农业、健康文化、健康商贸、旅游度假、健康科技等支撑产业。大健康产业内涵丰富，领域众多，覆盖了传统的（农业）第一产业、（工业）第二产业、（服务业）第三产业，包括生态环境、农业、食品、生物、保健、体育、文化等诸多行业，行业带动性极强，能促进多行业融合。移动互联网、云计算、大数据等现代信息技术与传统产业的深入融合、农业与旅游业融合、制造业与互联网融合、服务业与先进制造业融合等等，从而形成相互关联的具有一定互补性和共生性的产业聚集综合体。

二、江西发展大健康产业面临的关键问题

（一）已有健康产业总体规模偏小，“大产业”格局远未形成

江西本土“大健康”产业规模占全国比重小，与浙江、广州等沿海省份相比有较大差距。从空间布局来看，沿海地区整个健康产业发展态势较好。如“环渤海”以北京为中心，人才科研力量雄厚，带动辽宁、河北、天津等周边区域，侧重于技术研发和成果转化；“长三角”整合全球化资源，带动江苏和浙江以生物医药、高端的健康服务为特色，如：浙江省，健康服务业产值已占到全省 GDP 的 9%，高于全国平均水平 4 个百分点；“珠三角”是健康产品的制造中心，高、中端医疗器械、保健品制造业发展较好，如：广东省，保健器材、保健服务类企业发展迅速，保健市场份额已占全国 40% 以上，广东省省内从事保健品的生产企业已超万家。江西健康产业起步较晚，规模小，资源分散，健康保健、健康风险管理、养生养老服务、健康旅游等仍处于起步阶段。以江西中医药产业为例，在中药材种植、中成药制造、中药保健品和饮料等中药衍生

品方面刚形成初级产业链；中药化妆品、中药食品、中药的国际贸易、中药旅游及文化等方面仍显不足。“药、医、养、食、游”全产业链的大健康产业格局并未形成。

（二）产业间隔阂，联动融合发展模式尚未形成

江西大健康产业之间的联动性不强。健康农业、养老养生、医疗及健康制造业尚未形成一个有效整体，第一、第二、第三产业之间联动薄弱。(1) 农业产业化水平较低，农产品深加工增加值少，未能把产业链、价值链等现代产业组织方式引入农业。如樟树市中药材种植以个体药农为主，以企业为主体的规范化种植基地仅占总种植面积的10%左右；大部分中药材还属传统粗放式种植，在采摘时机选择、树苗、农药用法用量和栽种存活率等方面缺乏规范化、科学化指导，难以确保中药材原料质量的稳定；(2) 工业中的生物医药和中医药生产企业还处在各自为战，为准入市场和公平竞争环境而抗争；(3) 养老养生、健康旅游在江西也刚起步，规范性服务还未完善。更为重要的是三产之间处于隔阂封闭状态，如樟树的医药企业要去安徽的亳州购买樟树本地产的中药材原料。当前江西在健康产业与其他产业融合发展态势方面还很不足。如“健康+养老”“健康+旅游”“健康+互联网”“健康+体育”“健康+食品”等新业态还未形成，急需形成产业联动、三产融合的大健康产业发展模式。

（三）行业龙头企业稀缺，集群式发展有待加强

龙头企业对大健康产业发展起到举足轻重的作用。通常在研究阶段，一个生物技术领域的领军企业的规模是追随者的5~10倍，而在商业化阶段，其规模达到追随者的30~100倍，正是这种规模效应能为一个地区性产业集群吸纳大量技术和管理人才，并形成一系列配套产业来为产业化服务。例如，天津高新区大健康产业聚集了一批行业领军者。包括全国中药材及中药饮片行业的龙头企业盛实百草药业有限公司；以及海内外著名的生物医药企业，如天津天堰科技股份有限公司、协和干细胞基因工程有限公司、天津强微特生物科技有限公司等，这些龙头企业在自身成长壮大的同时也带动相关产业快速发展，形成产业聚集效应。江西目前大健康相关企业规模较小，布局分散，呈现“大行业小企业”特征。少数几家大药企如济民可信、仁和集团、汇仁药业、五洲医药、青峰医

药等还停留在自身的医药生产和流通领域，在全国大健康行业内还缺乏影响力，无法带动大健康产业集群式发展。

（四）大健康产业呈现“中间凸起、两头塌陷”的窘境

如果说大健康行业在江西发展产业基础较好，也仅仅局限于大健康的二产（工业）较强，如医药生产和医药流通。在全国医药，特别是中医药方面有“一席之地”。而大健康发展的产业前端，绿色（有机）农业，中药材种植，以及大健康发展的产业后端，如健康餐饮、体育健身、健康管理、养生旅游等三产（服务业）与沿海省份，甚至周边省份相比则明显弱化。由于大健康产业不是一个狭义、单一的医药工业产业，它横跨第一、第二、第三产业，是三产融合的有机综合体，而仅有中端的医药生产和流通强，产业的前后端塌陷，不足以支撑整个大健康产业。

三、促进江西大健康产业快速发展的对策

（一）突破大健康产业仅为“医药产业”的观念

大健康产业是三产融合的有机综合体，并不是单纯的“医药产业”。往往市、县（区）政府仅关心医药生产和流通的统计数据，而忽视了大健康的前端和后端，加之县域经济发展“一产稳、二产强、三产活”的惯常思维，往往市、县（区）政府把大健康产业归到“工信口”，认为抓大健康产业就是抓医药工业。实际上，在我国进入建设社会主义新时代的关键期，大健康产业已不光是医药工业生产，而是通过大健康来融合一二三产，形成三产综合体。大健康产业的前端是订单式农业、互联网＋农业，如中药材种植、绿色（有机）农产品等，而订单式农业、互联网＋农业能直接带动农民致富、农村改变落后面貌。通过大健康产业发展，很有可能使江西在2020年前“脱贫”进入全国“第一方阵”，也可使江西在2049年率先在全国初步实现农业现代化。中端是大健康产业工业端，通过主抓医药生产，提高产品的知名度，扶持一批医药行业骨干企业、培育一批医药行业“专精特新”企业、形成医药产业生产的“强链”。健康保健、养生、旅游、健康＋（体育、文化）等服务业，是大健康产业的后端，也是产业链附加值的最高端，要抓好基础设施建设，提高服务质量，成为大健康产业的制高点。

（二）完善大健康产业地域空间布局

整合现有资源，按照2017年《江西省“十三五”大健康产业发展规划》的要求，以南昌都市区为核心，沿“京九高铁、沪昆高铁、向莆铁路”打造三个特色产业带，形成“赣北休闲疗养、赣南食品医药、赣西康养户外、赣东北养生旅游”四个特色板块。京九高铁产业带，在昌九城际、昌吉赣客专、赣深客专等沿线城市重点发展养生疗养、休闲度假、生物医药、健康食品等产业；沪昆高铁产业带，发挥沪昆高铁沿线城市优良的生态资源和丰富的旅游资源优势，大力发展休闲度假旅游、温泉养生、健康养老等产业；向莆铁路产业带，依托向莆铁路沿线良好的生态和健康产业基础，重点发展生物医药、养生养老、生态旅游等产业。用3~5年的时间，循行渐进，逐步完善和实现江西“一核三带四板块”大健康产业空间布局的规划目标。

（三）加快大健康产业内联动，促进产业链纵向整合

生物医药方面，江西已培育有济明可信等生物医药龙头企业，打造了一批具有资源集聚力、市场竞争力、行业影响力的医药研发生产企业；中药饮片方面，有仁和药业、汇仁药业等龙头企业，并有向其上下游中药材种植、药品流通领域延伸的趋势；医疗器械方面，有围绕新材料、机械装备等相关领域新技术，重点发展先进医疗器械、便携式家庭医疗器械、医疗康复辅助器具及养生保健器械产品的本省龙头企业；健康食品方面，有赣南食品、上高食品等一批具有江西地方特色的食品企业；保健饮品方面，有宜丰百岁山水产业等一批“专精特新”企业。以上大健康产业内生产企业要以品牌、项目为抓手，龙头企业为纽带，带动产业内联动和兼并，形成江西大健康产业内部纵向整合。

（四）加强大健康产业间联动，促进产业链横向整合

以“大健康”为牵引，促成产业间联动。(1) 与农业联动，发展生态农业、休闲农业、药草农业等，推动绿色（有机）食品种植生产；(2) 与工业联动，发展食品加工业、中草药加工业、天然矿泉水、保健品等生产为核心的健康产业，推动绿色工业、低碳工业、养生工业的发展；(3) 与养老、养生服务业联动，打造健康养老服务集聚区、健康养生服务基地；(4) 与旅游业联动，创新“健康+旅游”模式；(5) 与互

联网、大数据联动，催生新业态、新模式；（6）与商业、物流业联动，使人民生活更便利；（7）与文化、体育产业联动，使人民日益增长的美好生活需要得到更平衡、更充分的满足，提高人民的幸福指数。

（五）龙头企业引领，塑造江西的“全民产业”

龙头企业是大健康产业发展的核心。无论是大健康的一产、还是二、三产，都可诞生龙头企业，要发现和扶持产业链上的龙头企业快速成长，让龙头企业来整合产业链，完善产业链。江西发展大健康产业，也要具有江西特色的发展模式，可以考虑借鉴南康家具发展模式。南康市的家具产业从无到有，由弱变强，崛起成千亿家具产业，最主要的特点就是“全民产业”，现在的南康市人口的1/3，劳动力的1/2都在从事家具生产及家具服务业，南康市已成为全国最大的实木家居产业基地和世界家具集散地。大健康产业同样可以复制南康模式成为江西的“全民产业”，通过产业间联动、产业内联动、城乡联动、医药联动、大小企业联动、医养联动、与互联网+联动等，形成江西大健康产业“龙头引领、全民参与、覆盖全域、三产均强”的幸福产业。

大 事 记

中部年度发展大事记概要（2017.1～2017.12）[①]

1. 1月3日，引江济淮工程近日在安徽省合肥市正式开工建设。引江济淮工程是国内继三峡、南水北调之后最大的水利工程，是最具综合性的战略水资源配置工程。

据介绍，引江济淮工程以城乡供水和发展江淮航运为主，结合灌溉补水和改善巢湖及淮河水生态环境。引江济淮工程供水范围涉及安徽、河南两省14市55县（市、区），总面积7.06万平方公里。整个工程由引江济巢、江淮沟通、江水北送三部分组成，输水线路总长723公里。（来源：《人民日报》2017年1月4日）

2. 1月6日，吉尔吉斯斯坦经济部与中国河南贵友实业集团开发的吉尔吉斯斯坦“亚洲之星”农业产业合作区签署经贸领域合作备忘录。在此框架下，吉方将帮助该国家级境外经济贸易合作区发展壮大。

根据备忘录内容，吉经济部下属国家投资和出口促进署将与“亚洲之星”农业产业合作区建立合作伙伴关系，在互惠互利原则下，推动合作区商品和食品出口中国。

据介绍，“亚洲之星”因完善的基础设施、完整的产业链条以及绿色生态的运营理念，成为当地农业产业合作的典范。（来源：《人民日报海外版》2017年1月9日）

3. 1月10日，江西依托南方林业产权交易所统一的林权流转信息化平台，推进林权流转交易市场建设，2016年林权交易额达3亿元。加快林权流转，进一步提升了江西林业的规模化、集约化经营水平。

2005年10月，宜春市铜鼓县建起江西省第一家林权交易中心。江西省逐渐建立健全林权管理服务机构，形成了省、市、试点县、乡、村五级信息共享和网络互联的林权流转管理服务体系。截至2016年12月底，

① 整理和编辑人为南昌大学中国中部经济社会发展研究中心吕晞。

南方林业产权交易系统共挂牌林权交易项目524项，成交378项，成交面积9.4万亩。（来源：《人民日报》2017年1月11日）

4. 1月10日，国家发改委和科技部联合批复了合肥综合性国家科学中心建设方案。该中心将建设成为国家创新体系的基础平台，聚焦信息、能源、健康、环境四大科研领域，开展多学科交叉和变革性技术研究。合肥综合性国家科学中心获批，标志着安徽省在全国创新大格局占据了重要的地位，成为代表国家参与全球科技竞争与合作的重要力量，标志着我省创新发展进入新的起点。

据了解，合肥综合性国家科学中心将构建“源头创新—技术开发—成果转化—创新创业—新兴产业”全链条式产业创新体系，让科学中心成为搭建从科学到技术、从技术到产业的转化桥梁。该中心将依托合肥地区大科学装置集群，聚焦信息、能源、健康、环境等四大领域，吸引、集聚、整合全国相关资源和优势力量，推进以科技创新为核心的全面创新，强化科研院所和高等院校科技创新主体作用和基础作用，大力营造良好的人才集聚环境和自由开放的科研制度环境，开展多学科交叉研究，产生变革性技术，催生战略性新兴产业，成为国家创新体系的基础平台、科学研究的制高点、经济发展的原动力、创新驱动发展先行区。

合肥综合性国家科学中心包括四个层级：核心层是建设科学中心的核心力量和基础支撑，主要是服务于国家重大战略需求，新建一批大科学装置，提升现有大科学装置性能和开放度；中间层主要是充分发挥地方政府的积极性，依托中国科学技术大学、中科院合肥物质科学研究院，建设世界一流的创新型大学和研发机构。提升现有公共技术研发平台的创新能力，支持新建一批共性技术研发平台，开展多学科交叉前沿研究；外围层是科学中心建设的重要外延，主要是面向地方经济社会发展重大需求，围绕产业链部署创新链，依托中科大先进技术研究院、中科院合肥技术创新工程院等高端创新平台，突破一批具有全局性、前瞻性、带动性的关键共性技术，形成较强国际竞争力的产业集群；第四个层级是组织实施大型科技行动计划。以大科学装置为基础，汇聚国际一流科技人才，统筹基础研究、前沿高新技术、战略性工程技术，积极承担国家重大科技任务，将核心层、中间层、外围层紧密联系，并实现与全国大科学装置的协同、创新资源的协同、学科建设的协同、人才建设的协同。

到2020年，安徽省将基本建成合肥综合性国家科学中心，大科学装置建设取得突破，原创性成果不断涌现，共性技术研发圈基本建成，创新创业人才高地基本建成，创新型现代产业体系基本形成，基本建成合肥综合性国家科学中心制度体系。到2030年，建成国际一流水平、面向国内外开放的综合性国家科学中心。在区域规划布局上，积极构建大科学装置集群核心区、“双一流”建设核心区、科技成果转化层核心区三大核心区。（来源：人民网－安徽频道2017年1月11日）

5. 2月15日，山西开行的首趟中欧班列，75006/5次列车平稳驶出太原。2台具有我国完全自主知识产权的大型矿用挖掘机搭乘班列，踏上前往俄罗斯列索西比尔斯克的“远嫁”之旅。

据介绍，大型机械通过中欧班列到俄罗斯列索西比尔斯克，不仅运输时间要比走海运缩短20天左右，而且可以有效避免海水侵蚀、晃动碰撞造成的货物损耗。这趟中欧班列的开行，为山西企业走出国门开辟了新的便捷通道。2016年山西进出口总值增速全国第一。（来源：《人民日报》2017年2月16日）

6. 2月24日，由江西省政府主办，江西省国资委、江西省商务厅、九江市政府承办的“央企入赣投资合作洽谈会”在江西九江成功举办。此次合作洽谈会是江西省启动新一轮央企入赣工程后，第二次与中央企业开展的高规格的合作对接活动，也是首次在赣江新区核心区域的九江市，由江西省政府主办面向中央企业的重大招商活动。

80家参会的中央企业中，世界500强的中央企业就有45家。新签约的113个项目全部为重大合同项目，投资总额2 340.49亿元，单个项目平均投资额20.71亿元，签约成果项目涉及61家央企，占参会央企总数的76.3%。会议还组织了国家电网、中国大唐、中节能、中交建、中国医药、中国邮政储蓄银行6家央企分别与江西省政府签署了战略合作协议，部分中央企业同时将与有关设区市签订战略合作框架协议。

本次央企入赣投资合作洽谈会创造了多个“第一”：第一次同时组织8个由省领导带队的对接服务工作组拜访央企开展对接和邀商；第一次在省政府层面同时与六家央企分别签署战略合作协议；第一次把央企入赣投资合作洽谈会参加对象扩展到非国务院国资委监管的中央工业企业和中央金融企业；第一次由省国资委、省商务厅、省发改委和国务院国资委规划局四家单位联审项目；第一次集中组织宣传展示央企入赣工作的成效。（来源：人民网－江西频道2017年2月24日）

7. 2月25日，江西省发展升级引导基金在南昌揭牌，标志着江西首只千亿级基金扬帆起航。该基金采用母子基金“1＋N”模式，通过政府引导投资、股权投资等方式，力争用4年时间逐步打造3 000亿元左右的产业投资基金集群。

该基金未来主要在支持创新创业、战略性新兴产业培育发展、传统产业转型升级、现代服务业发展等重点领域和关键环节进行布局和投资运作，子基金主要优先投资于注册或生产基地在江西的企业。

江西省发展升级引导基金采用母子基金“1 + N”模式，逐步统筹省财投集团出资200亿元作为劣后级资金，按照1∶4的杠杆比例向省内外社会资本募集资金800亿元，形成1 000亿元规模的母基金。母基金通过发起设立投向不同产业、不同发展阶段企业的子基金，或参股已设立的股权投资基金，以二次杠杆形成总规模达到3 000亿元左右的基金集群，通过项目的实施，撬动万亿元社会资金投入到江西发展升级建设中去。

江西省财政厅厅长胡强介绍，当前该基金建设实现了母基金、子基金和项目“三落地”。该基金的成立将使以往财政资金为经济发展直接“输血”变为政府“造血”，完成由财政补贴向股权投资的转变。（来源：《人民日报》2017年2月27日）

8. 3月，湖北省《关于全面推行河湖长制的实施意见》日前印发。《意见》表明，到2017年底前，湖北全面建成省市县乡四级河湖长制体系，并覆盖到全省流域面积50平方公里以上的1 232条河流和列入省政府保护名录的755个湖泊。经过3～5年的努力，全省入河湖主要水污染物排放总量明显下降。河湖水环境明显改善，饮用水水源地水质基本达标，黑臭河、黑臭湖基本清除，确保河湖面积不萎缩、功能不退化，人民群众满意度明显提高。

据了解，湖北省由省委书记任第一总河湖长，省长任总河湖长，分管副省长任副总河湖长。跨市（州）重要河流、重要湖泊由省委和省政府负责同志分别担任河湖长。各河湖所在市、县、乡分级分段设立河湖长，由同级党委、政府负责人担任。同时加强制度建设，建立部门联席会议制度和市县河长制联络员制度。（来源：《人民日报》2017年2月19日）

9. 3月15日，中国长江江豚拯救行动计划2017年迁地保护项目在江西鄱阳湖启动，这是继2015年中国成功将鄱阳湖8头长江江豚迁到湖北长江进行保护后的保护项目，也是长江江豚拯救行动发布后首次大规模行动。（来源：新华社2017年3月17日）

10. 3月31日，日前，国务院分别印发《中国（辽宁）自由贸易试验区总体方案》《中国（浙江）自由贸易试验区总体方案》《中国（河南）自由贸易试验区总体方案》《中国（湖北）自由贸易试验区总体方案》《中国（重庆）自由贸易试验区总体方案》《中国（四川）自由贸易试验区总体方案》《中国（陕西）自由贸易试验区总体方案》（以下统称《总体方案》），7省市4月1日分别举行了挂牌仪式。

《总体方案》指出，建立辽宁、浙江、河南、湖北、重庆、四川、陕西等自由贸易试验区，是党中央、国务院作出的重大决策，是新形势下全面深化改革和扩大开放的一项战略举措，对加快政府职能转变、积极探索管理模式创新、促进贸易投资便利化、深化金融开放创新，为全面深化改革和扩大开放探索新途径、积累新经验，具有重要意义。

《总体方案》提出，自贸试验区要当好改革开放排头兵、创新发展先行者，以制度创新为核心，以可复制可推广为基本要求，在构建开放型经济新体制、内陆开放型经济发展新模式和建设法治化国际化便利化营商环境等方面，率先挖掘改革潜力，破解改革难题。要着力深化行政管理体制改革，提高行政管理效能，提升事中事后监管能力和水平，进一步推进简政放权、放管结合、优化服务改革。要推动西部开发、东北振兴、中部崛起和长江经济带发展、“一带一路”建设等国家战略的贯彻实施。

《总体方案》强调，要坚决贯彻党中央、国务院部署，坚持稳中求进工作总基调，进一步解放思想、改革创新、大胆实践、积极探索、统筹谋划、加强协调，支持自贸试验区先行先试。要提高对办好自贸试验区工作的认识，加强组织领导，明确责任主体，精心组织好总体方案实施工作，抓好改革措施的落实，有效防控各类风险。国务院自由贸易试验区工作部际联席会议办公室、7省市人民政府、有关部门要创新思路、寻找规律、解决问题、积累经验；要充分发挥积极性，因地制宜、突出特色，做好对比试验和互补试验；要及时总结评估试点任务实施效果，加强试点经验系统集成，持续形成可复制可推广的改革经验，充分发挥示范带动、服务全国的积极作用。（来源：新华社2017年3月31日）

11. 3月25日，“盐田国际内陆港—赣州”揭牌仪式在江西赣州市南康区举行，标志着赣州港正式成为盐田国际内陆港，架起了联通“老区”与“特区”的桥梁，拉开了赣深两地、两港合作的序幕，为赣州加快发展注入了新血液、新动力，有利于加快推动两地经济全球化和区域合作进程。

近年来，在《国务院关于支持赣南等原中央苏区振兴发展的若干意见》指引下，南康区“无中生有”建成了江西省第一个陆路口岸—赣州港，并于2016年9月获批成为全国内陆第八个临时对外开放口岸和中国内陆首个国检监管试验区，标志着赣州步入了口岸时代。盐田国际集装箱码头是天然深水良港，也是中国进出口贸易的重要门户。南康区将充分借助盐田港的资源优势，大力引进相关航运、物流、船代、金融企业入驻赣州港，加快把赣州港建设成为便捷、高效、有竞争力的内陆口岸，实现与盐田港的同频共振，助推赣州建设成为连接“一带一路”的重要节点城市和国际货物集散地、打造成为省域副中心城市。（来源：http：//jx. sina. com. cn/news/2017 -03 -26/detail - ifycspxn9889030. shtml）

12. 4月6日，近日，《安徽省企业环境信用评价实施方案》（修订版）出台，根据方案，污染物排放总量大、环境风险高、生态环境影响大的企业应纳入环境信用评价范围。参评企业有“暴力阻挠环保检查”等10种一票否决情形的，直接评定为“环保不良企业”。

根据方案，对环保警示企业，从严审批各类环保专项资金补助申请；对不良企业，暂停各类环保专项资金补助。此外，企业一旦被评环保不良，安徽省环保厅将依托省公共信用信息共享服务平台向省发展改革委、省银监局等部门通报，实行信息共享与联合惩戒。（来源：《人民日报》2017年4月7日）

13. 4月11日，海关总署日前出台措施，支持辽宁、浙江、河南、湖北、重庆、四川、陕西7个新设自贸试验区建设发展。5方面共25条措施，涵盖了全面复制推广上海自贸试验区经验，全面深化改革、扩大开放，服务国家“一带一路”“长江经济带”“东北地区等老工业基地振兴”“中部崛起”“西部大开发”等部署，服务自贸试验区改革需求以及实施海关监管制度创新和海关安全高效监管等内容。

在创新海关监管制度、促进贸易便利化方面，海关总署将在自贸试验区优先推进“互联网+海关”特色服务，率先推进通关一体化改革，建设国际先进水平的国际贸易“单一窗口”。

在实施保税监管改革、促进加工贸易创新发展方面，海关总署将改革加工贸易监管模式，改革加工贸易核销及单耗管理方式，加快海关特殊监管区域和保税监管场所整合优化，提高保税货物流转效率。

在支持新型贸易发展、促进稳增长调结构方面，海关总署将支持文化对外贸易、跨境电子商务、服务外包、生产性服务业、融资租赁等业务发展。

在培育法治化营商环境、维护贸易秩序公平公正方面，海关总署将依法实施知识产权海关保护，维护企业创新成果。

此外，海关总署还同步研究制定了相配套的自贸区海关监管方案，规范海关监管服务。（来源：《人民日报》2017 年 4 月 12 日）

14. 4 月 24 日，随着最后一组轨排在江西德兴市德兴东站内稳稳落地，九景衢铁路正线完成铺轨贯通，标志着距离通车运营又近了一步。

九景衢铁路全长 333.306 公里，其中江西段 244.927 公里，是一条设计时速 200 公里的国家一级、双线电气化、客货共线铁路。这条铁路西起江西九江市，东至浙江衢州市，途经江西湖口县、都昌县、鄱阳县、景德镇市、婺源县、德兴市、浙江常山。

九景衢铁路开通运营后，能有效缓解沪昆、京九铁路两大干线运力紧张的状况，改善区域交通运输条件，对于沿线周边矿产和旅游资源的进一步开发，环鄱阳湖地区承接长三角及东南沿海产业转移，促进东南沿海与中部地区的经济交流具有重要作用。（来源：https：//baijiahao.baidu. com/s？id＝1565571361882567）

15. 4 月 27 日，山西转型综改示范区起步区 71 个项目超千亿投资正式奠基开工。据介绍，示范区建设推进迅速，从启动筹建到管委会正式揭牌运行，仅用了 3 个多月时间；从管委会揭牌运行到起步区奠基开工，仅用了 2 个月时间，在规划编制、制度创新、招商引资、征地拆迁、“三通一平”等方面取得了显著成效。

奠基仪式上，山西省长楼阳生要求示范区管委会发扬“示范区速度”“示范区精神”“示范区作风”，努力打造“示范区标准”“示范区质量”“示范区效率”，紧紧扭住“示范”二字，把新发展理念贯穿于项目建设全过程。

另据了解，奠基仪式前，还举行了第二批入区项目签约仪式，入区项目 30 个，总投资额 556.42 亿元，用地 10 266 亩。其中，太原片区签约项目 24 个，总投资额 401.02 亿元，用地 7 666 亩，预期产值 774 亿元；晋中片区签约项目 6 个，总投资额 155.4 亿元，用地 2 600 亩。（来源：《人民日报》2017 年 4 月 28 日）

16. 5 月 6 日，2017 河南物流文化节在郑州举行。此次文化节主题为“共生、共创、共享、共赢”，旨在加强河南省物流企业间的交流与合作，深度挖掘中原地区物流商文化，提升物流企业的品牌价值，促进中部地区的物流文化的崛起。

据介绍，本次物流节由河南省物流协会主办，郑州华南城、河南省会展业商会承办，鸿泰物流公司协办。1 000 多名政府官员、相关协会官员，物流公司代表及商户参加。以后每年 5 月 6 日，河南物流节将如期举办。（来源：《人民日报海外版》2017 年 5 月 8 日）

17. 5 月 8 ~9 日，中共中央政治局常委、国务院总理李克强在河南省委书记谢伏瞻、省长陈润儿陪同下，在开封、新乡、郑州考察。

河南自贸试验区是国家在中部地区设立的首批自贸区。李克强来到开封片区，负责人介绍这里为更大程度方便企业办事，实行了“二十二证合一”改革，过去需要花 50 多个工作日、去多个部门、跑许多次办理的事项现在简化为“一网通办”、数个工作日完成，李克强表示赞许。他与办事的群众和前来咨询创业的大学生互动交流，得知不少人从沿海发达地区甚至国外到这里投资兴业，李克强说，现在市场竞争日趋激烈，要通过简政放权、放管结合、优化服务，大幅降低制度性交易成本，打造改革开放高地，这样就可以吸引更多投资者，也会有力激发全社会创业创新热情。政府部门要抓紧整合内部管理职能，尽可能减少和简化对企业的审批事项，使审批更简、监管更强、服务更优。

李克强听取了开封市棚户区和旧城改造情况汇报。他来到大兴社区居民家中，这里房屋破旧，冬天寒冷，夏天漏雨，电线老化，李克强叮嘱对这类危旧房要加快改造进度。他说，古城修复是历史责任，老城区居住环境改善是迫切需要，二者不可偏废。要创新机制，做好统筹，既让更多住房困难群众尽快圆上安居梦，也要切实保护好文物，守住文明积淀的根脉。

黄河下游滩区是行洪、滞洪、沉沙重要区域，居住着河南、山东近 200 万群众，对滩区群众生活与安全李克强牵挂于心。他冒雨专门来到新乡市封丘县李庄村，一连走进几户居民家中，了解他们的生活情况和搬迁意愿。他又来到迁建后的临河小区，与干部群众详细测算搬迁成本，对群众搬迁后生活得到很大改善感到欣慰。随后，李克强主持召开现场会，河南省、山东省和水利部、黄河水利委员会等部门主要负责同志汇报了情况、提出了建议，李克强与他们深入讨论。他说，黄河滩区问题是一个近代历史遗留问题，这里的群众不应该被遗忘。党的十八大以来，以习近平同志为核心的党中央高度重视扶贫攻坚工作。近几年按照党中央、国务院部署，各方共同努力，滩区居民迁建取得积极进展。进一步推进这项工作，既是保障黄河长治久安的重大战略需要，也是实现滩区群众脱贫致富的治本之策，事关国家全局，现在我们也有条件加快推进解决这一问题。要充分尊重群众意愿，区分轻重缓急，在落实地方主体责任、鼓励因地制宜的同时，继续延续目前中央预算内投资支持力度，多渠道筹集资金，并在土地增减挂钩、脱贫攻坚、配套基础设施建设、产业发展等方面给予倾斜支持，结合推进新型城镇化建设，力争用三年时间优先解决地势低洼、险情突出滩区群众迁建问题，促进实现保障黄河安全与滩区发展的双赢。

李克强十分关心制造业升级。他走进中联重科生产车间，对企业联合行业其他龙头企业并吸引国外人才开展大马力拖拉机集成创新予以肯定，勉励企业抓住实施“中国制造2025”的机遇，发扬创新精神和工匠精神，努力突破重大装备核心关键技术，在深化供给侧结构性改革中推动产业迈向中高端。看到企业云平台上反映全国工程机械使用活跃度4、5月份比一季度又有提升，李克强希望他们加强跟踪，为准确分析宏观经济形势和地区走势提供参考。

在郑州富士康科技园，李克强考察了企业智能生产线、组装车间，并与创客团队交流。企业介绍说他们通过大众创业、万众创新激发了员工智慧，年轻人在努力创造中拥有更好的发展机会。李克强对专程赶来的企业负责人郭台铭说，中国仍是外商投资的热土，我们的产业工人具有既勤劳又智慧的强大优势，希望更多外商不仅将生产基地，而且将研发中心等设在这里，抓住中国产业结构升级带来的新机遇，促进产业集群发展并带动更多就业，实现共赢发展。

李克强充分肯定河南经济社会发展取得的成绩，希望河南在以习近平同志为核心的党中央坚强领导下，在深化改革开放、推进经济结构战略性调整和改善民生上取得更大进展，在促进中部地区崛起中发挥重要支撑作用。（来源：中国政府网2017年5月9日）

18. 5月17日，第十届中国中部投资贸易博览会在合肥滨湖国际会展中心开幕。中共中央政治局委员、国务院副总理汪洋出席开幕式，发表主旨演讲并宣布开幕。商务部副部长王受文代表钟山部长陪同出席并致欢迎辞。

王受文在致辞中指出，中部博览会是中部地区积极参与和实施“一带一路”、中部崛起等国家重大战略决策部署的重要平台。创办十年来，中部地区在经济社会建设各方面取得了显著成就。商务部将竭力为中部地区加速开放、全面崛起继续提供支持和服务。本届中博会紧扣“一带一路”内涵和目标，围绕中部地区推进供给侧结构性改革和扩大对内对外开放，进行专业交流，举办贸易展览，寻求投资合作。相信中部博览会必将进一步发挥好平台作用，促进中部六省的共同繁荣与发展。

格鲁吉亚第一副总理兼财政部长库姆西什维利出席大会并发表演讲。安徽省委书记、省人大常委会主任李锦斌，山西省人民政府省长楼阳生，江西省人民政府省长刘奇，河南省人民政府省长陈润儿，湖北省人民政府省长王晓东，湖南省人民政府省长许达哲，安徽省人民政府省长李国英，以及多个部委的部长级官员，印尼投资协调委员会主席托马斯·莱邦、比利时联邦经济部秘书长德尔波特等出席了主旨论坛暨开幕式。

中国中部投资贸易博览会经国务院批准，主办单位为商务部、国家工商总局、国家旅游局、全国工商联、中国贸促会、中国工业经济联合会及山西、江西、河南、湖北、湖南、安徽六省人民政府。自 2006 年起在中部六省轮流举办。本届大会以“创新发展新理念‘一带一路’新机遇”为主题，突出创新驱动发展、供给侧结构性改革、构建法治化营商环境，深入融合国家“一带一路”倡议，开展论坛研讨、展览展示、项目对接等专题活动。（来源：http：//video. mofcom. gov. cn/activities/20170522/4474. html）

19. 5 月 18 日，由江西省景德镇市委宣传部主办的“归来·丝路瓷典”在中国国家博物馆开展。近 300 件（套）明清景德镇生产的外销瓷，把观众带入海上丝绸之路的历史情境。

瓷器是中国文化、世界语言，讲述着中国故事。中国外销瓷的生产和贸易历史悠久。从明末到清中期，景德镇成为中国外销瓷的主要产地，其产品开始大规模销往欧美市场，成为参与全球进程的“世界商品”，也是“中国制造”留在海外的财富。（来源：《人民日报海外版》2017 年 5 月 19 日）

20. 5 月 18 日，第五届中国（湖南）国际矿物宝石博览会在郴州举行。据悉，这场亚洲最大矿物宝石博览会以“神奇的矿晶，多彩的萤石”为主题，展出时间持续至 5 月 22 日。

本次矿博会核心规划展览面积 10 万平方米，设置国际标准展位 2 600 个，分国际矿物晶体区、国宝级精品矿物宝石展示区、精品珠宝玉石区及全省旅游资源展示区、矿物化石区、国内矿物晶体及观赏石区、自然科普区、矿博会综合服务区7个展区。本届矿博会以地学科普、资源展示、商品销售、产业招商、国际交流为核心内容，以世界矿物晶体产地精品矿物为主要展示内容。通过会展，致力将矿博会打造成为国际知名的展会品牌，向世界充分展示湖南“有色金属之乡”、郴州“世界有色金属博物馆”“中国观赏石矿物晶体之都”的独特魅力，加快推进湖南省矿物宝石产业转型升级，促进科普、经贸、旅游、文化深度融合发展。

郴州市委书记易鹏飞表示，举办矿博会不仅给郴州赢得了良好的社会形象，更带来了实实在在的经济效益。第三届矿博会直接拉动郴州的酒店、餐饮、旅游、交通等消费达到3亿元；第四届矿博会共签约项目16个，签约总额达228亿元。

通过矿博会，还直接推动了郴州会展经济、旅游经济、开放型经济协同发展，带动了郴州矿物宝石、现代物流、健康养老养生等产业发展。

郴州市人民政府市长刘志仁介绍，自2015年以来，郴州已成功承办两届中国（湖南）国际矿物宝石博览会，共吸引75万人次前来参观，实现交易额33亿元。2015年，湖南省政府决定将中国（湖南）国际矿物宝石博览会固定在郴州举办，成为郴州矿物宝石产业发展的重大政策优势。

第五届中国（湖南）国际矿物宝石博览会招商推介会拟签约5个框架协议和签约项目29个，签约项目总投资额253.83亿元人民币。签约项目投资总额过亿元的项目25个，过10亿元的项目11个。其中矿物宝石产业项目15个，总投资额100.8亿元。（来源：《人民日报海外版》2017年5月22日）

21. 5月21日，近日从长沙市政府获悉：长沙临空经济示范区成功获批，成为继青岛、重庆、北京、上海、广州、成都后第七个国家级临空经济示范区。

此次获批的长沙临空经济示范区包含国家级长沙经济技术开发区、长沙黄花国际机场航空产业功能区、黄花综合保税区、高铁新城等平台载体。示范区位于长沙发展开放型经济的主阵地，武广高铁、沪昆高铁交会于此，京港澳、沪昆、长永、长株等高速联通各地，连接机场与高铁的中低速磁悬浮横贯其中，是典型的空港高铁联动区域，也是湖南现代交通体系最完备的综合交通枢纽。

长沙临空经济示范区获批被赋予长江经济带重要空铁联运枢纽、中部地区内陆开放高地、高端临空产业聚集区、绿色生态智慧航空城的战略定位。（来源：《人民日报》2017年5月22日）

22. 5月30日，《安徽省促进战略性新兴产业集聚发展条例》近日经安徽省十二届人大常委会第三十八次会议通过，将于2017年7月1日起施行。

《条例》坚持规划引领，规定省、设区的市人民政府应当组织制定战略性新兴产业发展规划，优化区域布局，发挥比较优势，形成各具特色、优势互补、结构合理的战略性新兴产业协调发展格局。携带具有自主知识产权科技成果的科技团队，在安徽省创办或与省内企业共同设立战略性新兴产业企业，开展科技成果转化活动的，省人民政府可按规定以债权投入或股权投资方式给予支持。

为营造敢于创新的法治环境，激发干事创业热情，《条例》规定，法律法规未明确禁止的事项，在符合法律法规基本原则的前提下，县级以上人民政府及其部门可开展创新改革，采取有效措施，促进战略性新兴产业集聚发展。《条例》还要求建立容错纠错机制，规定高等院校、科研机构、国有企业、事业单位在推进战略性新兴产业集聚发展过程中，工作没有达到预期效果或因成果转化后续价格发生变化造成损失，其负责人已履行应尽职责，未牟取个人非法利益的，负责人不承担相关责任。经确定予以容错的单位和个人，免予行政追责和效能问责，在绩效考核、评优评先、职务晋升、职称评聘和表彰奖励等方面不受影响。（来源：《人民日报》2017年5月31日）

23. 6月4日，日前，阳煤集团联手天津港集团、北京铁路局、百度公司组建山西（阳泉）国际陆港集团，开辟山西对接京津冀、融入环渤海“绿色通道”。国际陆港建成后，将具备天津港海港所有功能，货物装上火车就等于上了轮船，相当于山西把“出海口”搬到“家门口”。

据悉，山西高度重视对外开放，省第十一次党代会提出打造全方位多领域对内对外开放格局。阳煤集团党委书记、董事长翟红表示，山西（阳泉）国际陆港集团将建成大型煤炭企业转型升级的新引擎、煤路港强强联合的第三方、山西省双向开放的桥头堡、东中西陆海联运的无水港、物流业创新发展的示范区。

阳泉地处山西东大门，是连接京津豫冀晋的重要枢纽。专家认为，国际陆港东接京津冀，顺着能源通道一路往西，辐射带动作用非常值得期待。预计到2019年形成7 800万吨的物流规模，集装箱10万标准箱的物流吞吐能力。（来源：《人民日报》2017年6月5日）

24. 6月21日，近日，安徽省政府办公厅印发《关于产业扶贫方面存在问题的整改落实方案》，旨在深入推进特色种养业扶贫、光伏扶贫、乡村旅游扶贫、资产收益扶贫等产业扶贫，力争所有贫困村、贫困户至少发展一项产业或参与发展一项产业，为村出列、人脱贫提供稳定、持续、有力的基础支撑。

针对产业发展类项目所占比重偏低等薄弱环节，方案明确，将精准选择脱贫产业，逐村逐户选择具有稳定性、长期性、持续性的产业。支持有条件、有能力、有意愿的贫困户发展特色种养、休闲农业与乡村旅游、商贸流通、农产品加工、手工业等产业；对无劳动力、无资源、无稳定收入来源的“三无”贫困户，及无集体经济收入或集体经济薄弱、资源缺乏的贫困村，支持安排光伏扶贫工程项目，大力发展光伏发电等能稳定增收的产业。（来源：《人民日报》2017 年 6 月 22 日）

25. 6 月 26 日，中共中央总书记、国家主席、中央军委主席、中央全面深化改革领导小组组长习近平主持召开中央全面深化改革领导小组第三十六次会议。会议审议通过了《国家生态文明试验区（江西）实施方案》。

习近平总书记在会上强调，注重系统性、整体性、协同性是全面深化改革的内在要求，也是推进改革的重要方法。改革越深入，越要注意协同，既抓改革方案协同，也抓改革落实协同，更抓改革效果协同，促进各项改革举措在政策取向上相互配合、在实施过程中相互促进、在改革成效上相得益彰，朝着全面深化改革总目标聚焦发力。

会议指出，根据党中央部署，江西省和贵州省继续建设国家生态文明试验区，要注意总结借鉴有关经验做法，做实做细实施方案，聚焦重点难点问题，在体制机制创新上下功夫，为完善生态文明制度体系探索路径、积累经验。（来源：http：//www. jxdpc. gov. cn/departmentsite/hjbh/dtxx/sfgw/hybd/201706/t20170626_200830. htm）

26. 7 月 5 日，第七届世界军人运动会执行委员会在湖北省武汉市成立，并召开了执委会第一次全体会议。会议强调，要努力将本次世界军人运动会办成一届有世界标准、有中国特色、有时代内涵、有综合效益的军人体育文化盛会。

据了解，军运会执委会下设综合部、竞赛部、场馆部、综合保障部等 13 个工作部门，负责军运会筹备工作的具体组织实施和组委会日常工作。自 2015 年 10 月军运会申办成功以来，各项筹办工作扎实推进。军运会安排使用场馆设施 29 个，其中新建 10 个，维修改造 19 个，集中布局在武汉“长江主轴”两侧的沌口、光谷、黄家湖、后湖4个区域板块，所有场馆的建设任务已于2016年分3批下达。第七届世界军人运动会将于2019年在武汉举行。（来源：《人民日报》2017年7月6日）

27. 7月9日，“山西品牌丝路行哈萨克斯坦站”活动在哈首都阿斯塔纳圆满结束。为期一周的活动吸引了中哈企业界人士积极参与。576平方米的现场展区内，24家山西品牌企业、七大行业品牌、300种产品展示了山西对外开放的形象。

哈萨克斯坦投资与发展部投资委员会主席图雅克巴耶夫表示，哈萨克斯坦正处于加快经济发展、加强招商引资的关键阶段，十分希望加强与山西在矿产品和农产品加工领域的投资贸易合作，愿意亲自为山西企业赴哈投资提供便利，做好服务。

山西品牌丝路行活动以贸易交流为主，是宣传山西、推广山西、加快山西品牌企业“走出去”的综合性活动。活动期间除了展览展示、拜访会谈、考察调研、文化交流以外，还举办了投资推介会、山西民乐及山西面食制作表演等系列活动。（来源：《人民日报》2017年7月11日）

28. 7月14日，2017年度金砖国家药品监管合作会议在河南郑州闭幕。来自金砖国家药品监管机构的代表就各自最新的药品监管法规政策进行交流，对药品注册和监管领域未来合作方向进行了探讨，同时，讨论修改了金砖国家药品监管机构合作谅解备忘录（草案），并基本达成一致。

国家食品药品监督管理总局副局长吴浈介绍，自2015年金砖国家单独召开药品监管合作会议以来，各成员国不断探索监管链条的衔接、产业的合作，推动市场健康有序发展。在药品审评审批、监督检查、药物警戒、供应链安全等方面开始尝试建立合作机制。

吴浈说，2017年6月国家食品药品监管总局作为正式成员加入国际人用药品注册技术协调会（ICH），意味着中国的药品监管部门、制药行业和研发机构将逐步转化和实施国际通行技术标准和指南，参与国际规则的制定，推动国际创新药品早日进入中国市场，同时也将促进中国医药产品走向世界。（来源：《人民日报》2017年7月15日）

29. 8月11日，2017年中国（河南）—波兰经贸洽谈会在波兰首都华沙举行。洽谈会由河南省人民政府主办，波兰投资与贸易局、波兰企业发展局、波中商务联合会、京师波兰法律与财会事务所联合举办。波兰各界和河南省代表团共300余人出席了洽谈会。

洽谈会上，河南省旅游局、河南省农业厅、南阳市人民政府、波兰投资与贸易局、卢布林省政府分别做了专题推介。河南代表团推出了涉及能源、环保、农业种植、食品加工、航空物流、汽车及零部件、电子科技、建筑及房地产、旅游、商贸等领域的100余项对外合作项目，与波方企业进行了对接洽谈。

中波双方还签署了多项合作协议：河南省贸促会与波中商务联合会的战略合作协议；河南省旅游局与波兰华沙旅游委员会的旅游合作协议；河南民航发展投资有限公司与罗兹机场的合作协议等。（来源：《人民日报》2017年8月12日）

30. 8月24日，第三届山西文化产业博览交易会在中国（太原）煤炭交易中心开幕。本届文博会以“文化三晋、开放山西”为主题，通过影视动漫、非物质文化遗产、媒体融合、文化金融、文化旅游、工艺美术等特色板块，展示山西文化改革发展成果。

本届文博会通过组织系列展览、交易、论坛、演出等活动，设立创意设计、新闻出版、影视动漫、非物质文化遗产、媒体融合、文化金融、文化旅游、工艺美术等板块，突出重点项目推介和交易，突出重点企业、园区展示，突出群众参与性和互动性，全面展示我省文化改革发展成果，促进省内外文化企业交流合作。

签约项目83个，签约融资额269亿元；招商项目238个，总投资1 218亿元。据初步统计，5天来，展会现场交易突破1.9亿元，达成合作意向突破41亿元，参展人数达到25.9万人次。（来源：《山西晚报》2017年8月24日）

31. 9月3日，金砖国家新开发银行在厦门与我国福建、湖南、江西三省分别签署贷款协议，以支持这三个省有关绿色发展项目的建设。

此次签署的三个项目贷款总规模达8亿美元，将分别用于福建省莆田平海湾海上风电项目、湖南省长株潭绿心区域生态综合治理项目、江西省工业低碳转型绿色发展示范项目。

根据协议，金砖国家新开发银行将向福建省莆田平海湾海上风电项目提供20亿元人民币贷款，支持建设246兆瓦的海上风电机组。这个项目是福建省内首个海上风电项目，目前项目一期已经投产，二期预计将于2019年建成，建成后每年可以减少近90万吨的二氧化碳排放。（来源：http：//www.sohu.com/a/169340598_157267）

32. 9月8日，以“开放的中国：美丽江西秀天下”为主题的外交部第十场省区市全球推介活动8日在外交部蓝厅举行。

外交部部长王毅表示，江西有着深厚的人文底蕴，也有着鲜明的红色基因。在井冈山、瑞金、南昌，我们可以清晰看到中国共产党人建立新中国的艰辛路程，更会对中国坚持走和平发展道路多一份理解和支持。今天的江西凭着改革精神，正在书写着中部发展的传奇。借助“一带一路”的东风，江西“走出去”的步伐愈发稳健，“请进来”的硕果日益凸显，国际“朋友圈”不断扩大，正在成为内陆沿江开放新高地。

130多个国家的驻华使节、高级外交官以及国际组织驻华代表和工商界代表、中外专家学者、媒体记者等500多人出席。（来源：《人民日报》2017年9月9日）

33. 9月9日至10日，2017中国500强企业高峰论坛在江西南昌隆重举行，本次论坛主题为“创新敢为担当　做优做强做大”。

2017年论坛连续16年发布中国企业500强，连续13年发布中国制造业企业500强、中国服务业企业500强、连续7年发布中国100大跨国公司榜单，同时发布《2017中国大企业发展的趋势、问题和建议》《2017中国500强企业发展报告》《2017中国企业500强与美国企业500强、世界企业500强对比分析报告》等专题研究报告。其次，会议组织方式分为平行论坛、500强发布、大会主题论坛、专题报告会、投资环境介绍、企业投资签约仪式等多个环节。

2017年紧扣大会主题，着力丰富会议内容，平行论坛数量从2016年的6场增加到15场，精心选择了全球能源变革与绿色中国、经济转型背景下的企业组织创新、党建引领企业做强做优做大、“供应链+互联网”创建新流通、解产业人力资本全球化短缺魔咒、世界品牌大师对话中国500强、“布局新兴产业挖掘投资机会”、打造世界级跨国公司、中医药与大健康产业发展、“一带一路：区域和企业发展新机遇”、全球经济治理与可持续发展CEO圆桌会、轻量化材料产业发展论坛、信息安全产业发展论坛、“工业强基”发展论坛、智能制造产业发展论坛等15个议题，邀请企业高层领导、专家学者、政府官员、相关机构进行深入的交流探讨。通过深入讨论，我国大企业可以相互分享成功经验，凝聚更多共识，从而引导企业积极应对挑战，深入推进合作。（来源：新浪财经2017年7月10日）

34. 9月21日，煤炭大省山西高举资源性经济地区转型旗帜，将以黄河、长城、太行三大旅游板块为主要支撑，突破传统点状分散、线状短窄、片状不足的旅游格局，构建万亿级旅游产业体系，建设旅游经济强省。

21日，2017山西旅游发展大会在晋中举行，山西省省长楼阳生指出，大力推动文化旅游融合发展，把文化旅游业培育成战略性支柱产业，是省委省政府深入贯彻落实习近平总书记视察山西重要讲话精神，横下一条心、培育新动能，推动转型发展、构建多元产业体系的必由之路。楼阳生阐述了打造黄河、长城、太行三篇旅游大文章的思路举措，重点推介了健康养生、乡村旅游产业。山西省旅发委根据全省旅游资源状况和对各地市收集项目的梳理，包装推出六大类1 200余个项目，投资规模达1万亿元。（来源：人民网2017年9月21日）

35. 9月28～30日，2017中国醴陵国际陶瓷产业博览会在中国陶瓷谷国际会展中心举行。本次瓷博会以“中国陶瓷谷·五彩新醴陵”为主题，由国务院发展研究中心指导，中国陶瓷工业协会、湖南省商务厅、湖南省贸促会、株洲市政府联合主办，醴陵市人民政府、株洲市商务和粮食局、株洲市贸促会承办。届时将迎来25个国家和香港、台湾地区，全国30个陶瓷产区的企业、大师和客商，国内外嘉宾超过1 600余人，预计日参观人数将超过3万人。

中国陶瓷谷国际会展中心是本次瓷博会的主展馆，总占地20万平方米，建筑面积13.8万平方米，是株洲乃至湖南地区功能设施最全的会展中心。展馆面积近3万平方米，有标准展位1 350个，共设5个展区，分别为国内艺术瓷日用瓷展区、醴陵釉下五彩瓷炻瓷展区、国际及港澳台陶瓷展区、陶瓷新材料新技术展区、陶瓷装备和工业陶瓷展区。此外，还有2个分展区，分别为中国陶瓷谷国际会展中心体验馆、醴陵·世界陶瓷艺术城。其中，中国陶瓷谷国际会展中心体验馆将举行醴陵市陶瓷大师艺术作品暨醴陵陶瓷民间藏品展；醴陵·世界陶瓷艺术城将举行经典再造·国际当代陶瓷设计暨匠心玖月·当代国际玻璃艺术邀请展，另包含醴陵世界陶瓷科普馆、醴陵中国陶瓷历史文化名城陈列馆。（来源：http：//www.llcbh.com/index.php？m=&c=List&a=index&cid=1）

36. 9月29日，第十一届中国（郑州）国际园林博览会在郑州航空港区开幕。本届园博会由河南省人民政府、住房和城乡建设部共同主办，以“引领绿色发展，传承华夏文明”为主题，突出“百姓园博、文化园博、海绵园博和智慧园博”的特色，园区总面积达119公顷，有74个国内城市（含港澳台地区）、18个国外城市、2个国际风景园林设计大师参建的 94 个展园，集中展示了国内外风景园林设计艺术，意在立足中原地区深厚的历史文化底蕴，发挥郑州全国综合交通枢纽的区位优势，为地方文化、国际文化和园林文化的充分融合搭建交流的平台，为参展各方搭建共享资源、相互合作、共谋发展的平台。河南将把中国（郑州）国际园林博览会办成一届理念科学、特色彰显、内容精彩、印象深刻的园林博览盛会。（来源：http：//www. sohu. com/a/195450051_119562）

37. 10 月 9 日，中共中央办公厅、国务院办公厅近日印发了《国家生态文明试验区（江西）实施方案》和《国家生态文明试验区（贵州）实施方案》。国家发展改革委有关负责人表示，至此，福建、江西、贵州我国首批 3 个生态文明试验区实施方案全部获批，标志着试验区建设进入全面铺开和加速推进阶段。

国家发改委有关负责人说，福建、江西、贵州 3 个试验区共将针对 38 项制度开展创新试验，充分体现了国家生态文明体制改革综合试验平台的定位和作用。此外，3 个试验区还结合各自实际，提出自行开展的改革试验任务合计 28 项，比如，福建省完善环境资源司法保障机制、开展生态系统价值核算试点，江西省探索绿色生态农业推进机制、建立生态补偿扶贫机制，贵州省开发利用生态文明大数据、建立生态文明国际合作机制等，将极大地调动和发挥地方主动性和改革首创精神。（来源：《人民日报海外版》2017 年 10 月 10 日）

38. 10 月 17 日，由商务部、中国国际贸易促进委员会、中国轻工业联合会、江西省人民政府联合主办的 2017 中国景德镇国际陶瓷博览会在景德镇国际会展中心拉开帷幕。中国轻工业联合会副会长兼秘书长、中国陶瓷工业协会理事长杜同和，副省长李利出席开幕式，共同推杆启动开幕并分别致辞。国内各大产瓷区代表团，国内外采购商、参展商，以及社会各界嘉宾 5 000 余人参加开幕式。

本届瓷博会会期 5 天，汇集了 900 多家国内外品牌陶瓷企业到会展示贸易，参展品类涵盖高端日用陶瓷、艺术陶瓷、高技术陶瓷等。期间，还将举办洛客创意设计全球发布会、2017 “景漂” 国际陶艺家作品邀请展暨研讨会、第三届全国陶瓷职业技能竞赛等 30 余项精彩的配套活动。（来源：http：//www. jxdoftec. gov. cn/zwgk/swdt/bt/201710/t20171018_570194. htm）

39. 11 月 4 日，2017 国际航联世界飞行者大会在湖北武汉经济技术开发区开幕，来自世界 37 个国家和地区的 1 000 余名运动员、裁判员和工作人员将在接下来的 4 天时间里以天空为舞台，为大众奉献一场场飞行盛宴。

2017国际航联世界飞行者大会是中国航空运动协会“十三五”期间重点打造的品牌活动，由国际航空运动联合会、中国航空运动协会联合武汉市人民政府、湖北省体育局主办。大会设置体育赛事、飞行表演、静态展览等内容。其中，体育赛事项目包括中国国际热气球公开赛、动力伞国际邀请赛、跳伞国际邀请赛三项国际赛事和全国无人机职业技能大赛、创意飞行器挑战赛两项国内赛事。其间还将举办国际航联官员会议和航空运动产业高峰论坛。（来源：《人民日报》2017年11月6日）

40. 11月18日，第十九届中国中部（湖南）农业博览会开幕式暨2017中国农博峰会在湖南长沙举行，标志着为期7天的第十九届农博会正式拉开序幕。

据介绍，本届农博会以“绿色与品牌、交流与合作”为主题，邀请了30余个国家，10余个省份以及3 000余家企业参展。本届农博会旨在对接“一带一路”倡议，全力构建智慧型农博生态系统，打造政策解读、信息传递、产销助推、产业融合、品牌孵化、对外合作等6大平台，拓展产业范围，延伸服务内涵，提升品牌层次。同时，紧扣国家产业发展战略和中部农业发展优势，联合中部六省，建立全面互联互通网络，影响辐射全国及全球。

开幕式上，全国政协副主席、民革中央常务副主席齐续春宣布开幕并巡视展馆。湖南省委副书记、省长许达哲，国家农业部副部长屈冬玉发表讲话，长沙市委副书记、市长陈文浩致辞。开幕式由湖南省副省长隋忠诚主持。

农博会期间，八大特色展馆、十大主体活动精彩纷呈。八个展馆分别为现代农业馆、国际馆、品牌企业馆、特色产品馆、生态农村馆、港澳台馆、养殖业馆。在这里，你既可以感受花海飘香、松鼠跳跃等自然美景，欣赏“水上稻”、航天育种等现代农业成果，也可以欣赏醴陵釉下五彩瓷、湘绣苗绣等非物质文化遗产，品尝格鲁吉亚的红酒、泰国的香米。

十大主体活动为产销对接洽谈会、开幕式暨中国农博（长沙）峰会、市（州）长推介会、绿色养殖与饲料安全高峰论坛、首届湖南生态循环农业品牌战略高峰论坛、首届“对话传承人”匠人峰会、扶贫群英会、首届“非遗+”创新融合发展研讨会、闭幕式暨颁奖典礼、主题宣传推介活动。这将会是中部顶级农产品品牌的全面展示盛会，也是市民一次

不可多得视觉盛宴和舌尖上的享受。（来源：人民网－湖南频道 2017 年 11 月 18 日）

41. 11 月 28 日，以“情系江西、共谋发展”为主题的首届世界赣商大会在江西南昌开幕。海内外知名赣商代表和科技界、工商界、社科界赣籍知名人士等约 1 500 人参加。经过前期洽谈对接，此次大会共签约项目 226 个，签约项目资金为 3 085. 55 亿元。

安永咨询作为独立第三方机构，28 日发布了《江西省投资发展环境报告（2017)》。报告认为对于投资客商，江西具有四大优势，区位和交通半径、相对低廉的综合成本水平、优质的生态环境质量和双向开放的前瞻战略布局，使得江西不断巩固作为国内产业转移承接基地和产品供应基地、内需消费的市场主体和物流中转枢纽的重要地位。从超过 700 家的江西省内企业反馈分析，92. 7% 的企业对于江西投资发展环境表示满意，大部分企业对于江西的投资环境发展前景充满信心。（来源：《人民日报》2017 年 11 月 29 日）

42. 12 月 1 日，首届中国工业设计展览会在武汉隆重开幕。这场国家顶级工业设计盛会，吸引了来自全国 30 多个省市的 500 多家工业设计中心和工业设计企业参展，全国工业设计领域最前沿产品、最权威专家学者、顶级研发机构齐聚江城，集中展示中国近年来工业设计发展所取得的最新成果。

此次展会以“创新绿色发展”为主题，由工业和信息化部、武汉市人民政府指导，工业和信息化部国际经济技术合作中心、武汉市经济和信息委员会主办。旨在展示中国工业设计的发展水平和各地工业设计发展成就，普及工业设计应用及消费理念，进一步扩大工业设计的公共认识度和社会影响力，有效促进中国工业设计的整体发展。（来源：央广网 2017 年 12 月 1 日）

43. 12 月 6 日，日前从山西省人大获悉：山西出台《山西省科技创新促进条例》，从科技创新人才、科技创新平台、科技项目管理、科技成果转化等方面入手，为山西省的科技创新、转型升级保驾护航。

条例规定，高等学校和研发开发机构的科研人员，经批准可离岗或到企业兼职开展科技创新活动，科研人员在企业兼职的工作业绩可作为职称评审、考核的依据。同时规定，科技项目实行项目主持人负责制。此外，还鼓励高等学校、研究开发机构等采取知识产权入股、科技成果折股的方式，对科研人员进行奖励。

山西省政府办公厅出台配套扶持政策予以细化落实。（来源：《人民日报》2017年12月7日）

44. 12月8日，山西省发改委、武汉大学和山西大学共同主办的“中国中部发展论坛2017”在太原召开。本次论坛主题为“新时代、新优势、新征程——贯彻落实党的十九大精神加快推动中部地区崛起”。山西省发改委党组书记、主任姜四清致辞，武汉大学党委常务副书记黄泰岩讲话，山西省社科院副院长潘云做报告，国家发展改革委地区经济司副司长于合军发表主题演讲。山西省发改委党组成员、副主任杜海洋出席论坛。武汉大学中部发展研究院副院长杨刚强发布“长江中游城市群协同发展指数”。

于合军副司长以“中部地区崛起新优势”做了主题演讲。他指出，十九大报告提出，要发挥优势推动中部地区崛起，那么中部的优势到底是什么？他认为，除了区位优势、交通优势、人力资源优势外，中部地区产业基础较好，工业门类齐全，特别是高新技术产业发展势头迅猛；省会城市首位度不断提高，辐射带动作用有较大提升；开放环境优越，对外开放力度也在不断加大；而且文化资源厚重、生态资源丰富，亟待进一步挖掘和激活。但目前来看，中部地区作为欠发达地区的区情还未改变、产业整体发展情况不佳的现实还未改变、区域板块粘合度还不够，下一步需要这些方面重点突破。

国务院发展研究中心发展战略和区域经济研究部研究员李善同表示，中部地区是未来我国经济发展非常重要的“引擎”，其优化经济结构的潜力很大，可以考虑向技术密集的产业升级、向价值链中高端升级。总体来看，中部地区的发展是不充分的，实施中部崛起战略要解决的主要问题是推进高质量的现代化。

中国宏观经济研究院研究员肖金成指出，中部地区存在省会城市一市独大，带动力不足的问题。他强调城镇化水平是现代化的重要标志、是中部崛起的重要抓手，要重视十九大报告提出的“以城市群为主体构建大中小城市和小城镇发展的城镇格局”，加快农业转移人口市民化。

中国社科院工业经济研究所研究员陈耀指出，进入新时代，中部地区要抓住新机遇，加大对原有优势减弱的替换，通过再创新优势实现中部新崛起，其中重要的是内陆开放合作新优势、智能制造新优势、人力资源和科教新优势。他还强调，中部崛起不是依赖于国家政策的导入，而是体现新发展理念的内生性开发，具体表现为外向经济拉动力增强、产业承接能力增强、内生增长动力增强。

国家信息中心中国区域发展研究院执行院长周毅仁对2016年底出台的《促进中部崛起“十三五”规划》进行了解读分析。他同时站在十九大报告精神新视角指出了这一规划在实践落地过程中需要完善的地方，一是要加强对基本现代化、现代化内涵及实现路径的研究；二是要加强对乡村振兴战略的研究和规划。

同时，此次论坛设置了“中部地区开放合作与协同发展”“中部地区新型城镇化与乡村振兴”2场高峰分论坛，中部六省十余所高校院所专家、学者参与讨论。据了解，中国中部发展论坛已经举办了七届，对促进中部地区崛起的发展战略、政策设计和工作推进形成了重要影响。（来源：http://fgw.hubei.gov.cn/ywcs2016/zbb/zg_gzdt/bgs_wbwj/201712/t20171212_133814.shtml）

45. 12月18日，赣州港—阿富汗首列班列开通。这是江西融入“一带一路”、对接丝绸之路经济带的最新成果。

赣州港到阿富汗马扎沙里夫市（海兰顿车站）班列，运送的货物主要为日用生活品、发电设备、电缆、小五金、摩托车配件和儿童玩具等，装满了58个集装箱，总价值约363万美元。

出席开通仪式的阿富汗驻华大使馆官员胡森普表示，阿富汗已正式获得亚洲基础设施投资银行的成员资格。要将赣州港—阿富汗海兰顿班列建设成为一条安全、稳定、快速的贸易通道，不仅能提升两国经贸发展水平，也能促进阿富汗和平稳定。（来源：《人民日报》2017年12月21日）

中部研究年度文献索引

之一：

中部发展研究文献索引

（2017～2018）[①]

［1］龚苗苗、罗定提：《基于 DEA 的中部六省物流产业效率分析》，载《湖南工业大学学报》2018 年第 6 期。

［2］周毅仁：《中部地区崛起面临的五大新挑战》，载《区域经济评论》2018 年第 1 期。

［3］张建清、卢飞：《中国中部地区制造业竞争力研究》，载《区域经济评论》2018 年第 1 期。

［4］霍鹏翔、邓罗平、王海明：《我国中部地区体育产业集群竞争力水平测度及影响因素研究》，载《沈阳体育学院学报》2018 年第 1 期。

［5］李林泽、李建松、蒋子龙：《基于 SBM－DEA 模型的中部地区资源环境效率格局演化及成因机理分析》，载《长江流域资源与环境》2017 年第 11 期。

［6］范恒山：《中部崛起：挑战与抉择》，载《中国经济报告》2017 年第 12 期。

［7］乔杨、张怡然、马明：《中国中部 6 省城市经济发展空间分异研究》，载《资源与产业》2017 年第 5 期。

［8］张燕：《中部四省农民人均纯收入的区域时空差异研究》，载《中国农业资源与区划》2017 年第 10 期。

［9］白景明、徐玉德、许文、何平、梁强、龙海红、夏楸：《中部地区降成本政策的评估分析》，载《财政科学》2017 年第 10 期。

［10］宋晨晨：《中部六省 FDI 吸收能力影响因素的评价研究》，载《对外经贸》2017 年第 10 期。

［11］郑万腾：《中部六省旅游产业效率测度及其演变特征研究》，载

① 文献整理和编辑人为南昌大学中国中部经济社会发展研究中心张莉。

《江西科技师范大学学报》2017 年第 6 期。

[12] 白景明、徐玉德、许文、何平、梁强、夏楸、龙海红：《中部地区企业运营状况与成本构成分析》，载《财政科学》2017 年第 11 期。

[13] 许妮娅、曹迪：《中部地区基础设施与经济增长的实证研究》，载《当代经济》2017 年第 36 期。

[14] 宋周莺、车姝韵、刘卫东：《中部地区对外贸易的格局与结构分析》，载《地理研究》2017 年第 12 期。

[15] 傅春、杨丽：《基于熵权法和超效率 DEA 的中部六省科技竞争力评价》，载《科技通报》2017 年第 7 期。

[16] 王晗：《中部地区加工贸易的转型升级——基于全球价值链视角》，载《商业经济研究》2017 年第 14 期。

[17] 朱波、郭瑛：《文化小康内涵、评价体系构建及指数编制——基于中部六省数据的实证研究》，载《经济问题》2017 年第 8 期。

[18] 鲍一帆：《对我国中部省市发展双创事业的探讨——基于江西省创业企业区域及行业分布现状统计分析》，载《工业经济论坛》2017 年第 4 期。

[19] 崔春生：《基于 Vague 集的中部五省生态文明建设评价》，载《管理评论》2017 年第 8 期。

[20] 秦行国：《农村凋敝与家庭秩序变迁——以中部某村为例》，载《学理论》2017 年第 8 期。

[21] 杨雪、龚凯林：《中部地区省际人口流出对流出地经济影响的实证分析》，载《人口学刊》2017 年第 5 期。

[22] 王璐：《山西省与中部省份城镇居民消费结构的比较分析》，载《时代金融》2017 年第 21 期。

[23] 陶静：《FDI 溢出效应和自主创新能力对产业结构调整的影响研究——基于中部六省动态面板数据的实证分析》，载《亚太经济》2017 年第 4 期。

[24] 李娜、张仲伍、张宇：《中部六省包容性城镇化与产业结构的协调发展研究》，载《山西师范大学学报（自然科学版）》2017 年第 3 期。

[25] 唐继刚、田逢军：《中部大城市居民港台旅游意象及其对旅游意愿的影响研究——以无港台旅游经历南昌市民为例》，载《世界地理研究》2017 年第 5 期。

[26] 徐海涛、廖君：《中部六省成“创新领跑”地》，载《小康》2017年第29期。

[27] 田时中、夏燕、姚静婧：《省级财政科技投入绩效动态测度及差异比较——基于中部五省2000～2014年面板证据》，载《哈尔滨学院学报》2017年第10期。

[28] 徐海波、王飞航：《因地制宜，中部“红色山脉”打响脱贫攻坚战》，载《智慧中国》2017年第10期。

[29] 卢福财、詹先志：《高速铁路对沿线城市工业集聚的影响研究——基于中部城市面板数据的实证分析》，载《当代财经》2017年第11期。

[30] 吕丹：《中部六省房地产经济发展空间分析》，载《池州学院学报》2017年第5期。

[31] 田时中：《省级财政科技投入绩效动态测度及差异比较——基于中部五省2000～2014年面板证据》，载《哈尔滨学院学报》2017年第11期。

[32] 张炜杰：《“海绵城市”构建途径及在中部新城的建设研究》，载《城市建设理论研究（电子版）》2017年第4期。

[33] 史慧珂、杨永德：《基于DEA模型的中部六省旅游效率评价研究》，载《沿海企业与科技》2017年第1期。

[34] 张静：《基于DEA交叉效率的区域创新效率评价——以中部六省为例》，载《经济研究导刊》2017年第6期。

[35] 王燕超：《信息化与制造业全要素生产率增长——基于中部六省面板数据的分析》，载《西部皮革》2017年第2期。

[36] 张于贤、黄鑫、刘瑞环：《基于熵权灰色关联法的中部地区农产品物流发展评价研究》，载《商业经济研究》2017年第21期。

[37] 文小才：《河南省各产业税收发展的影响因素分析——基于中部六省的比较（2011～2015年）》，载《河南财政税务高等专科学校学报》2017年第5期。

[38] 张浩：《农地流转的贫困影响——以中部地区某县为例》，载《中国发展观察》2017年第22期。

[39] 刘文华：《中部地区生产者服务业FDI吸收能力影响因素分析》，载《三明学院学报》2018年第1期。

[40] 赵红宇、张华林：《当前我国中部农村环境污染问题及治理对

策》，载《农村经济与科技》2017 年第 23 期。

［41］谢娜娜、侯志强：《我国中部地区入境旅游发展的省际差异》，载《黎明职业大学学报》2017 年第 2 期。

［42］万江红、孙枭雄：《权威缺失：精准扶贫实践困境的一个社会学解释——基于我国中部地区农村的调查》，载《华中农业大学学报（社会科学版）》2017 年第 2 期。

［43］李毅、姜天英、刘振国：《基于 DEA 分析的中部六省高等教育与经济发展的关系研究》，载《黑龙江高教研究》2017 年第 3 期。

［44］贾文龙：《中部农村地区雾霾污染治理的农户支付意愿与影响因素研究——基于安徽省的实际调查》，载《生态经济》2017 年第 3 期。

［45］吕可文、李晓飞、赵黎晨：《中部六省区域创新能力的评价与分析》，载《区域经济评论》2017 年第 2 期。

［46］张杰、杨先花：《我国中部地区城市规模体系分布特征与演变趋势研究——以安徽省为例》，载《经济与管理评论》2017 年第 2 期。

［47］刘满凤、黄倩、黄珍珍：《区际产业转移中的技术和环境双溢出效应分析——来自中部六省的经验验证》，载《华东经济管理》2017 年第 3 期。

［48］郭向阳、明庆忠、穆学青、吴建丽、王赫：《中部 6 省入境旅游流流量与流质成长规律及时空演化分析》，载《宁夏大学学报（自然科学版）》2017 年第 1 期。

［49］孙敬水、孔维飞：《中国经济效率综合评价指数研究——基于东部、中部、西部地区面板数据的比较分析》，载《北京工商大学学报（社会科学版）》2017 年第 2 期。

［50］陶长琪、徐志琴：《我国中部地区潜在经济增长率的测算及其影响因素研究》，载《江西师范大学学报（自然科学版）》2017 年第 2 期。

［51］郑增辉：《中部六省财政支出效率比较研究》，载《科技创业月刊》2017 年第 7 期。

［52］王国霞：《中部地区人口迁移与区域经济发展——基于“五普”与“六普”的分析》，载《经济问题》2017 年第 5 期。

［53］武漫漫：《基于 HPWS 理论分析中部制造企业的绩效人才队伍建设》，载《中国新通信》2017 年第 6 期。

［54］唐未兵、唐谭岭：《中部地区新型城镇化和金融支持的耦合作

用研究》，载《中国软科学》2017 年第 3 期。

［55］蒋文华、刘心怡：《省管县财政改革对地方政府财政能力影响的实证分析——基于中部六省倍差法的估计》，载《经济问题》2017 年第 5 期。

［56］王升泉、陈浪南、李涵静：《我国中部崛起政策有效性的实证研究》，载《当代经济科学》2017 年第 2 期。

［57］项文彪、陈雁云：《产业集群、城市群与经济增长——以中部地区城市群为例》，载《当代财经》2017 年第 4 期。

［58］王淼、曹润东、姚瑶、周心易、高参：《东部型、中部型 ENSO 影响长江流域降水的调查与分析》，载《资源节约与环保》2017 年第 4 期。

［59］傅春、程浩、罗珍珍：《中部地区生态文明竞争力综合评价》，载《企业经济》2017 年第 36 期。

［60］薛非凡：《基于主成分分析法的中部六省旅游业发展水平研究》，载《河南科技大学学报（社会科学版）》2017 年第 3 期。

［61］雷爱婷：《中部六省新型城镇化效率分析——基于 Super－SBM 模型》，载《现代商贸工业》2017 年第 7 期。

［62］许均平、陈双、刘晓剑：《资本充足率监管要求下地方法人银行资本管理行为研究——以中部某省法人银行为研究样本》，载《金融与经济》2017 年第 4 期。

［63］熊国经、马晋文、花晨：《基于复合系统的中部六省经济结构协调性研究》，载《企业经济》2017 年第 4 期。

［64］汪增洋、李刚：《中部地区县域城镇化动力机制研究——基于中介效应模型的分析》，载《财贸研究》2017 年第 4 期。

［65］窦超、李晓轩：《中部科技人才开发效率评价及其影响因素研究》，载《科研管理》2017 年第 51 期。

［66］王国霞、刘婷：《中部地区资源型城市城市化与生态环境动态耦合关系》，载《中国人口·资源与环境》2017 年第 7 期。

［67］杨乐：《促进中部地区绿色发展的企业环保投资优化》，载《现代企业》2017 年第 5 期。

［68］刘万红、周义、周怡：《中部地区省会城市房地产与城市经济系统耦合协调研究》，载《资源开发与市场》2017 年第 6 期。

［69］陈帅鹏：《中部地区农村土地承包经营权有偿退出机制研

究——基于供求双方的需求视角分析》，载《山西农经》2017 年第 6 期。

[70] 刘小花、张勇：《内源发展："中部洼地"的思考与再突破》，载《图书馆建设》2017 年第 6 期。

[71] 范琦娟：《中部，唯创方兴》，载《决策》2017 年第 4 期。

[72] 王海杰、陈稳：《中部六省生产性服务业竞争力评价研究》，载《区域经济评论》2017 年第 4 期。

[73] 李雪松、李婷婷、张雨迪：《中部地区农村产权交易平台交易指数的测算》，载《统计与决策》2017 年第 11 期。

[74] 谢众、郑梦炜：《出口活动、贸易强度与制造业行业生产率——来自我国中部地区的经验数据》，载《工业技术经济》2017 年第 6 期。

[75] 马立平、邹士年：《中部崛起事关全局举足轻重》，载《宏观经济管理》2017 年第 6 期。

[76] 阚大学：《中部地区农民收入及其结构现状分析》，载《河南财政税务高等专科学校学报》2017 年第 2 期。

[77] 陈勤昌、夏莉惠、蒋莉、王凯：《中部六省重要旅游资源赋存的空间格局分析》，载《中南林业科技大学学报（社会科学版）》2017 年第 3 期。

[78] 陈万旭、李江风、朱丽君：《中部地区承接国际产业转移效率及驱动机理研究——基于超效率 DEA 模型和面板回归分析》，载《长江流域资源与环境》2017 年第 7 期。

[79] 王琼：《中部内陆地区风电行业发展现状及信贷风险管控》，载《时代金融》2017 年第 18 期。

[80] 王倩妮：《平山中部地区合院民居的类型演化与特征解析》，载《建筑与文化》2017 年第 6 期。

[81] 桂学文、于文博、余豆豆：《中部六省电子商务发展现状比较分析》，载《科技创业月刊》2017 年第 12 期。

[82] 郭向阳、明庆忠、穆学青：《中部地区入境旅游发展演变分析》，载《乐山师范学院学报》2017 年第 4 期。

[83] 谢娜娜、侯志强：《我国中部地区入境旅游发展的省际差异》，载《黎明职业大学学报》2017 年第 2 期。

[84] 彭新万、张凯：《中部地区农民工回流趋势与政策选择》，载《江西社会科学》2017 年第 6 期。

［85］屠西伟、李强：《区域创新能力与产业结构升级的灰色关联分析——以中部六省为例》，载《文山学院学报》2017 年第 3 期。

［86］童中贤、曾群华：《我国中部地区新型城镇化布局和形态优化》，载《求索》2017 年第 4 期。

［87］洪腾、贺宇欣、文春晖：《中部地区公共投资的效率变动及影响分析》，载《统计与管理》2017 年第 5 期。

［88］邵建才：《教育投入对经济增长的影响分析——以中部六省为例》，载《东华理工大学学报（社会科学版）》2017 年第 2 期。

［89］彭于彪：《中部城市群产业一体化发展研究》，载《武汉金融》2017 年第 6 期。

［90］李磊、汤学兵、陈战波：《中部六省会城市区域经济竞争力评价研究》，载《商业经济研究》2017 年第 13 期。

［91］石张宇、于丽艳、汪荣：《中部六省入境旅游流流量与流质演化研究》，载《旅游论坛》2017 年第 3 期。

［92］郝奕博、王志轩、杜常青、钱晶：《中部地区典型城市房价动力机制探析》，载《经济师》2017 年第 6 期。

［93］王少泉、曹冬英：《“一带一路”战略与中部地区崛起新格局》，载《学习月刊》2017 年第 4 期。

［94］王点：《中部六省应急产业产权结构对市场绩效影响的空间计量分析》，载《宿州学院学报》2017 年第 7 期。

［95］陈伟：《中部六省自然资本存量比较》河南财经政法大学，2017 年。

［96］丁立：《中部城市群自我发展能力测算及时空演变分析》，山西师范大学，2017 年。

［97］何梦霞：《居民生活能源消费及其影响因素分析》，湘潭大学，2017 年。

［98］刘万红：《中部六省省会城市房地产与城市经济协调发展的耦合研究》，华中农业大学，2017 年。

［99］黄倩：《区际产业转移中的技术和环境双溢出效应分析》，江西财经大学，2017 年。

［100］李洪炼：《中部地区农业技术创新效率研究》，华中农业大学，2017 年。

［101］庞海玉：《金融集聚与区域产业结构优化研究》，江西财经大

学，2017 年。

［102］范琛：《湖北省民营企业运行效率与区域竞争力研究》，华中师范大学，2017 年。

［103］范丹丹：《基于供给侧结构性改革的中部地区制造业民营企业转型升级研究》，华中师范大学，2017 年。

［104］刘亮：《中部地区城商行的全要素生产率测度及其影响因素分析》，湘潭大学，2017 年。

［105］罗劲松：《中部地区农村信用合作联社竞争力评价研究》，河南工业大学，2017 年。

［106］吕楚群：《中部省会城市生态竞争力研究》，中南林业科技大学，2017 年。

［107］黄盼：《农村分层视角下家庭养老资源供给与需求研究》，西北农林科技大学，2017 年。

［108］郭清霞：《中部六省省会城市房地产业发展水平研究》，山西财经大学，2017 年。

［109］周小琴：《中部六省绿色发展效率及其影响因素研究》，湖北省社会科学院，2017 年。

［110］李涵：《中部地区 R&D 投入绩效研究》，中南林业科技大学，2017 年。

［111］张华东：《中部地区产业结构演进与新型城镇化互动关系研究》，南昌大学，2017 年。

［112］方涛：《基于 DEA 模型的我国中部地区城市旅游效率研究》，南昌大学，2017 年。

［113］滕毅：《基于灰色关联分析的中部地区城镇化与粮食生产安全研究》，南昌大学，2017 年。

［114］张晓燕：《城乡收入差距对中部地区经济增长的影响研究》，南昌大学，2017 年。

［115］龚凯林：《我国中部地区省际人口流出及其影响研究》，吉林大学，2017 年。

［116］李峰：《中部地区城镇化质量测度及时空演变分析》，南昌大学，2017 年。

［117］杨棪：《中部地区基本公共服务财政支出绩效评价研究》，南昌大学，2017 年。

［118］董茂峰：《中部六省区域创新效率及影响因素研究》，中北大学，2017年。

［119］陈安：《中部地区市域经济发展的时空差异演变研究》，武汉大学，2017年。

［120］陈昊：《中部崛起战略对农业增长的政策效果与评价》，安徽大学，2017年。

［121］温佳楠：《中部崛起战略实施效果评价》，郑州大学，2017年。

［122］范振锐：《中部六省区域经济协调发展评价研究》，郑州大学，2017年。

［123］齐听静：《多中心治理视角下中部地区县域公共产品有效供给研究》，云南师范大学，2017年。

［124］齐听静：《以公共经济视角对中部县域政府公共产品供给探析》，载《荆楚学术》2016年第7期。

［125］吴丽慧：《基于DEA模型的中部六省文化旅游产业效率评价》，引自中国旅游研究院：《2017中国旅游科学年会论文集》，中国旅游研究院，2017年。

［126］郭熙保、桂立：《中部地区金融发展影响技术创新的实证研究——基于省级面板数据的系统GMM估计》，载《中南民族大学学报（人文社会科学版）》2017年第1期。

［127］李萍、甘德安、熊学萍：《基于DEA分析的上市家族企业股权再融资效率研究——内部传承视阈下中部六省的实证》，载《湖北社会科学》2017年第1期。

［128］肖丹桂：《中部六省制造业综合竞争力比较研究》，载《统计与决策》2016年第24期。

［129］易文钧、吴晓杰、邢斐：《科技创新对区域经济增长的影响——基于长三角和中部五省的比较研究》，载《首都经济贸易大学学报》2017年第1期。

［130］李俭峰、杨棪：《基于DEA的中部地区基本公共服务财政支出效率分析》，载《财会月刊》2017年第2期。

［131］廖文梅、张广来、孔凡斌：《中部六省矿产资源竞争力与区域经济发展相关性研究》，载《企业经济》2017年第1期。

［132］路正南、郝文丽、杨雪莲：《中部地区碳承载力预警及时空差异分析》，载《统计与决策》2017年第2期。

[133] 石薛桥、董茂峰:《中部六省区域创新两阶段效率评价——基于2007~2014年面板数据》,载《商业经济研究》2017年第2期。

[134] 贺银娟:《中部省份科技进步环境与高新技术产业化的邓氏关联度对比分析》,载《财会月刊》2017年第6期。

[135] 童中贤、黄永忠、熊柏隆:《中部崛起背景下的城镇化演进特征及其趋势》,载《城市发展研究》2017年第1期。

[136] 冯晓平:《征地过程中失地农民的阶层重构及内在机制——以一个中部村庄为例》,载《农村经济》2017年第2期。

[137] 江丽:《土地要素在中部六省经济增长中的作用》,载《管理工程师》2017年第1期。

[138] 廖双红、肖雁飞:《污染产业区域间转移与中部地区碳转移空间特征及启示》,载《经济地理》2017年第2期。

[139] 徐柱柱、伍绍杨:《中部六省普通高等教育与经济发展的协调性分析——基于1998~2013年发展现状的研究》,载《煤炭高等教育》2017年第1期。

[140] 陈斐、张晓燕、康松:《城乡收入差距对中部地区经济增长的非线性影响研究——基于面板门限模型分析的证据》,载《南昌大学学报(人文社会科学版)》2017年第1期。

[141] 刘尚希、程瑜、施文泼、樊轶侠、武靖州:《关于中部地区财政经济运行的调研报告——基于湖南、江西的调研》,载《经济研究参考》2017年第1期。

[142] 李红燕、邓水兰:《新型城镇化评价指标体系的建立与测度——以中部六省省会城市为例》,载《企业经济》2017年第2期。

[143] 潘团、汪增洋、商玉萍:《农业现代化、城镇化与农民增收问题的实证研究——以中部6省为例》,载《城市学刊》2017年第1期。

[144] 郭熙保、桂立:《中部地区金融发展影响技术创新的实证研究——基于省级面板数据的系统GMM估计》,载《中南民族大学学报(人文社会科学版)》2017年第1期。

[145] 李萍、甘德安、熊学萍:《基于DEA分析的上市家族企业股权再融资效率研究——内部传承视阈下中部六省的实证》,载《湖北社会科学》2017年第1期。

[146] 肖丹桂:《中部六省制造业综合竞争力比较研究》,载《统计与决策》2016年第24期。

［147］易文钧、吴晓杰、邢斐：《科技创新对区域经济增长响——基于长三角和中部五省的比较研究》，载《首都经济贸易大学报》2017 年第 1 期。

［148］李俭峰、杨桜：《基于 DEA 的中部地区基本公共服务财政支出效率分析》，载《财会月刊》2017 年第 2 期。

［149］廖文梅、张广来、孔凡斌：《中部六省矿产资源竞争力与区域经济发展相关性研究》，载《企业经济》2017 年第 1 期。

［150］路正南、郝文丽、杨雪莲：《中部地区碳承载力预警及时空差异分析》，载《统计与决策》2017 年第 2 期。

［151］石薛桥、董茂峰：《中部六省区域创新两阶段效率评价——基于 2007～2014 年面板数据》，载《商业经济研究》2017 年第 2 期。

［152］贺银娟：《中部省份科技进步环境与高新技术产业化的邓氏关联度对比分析》，载《财会月刊》2017 年第 6 期。

［153］童中贤、黄永忠、熊柏隆：《中部崛起背景下的城镇化演进特及其趋势》，载《城市发展研究》2017 年第 1 期。

［154］冯晓平：《征地过程中失地农民的阶层重构及内在机制——以中部村庄为例》，载《农村经济》2017 年第 2 期。

55］江丽：《土地要素在中部六省经济增长中的作用》，载《管理 2017 年第 1 期。

］廖双红、肖雁飞：《污染产业区域间转移与中部地区碳转移空示》，载《经济地理》2017 年第 2 期。

徐柱柱、伍绍杨：《中部六省普通高等教育与经济发展的协调于 1998～2013 年发展现状的研究》，载《煤炭高等教育》

张晓燕、康松：《城乡收入差距对中部地区经济增长的—基于面板门限模型分析的证据》，载《南昌大学学报 2017 年第 1 期。

程瑜、施文泼、樊轶侠、武靖州：《关于中部地区财—基于湖南、江西的调研》，载《经济研究参

兰：《新型城镇化评价指标体系的建立与测为例》，载《企业经济》2017 年第 2 期。

城市”构建途径及在中部新城的建设研究》，

载《城市建设理论研究（电子版）》2017 年第 4 期。

［162］史慧珂、杨永德：《基于 DEA 模型的中部六省旅游效率评价研究》，载《沿海企业与科技》2017 年第 1 期。

［163］张静：《基于 DEA 交叉效率的区域创新效率评价——以中部六省为例》，载《经济研究导刊》2017 年第 6 期。

［164］王燕超：《信息化与制造业全要素生产率增长——基于中部六省面板数据的分析》，载《西部皮革》2017 年第 2 期。

［165］潘团、汪增洋、商玉萍：《农业现代化、城镇化与农民增收问题的实证研究——以中部 6 省为例》，载《城市学刊》2017 年第 1 期。

之二：

中部对策研究文献索引

（2017～2018）[①]

[1] 范恒山：《中部地区实现全面崛起的挑战与重点路径》，载《区域经济评论》2018 年第 1 期。

[2] 张大卫：《顺应区域发展战略再平衡培育中部地区发展新优势》，载《区域经济评论》2018 年第 1 期。

[3] 刘尚希：《中部地区崛起面临的制度创新问题》，载《区域经济评论》2018 年第 1 期。

[4] 曹文炼：《中部地区发展的短板与着力点》，载《区域经济评论》2018 年第 1 期。

[5] 肖金成：《中部崛起的新机遇与新挑战》，载《区域经济评论》2018 年第 1 期。

[6] 李国平：《中部崛起的基本理论和逻辑推理》，载《区域经济评论》2018 年第 1 期。

[7] 杜平：《研究中部地区崛起应关注的四个新变化》，载《区域经济评论》2018 年第 1 期。

[8] 陈志刚：《加大金融排量加快中部崛起的步伐》，载《区域经济评论》2018 年第 1 期。

[9] 张占仓：《中部打造内陆开放高地的主体思路》，载《区域经济评论》2018 年第 1 期。

[10] 秦尊文：《“一带一路”与中部崛起》，载《中国经济报告》2017 年第 12 期。

[11] 罗宣、金瑶瑶、王翠翠：《转型升级下资源型城市绿色发展效率研究——以中部地区为例》，载《西南交通大学学报（社会科学版）》

① 文献整理和编辑人为南昌大学中国中部经济社会发展研究中心张莉。

2017 年第 6 期。

［12］王小元、陈庆和：《论江西中部崛起的科学内涵》，载《经济研究导刊》2017 年第 36 期。

［13］陈克龙：《内陆中部地区如何借鉴上海自贸区经验》，载《经济》2017 年第 23 期。

［14］张峻：《区域金融发展、股利支付对企业融资影响——基于中部三省数据实证分析》，载《中国国际财经（中英文）》2017 年第 17 期。

［15］曹扬：《中部地区开放型经济发展评价与对策研究》，载《经济问题》2018 年第 1 期。

［16］张座铭、邵红梅、张楠楠：《中部地区高校技术转移绩效评价及对策研究》，载《当代经济》2017 年第 36 期。

［17］卢飞、刘明辉：《中国中部地区经济空间格局演变及驱动机制——基于 ESDA 和空间计量方法的实证分析》，载《现代财经（天津财经大学学报）》2017 年第 8 期。

［18］周倩：《外商直接投资与对外贸易对经济增长的作用研究——基于中部地区 1992 ~ 2015 年的数据》，载《金融经济》2017 年第 14 期。

［19］王磊鑫、孙从建：《中部崛起战略的理论基础探究》，载《改革与开放》2017 年第 14 期。

［20］杨楚欣：《中部省份发展跨境电商的现状和对策建议》，载《中国经贸导刊（理论版）》2017 年第 23 期。

［21］曾波彦：《应对人口老龄化养老问题发展研究——以中部人口大省湖南省为研究对象》，载《社会福利（理论版）》2017 年第 8 期。

［22］何丹、程伟、龚鹏：《中部地区长江沿线城市群高等教育与区域经济协调发展研究》，载《中国高教研究》2017 年第 9 期。

［23］凌祯蔚：《中部劳动力收入驱动市场消费需求效应研究》，载《河南社会科学》2017 年第 9 期。

［24］周吉星、李晓红：《中部地区发展能力评价与崛起战略研究》，载《中国集体经济》2017 年第 28 期。

［25］田德胜：《打造仪征中部生态经济走廊的对策与建议》，载《纳税》2017 年第 24 期。

［26］杨晓锋：《空间外部性、技术依存与经济增长——基于 1995 ~ 2015 年中部 6 省 409 县的实证分析》，载《经济经纬》2017 年第 5 期。

［27］白景明、徐玉德、许文、何平、梁强、夏楸、龙海红：《构建

标本兼治的降制度成本综合政策体系——基于中部地区企业成本调研的思考》，载《财政科学》2017年第8期。

［28］王圣云、谭嘉玲、单梦静：《中部地区社会发展“新常态”特征与社会治理对策》，载《平顶山学院学报》2017年第5期。

［29］卢艳齐：《“党建+商会”：乡村权威再造与秩序重建——以中部地区水镇为例》，载《长春市委党校学报》2017年第5期。

［30］郑彤彤：《中部地区现代物流业发展的SWOT分析》，载《中国商论》2017年第28期。

［31］陈春、董冰洁、蔡叶：《基于Bloom分析框架下地区产业承接研究——中部六省实证分析》，载《宏观经济研究》2017年第9期。

［32］韩雪：《关于河南建设中部地区开放型经济高地的战略思考》，载《中国管理信息化》2017年第20期。

［33］孙步忠、华杰、曾咏梅：《生态功能区建设中的东中部人才共享机制构建研究》，载《生态经济》2017年第11期。

［34］沈孝鹏：《精准扶贫领域“村官”腐败的发生诱因与预防机制——基于中部6省168起典型案例的考察》，载《宁夏社会科学》2017年第6期。

［35］张贵华、石青辉：《经济新常态下中部地区农村居民旅游影响因素及营销对策研究——以湖南农村为例》，载《商学研究》2017年第5期。

［36］何平：《企业税费负担问题研究及政策启示——基于对我国中部省份的调研分析》，载《价格理论与实践》2017年第10期。

［37］张玲：《新常态背景下中部六省全要素发展战略研究》，载《管理现代化》2017年第4期。

［38］冯德连、边英姿：《中部地区高新技术产业外贸竞争力的影响因素与提升对策》，载《华东经济管理》2017年第11期。

［39］胡芳楠、李剑富：《中部地区地方高校社会捐赠的现状及对策》，载《煤炭高等教育》2017年第5期。

［40］滕飞、张庆杰、申红艳：《“新十年”推动中部地区产业转型升级的思路与路径》，载《经济纵横》2017年第3期。

［41］张晶、汤建：《安徽省高等教育中外合作办学的现状、问题与对策——基于中部六省和江浙沪的对比分析》，载《重庆高教研究》2017年第3期。

［42］李洪炼、马春艳：《政府支持、市场化程度与农业技术创新效

率——以中部6省为例》，载《中国农业大学学报》2017年第6期。

[43] 任继如：《经济新常态下中部地区文化产业发展对策》，载《江苏商论》2017年第5期。

[44]《把实施“一带一部”战略作为促进中部地区崛起战略的重要支撑》，载《新湘评论》2017年第7期。

[45] 彭长生、伍兆祥、王振东、杨国才：《税收环境、市场化程度与中部地区承接产业转移》，载《安庆师范大学学报（自然科学版）》2017年第1期。

[46] 周戎：《促进中部崛起财政政策创新研究》，载《行政事业资产与财务》2017年第16期。

[47] 姚成二：《中部城市群的“连城诀”》，载《决策》2017年第4期。

[48] 王运宝：《中部“新蝶变”》，载《决策》2017年第4期。

[49] 张座铭、张楠楠：《中部地区改善外商直接投资环境的实现路径》，载《商业经济研究》2017年第11期。

[50] 吴传清、董旭：《中部地区如何发力先进制造?》，载《智慧中国》2017年第3期。

[51] 霍文武、张晨：《中部城市县域人口城镇化情景模拟及思考》，载《智能城市》2017年第3期。

[52] 彭智敏、史佳可：《经济新常态下促进中部崛起的任务选择》，载《湖北社会科学》2017年第6期。

[53] 陈帆帆：《中部六省新型工业化与新型城镇化协调发展研究》，河南财经政法大学，2017年。

[54] 叶菲：《要素流动对产业结构演进影响的研究》，南昌大学，2017年。

[55] 陶佳：《中部地区社会组织培育孵化的实践与反思》，江西师范大学，2017年。

[56] 史一博：《中部地区农产品电子商务的问题及对策》，浙江海洋大学，2017年。

[57] 杨森：《中部省份县域新型农业经营主体发展现状的调查与思考》，载《中国物价》2017年第1期。

[58] 董莉莉、吴克宁、魏洪斌、赵华甫：《我国中部粮食主产区耕地质量等别限制因素及提升对策》，载《江苏农业科学》2016年第12期。

[59]《中部崛起如何破新题》，载《领导决策信息》2017年第1期。